일제하 한국기독교와 미션스쿨

일제하 한국기독교와 미션스쿨

박 혜 진

景仁文化社

한국기독교사를 접하게 된 것은 학부 졸업 후 곧바로 지도교수이신 이만열 선생님께서 소장으로 계신 한국기독교역사연구소에 근무를 하게 되면서부터이다. 처음부터 한국기독교사를 공부하려고 마음먹었던 것은 아니다. 그런데 누가 강요를 하는 것도 아닌데 끊임없이 한국기독교사를 '공부'하지 않으면 안 될 것처럼 느껴졌고, 나는 학문의 길이 결코 쉽지 않은, 아니 얼마나 어려운 길인가를 잘 알고 있기에 '공부'에 대한 관심을 애써 눌렀다.

하지만 한국기독교역사연구소 선생님들의 학문적 업적들을 보면서 많은 도전을 받았고 특히 연구소에 소장되어 있는 수많은 자료들이 나를 학문의 길로 이끌었다. 미국 여러 곳에 흩어져 있는 선교부 문서들이 연구소에 모이면서 선교사 관련 연구자들은 자료를 찾아 헤매는 많은 시간을 절약할 수 있게 되었다. 난 이 많은 자료들을 바로 옆에 두고서 공부를 하지 않고 있으려니 견딜 수가 없었다. 미션스쿨을 주제로 글을 쓰게 된 것도 바로 이러한 자료들의 '아우성' 때문이었다.

한국의 기독교는 다른 나라들과는 달리, 선교사들이 들어오기 전에 이미 우리의 손으로 성경을 번역하였고, 선교사들은 선교지 한국에 들어오면서 그 번역된 성경을 갖고 들어왔다. 그래서 한국에 들어온 기독교는 '전래'보다는 '수용'이라는 표현을 쓰기도 한다.

한말에 내한한 선교사들이 학교를 경영할 때도 한국인들은 수동적으로만 교육 받은 것이 아니다. 각 지역의 한국인들이 세운 학교를 선교부에서 이어받아 경영하기도 하였고, 실제로 학교 이사회에 한국인들이 참여하여 선교사들과 동등하게 학교를 운영해 갔다.

이 책은 2012년에 제출한 박사학위논문을 바탕으로 한 것이다. 다른 선교부 관할 미션스쿨을 같이 살펴보고 싶은 욕심으로 책으로 엮는 일을 차일피일 미루다가, 더 이상 시간을 끌면 안 될 것 같아 이제야 먼저 연구한 내용을 내놓게 되었다. 선교부 문서들이 워낙 방대하기 때문에 미처 보지 못한 자료들로 인해 새로운 연구성과들이 곧바로 나올까 두려운 마음이다. 이번 연구를 통해 연구의 지평을 계속해서 확장시켜 나가야겠다고 생각했다. 학문이라는 것이 마침표를 찍는 순간이 없다는 것을 잘 알고 있고, 가야 할 길이 멀고 끝도 보이지 않지만, 내게 주어진 길을 이 자료들과 함께 계속 걸어가야 한다는 것을 이제는 알고 있다.

감사의 글을 전할 분들이 참으로 많다. 먼저 학부와 대학원에서 지도교수로 많은 도움을 주신 이만열 선생님께 깊은 감사를 드린다. 학부시절부터 한국기독교사에 관한 관심을 길러주셨고 그때의 관심이 박사논문으로, 그리고 평생의 연구주제가 되었다. 또한 선생님께서는 공부뿐만 아니라 이 시대를 살아가는 기독교인 역사학도로서 어떤 생각을 갖고 살아야 하는가를 직접 삶으로, 글로, 신앙으로 모범을 보여주셨다.

정병삼 선생님은 불교에 대한 해박한 지식으로 타종교에 대해서도 관심을 갖게 해주셨고, 박종진 선생님은 고려시대에 대한 즐거운 관심과 학문을 하는 자세를 가르쳐 주셨다. 한희숙 선생님은 때로는 엄하지만 때로는 다정한 선배님처럼 인생의 많은 가르침을 주셨다. 세 분 선생님들이 계셔서 대학원 시절이 매우 즐겁고 감사한 시간들이었다.

박사학위 논문을 쓰면서 지도를 해주신 교수님들께 감사드린다. 김승태 선생님의 많은 신사참배 관련 논저들을 공부하면서 그 시기 미션스쿨에 대한 관심을 갖게 되었고, 선생님이 많은 자료들을 정리해놓으신 덕

분에 매우 편하게 자료들을 이용할 수 있었다. 논문을 쓰는 과정에서도 상세히 자료들을 분석할 수 있도록 인도해주셔서 감사드린다. 장규식 선생님은 학위논문 전체의 큰 틀을 그릴 수 있도록 끊임없이 문제제기를 해주셨고 그로 인해 논문의 틀 자체가 세워져 나갈 수 있었다. 또한 이 글의 처음부터 끝까지 꼼꼼히 읽어주시고 고쳐주신 한규무 선생님은 한국기독교역사연구소에서 처음 만나 뵈었을 때부터 지금까지 한결같이 자상하게 이끌어주시고 도와주셨다. 학부와 대학원 선배이며 논문을 지도해주신 강혜경 선생님은 학위논문의 모든 진행과정 속에서 일일이 조언과 지도로 이끌어주셨다.

신앙의 동지들인 서울서문교회 대학부 21대들은 대학부 시절부터 지금까지 신앙과 시대에 대한 고민을 함께 나누고 함께 걸어 온 한결같은 친구들이다. 지금은 각각 살아가는 분야가 다르지만 '하나님 앞에서'(coram deo) 늘 응원해주고 기도해주는 21대 친구들이 있어 젊은 시절을 그리 무겁지 않게 살아왔다고 감사하다고 전하고 싶다.

또한 소원의항구교회에서 신앙생활을 하면서 신앙과 삶이 분리될 수 없다는 것을 알았고, 하나님은 지금도 내 안에 계셔서 끊임없이 일하시고 계신다는 사실을 경험하게 되었다. 믿음의 동역자들이 지금도 날 위해 기도하고 있다는 사실이 내 삶에 큰 위로와 기쁨이 된다.

숙명여대 대학원 동학들에게도 감사를 전한다. 이순자, 김은경, 김윤정, 박정애, 윤은순, 천지명, 한지헌 등 선후배들이 한 달에 한 번 이만열 교수님 댁의 연구실에서 만나, 학위논문을 쓰는 내내 애정 어린 조언과 격려를 해주었다.

근무를 하면서 공부할 수 있도록 배려해 주신 한국기독교역사연구소의 윤경로·김흥수 전임 소장님과 이덕주 소장님, 오랜 시간 함께 해온 동역자이며 존경하는 엄한 선배이며 이젠 친구 같기까지 한 이순자 선생님, 선한 웃음 속에 무서운 촌철살인을 날리는 송은희 선생님, 막내 같지 않은 연구소의 막내 손승호 선생님께도 감사드린다. 함께 있어 즐거운 사람들과 한 공간에 있을 수 있다는 것이 얼마나 감사한 일인지 모른다.

이 책의 출판을 흔쾌히 허락해주신 경인문화사 한정희 대표님께 감사드린다.

마지막으로 항상 응원해주고 기도해주시는 어머니와 가족들에게 감사한 마음을 전한다.

2015년 12월

박혜진

‖〈표〉목차 ‖

서론

1. 문제 제기와 연구 현황

19세기 말 조선이 문호를 개방하고 서구 국가들과 통상조약을 체결하면서 개신교 선교사들이 내한하여 선교활동을 시작하였다. 초기 한국 선교를 전개한 대표적인 선교부는 미국 남·북 장로회, 미국 남·북 감리회, 호주 장로회, 캐나다 장로회의 6개 교단이다. 미북장로회 한국선교부(Chosen Mission, 이하 '선교부')는 미국의 해외선교부(Board)와 긴밀한 관련을 맺으며 교육사업을 전개했다.[1] 선교사들은 처음에는 고종으로부터 선교가 아니라 교육과 의료사업에 대한 허락을 받았으므로, 그들의 주된 활동은 학교와 병원을 설립하는 일이었다. 한국에 들어온 개신교 선교부 가운데 미국 북장로회선교부 소속 선교사가 가장 많은 수를 차지한다.[2] 이들은 전도-의료-교육의 세 분야에서 두드러진 활동을 하였다. 이 글에서 살펴보고자 하는 미션스쿨은 미북장로회선교부 관할 8개의

---

1) 'Board'는 당시 자료에 해외선교부, 선교본부, 외지전도회 등으로 명칭이 혼재하는데, 여기서는 '해외선교부'라고 하였다. 북장로회선교부는 서울·부산·원산·평양·대구·선천·재령·청주·강계·안동 등 주요 도시에 'Station'을 설치했다. 'Station'은 선교지부, 선교거점, 선교스테이션이라고도 불렀는데, 여기서는 편의상 '선교지부'라고 하였다. 북장로회선교부 관할 8개의 미션스쿨은 모두 중등학교를 말한다.

2) 김승태·박혜진 엮음, 『내한 선교사 총람, 1884-1984』, 한국기독교역사연구소, 1994, 4~5쪽.

중등학교들을 말한다.

초등-중등-고등 교육으로 이루어지는 학제 가운데, 초등학교는 중등학교 준비과정의 성격을 띤다. 어느 정도 규모가 있는 교회는 거의 예외 없이 초등학교를 만들었고, 이 초등학교들은 한국 교회가 설립하고 유지하며 한국인 교사들이 가르친 자급·자치 기관이었다.[3] 미션스쿨은 초등학교를 제외하고, 주로 선교부의 재정, 선교사와 미국 후원자의 기부금으로 유지하고 선교사들이 운영한 중등학교를 말한다. 초등학교에서 대학에 이르기까지의 체계 속에서 중등학교는 전체의 중심이 되는 기관이다. 일제는 한국에서 되도록 고등교육을 억제하고 일제에 순응하는 '충량한 신민'을 만들기 위해 보통교육 정도의 교육을 추구했다. 이러한 정책 하에서 중등학교인 미션스쿨은 실질적으로 고등교육기관의 역할을 수행하며, 지도층·지식층을 양성하는 곳이었다.

일제는 한국 강점 이전부터 사립학교에 대한 통제를 강화했는데, 선교부들이 세운 미션스쿨 역시 통제의 대상이었다. 강점 이후에도 학교교육 문제는 조선총독부와 선교부, 한국인들의 삼각 구도 안에서 때로는 타협하고 때로는 갈등하고 대립하였다. 특히 1915년 「개정사립학교규칙」의 발포로 기독교 학교에서 예배와 성경 교육을 차단함으로써 총독부와 선교부의 대립이 심화되었다. 1920년대에는 신교육령을 통해 기독교 학교에서 성경은 가르칠 수 있게 되었지만 상급학교 진학에 불이익을 받게 되어, 기독교계 중등학교 학생들은 학교 승격을 요구하는 동맹휴학을 전개하였다. 1930년대 총독부와 선교부 갈등의 최고점은 바로 신사참배 문제였다. 기독교계 학교에서 신사참배 문제는 후에 선교사들의 교육사업 철수로 이어졌고, 1937년부터 1939년 사이에 많은 기독교계 학교들이 폐교되거나 관공립학교로 전환되어갔다. 일제의 종

---

3) 류대영, 「윌리엄 베어드의 교육사업」 『한국기독교와 역사』 32호, 한국기독교역사학회, 2010년 3월, 141~144쪽.

교 정책에 감리교 학교들은 순응하였지만, 장로교 학교들은 폐교되거나 한국인에게 인계되었다.

미북장로회선교부는 타 교단에 비해 상대적으로 많은 선교사들을 한국에 파송하였으며, 학교 역시 가장 많이 설립하였다. 북장로회선교부는 일제강점기 내내 총독부의 종교교육 정책과 끊임없이 대립하고 갈등하였다. 북장로회선교부와 총독부의 충돌과 대립의 결과로서 일제의 종교교육 정책이 변화되었다. 따라서 북장로회선교부 관할 미션스쿨이 일제의 정책에 어떻게 대응했는가를 살펴보는 일, 그리고 학교 승격운동의 진행과 학교 운영의 실태를 파악하는 것은 매우 중요하다.

미북장로회선교부는 서울의 경신학교와 정신여학교, 평양의 숭실학교와 숭의여학교, 선천의 신성학교와 보성여학교, 대구의 계성학교와 신명여학교의 8개 미션스쿨을 설립·경영하였다.[4] 선교부의 교육사업 철수 과정에서 평양의 숭실학교와 숭의여학교는 폐교되었다. 서울의 경신학교는 개인에게 인계되었고, 정신여학교는 인계 논의만 되다가 일제 말이 되면서 무산되었다. 선천과 대구의 학교들은 그 지역의 노회들이 경영하는 것으로 결정되었다. 학교 인계 문제는 선교부와 해외선교부, 각 선교지부의 선교사들, 일반 선교사들과 교육 현장에 있는 선교사들, 선교사와 한국인 간에 상당한 견해 차이를 보이며 복잡한 양상을 띠었다. 그런데 본격적인 학교 연구가 이루어지지 않은 면도 있지만, 기존의 기독교사 연구들은 신사참배 문제에만 집중하였고 인계과정에 대해서는 상대적으로 관심이 적었다.

미북장로회선교부 관할 미션스쿨들의 건물, 토지 및 비품의 소유권은

---

4) 학교명 앞에 지역을 써 주는 것이 정식 학교 명칭인데, 이 글에서는 각 장이나 절에서 처음 나올 때만 지역명을 넣기로 하겠다. 선교부 문서들에 보이는 학교 명칭은 한글 발음을 그대로 영어로 옮기든지, Academy 또는 Boys(Girls') School에 지역명을 넣어 사용했다. 예를 들어 신성학교의 경우 'Sinsyung Hakkyo', 'Sinsyung Academy of Syenchun' 'Syenchun Boys School(or Academy)' 등을 혼재하여 사용했다.

선교부에 있었지만, 초창기부터 한국인들이 학교 이사진으로 있으면서 학교 운영에 참여하였다. 또한 학교 승격운동을 비롯하여 교육사업 철수 후 학교 인계에 한국인들이 본격적으로 뛰어들었다. 미션스쿨에 대한 기존의 연구가 제대로 이루어지지 않은 이유도 있지만, 있다고 하더라도 선교사 중심의 연구가 대부분이다. 따라서 미션스쿨이 온전히 한국선교부와 선교사의 의도와 교육행위로 이루어진 것이 아니라, 한국인이 교육행위의 주체로서 학교 운영과 학교 승격운동, 학교 인계 과정에서 주체적으로 활동했음을 밝혀 미션스쿨의 역사를 한국인 중심으로 재구성할 필요가 있다고 본다.

이 연구의 목적은 크게 세 가지이다. 첫째는 민족사적 접근으로, 북장로회선교부 관할 미션스쿨의 승격운동과 학교 운영, 그리고 교육사업 철수 후 학교 인계 과정에서 학생·교사·교인들, 즉 한국인들의 주체적·적극적 활동을 살펴보고자 한다. 선교부의 정책에 반대하여 학교와 직접적 관계가 없는 각계 각층의 한국인들이 각 지역의 학교들을 인계하기 위해 주체적이고 적극적인 노력을 기울였다. 기존에는 선교사들을 교육의 시혜자의 입장에서, 한국인들을 수혜자 입장에서 보는 이분법적인 연구가 주를 이루었다. 또한 최근의 연구들에서 선교사들의 교육사업 철수에 대한 분석 자료들이 주로 선교사측 자료를 이용하고 있는데, 실제로 교육현장의 학생들의 입장이나 사회의 반응에 대해서는 잘 드러나지 않았다. 따라서 이 글에서는 한국인들이 수동적으로 교육을 받기만 하는 입장이 아니라 학생들이 교육현장에서 주체적인 목소리를 냈고, 학부형들과 교계 인사 및 일반인들은 학교 운영에 적극적으로 참여했다는 것을 밝히고자 한다.

둘째는 교육사적인 접근으로, 미션스쿨의 승격·운영·인계 등의 내용과 그 성격에 대해 상세히 살피고자 한다. 지금까지 관련 연구들에서 보이는 피상적인 학교의 설립 및 교과 과정 등의 나열에서 벗어나, 실제적으로 학교 승격운동과 학교 운영이 어떻게 이루어졌는지, 그리고 학교 인계 과정에서 나타난 다양한 논의들과 그 결과를 보고자 한다. 학교 승격운동에 참여한 한국인들은 단순히 학부형이나 동창회의 일원으로 활동한 것이 아니다. 학교에 따라 시기적 차이는 있겠지만 비교적 초창기부터 한국인들이 실제로 학교 운영을 주도하는 학교 이사회의 이사로 참여하였고, 따라서 승격운동에도 주체적으로 목소리를 낼 수 있었다는 것을 드러내고자 한다.

셋째는 교회사적 접근으로, 미션스쿨의 특성 및 승격·운영·인계 등을 둘러싼 선교부 및 한국인(노회·교회·교인) 사이의 입장과 역할을 검토하고자 한다. 학교 인계 과정만을 보더라도 미국의 해외선교부, 한국에서 선교하는 북장로회선교부, 각 선교지부의 선교사들과 학교 현장에서 교육을 담당하는 선교사들의 다양한 입장들이 존재했다. 이들은 각종 회의록과 서신 등을 통해 각자의 입장을 드러냈는데, 이들의 다양한 입장들을 살펴보고자 한다. 또한 실제로 교육의 대상이었던 학생들과 지역민들은 어떤 입장을 갖고 있었는지를 상세히 살펴볼 것이다. 그리고 기존 연구들에서 비교적 소략하게 다루었던 학교 폐교 및 인계 과정이 어떻게 진행되었는지를 선교부 문서와 함께 당시 발간되었던 신문 기사들을 통해 심층적으로 살펴보고자 한다.

일제하 식민교육에 대한 연구는 한국사와 교육사적 시각에서 교육정책과 학교제도를 중심으로 이루어졌다.[5] 이 연구들은 대체로 일제의 교육침략과 교육정책의 '비교육성'을 비판하는 기조 위에서 전개되었고, 교육내용에서도 일본어 보급, 천황에 대한 충성을 강조함으로써 일제의

---

5) 이만규, 『조선교육사』, 을유문화사, 1947 ; 노영택, 『일제하 민중교육운동사』, 탐구당, 1979 ; 정재철, 『일제의 대한국식민지교육정책사』, 일지사, 1985 ; 한국정신문화연구원, 『일제하의 교육이념과 그 운동』, 한국정신문화연구원, 1986 ; 한국교육연구소 편, 『한국교육사-근·현대편』, 풀빛, 1993 ; 渡部學, 『朝鮮敎育史』, 講談社, 東京, 1975 등이 있다.

지배이데올로기의 주입과 한국인의 동화를 위한 황국신민화 교육이 중심이었음을 밝히고 있다. 그러나 교육제도사적 연구에서 벗어나지 못했다는 한계가 있다.

기독교 교육에 대한 초창기 연구 중 손인수·문형만은 일제하 선교사들이 선교를 위해 한국의 민족문제를 외면할 수 없었고 한국인 역시 근대화의 방편으로 기독교와 밀착했다고 보았다. 한편 윤건차는 연구시기를 1910년까지로 한정했지만 기독교 학교를 미국자본주의의 한국침략의 도구로 기능했다는 부정적 측면을 강조하였다.6) 근대화의 방편으로 보았든 자본주의 침략으로 보았든 모두 미션스쿨을 연구의 대상으로 보고는 있지만, 실제로 학교 운영이나 학교 이사진 구성 등 한국인이 학교교육에 대해 주체적으로 참여했음을 밝히는 데까지는 나가지 못하였다.

미션스쿨에 대한 본격적인 연구로는 이성전과 안종철의 연구7)를 꼽을 수 있다. 이성전은 '서울 대 평양'이라는 구도로 미션스쿨의 설립과 일제하의 갈등 문제를 저항과 타협, 이반의 논리로 설명하였다. 선교부 문서들을 세밀하게 이용하여 그동안 잘 드러나지 않았던 총독부와 선교사 간의 회담, 지정학교, 학교 폐교 등의 문제들을 연구하였다. 그러나 서울과 평양이라는 지역 구도로 각 지역 학교들의 상황을 설명하기에는 한계가 있다고 본다. 선천과 대구의 학교들은 서울과 평양 구도로는 설명할 수 없는, 지역민 또는 지역 노회와의 관계가 학교 운영 및 학교 인수 과정에서 중요한 역할을 했기 때문이다. 안종철은 교육사업 철수를

---

6) 손인수, 『한국근대교육사, 1885-1945』, 연세대출판부, 1971 ; 문형만, 「종교교육의 이념과 사학정신」, 『일제하의 교육이념과 그 운동』, 한국정신문화연구원, 1986 ; 윤건차 지음, 심성보 역, 『한국근대교육의 사상과 운동』, 청사, 1987.

7) 李省展, 『アメリカ人宣教師と朝鮮の近代-ミッションスクールの生成と植民地下の葛藤』, 社會評論社, 東京, 2006(서정민·가미야마미나코 옮김, 『미국선교사와 한국 근대교육』, 한국기독교역사연구소, 2007) ; 안종철, 『미국 선교사와 한미관계, 1931-1948』, 한국기독교역사연구소, 2010 ; 안종철, 「중일전쟁 발발 전후 신사참배 문제와 평양의 기독교계 중등학교의 동향」, 『한국문화』 48호, 2009년 12월.

둘러싼 갈등과 평양지역 미션스쿨에 대해, 미국 해외선교부와 한국 현지 선교사들의 입장 차이를 상세하게 서술하였다. 이 글에서도 한국인의 주체적 교육 행위가 잘 드러나지 않는다.

이외에 대구 계성학교와 평양 숭실학교의 지정학교 승격을 다룬 글[8]과, 미션스쿨의 설립자 또는 교장이었던 선교사들의 교육활동에 대한 개별적인 연구들[9]도 있다. 안종철은 매큔(George S. McCune, 尹山溫)의 교육선교 활동을, 류대영은 베어드(William Baird)의 교육사업과 핸더슨(Harold H. Henderson)의 신사참배 의견을 다루었다. 숭실학교를 세웠고 평양지역에서 30년 이상을 전도와 교육에 매진했던 베어드는 교육을 복음 전도의 부수적인 것으로 이해했고, 숭실학교 3대 교장인 매큔 역시 종교적 순수성을 지니는 것을 최우선으로 여겼던 사람이었다. 베어드·마펫·매큔으로 이어지는 숭실학교 교장들은 평양 선교지부의 중추적 선교사들로서, 이들의 교육정책이 뒤에 신사참배 문제로 인해 미북장로회 선교부가 교육사업에서 철수할 때 학교를 폐교시키는 데까지 나아간 것이다. 베어드와 매큔의 연구는 평양지역 학교 폐교의 원인을 파악하는 데 많은 시사점을 준다. 반면 신사참배 문제로 선교부 내 갈등이 일어났을 때 학교 운영을 위해서는 타협해야 한다고 주장한 핸더슨에 대한 연구는 기존에 민족수난사의 관점에서만 연구되던 신사참배 연구의 지평을 넓혔다고 볼 수 있다.

이 글에서 다루고 있는 미션스쿨들은 모두 교사(校史)를 간행하였으므로, 학교의 역사와 교과목, 교사진 등 구체적인 교육상황을 파악할 수

---

8) 권영배, 「일제하 사립각종학교의 지정학교 승격에 관한 일연구」, 『朝鮮史研究』 13집, 2004년 10월.

9) 안종철, 「윤산온의 교육선교 활동과 신사참배문제」, 『한국기독교와 역사』 23호, 한국기독교역사학회, 2005년 9월 ; 류대영, 「윌리엄 베어드의 교육사업」, 『한국기독교와 역사』 32호, 2010년 3월 ; 류대영, 「신사참배 관련 소수파 의견-해럴드 헨더슨(Harold H. Henderson)의 사례」, 『한국기독교와 역사』 39호, 2013년 9월.

있다. 이 가운데 평양의 숭실학교와 숭의여학교의 교사[10]는 1차 자료들을 충실히 반영하여 두 학교의 운영 및 폐교 과정이 비교적 상세하게 서술되어 있다. 하지만 서울[11], 선천[12], 대구[13] 지역의 학교사에서는 1930년대 선교부의 교육사업 철수와 학교 인계 과정에 대해 간략한 언급만 하고 있어, 세 지역 학교들의 자세한 학교 운영 및 승격운동, 한국인의 학교 인계 과정 등에 대해서 당시 신문자료와 선교부 문서 등을 통해 일일이 확인할 수밖에 없다.

　신사참배 문제에 관해서는 많은 연구가 진행되었다.[14] 이러한 연구들은 일반적으로 신사참배에 대한 종교적 저항이라는 관점에서 미션스쿨에서의 교육사업 철수 문제를 보았다. 따라서 선교부의 교육사업 철수 결정 과정과 그에 따른 한국인들의 학교 유지 및 인계 과정에 대해서는 아주 소략하게 언급하였다. 일제의 종교정책과 신사참배에 대한 자료

---

10) 숭실100년사 편찬위원회, 『崇實100년사 1. 평양숭실』, 숭실학원, 1997 ; 숭실인물사편찬위원회, 『인물로 본 숭실 100년』, 숭실대학교 출판부, 1992 ; 숭의100년사편찬위원회, 『崇義100년사, 1903-2003』, 학교법인 숭의학원, 2003.

11) 고춘섭 편저, 『경신사, 1885-1991』, 경신중고등학교, 1991 ; 김광현, 『貞信百年史』, 정신여자중고등학교, 1989 ; 이희천 편저, 『사진으로 보는 정절과 신앙의 貞信 120年』, 정신여자중고등학교, 2007.

12) 신성학교동창회, 『信聖學校史』, 신성학교 동창회, 1980 ; 김영혁 편저, 『창립 100주년 신성학교사』, 신성학교 동창회, 2006 ; 홍선의, 『保聖百年史』, 보성중고등학교, 2007.

13) 계성오십년사편찬위원회, 『啓聖五十年史』, 계성오십년사편찬위원회, 1956 ; 계성100년사편찬위원회, 『啓聖百年史, 1906-2006』, 학교법인 계성학원, 2006 ; 신명오십년사편찬위원회, 『信明五十年史』, 신명오십년사편찬위원회, 1957 ; 신명100년사편찬위원회, 『信明百年史, 1907-2007』, 신명고등학교·성명여자중학교, 2008.

14) 김승태, 「1930년대 기독교계 학교의 '神祀問題' 소고」 ; 사와 마사히코, 「일제하 '신사문제'와 기독교주의 학교」, 김승태 엮음, 『한국기독교와 신사참배 문제』, 한국기독교역사연구소, 1991 ; 김승태, 「1930년대 기독교계 학교의 신사참배 거부문제와 선교부의 대응」, 『한말·일제강점기 선교사연구』, 한국기독교역사연구소, 2006 ; 김승태, 『日帝의 植民地 宗教政策과 韓國基督敎界의 對應, 1931~1945』, 한국학중앙연구원 박사학위논문, 2006.

집[15)]들도 간행되었는데, 이를 통해 당시 각 시기별 일제 정책의 변화 과정 및 신사참배 문제에 대한 미북장로회선교부, 미국 국무성 등의 입장과 견해 등을 파악할 수 있다.

이상에서 살펴본 기존의 연구들에서는 미션스쿨에서 한국인의 주체적 교육행위를 살펴볼 수 없다. 따라서 본 연구에서는 미션스쿨들이 한국인들이 배제되고 선교부와 선교사들에 의해서만 운영된 것이 아니었다는 것을 밝히고자 한다. 한국인들이 초창기부터 학교 설립 및 운영에 관여하여 학교 이사진에 참여하였다는 것과, 그 결과 선교부가 교육사업에서 철수하는 과정에서 주체적으로 한국의 지역민들과 지역 노회들, 동창회 등이 학교 인계 운동에 참여하였고 실제로 한국인의 주체적 교육행위가 결실을 맺게 되었다는 것을 살펴보고자 한다.

2. 내용 구성과 활용 자료

이 글은 총 5장으로 구성하였고, 시기적 범위는 주로 1920년대부터 1930년대 말까지로 한다. 전체를 제1부 사립학교 정책과 학교 운영, 제2

---

15) 김승태 편역, 『일제강점기 종교정책사 자료집: 기독교편, 1910-1945』, 한국기독교 역사연구소, 1996 ; 이만열 엮음, 『신사참배문제 영문 자료집 I-미국 국무성 극동 국 문서 편』, 한국기독교역사연구소, 2003 ; 이만열 엮음, 『신사참배문제 영문 자 료집 II-미국 북장로회 해외선교부 문서 편』, 한국기독교역사연구소, 2004 ; 김흥 수 엮음, 『WCC 도서관 소장 한국교회사 자료집-105인 사건, 3·1운동, 신사참배 문제 편』, 한국기독교역사연구소, 2003 ; 김승태는 최근 신사참배문제와 관련하여 동아일보, 조선일보, 매일신보 기사와 일본어 신문 기사와 잡지에 실린 논설, 재판 기록 등을 총망라한 방대한 자료집인 『신사참배문제 자료집』 I~III권을 편역하였 다. 이 자료집에 당시 미션스쿨에서의 신사참배 문제와 관련한 거의 모든 논의들 이 수록되어 있다. 김승태 편역, 산돌손양원기념사업회 엮음, 『신사참배문제 자료 집 I~III』, 한국기독교역사연구소, 2014.

부 교육사업 철수와 학교 인계의 두 부분으로 나누었다.

제1부는 일제의 사립학교 정책과 미션스쿨들의 학교 승격운동 및 학교 운영을 다룬다. 제1장에서는 일제의 사립학교 정책과 미션스쿨 교육 정책 변화과정을 살펴볼 것이다. 먼저 미북장로회선교부 관할 미션스쿨의 현황을 간략히 살펴보고 나서, 일제의 정책에 따라 이들 학교들이 어떻게 대응해 나갔는가를 보고자 한다. 일제는 1910년 「사립학교규칙」을 공포하여 민족주의적인 색채를 띤 사립학교에 대해 통제를 가했고, 1915년에는 「개정사립학교규칙」으로 정해진 교과과정 이외의 것을 부과할 수 없도록 하여, 사립학교 가운데 가장 많은 수를 차지하는 미션스쿨의 종교교육을 차단하였다. 학교에서 성경을 가르칠 수 없다는 것은 미션스쿨의 존폐문제와 연결된 것이었는데, 이 문제에 대한 타 교파 학교들과 북장로회선교부 관할 학교들의 대응 내용을 살펴보고자 한다. 선교사들은 총독부 학무국과 끊임없이 종교교육 문제에 대해 논의하고 타협하였는데, 3·1운동으로 새로운 전개를 맞이하였다. 우선 일제 당국은 기독교와 대립하지 않는 방향으로 선회하였고 그것이 1920년대 신교육령에 반영되었다. 기독교학교에서 성경은 가르칠 수 있게 되었지만, 일제의 기준에 맞는 지정을 받지 못하면 각종학교가 되어 상급학교 진학이 어려웠다. 따라서 미션스쿨들은 지정학교 승격을 요구하는 동맹휴학을 끊임없이 전개하였다. 1930년대는 일본이 만주침략과 중일전쟁으로 한국을 대륙침략을 위한 병참기지로 삼아 수탈을 극대화하는 시기였다. 이것과 함께 한국인들에게 정신교화 운동의 일환으로 신사참배를 강요하게 된다. 신사참배 문제는 앞서 성경 과목 문제보다도 더 미션스쿨에서는 용인할 수 없는 문제였다. 신사참배 강요에 따른 선교부 교육정책이 어떻게 변화되었고, 그것이 어떤 결과를 낳게 되었는지를 살펴볼 것이다.

제2장에서는 학교 승격운동과 학교 재정 및 한국인의 학교 운영 참여 과정을 살펴볼 것이다. 1915년 「개정사립학교규칙」에 감리교 계통 학교

들은 대체로 고등보통학교로 승격하였지만, 북장로회선교부 관할 학교
들은 각종학교로 남아있다가 1920년대 신교육령과 지정학교 제도의 도
입으로 학교 승격을 위해 노력하였다. 먼저 타교파 학교들의 고등보통학
교 승격에 대한 학생들의 반응, 지정학교 승격을 위한 학교의 노력과 학
생들의 승격운동을 상세하게 살펴보았다. 또한 학교 재정은 대개 한국선
교부를 통해 해외선교부에서 지원받았는데, 지역에 따라 지원금액이 달
랐다. 실제로 선교부의 각 학교 재정 지원이 어느 정도 이루어졌는지 선
교부 연례회의 문서들을 통해 살펴보고자 한다. 북장로회선교부 관할 미
션스쿨들이 1920년대, 이르면 1910년대 후반부터 재정 악화가 시작되는
데, 1920년대는 지정학교의 요건을 갖추기 위해서, 1930년대는 미국의
경제공황 등으로 인한 것이었다. 한국선교부는 재정 악화를 타개할 방법
으로 한국의 각 지역 노회에 도움을 요청한다. 이에 따라 각 학교에서
그 지역 노회와 어떻게 학교를 공동 경영하게 되는지를 각 학교 이사회
정관을 통해 살펴볼 것이다. 이것이 뒤에 신사참배 문제로 인한 교육철
수 과정에서 한국인들이 학교를 인수하게 되는 원인이 되는 것이다.

　제2부는 북장로회선교부의 교육사업 철수와 한국인의 학교 인계 과정
을 다루려 한다. 선교부의 교육사업 철수 과정에서 지금까지 학교 운영
에 참여한 한국인들은 선교부로부터 학교를 인계하기 위해 적극적으로
활동하였다. 그러나 평양의 숭실학교와 숭의여학교는 북장로회선교부의
교육사업 철수 과정에서 한국인들의 인계 노력에도 불구하고 폐교되고
말았다. 이후 서울과 선천, 대구의 학교들은 각계 각층의 학교 인계 운동
을 통해 한국인에게 인계되었다. 따라서 폐교된 평양지역 학교들의 인계
논의와 폐교 과정을 먼저 살펴보고 나서, 다른 지역 학교들의 한국인 인
계 과정을 살펴보고자 한다.

　제3장에서는 평양지역 학교의 인계 논의와 폐교 과정을 살펴보고자
한다. 일제가 1930년대 중반부터 한국의 모든 기관, 학교, 심지어 가정

에서까지 신사참배를 강요하는데, 평양의 숭실학교와 숭의여학교는 신사참배를 거부하여 일제 당국으로부터 학교장들이 파면당하였다. 이후 선교부가 교육사업에서 철수하기로 결정함에 따라 평양 지역 학교들을 한국인에게 인계해 달라고 각계 각층에서 요청하였다. 이 과정에서 선교부의 대응 양상 및 학생과 교사, 학부형, 평양 지역민들의 인계 노력을 상세히 살펴볼 것이다.

제4장에서는 서울지역 경신학교와 정신여학교에 대한 한국인들의 인계 노력과 그 결과를 살펴보고자 한다. 경신학교는 안악의 김씨 문중에서 인계하였고, 정신여학교는 여러 차례의 인계 노력이 있었지만 실패하고 풍문재단에 흡수되었다. 경신학교와 정신여학교의 교장들은 신사참배를 국가의식의 하나로 받아들여서라도 학교를 유지하고자 하였다. 교육 현장에 있었던 선교사들 사이에서, 그리고 미국 해외선교부에서도 교육사업 철수에 대한 여러 가지 의견이 나뉘어졌다. 그 내용과 경신학교와 정신여학교 인계 노력 등을 살펴보고자 한다.

제5장에서는 지역 노회들이 학교를 어떻게 인수했는지 그 과정과 결과를 살펴보고자 한다. 선천의 신성학교와 보성여학교는 평북·의산·용천 노회에서, 대구의 계성학교와 신명여학교는 경북 및 경안노회에서 인계하였다. 선천과 대구의 학교들은 다른 지역에 비해 비교적 쉽게 그 지역 노회가 인계하였다. 한국선교부는 학교를 인계할 의사가 없었지만, 해외선교부가 한국선교부의 반대를 무마하고 지역 노회로 학교를 인계하였는데, 지금까지 알려지지 않았던 노회의 인계 과정과 인계 조건 등을 상세히 살펴보고자 한다.

이 연구에서 이용한 자료들은 크게 세 가지로 구분할 수 있다. 첫째, 선교부 자료들이다. 미북장로회선교부의 한국선교와 관련한 가장 방대한 자료로는 한국기독교역사연구소에서 영인한 『미국 북장로교 해외선교부 한국선교 관련 보고서(Presbyterian Church in the U.S.A.(PCUSA)

Board of Foreign Missions Korea Mission Reports 1911-1954)(91권)이다. 미 북장로회 한국선교부의 연례회의 회의록(Minutes and Reports of the Annual Meeting of the Chosen Mission of the Presbyterian Church in the U.S.A., 1910-1940) 역시 한국선교부 교육정책의 변화를 살펴볼 수 있다. 1930년대 신사참배 강요에 따른 교육철수 문제는 주로『신사참배문제 영문 자료집 II-미국 북장로교 해외선교부 문서 편』을 이용하였다. 또한 각 학교에서 한국인의 공동 경영 문제를 알아보기 위해 각 학교 이사회 정관을 살펴보았다. 이사회 정관은 미북장로회 한국선교부의 연례회의 회의록에 나와 있다. 8개의 학교 가운데 서울 경신학교만 이사회 정관을 찾지 못했는데, 이사회 정관의 발췌 부분이 「조선일보」에 실려 있어 이를 참고하였다. 숭실학교의 정관은 학교사를 참고하였고, 숭의여학교의 정관도 연례모임 회의록과 학교사에도 기록되어 있어 이를 활용하였다. 그 외의 이사회 정관은 모두 연례회의 회의록에서 찾은 것이다.

둘째, 총독부와 관계 기관의 자료들과 관변 잡지들이다.『일본식민지교육정책사료집성(日本植民地敎育政策史料集成)』의 자료들과『조선총독부관보(朝鮮總督府官報)』등과『조선(朝鮮)』,『조선휘보(朝鮮彙報)』,「매일신보」등을 이용하였다.『조선총독부관보』에서 일제시기 발포되고 개정된 「사립학교규칙」 등을 찾을 수 있고, 잡지『조선』에서는 교육령 및 「사립학교규칙」이 개정될 때마다 총독과 학무 당국자의 취지 등이 설명되어 있어 일제의 의도를 파악할 수 있다.

셋째, 한국 기독교계의 자료와 신문 자료이다. 장로교 총회록, 각 지역의 노회록 등 회의록들과 기독교 신문들로 「기독신보」,「기독교신문」,「기독신문」,「장로회보」 등을 이용하였고, 또한 일반 신문과 잡지들인 「동아일보」,「조선일보」,「조선중앙일보」,「동광」,「개벽」,「삼천리」 등을 이용하였다. 총회록과 노회록에서는 당시 한국 기독교계의 교육관련 회의 자료 및 각 지역의 학교 상황을 파악할 수 있고, 이사진 파견 및 학교 인계 과정

에서 지역 노회의 역할 등을 확인할 수 있다. 또한 기독교계 신문 뿐만 아
니라 일간지에 학교 승격운동 및 학교 인계 과정이 자세히 기록되어 있는
것을 볼 수 있는데, 이를 통해 승격운동과 학교 인계에 한국인들이 큰 관심
과 인계 노력을 기울였음을 확인할 수 있다.

제1부
사립학교 정책과 학교 운영

미국의 북장로회(The Presbyterian Church in the U.S.A.)와 미감리회
(북감리회, The Methodist Episcopal Church)는 한국에 처음으로 선교사를
파송한 개신교 선교회이다. 1884년 9월 북장로회 선교사 알렌(Horace N.
Allen)의 뒤를 이어, 1885년 4월 이후 북장로회 선교사 언더우드(H. G.
Underwood), 미감리회 선교사 아펜젤러(H. G. Appenzeller) 부부, 스크랜
턴(W. B. Scranton)과 스크랜턴 대부인(M. F. Scranton) 등이 입국하였다. 1889
년 호주장로회(The Presbyterian Church in Australia), 1890년 영국성공회
(The Church of England), 1892년 미남장로회(The Presbyterian Church in
the U.S.), 1896년 남감리회(The Methodist Episcopal Church, South),
1898년 캐나다장로회(The Presbyterian Church in Canada) 등이 차례로
내한하여 한국선교를 시작하였다. 한국에 들어온 개신교는 다양한 교파
를 배경으로 그대로 한국에 이식되어 초기부터 강력한 교파교회로 출발
하였다.

『내한 선교사 총람』에 실린, 1884년부터 1984년까지 한국에 들어온
개신교 선교사 가운데 1945년 이전에 내한한 것으로 확인되는 선교사는
1,529명이다. 국적별로는 미국이, 소속 선교부별로는 미 북장로회가 가
장 많은 선교사를 한국에 파견했다.

〈표 1〉 내한 선교사의 국적별 통계[1]

국적	선교사 수	비율
미국	1,059	69.3%
영국	199	13.0%
캐나다	98	6.4%
호주	85	5.6%
기타	88	5.7%
합계	1,529	100.0%

〈표 2〉 내한 선교사의 소속 선교부별 통계[2]

소속 선교부	선교사 수	비율
미국 북장로회	338	22.1%
미국 북감리회	250	16.4%
미국 남장로회	190	12.4%
미국 남감리회	182	11.9%
구세군	127	8.3%
호주 장로회	84	5.5%
캐나다 장로회	82	5.4%
영국 성공회	76	5.0%
안식교	28	1.8%
동양선교회	25	1.6%
기타	147	9.6%
합계	1,529	100.0%

기독교 수용 초기에는 공개적인 선교활동이 쉽지 않았으므로, 개신교의 초기 선교는 학교와 병원을 통한 간접선교의 방식을 취했다. 한국 근대교육의 효시는 1885년 감리교의 아펜젤러가 설립한 배재학당으로, 이곳은 영어를 배워 출세하려는 현실적 목적에서 학생들의 인기를 끌었다. 장로교의 언더우드는 고아원을 설립하여 학생들을 가르쳤고, 이것이 1905년 경신학당이 되었다. 1886년 이화여학당과 1887년 정동여학당

1) 김승태·박혜진 엮음, 『내한 선교사 총람, 1884-1984』, 한국기독교역사연구소, 1994, 4쪽.

2) 김승태·박혜진 엮음, 『내한 선교사 총람, 1884-1984』, 5쪽.

등이 설립되었고, 지방에서도 기독교계 학교들이 설립되었다. 이들 학교
에서는 성경과목을 일반과목에 포함시켜 복음전도의 기회로 삼았다. 각
지역에 설립된 미션스쿨들은 아래의 표와 같다.

〈표 3〉 각 지역에 설립된 미션스쿨[3]

지방	학교명	설립연대	선교부
서울	배재학당	1885	미감
	이화학당	1886	미감
	경신학교	1886	북장
	정신여학교	1887	북장
	배화여학교	1898	남감
평양	숭실학교	1897	북장
	숭의여학교	1903	북장
	광성학교	1894	미감
	정의여학교	1899	미감
선천	신성학교	1906	북장
	보성여학교	1907	북장
대구	계성학교	1906	북장
	신명여학교	1903	북장
재령	명신학교	1898	북장
강계	영실학교	1908	북장
인천	영화여학교	1892	미감
공주	영명여학교	1905	미감
	영명학교	1907	미감
이천	양정여학교	1904	미감
수원	삼일학교	1903	미감
	매향여학교	1907	미감
전주	신흥학교	1907	남장
	기전여학교	1912	남장
광주	숭일학교	1908	남장
	수피아여학교	1908	남장
군산	영명학교	1902	남장
	멜볼딘여학교	1902	남장
목포	영흥학교	1903	남장
	정명여학교	1902	남장
순천	매산학교	1913	남장
	매산여학교	1914	남장

함흥	영생학교	1907	캐나다
	영생여학교	1903	캐나다
성진	보신학교	미상	캐나다
	보신여학교	〃	캐나다
원산	보광학교	〃	캐나다
	루씨여학교	1903	남감
개성	한영서원	1906	남감
	호수돈여학교	1904	남감
	미리흠여학교	1906	남감
부산 동래	일신학교	1895	호장
	동래일신여학교	1926	호장
마산	호신학교	1926	호장
	명덕여학교	1916	호장
	의신여학교	1913	호장
진주	시원여학교	1908	호장

북장로회선교부의 교육정책에는 '복음전파'가 우선이었다. 평양지역
에서만 30년 이상 교육과 전도에 전념한 윌리엄 베어드(William M.
Baird)는 한국에서 교육사업의 목표는 "조사, 설교자, 교사, 지적인 기독
교 평신도"를 훈련시키는 일이라고 생각했다. 그러나 한국교회와 학교
가 훨씬 빠르게 성장했고,[4] 한국인들의 교육에 대한 기대와 그 성과는
교육사업의 목표를 전환하게 했다.

북장로회선교부는 선교지부 가운데 서울, 평양, 선천, 대구 지역에 남
녀 미션스쿨을 한 개씩 운영하였다. 서울의 경신학교와 정신여학교, 평
양의 숭실학교와 숭의여학교, 선천의 신성학교와 보성여학교, 대구의 계
성학교와 신명여학교 등 8개의 학교가 그것이다. 이들 미션스쿨들은 대

---

3) 이만열, 『한국기독교문화운동사』, 대한기독교출판사, 1987, 190~198쪽 ; 한국기
독교역사학회 편, 『한국기독교의 역사 I(개정판)』, 기독교문사, 2011, 151~152쪽
; 김승태, 『일제의 식민지 종교정책과 한국기독교계의 대응』, 한국학중앙연구원
한국학대학원 박사학위논문의 각 지역 학교 도표를 참고하여 일부 설립연도를 수
정했다.

4) Baird to Ellinwood, Jan. 12, 1897 ; 류대영, 「윌리엄 베어드의 교육사업」, 137·
154쪽.

체로 선교사들이 적은 인원을 모아 가르치면서 시작하다가 북장로회선
교부로부터 승인을 받고나서 선교부 관할이 되었다. 선천의 남녀 학교는
모두 한국인이 먼저 설립하거나 설립에 참여하였다가 뒤에 선교부 관할
이 되었다.

평양 숭실학교는 1897년 베어드(W. M. Baird, 裵偉良) 선교사가 13
명의 학생을 모집해 사랑방학교를 개설함으로 시작되었고, 1901년 박자
중이 '숭실(崇實)'이라는 이름을 지었다. 1905년부터 1915년까지 선교부
연합사업이 되어 학교 이사진과 교사에 장·감 선교사들이 참여하였다.
1908년 사립학교령에 의해 4년제가 되었다가, 1912년 3월에는 조선총독
부로부터 5년제로 인가 받았다.[5] 평양 숭의여학교는 1903년 마펫
(Samuel A. Moffett) 선교사의 제안으로 창립되었다. 1대 교장 베스트(M.
Best, 裵貴禮)의 뒤를 이어 1905년 2대 교장에 취임한 스누크(Velma L.
Snook, 鮮于梨)는 1920년대와 30년대에도 계속해서 교장 또는 교장 대
리로 봉직했다. 장·감 연합운동으로 1906년 숭의와 정의여학교가 연합
경영하다, 1920년 정의여학교가 고등보통학교가 되면서 숭의여학교는
북장로교 학교로 환원되었다.[6]

〈표 4〉 평양 숭실학교 역대 교장 및 설립자(1897~1938)[7]

연도	교장	설립자	비고
1897~ 1915.3	제1대 베어드 (W. M. Baird, 裵緯良)	베어드 (W. M. Baird)	
1915~ 1918	제2대 라이너 (R. O. Reiner, 羅道來)		
1918~ 1928	제3대 마펫 (S. A. Moffett, 馬布三悅)		

5) 숭실100년사 편찬위원회, 『崇實100년사 1. 평양숭실』, 숭실학원, 1997 참조.
6) 숭의100년사 편찬위원회, 『崇義100년사, 1903-2003』, 학교법인 숭의학원, 2003,
   81~97쪽.
7) 숭실100년사 편찬위원회, 『崇實100년사 1. 평양숭실』, 숭실학원, 1997 참조.

1929~ 1936.1	제4대 매큔 (G. S. McCune, 尹山溫)	1928- 마펫 (S. A. Moffett)	1928.5 지정학교 인가
1936.3~ 1938.3	제5대 정두현(鄭斗鉉) / 명예교장 모우리 (E. M. Mowry, 牟義理)		1938.3 폐교

〈표 5〉 평양 숭의여학교 역대 교장 및 설립자(1903~1938)[8]

연도	교장 / 교장대리	설립자	비고
1903.10~ 1905	제1대 베스트 (Margaret Best, 裵貴禮)	1대 마펫 (S. A. Moffett)	
1905~ 1906	제2대 스누크 (Velma L. Snook, 鮮于梨) / 학감 그레함 리 여사 (Mrs. Graham Lee)	2대 스누크 (V. L. Snook)	
1906~ 1920	딜링햄 (Grace Dillingham, 但榮咸)		1906~1920 장·감연합경영
1920~ 1931	스누크 (V. L. Snook)		
1931~ 1936.1	제3대 스왈른 (Olivett R. Swallen, 蘇安嬅) / 스누크 (V. L. Snook) - 제4대 교장		1931 지정학교 승격/설립자-스 누크(1936.1 설 립자승인취소)
1936.3- 1938.3	김승섭(金承涉) 교장사무 취급자로 인가	3대 라이너 (R. O. Reiner)	1938.3.15 폐교

서울 경신학교[9]는 언더우드(H. G. Underwood, 元杜尤)가 1886년 정동에 학당을 설립하면서 시작되어, 학당장 이름을 따라 초기에는 원두우학당, 예수교학당, 민로아학당 등으로 불렀다. 1901년 중등과정을 시작하였고, 1908년에 사립학교령에 따라 중학교 인가를 받았다.[10] 서울 정신여학교는 1887년 6월 엘러스(A. J. Ellers)가 정동의 제중원 사택에서

---

8) 숭의100년사 편찬위원회, 『崇義100년사, 1903-2003』, 학교법인 숭의학원, 2003 참조.

9) 1905년부터 儆新學校라는 이름을 사용하였고, 영어 명칭은 장로회 해외선교회 이사장인 웰즈 목사를 기념하여 'John. D. Wells Training School'이라고 했다. 이만열·옥성득 편역, 『언더우드 자료집』 제5권, 연세대학교 출판부, 2010, 11쪽.

10) 고춘섭 편저, 『경신사』, 경신중고등학교, 1991, 111~208쪽.

한 명의 고아에게 글을 가르치기 시작하면서 정동여학당이라고 불렀다.
1895년 정동에서 연지동으로 학교를 이전하고 학교 이름도 연동여학교
로 바꿨다. 사립학교령에 따라 1909년 정신여학교로 인가받았다. 초창기
여성 교장들이 결혼과 함께 교장직을 사임하면서 교장이 자주 바뀌었지
만, 1912년 부임한 루이스 교장은 1939년까지 30여 년 동안 정신여학교
교장직을 수행하였다.[11]

〈표 6〉 서울 경신학교 역대 교장 및 설립자(1886~1946)[12]

연도	교장	설립자	비고
1886	제1대 언더우드 (H. G. Underwood, 元杜尤)	언더우드 (H. G. Underwood)	원두우학당
1890	제2대 마펫 (S. A. Moffett, 馬布三悅)		예수교학당
1893	제3대 밀러 (F. S. Miller, 閔老雅)		민로아학당
1901.1	제4대 게일 (J. S. Gale, 奇一)	1901~1928 게일 (J. S. Gale)	1901 예수교중학교
1905	제5대 밀러 (E. H. Miller, 密義斗)		1905 경신학교 1905~1908 합성중학교로 배재학당과 연합
1910	제6대 언더우드 (H. G. Underwood)		
1912	제7대 밀러 (E. H. Miller)		1909 사립 경신학교
1913	제8대 쿤스 (E. W. Koons, 君芮彬)	1928 언더우드 (H. H. Underwood, 원한경)	1923 지정학교 인가
1938.7	최태영 교장서리	1938.2 밀러·최태영 증원 1938.9 김홍량·김원량	1938 경신중학교
1939	3월 - 경영권을 김홍량,김원량,		

11) 김광현, 정신백년사출판위원회 편, 『정신백년사, 1887-1987(상·하)』, 정신중고등
  학교, 1989 참조.
12) 고춘섭 편저, 『경신사』, 경신중고등학교, 1991 참조.

	최태영에게 인계 11월 - 제9대 최태영 교장 취임		
1946.3	제10대 오천영 교장	설립자-김규식·김 상덕·신동기 이사장-김규식	

〈표 7〉 서울 정신여학교 역대 교장 및 설립자(1887~1944)[13]

연도	교장	설립자	비고
1887~ 1888	제1대 엘러스 (Annie J. Ellers)		정동여학당
1888~ 1890	제2대 헤이든 (Mary Hayden)	1909 게일(J. S. Gale)	
1890~ 1904	제3대 도티 (S. B. Doty)		1895 연동여학교
1904~ 1905	제4대 바렛 (Marry Barrett)		
1905~ 1909 1910~ 1912	제5대, 제8대 밀러 (Mrs. E. H. Miller)		1909 사립 정신여학교
1909~ 1910	제6대 그린필드 (Mrs. W. Greenfield)		
1910	제7대 겐소 (Mrs. J. F. Genso)		
1912- 1939	제9대 루이스 (Margo L. Lewis)	1928 언더우드(H. H. Underwood, 원한경)	1935.5 지정학교 인가
1939~ 1940	제10대 한영진		
1944	제11대 白神壽吉		1944 풍문재단에 흡수

　　선천의 학교들은 서울, 평양, 대구지역 학교들과는 달리 한국인이 설
립하거나 설립에 참여하였다. 선천 신성학교는 1905년 7월 선천의 기독
교 지도자들이 중등학교 설립을 결의하고, 1906년 4월 선천중학회라는
이름으로 설립기성회를 조직하여 7월 선천읍의 교회당을 빌려 26명의

---

13) 김광현, 정신백년사출판위원회 편, 『정신백년사, 1887-1987(상·하)』, 정신중고등
　　학교, 1989 참조.

학생으로 개교하였다. 초대 교장은 선천읍교회를 설립한 휘트모어(N. C. Whittemore, 魏大模) 선교사였다. 선천지역 유지들의 힘으로 학교를 경영하기 어려워지자 1909년 미북장로회선교부가 경영하게 되었다. 휴 오닐(Hugh O' Neill) 부인의 기부금으로 학교 재단을 마련하고 교실과 기숙사 등을 건축하여, 'The Hugh O' Neill Jr. Academy'라고 불렀다.14) 1911년 '105인사건'15)으로 신성학교 설립자인 양전백과 김석창을 비롯하여 교사와 학생들이 검거되었고, 교장이었던 매큔(G. S. McCune, 尹山溫)은 그 배후인물로 지목되었다. 신성학교는 3·1운동 때에도 선천지역 만세운동을 주도하였고, 광주학생운동 때에도 만세시위를 벌였다.16) 선천 보성여학교는 1907년 9월 휘트모어, 로스(Cyril Ross, 盧世永), 샤록스 등 북장로회 선교사와 양전백·이성삼 장로 등 선천 교계 지도자의 발기로 창립되었고, 10월 교명을 보성여학교라 칭하고 선천읍 미동병원 부속건물을 임시 교사(校舍)로 하여 개교하였다. 체이스(Marie Louise Chase, 최미례) 초대 교장의 뒤를 이어 제2대 교장으로 1913년 스티븐스(Blanch I. Stevens, 徐愛溫) 교장이 취임하여 1938년까지 재직하였다.17)

---

14) 林根葈, 『宣川要覽』, 대영서원, 1932, 29쪽 ; 車載明 편, 『朝鮮예수敎長老會史記』, 조선기독교창문사, 1928, 175~176쪽 ; 「동아일보」 1926년 7월 12일자 "巡廻探訪-宣川地方大觀(1)" ; 최석숭 편, 『평북노회사』, 기독교문사, 1979, 190~191쪽 ; Harry A. Rhodes, *History of the Korea Mission Presbyterian Church U.S.A. vol. I, 1884~1934*, 대한예수교장로회총회교육부, 1984, 212쪽 ; 김영혁 편저, 『창립 100주년 신성학교사』, 54~55·62쪽.

15) 일제는 서북지방의 반일민족세력을 제거시킬 의도에서 '寺內總督謀殺未遂事件'을 조작하였다. 연루자 123인을 재판에 회부하였고, 1심 공판에서 105인에게 유죄판결을 선고했지만, 2심 공판에서 99인이 무죄로 풀려났다. 윤경로, 『105인사건과 신민회 연구』, 일지사, 1990, 9쪽.

16) 「독립신문」 1920년 3월 20일자 "各地 三月一日 祝賀狀況" ; 김영혁 편저, 『창립 100주년 신성학교사』, 156~176쪽 ; 「동아일보」 1930년 1월 15일자 "開學式場을 警官이 監視-작년말에동요된관계인듯, 宣川信聖校生을 嚴戒" ; 「중외일보」 1930년 1월 24일자 "宣川 兩校生 萬歲-信聖中學, 保聖女學校".

17) Blanche I. Stevens, "The Posyung Girls' Academy, Syenchun Station, for the year

〈표 8〉 선천 신성학교 역대 교장 및 설립자(1906~1946)[18]

연도	교장 이름	설립자
1906.7~ 1909	제1대 휘트모어 (N. C. Whittemore, 魏大模)	휘트모어 (N.C. Whittemore)
1909~ 1921.3	제2대 매큔 (G. S. McCune, 尹山溫) : '선천경찰서 폭파사건'으로 강제 귀국	매큔 (G. S. McCune)
1921~ 1924.5	제3대 휘트모어	
1924.6~ 1925.4	교장대리 램프 (H. W. Lampe, 南顯理/南行理) : 1913~1914, 1924.6~1925.4	
1925.4~ 1928	제4대 호프만 (C. S. Hoffman, 咸嘉倫) / 1926~1928 교장대리 김선두(金善斗)	
1928.4~ 1937.10	제5대 장이욱(張利郁) : 수양동우회사건으로 수감되어 감옥에서 교장 사임 / 이후 최득원이 교장사무취급	1930 주현칙·이봉혁 설립자 추가
1938.4~ 1941.4	제6대 최득원(崔得元) : 경성 출장중 별세	
1941.5~ 1942.9	교장대리 유창선(劉昌宣)	
1942.9~ 1943.12	제7대 오창(吳彰, 吳鉉文)	
1944~ 1945	제8대 다카하시[高橋虎彦]	
1945~ 1946	제9대 오창(吳彰, 吳鉉文)	

〈표 9〉 선천 보성여학교 역대 교장 및 설립자(1907~1950)[19]

연도	교장 이름	설립자
1907~ 1910	제1대 체이스 (Marie Louise Chase, 최미례)	
1910~ 1913	매큔 부인, 휘트모어 부인이 교장 대리	

1933-1934" *Presbyterian Church in the U.S.A. Board of Foreign Missions Korea Mission Reports 1911-1954*, 한국기독교역사연구소(영인), 제7권, 329~343쪽 ; 홍선의, 『보성백년사, 1907-2007』, 111·129쪽.

18) 김영혁 편저, 『창립 100주년 신성학교사』, 신성학교 동창회, 2006 참조.

19) 홍선의, 『보성백년사』, 보성중고등학교, 2007 참조.

1913.9~ 1938.3.5	제2대 스티븐스 (Blanch I. Stevens, 徐愛溫)	1930 휘트모어·매큔·주현칙·이봉혁 4명
1938.4~ 1950.6	제3대 김창학(金昌鶴)	1938.5 노정린·백형덕으로 변경

　대구 계성학교는 1906년 대구지역 아담스(James Edward Adams, 安義窩) 선교사가 학생 27명을 모집해 가르치면서 학교가 시작되었다. 초창기 학교 운영비는 아담스 교장이 부담하다가, 1911년 4월 북장로회선교부 경영이 되었고, 6월 조선총독부로부터 설립인가를 받았다. 1대와 3대 교장 아담스, 2대 라이너(Ralph Olive Reiner, 羅道來)의 뒤를 이어 1920년 핸더슨(Harold H. Henderson, 玄居善) 교장이 부임하였다. 핸더슨 교장 부임 전 학교가 재정적으로 어려워지자 1920년 연례모임에서 교장을 맡을 사람이 없고 학교 운영 자금도 없다는 이유로 학교 문을 닫자는 제안이 있었다. 이때 대구선교지부에서 한번 더 협의하자고 하여 보류되었고 핸더슨이 교장으로 보강되면서 학교는 유지되었다.[20] 대구 신명여학교는 브루엔(Martha Scott Bruen, 부마태) 선교사가 1907년 10월 설립하여 운영하다가, 1910년 6월 북장로회선교부로부터 설립승인을 받아 선교부 경영 학교가 되었고, 1914년 4월 조선총독부로부터 인가받았다.[21] 1912년 제2대 교장으로 부임한 폴라드(Harriet E. Pollard, 方解禮)는 1939년 경북노회에 학교를 인계할 때까지 거의 30여년간 봉직했다.[22]

---

20) 계성100년사편찬위원회, 『계성백년사, 1906-2006』, 42~44쪽 ; Harold H. Henderson, "To Bow or Not to Bow; Annual Report of the Keisung Academy, Taiku, Chosen, 1936-1937" *Presbyterian Church in the U.S.A. Board of Foreign Missions Korea Mission Reports 1911-1954* 제8권, p.588.

21) 신명100년사편찬위원회, 『신명백년사, 1907-2007』, 49~50쪽 ;「동아일보」1937년 7월 1일자 "存廢岐路에선 啓聖,信明兩校-卅餘年間의 赫赫한 功獻記錄, 今後가 重大關心事" ;「조선일보」1938년 1월 1일자 "嶺南의 私學兩柱 三十年 歷史 爛爛 存續經營은 斷不絶望-啓聖·信明篇"

22) 계성100년사편찬위원회, 『계성백년사, 1906-2006』, 87~94쪽.

〈표 10〉 대구 계성학교 역대 교장 및 설립자(1906~1961)[23]

연도	교장	설립자
1906.10~ 1911.3	제1대 아담스 (James Edward Adams, 安義窩)	아담스 (J. E. Adams)
1911.4~ 1915.2	제2대 라이너 (Ralph Olive Reiner, 羅道來)	라이너 (R. O. Reiner) 1911.4~1916.5
1915.3~ 1918.8	제3대 아담스 (J. E. Adams)	아담스 (J .E. Adams) 1916.6~1933.8
1918.9~ 1919.12	교장 대리 윈 (George H. Winn, 魏喆治)[24]	
1920.10~ 1941.5	제4대 핸더슨 (Harold H. Henderson, 玄居善)	핸더슨(H. H. Henderson) 1933.8~1941.8
1941.5~ 1945.8	제5대 김석영(金奭榮)	이문주(李文柱) 1941.8-1945.2
1945.8~ 1961.9	제6대 신태식(申泰植)	이사장 김성재(金聖在) 1945~1949

〈표 11〉 대구 신명여학교 역대 교장 및 설립자(1907~1947)[25]

연도	교장	설립자
1907.10~ 1912.5	제1대 브루엔 (Martha Scott Bruen, 부마태)	브루엔 (M. S. Bruen)
1912.5~ 1939.3	제2대 폴라드 (Harriet E. Pollard, 方解禮)	라이너 (R. O. Reiner) 1912~1922
1918~ 1919 1926~ 1927	교장 대리 버그만 (Gerda O. Bergman, 朴禹萬)	폴라드 (H. E. Pollard) 1922~1939
1940.5~ 1941.2	제3대 서창균(徐昌均)	이문주(李文柱) 1939~1944
1941.2~ 1947	제4대 이규원(李圭元)	

---

23) 계성오십년사편찬위원회, 『계성오십년사』, 계성오십년사편찬위원회, 1956, 학교연혁 ; 계성100년사편찬위원회, 『계성백년사, 1906-2006』, 학교법인 계성학원, 2006 참조.

24) 계성학교 교직원 명단에 "윈 교장이 1918년 9월 1일부터 1919년 12월 31일까지 학교장직에 취임함"이라고 되어 있지만, 선교부측 자료들에 따르면 윈은 교장대리로 근무한 것으로 되어 있다. 계성100년사편찬위원회, 『계성백년사, 1906-2006』, 78쪽.

25) 신명오십년사편찬위원회, 『신명오십년사』, 신명오십년사편찬위원회, 1957 ; 신명100년사편찬위원회, 『신명백년사, 1907-2007』, 신명고등학교·성명여자중학교, 2008 참조.

제1장
일제의 사립학교 정책과 미션스쿨

1. 사립학교규칙과 미션스쿨

일제 당국은 강점 이전 통감부 시기부터 민족주의적인 색채를 띤 사립학교에 대해 통제를 가했다. 1908년 반포된 「사립학교령」은 학교의 교육 목적, 명칭, 학칙, 예산, 유지방법, 설립자, 교원, 교과용 도서 등에 관해 규제하는 것으로, 이를 위반했을 경우 학부대신이 학교의 변경 또는 폐쇄를 명할 수 있도록 한 법령이었다.[1] 당시 설립인가를 받은 사립학교의 수는 2,200여 개에 달했다.[2] 사립학교령에 의해 인가받는다는 것은 앞으로 정부의 통제를 받게 됨을 의미하는 것이었다. 따라서 인가 여부에 대해 선교사들 간에 의견이 분분했지만 1909년 2월 사립학교령에 따라 인가를 받기로 결정하였다.[3] 일제는 계속해서 1909년 2월 「기부금품모집취체규칙」으로 사립학교에서 기부금 모집을 금지하였고, 1910년

---

1) 정재철, 『일제의 대한국 식민지 교육정책사』, 서울: 일지사, 1985, 257쪽.

2) 「朝鮮人敎育 私立各種學校狀況」, 조선총독부학무국, 1920(『日本植民地敎育政策史料集成(朝鮮篇)』 43-下권), 1쪽.

3) 俵孫一, "선교사에 대한 의견서," 渡部學·阿部洋 편, 『植民地敎育政策史料集成』 67권, 龍溪書舍, 1991 ; 김승태 편역, 『일제강점기 종교정책사 자료집-기독교편, 1910-1945』, 한국기독교역사연구소, 1996, 23쪽 재인용.

4월에는 「향교재산관리규정」을 통해 종래 사립학교의 재원으로 사용되던 향교 재산을 국가가 관리하면서 공립보통학교의 재원으로 삼게 하였다.

일제는 1911년 8월 '충량(忠良)한 국민을 육성'한다면서 「조선교육령」을 공포하고, 바로 이어 10월에 「사립학교규칙」[4]을 공포하여 사립학교에 대한 감독을 강화하기 시작했다. 사립학교를 설립하기 위해서는 학교를 유지할 수 있는 기본재산을 갖추고 있어야 했으므로 당시 재정이 충분치 않은 대다수의 사립학교들은 새롭게 인가를 받기 어려웠다. 교과용 도서도 조선총독부에서 편찬한 것이나 총독의 검정을 받은 것을 써야만 했다. 또한 "안녕 질서를 문란케 하거나 풍속을 괴란(壞亂)하는 바가 있을 때" 사립학교의 폐쇄를 명할 수 있다고 하여, 학교의 폐쇄를 총독부가 주관적으로 해석할 수 있는 여지를 남겼다. 설립자 및 학교장과 교원을 임용할 때 일제의 인가가 꼭 필요했는데, "성행(性行)이 불량하다고 인정한 자"는 설립자, 학교장, 교원이 될 수 없었다. 따라서 일제의 구미에 맞지 않는 사람은 성행이 불량하다고 하여 인가를 내주지 않을 수도 있었고, 학교의 설비나 수업이 부적당하다고 하여 갑자기 변경하게 하기도 했다.

1910년 7월 현재 전국의 학교 총수 2,235개 가운데 정부의 인가를 받은 사립학교는 종교계 학교 755개를 포함해 2,082개로 약 93%나 되었다. 그러나 「사립학교규칙」이 제정된 이후인 1912년에는 1,362개교(일반 817, 종교계 545), 1919년에는 742개교(일반 444, 종교계 298)로 확연히 감소되었다.[5] 10년도 안된 기간에 사립학교가 약 ⅓로 감소한 것이다.

「사립학교규칙」이 발포되었을 때만 해도 학교에서 종교교육을 실시하는 것에 대해서 총독부는 불만을 가지면서도 규제하지는 않았다.

---

4) 『조선총독부관보』 호외, 1911년 10월 20일 "사립학교규칙"
5) 이광린, 『한국사강좌 V-근대편』, 일조각, 1981, 535~536쪽 ; 장규식, 『1920년대 학생운동』, 한국독립운동사연구소, 2009, 160·162쪽.

1914년에는 "장래 교육제도가 완성되는 시기에 교육과 종교 분립주의를 힘써 행하도록 한다"고 했을 뿐이다. 그러나 식민지적 교육체제인 관공립학교가 구축되자 총독부는 1915년 「개정사립학교규칙」을 통해서 적극적인 통제책을 강구하게 된다.[6] 종교교육의 금지 문제는 잠정적으로 현상유지를 인정했던 미션스쿨들을 억압하겠다는 것이었다.

1915년 3월 「개정사립학교규칙」[7]이 공포되었다. 지금까지 설립자와 학교장 변경은 모두 조선총독의 인가를 받았는데, 개정된 규칙에서는 설립자만 조선총독의 인가를 받고 학교장과 교원의 변경은 도장관의 인가를 받게 되었다. 교과과정에서는 정규 학교 규칙에 정해진 교과 과정 이외의 것을 할 수 없게 되었고, 교원은 일본어에 정통해야 하며 시험에 합격해 교원 면허장이 있거나 총독이 지정한 학교를 졸업한 자에 한한다고 하였다. 일정한 자격을 갖지 못한 사립학교 교원들이 대거 학교에서 퇴출될 위기에 처한 것이다. 더 심각한 경우는 미션스쿨에서 성경과목 및 종교적 의식이 금지되는 문제로, 이것은 미션스쿨의 존폐 문제와 직결되는 것이었다. 기존에 인가받은 사립학교에는 10년간의 유예기간을 주어, 그동안 개정령에 맞게 조치를 취하도록 했다.

조선총독부는 교육과 종교의 분리를 강제하고 종교를 교회 안에 묶어두려고 하였다.[8] 이에 대해 총독 데라우치[寺內正毅]는 다음과 같은 훈령을 발표했다.

> 본 총독은 조선교육령의 실시에 즈음하여 관공립 학교는 물론, 법령으로 학과과정을 규정한 학교에서 종교상의 교육을 실시하거나 또는 의식을 행하는 것을 불허한다고 천명했다. 이제 時運의 진보에 맞춰 국민교육의 통일을 완

---

6) 古川宣子,『일제시대 보통학교 체제의 형성』, 서울대학교 박사학위논문, 1996, 77
~78쪽.
7)『조선총독부관보』제789호, 1915년 3월 24일 "사립학교규칙 중 개정"
8) 關屋貞三郎(학무국장),「私立學校規則改正要旨」『조선휘보』1915년 4월, 22~27쪽.

전하게 하기 위하여 주요한 교육을 실시하는 사립학교에 대해서는 그 학과과
정을 설정하였으므로 이들 학교에서 종교 교육이나 종교 의식을 행할 수 없
다. 교원은 교육의 중심으로서 교육실적 여부는 오로지 교원의 인격과 학식
의 여하에 있다. 따라서 이번에 사립학교 교원 자격에 관한 규정을 정하여 학
교 설립자로 하여금 유능한 자를 선정하여 교육의 실효를 거두고자 한다. 특
히 國語(일본어)는 단지 처세상 필수적인 것만 아니라 조선 교육의 본의인
충량한 신민을 육성하는 데 없어서는 안되는 것이므로 교원은 특수한 경우를
제외하고는 누구나 이에 통달해야 한다.9)

총독부 외사국장 고마쓰[小松綠]는 정부의 공립학교 보급정책이 확
산됨에 따라 앞으로 6, 7년이 지나지 않아 교회학교는 없어지게 될 것이
라고 보았다. 따라서 교회는 교육보다는 포교 방면에 전적으로 힘쓰고,
교육에 관한 사항은 정부에 완전히 일임해야 한다고 하였다.10) 그러나
고마쓰의 생각과 달리, 1,200여 개의 사립학교 가운데 기독교계 학교가
3분의 1을 차지하고 있어 그 영향력이 대단했을 뿐만 아니라 10년의 유
예기간이 지나고서도 일제 말까지 계속 기독교 학교는 존속하게 된다.

학무국장 세키야[關屋貞三郞]는 교육사업에 종사하는 종교학교 관
계자들에게, 법규를 따르고 정부의 법령이나 방침 등을 잘 이해해야 하
며, 현재 시세와 민도에 적합한 경영을 하지 않으면 효과를 얻지 못할
것이라는 방침을 전했다. 이에 따라 "1. 기독교주의 제 학교라도 추호도
지장이 없이 건전한 국민교육의 일환으로, 천황의 사진에 황후 양 폐하
의 어존영(御尊影)에 대해 경례를 행해야 한다. 이것은 미국에서 국기에
대해 거수경례를 하라는 교훈이 있는 것과 같다. 2. 일요일에 학교직원
이나 생도를 원족여행 등에 동반하거나 사립학교 교원검정시험을 치르

---

9) 「私立學校規則改正及私立學校教員試驗施行規則に關する寺內總督訓令」 『조선휘보』
　　1915년 5월, 118쪽 ; 정재철, 『일제의 대한국 식민지 교육정책사』, 328~329쪽 일
　　부 재인용.
10) 小松綠, 「朝鮮に於ける教育と宗教」 『조선휘보』 1916년 1월, 14~22쪽 ; 김승태, 『일
　　제강점기 종교정책사 자료집-기독교편, 1910-1945』, 105~108쪽.

기도 한다. 기독교국이 아닌 일본제국에서 일요일을 종교적으로 엄수하는 것은 도저히 불능한 일임을 명심해야 한다"고 했다.[11] 일요일에 학교 행사를 치른다는 것과 천황의 사진에 경례해야 한다는 것은 1915년 사립학교규칙 개정에 이어 특히 미션스쿨의 교육에 대해 더욱 확실한 규제를 하겠다는 것으로 이해할 수 있다.

이 시기에 유독 총독부 학무국 관련 인사들이 「기독신보」에 종교학교 관계자에게 강론하는 글을 싣거나 교육의 의의를 게재하고 있는데, 이는 앞서의 「개정사립학교규칙」을 기독교학교 관계자들에게 주지시키기 위한 것이었다. 유게[弓削幸太] 학무과장은 경성조합교회 교역자사경회 석상에서 "외국의 교육방침을 원형대로 실행코저 함은 독립국가에 절대적으로 시행치 못할 바이다. 우리 제국의 교육방침은 교육에 관한 칙어의 취지에 기하여 충량한 국민을 육성함에 있으니 칙어에 의하면 교육은 충효로 위본(僞本)한다. 칙어의 취지에 적합한 사람이 완전한 국민 즉 충량(忠良)한 국민이라 이를 것이다. 조선의 교육은 조선의 사정에 적합한 자가 아니면 불가하니 이것이 조선교육령에 '교육은 시세(時勢)와 민도(民度)에 적합함을 기할지라' 운운한 소이이다"[12]라는 내용의 강연을 하였다. 즉 교육의 목적은 완전한 국민을 육성함에 있는데 일본 제국의 교육방침인 조선교육령에 합당한 교육만이 필요하다는 것이다. 또한 "아메리카류의 교육방침을 일본에 적용할 수 없다"는 말로써 미국인 선교사들에 대해 총독부 교육방침에 따를 것을 종용하였다.

「개정사립학교규칙」에 따라 사립 중등학교는 고등보통학교로 가든지 각종학교로 가든지 둘 중 하나를 선택해야 했다. 고등보통학교가 되면 일본어 교육을 대폭 강화하고 한국 역사와 지리, 성경 등을 교과목으로

---

11) 「기독신보」 1916년 6월 28일, 7월 5일자 "(關屋貞三郞) 宗敎學校 關係者의게 向 ㅎ야 講論全文"

12) 「기독신보」 1916년 8월 9일, 23일, 30일자 "(弓削 학무과장) 강연-敎育의 眞意義"

가르칠 수 없게 된다. 각종학교로 남게 되면 1925년까지의 유예기간 동안 교과목은 자유롭게 가르칠 수 있었지만, 상급학교 진학과 취직 등에서 불이익을 받아야 했다.

종교교육의 문제가 없었던 일반 학교들은 대체로 1910년대에 인가를 받았다. 숙명여고보, 진명여고보, 양정고보, 휘문고보 등 왕실계열의 학교들은 안정된 토지수입이 있었으므로 이를 통해 기본재산으로 삼아 재단법인을 조직하여 인가를 받았다. 이외의 학교들은 1920년대에 기반을 확립하고 인가를 받게 된다.

성경을 정규 교과목에 둘 수 있느냐 없느냐의 문제를 두고 고심하던 미션스쿨들은 감리교 계통 학교와 장로교 계통 학교가 각각 다른 결정을 내렸다. 감리교계 학교들은 정규 과목은 아니더라도 방과 후에 성경 수업과 예배를 드리는 것은 무방하다고 여겨 고등보통학교로 승격시켰다. 1916년 배재학당이 기독교 학교로는 처음으로 고등보통학교가 되었고, 계속해서 1917년 개성 한영서원(송도고보), 1918년 이화학당, 개성 호수돈여숙, 평양 광성학교, 1920년 평양 정의여학교, 1925년 배화와 루씨여학교가 고등보통학교 혹은 여자고등보통학교로 설립인가를 받았다. 장로교 학교 중에서는 캐나다장로회에서 경영하는 함흥 영생학교와 영생여학교가 1929년과 1931년 각각 고등보통학교로 인가를 받았다. 캐나다장로회는 다른 장로회 선교부들에 비해 신학적으로 좀더 유연한 입장에 있었기 때문이다.[13)]

그러나 대부분의 장로교계 학교들은 종교교육을 배제하는 고등보통학교로의 길을 포기했다. 고등보통학교로 인가받지 않은 학교들은 '각종학교(各種學校)'가 되었고, 각종학교 졸업자는 전문학교 입학자격을 주지 않았다. 상급학교 진학이 되지 않았으므로, 장로교 학교 재학생들 가

---

13) 장규식·박현옥, 「제2차 조선교육령기 사립 중등학교의 정규학교 승격운동과 식민지 근대의 학교공간」 『중앙사론』 32집, 중앙사학연구원, 2010년 12월, 157·173쪽.

운데 감리교 학교나 관공립학교로 옮기는 경우도 있었다.

〈표 12〉 사립각종학교 수(1910~1919/ 매년 5월 말 현재)[14]

연도	일반	종교	계
1910	1,227	746	1,973
1911	1,039	632	1,671
1912	817	545	1,362
1913	796	487	1,283
1914	771	473	1,244
1915	704	450	1,154
1916	624	421	1,045
1917	518	350	868
1918	461	317	778
1919	444	298	742

〈표 13〉 종교·교파별 사립각종학교 수(1919년 5월 말 현재)

교파	학교수
미북장로회	164
미남장로회	16
미북감리회	54
미남감리회	11
장·감 연합	2
호주장로회	5
캐나다장로회	14
영국성공회	3
천주교회	19
강림포교회(降臨布敎會)	2
불교	8
합계	298

앞의 표를 살펴보면 「사립학교규칙」 개정 이후 사립 각종학교는 1916년 1,045개교, 1917년 868개교, 1918년 778개교, 1919년 742개교로 대폭 감소하였고, 1919년 당시 종교학교 298개교가 거의 기독교 학

---

14) 「朝鮮人敎育 私立各種學校狀況」, 조선총독부학무국, 1920(『日本植民地敎育政策史料集成(朝鮮篇)』 43-下권), 6~7쪽.

교인데 그 중에서도 북장로회 학교가 164개교로 반 이상을 차지했다.

교육사업에 매진하던 선교사들은 「사립학교규칙」이 학교 경영에 막
대한 지장을 가져올 것이며, 이는 정부가 선교사들에게 성경교육의 자유
를 약속한 것에 위배되는 것이므로 10년 동안의 유예기간이 완료되기
전에 이 규칙을 다시 개정해 달라고 요구했다.[15] 북장로회 해외선교부
에서는 브라운(A. J. Brown) 총무에게 총독부와 교섭하도록 하였고, 브
라운과 총독부 고마쓰[小松綠] 사이에 교육과 종교의 분리 문제에 관해
여러 차례 서신이 교환되었다. 해외선교부는 '종교와 교육의 분리정책'
배후에는 한국 통치의 합법성과 정당성에 대한 인식문제가 깔려있다고
파악하고, 미션스쿨 유지를 위해 일본의 한국통치의 정당성을 인정하였
다.[16] 서울 경신학교의 설립자인 언더우드(H. G. Underwood)는 총독부
의 교육정책 중 교과과정이 공사립 여부와 상관없이 모든 학교에서 동일
해야 하는 것은 당연한 일이라고 보았다. 개정된 규칙은 종교를 교과과
정의 일부로 통합하는 것을 허가할 수 없다는 것이지, 교과과정 밖에 있
다면 충분히 가르칠 수 있는 것이므로, 미션스쿨을 유지하는 데에는 아
무런 어려움이 없을 것이라고 확신하였다.[17]

---

15) Horace H. Underwood, *Modern Education in Korea*, New York: International Press, 1926, p.173.

16) 브라운과 고마쓰의 서신 내용은 이성전, 「선교사와 일제하 조선의 교육」 『한국기독교와 역사』 3호, 기독교문사, 1994, 187~199쪽 참조.

17) 이만열·옥성득 편역, 『언더우드 자료집』 제5권, 연세대학교 출판부, 2010, 168~169쪽. H. G. Underwood의 1915년 9월 29일 서신.

2. 신교육령과 미션스쿨

총독부와 장로교의 종교와 교육을 둘러싼 갈등은 3·1운동 이후 일제
의 정책 변화에 따라 새로운 양상으로 전개되었다. '무단통치'라는 식민
지배 정책을 소위 '문화정치'로 전환하면서 선교사들에 대해서도 유화적
입장을 보였다. 총독부 학무국장은 1919년 9월 선교사공의회에 정부가
선교부 및 교회들과 협력할 수 있는 방법을 제안해 달라고 했다. 이에
대해 6개 선교부 연합회는 사이토[齋藤實] 총독 앞으로 진정서를 보냈
다. 전도사업, 교육사업, 의료사업, 종교 문헌, 소유권 및 재산상의 문제,
도덕적 개선 등의 여러 분야에서 개선할 점을 제시했는데, 그 가운데 교
육사업에 관한 내용은 아래와 같다.

> 1) 미션스쿨에서 성경 및 종교적 의식을 과목 중에 넣을 것을 허가해 줄 것
> 2) 한국어 사용 제한을 철폐할 것
> 3) 사립학교 경영에 현재 이상의 자유를 부여하는 한편 불필요한 관헌의 간
>   섭을 폐지해 줄 것
> 4) 학생 및 학생의 양심의 자유를 인정해 줄 것
> 5) 한국인에 대하여 교육상 일본인과 동일한 기회를 주며, 교과서의 선택에도
>   한층 자유를 주고, 또 한국사 및 세계사를 가르치는 것에 대한 제한을 철
>   폐할 것
> 6) 총독부의 허가를 얻은 사립학교의 졸업생은 관립학교 졸업생과 동일한 특
>   전을 부여할 것[18]

---

18) "전선 선교사대회 진정서," 조선총독부 학무국, 『朝鮮の統治と基督敎』, 조선총독
    부, 1921, 1923 ; 김승태 편역, 『일제강점기 종교정책사 자료집-기독교편, 1910-1945』,
    170~172쪽 재인용 ; Harry A. Rhodes, 최재건 옮김, 『미국 북장로교 한국 선교회
    사 I(1884-1934)』, 연세대학교출판부, 2009. 저다인(Gerdine)과 로즈(Rhodes)가 에
    비슨, 마펫 등 여러 선교사들의 자문을 받아 "A Communication to His Excellency,
    Baron Saito, Governor-General of Chosen, from the Federal Council of Protestant
    Evangelical Missions in Korea"를 작성했다.

당시 미션스쿨들이 겪고 있는 가장 근본적인 문제들을 제기한 것이다. 물론 가장 중요한 것은 성경을 가르치고 예배를 드릴 수 있게 해달라는 것이었다. 또한 사립학교 경영의 문제로, 교사의 봉급, 교과목 변경, 교사의 선택과 해고 등에 대해서까지 정부의 승인을 얻게 하는 정책에 대해 수정을 요구하였다. 졸업생의 상급학교 입학자격 부여도 신입생 모집시 사립학교가 겪고 있는 매우 어려운 문제였다.

총독부는 1920년 3월 「사립학교규칙」을 다시 개정해 교육과 종교의 절대 분리주의를 완화해 수신과 일본어를 필수 과목으로 넣는 조건부로 성경과목을 가르칠 수 있도록 했다. 교원의 자격규정도 완화하여 수신·일본어·역사·지리·체조 이외의 교과목을 가르치는 교원은 일본어에 통달하지 않아도 되었다. 이로써 미션스쿨에서 성경을 가르치면서, 유예기간이었던 1925년까지 고등보통학교에 규정된 내용을 다 갖추지 않아도 각종학교로 존속할 수 있게 되었다.[19] 전문학교 진학에 관해서는 1921년 4월 '전문학교입학자검정규정'과 1922년 3월 그것을 일부 개정하여 고등보통학교 혹은 여자고등보통학교를 졸업하면 국내는 물론 일본에 있는 전문학교에도 진학할 수 있게 되었다. 그러나 각종학교 졸업자들에게는 본과생으로 입학할 자격이 주어지지 않아 별도의 시험을 치르거나 학력인정이 되는 학교로 다시 편입해야 했다.[20] 한편 전국의 시학관회의에서는 교육이 국가의 방침에 맞아야 하고 학교는 영리를 목적으로 설립한 회사와는 다르므로 정부가 사립학교에 대해 형식적 지도감독이 아니라 철저한 감독이 이루어져야 한다고 지시하였다.[21] 규제를 완화하는

---

19) 『조선총독부 관보』 1920년 3월 1일 "사립학교규칙 개정(府令 제21호)"; 장규식·박현옥, 「제2차 조선교육령기 사립 중등학교의 정규학교 승격운동과 식민지 근대의 학교공간」, 158쪽.

20) 「專門學校入學者檢定規程」(1921년 4월 25일 府令 제72호), 「專門學校入學者檢定規程中改正ノ件」(1922년 3월 15일 府令 제25호), 『조선』 1922년 3월, 79쪽.

21) 「道視學會議」『조선』 1921년 4월, 114쪽.

한편 철저한 감독을 병행하겠다는 것이었다.

　성경이 교과목으로 인정받아 종교교육의 자율성을 어느 정도 인정받은 것과는 별개로, 미션스쿨 가운데 고등보통학교로 인가받지 못한 각종학교들은 학생 수가 점차 줄어들었다. 1922년 3월 배재고등보통학교 졸업생이 67명이었음에 비해, 각종학교인 경신학교는 21명, 정신여학교는 4명이 졸업하였다.[22] 그러자 교계 인사들은 학생들과 학부형들에게 불신자 학교에 입학하여 우수한 학식을 얻는 일보다 완전한 인격을 도야할 수 있는 학교에 입학하는 것이 더 중요하다고 제언하였다.

　　설사 제씨의 자녀가 불신자학교에 입학하여 우수한 학식을 修得한다 할지라도 제씨의 자녀로 인격건설에 주요한 조건을 逸失케 함이니라. 此時에 학생 제군은 학교를 선택하며 학부형 제씨는 자녀를 어느 학교에 입학시킬 바를 결정함에 際하야 이상 기초적 원칙을 심사할지니 교육은 정신과 신체를 완전히 발달함에 있나니 성경에 말한 바 神의 人으로 완전케 하며 모든 善事를 행하기에 더욱 완전히 예비함이 되게 할지니라.[23]

　1922년 제2차 조선교육령이 공포되었다. 이 교육령에서는 한국인의 학교와 한국 거주 일본인 학교의 수업 연한을 같게 하고, 한국어를 사용하는 학교와 일본어를 사용하는 학교로 구분하였다. 한국어를 사용하는 학교에서는 한국어와 한국역사·지리 등을 필수과목으로 하되 교과서는 조선총독부에서 편찬한 것을 사용하게 했다. 한국어 사용을 잠정적으로 허용하며 총독부에서 편찬한 교과서를 통해 민족정신을 개조하려 한 것이다.[24] 제2차 조선교육령에 맞춰「사립학교규칙」[25]도 다시 개정하였다.

　개정된 사립학교규칙에서 중요한 것은 앞으로 개인의 학교 설립을 제

---

22)「기독신보」1922년 3월 29일자 "京城에 잇는 敎會內 各學校 卒業式"

23)「기독신보」1922년 3월 29일자 "敎育의 標準-특히 학생제군과 학부형제씨의게고홈"

24) 정재철,『일제의 대한국 식민지 교육정책사』, 348~350쪽.

25)『조선총독부관보』제2884호, 1922년 3월 28일, "私立學校規則(府令 제27호)"

한하고, 사립의 전문학교, 중학교 또는 고등보통학교를 설립할 때는 학교를 설립·유지할 만한 기본재산이 있는 재단법인이어야 한다고 규정한 것이다. 지금까지 전문학교에만 해당하던 것을 중학교와 고등보통학교까지 확대하여 중등학교 설립자를 통제하기 시작하였다. 교육 당국자들은 선교부에서 운영하는 학교들을 제외하고, 기본재산 없이 근근이 유지해온 사립학교는 경비문제로 인해 폐교될 곳이 적지 않을 것이므로, 각 사립학교에 미치는 영향은 매우 클 것이라고 예측했다.[26] 선교부도 각 학교 교장들과 회의를 통해 선교부의 교육정책을 다음과 같이 정했다. 첫째 정부의 기준에 맞도록 학교의 교과목, 건물, 장비, 교사진과 예산 등을 향상시킬 것, 둘째 각 학교의 수용능력을 향상시키고 학생들에게 기독교적 성격, 능력과 자질을 충실히 할 것, 셋째 충분한 교사와 선교사들의 영향력으로 한국인 기독교 지도자를 양성할 것 등의 세 가지다.[27] 미션스쿨들이 총독부 기준에 부합하지 못한 결과 학생들이 고등보통학교로 이전하여 학생 수가 줄어들게 되자, 선교부에서도 학교의 충실을 도모하는 데 노력하겠다는 것이다.

일제는 1922년 3월에 발포된 부령(府令) 제25호 「전문학교 입학자 검정 규정 중 개정의 건(專門學校入學者檢定規程中改正ノ件)」에 의거해, 1923년부터 한국에서 지정학교(指定學校) 제도를 처음 시행했다. 각종학교 가운데 기본재산, 학교 설비, 자격있는 교사진을 갖추고 있으면, 학무국에서 시학관을 파견하여 학교를 실사하고 시험을 통해 지정학교로 인정해 주는 제도이다. 지정학교로 인가를 받으면 교과목에 성경과목을 넣고 예배를 드리면서도 고등보통학교와 같은 자격을 주어 상급학교에 진학할 수 있었다.[28]

---

26) 「동아일보」 1922년 2월 4일자 "新教育令이 私立學校에 及하는 影響"
27) "Minutes and Reports of the 38th Annual Meeting of the Chosen Mission of the Presbyterian Church in the U.S.A. 1922(1922.6.25-7.4)," 59쪽.
28) 「동아일보」 1923년 11월 7일자 "耶蘇教學校 感謝 希望"

고등보통학교의 교육연한을 일본 중학교와 같은 5년으로 1년 더 연장
하는 한편, 사립 각종학교는 요건을 갖춰 고등보통학교에 준하는 지정학
교로 인가받지 않으면 취업과 상급학교 진학에서 철저히 배제되는 것이
었다. 일제는 공·사립 고등보통학교-지정학교-각종학교 순으로 식민지
중등학교의 위계를 배치했다. 1920년대 사립 각종학교에서는 고등보통
학교 내지 지정학교로 승격을 요구하는 동맹휴학이 유행하게 되었다.

한편 1923년 3월 28일 부령 제28호로 「사립학교 교원의 자격 및 원
수(員數)에 관한 규정」이 발포되어, 사범학교, 중학교, 고등여학교 또는
고등학교 고등과의 교원면허장이 있는 자와 조선총독의 지정을 받은 자
만 사립학교 교원 자격을 주었다. 같은 해 7월 17일 훈령 제42호 「사립
학교교원자격인정위원회규정」에서는 전문학교, 사범학교, 중학교, 고등
보통학교, 고등여학교, 여자고등보통학교에서 5년 이상 교수한 경력이
있는 자는 본인이 신청하면 시험을 보지 않아도 인정위원회의 심사를 거
쳐 총독이 사립학교 교원자격 인정증서를 교부하며 이는 교원면허장과
동일한 효력을 발휘하게 되었다.[29] 이는 지정학교 제도를 통해 사립 각
종학교에서 성경을 가르칠 수 있는 길을 열어놓았지만, 지정학교보다는
역시 고등보통학교로의 편입을 유도하는 제도였다고 볼 수 있다. 시험을
보지 않아도 고등보통학교 등에서 교수하면 교원 자격을 인정받기 때문
에, 교원들은 지정학교보다는 고등보통학교 등을 더 선호할 것이므로 지
정학교에서 자격있는 교원을 구하기가 더 어려워졌기 때문이다. 이 제도
는 사립학교 교원의 부족을 해소할 좋은 방법이기도 하지만, 한편으로는
무자격 교원이 있는 사립학교에 대해서는 더욱 강경하게 대처하겠다는
의도도 엿보인다.

---

29) 「私立學校教員ノ資格及員數ニ關スル規定」,(1922년 3월 28일 府令 제28호), 『조선』
  1922년 3월, 83~84쪽 ; 「동아일보」 1923년 7월 17일 "私立學校 教員資格 認定
  에 就하야-長野學務局長談" ; 高尾甚造, 「朝鮮教育の斷片」, 政治教育協會, 1936(『日
  本植民地教育政策史料集成(朝鮮篇)』 28권).

3. 신사참배 강요와 미션스쿨

일제는 1931년 만주침략에 이어, 1937년 중일전쟁, 1941년 태평양전쟁을 도발해 1945년 패전할 때까지 15년에 걸친 침략전쟁을 벌였다. 이 기간 동안 한국을 대륙침략을 위한 병참기지로 삼아 물적·인적 수탈을 극대화했고, 한국인의 정신생활까지도 통제하려 했다. 식민통치 초기부터 강력하게 추진된 동화정책은, 1935년 우가키[宇垣一成] 총독 때에 이르러서는 종교적 신앙심을 이용한 식민통치 이데올로기의 확산과 정착을 위한 '심전개발운동'으로 강화된다.30) 심전개발운동의 실행을 위해 "1. 종교 각파와 아울러 교화의 모든 단체는 상호연락을 제휴하여 실효를 거둘 것 2. 지도적 입장에 있는 자는 솔선하여 대중에게 모범을 보일 것"을 내세우고, 학교교육시설에는 "1. 교직원에 신앙심을 함양시키고 종교에 대한 이해를 갖게 할 것 2. 학생, 생도, 아동에 대해 평소 종교적 정조(情操)를 길러주고, 여러 가지 시설방법을 강구하고 그 철저를 도모할 것 3. 어떤 교과목에서도 종교적 정조의 함양에 유의할 것 4. 교직원을 대상으로 하는 각종 강습회에 가능한 한 종교에 관한 과목을 첨가할 것 5. 무도(武道)의 장려에 유의할 것"31)을 지시했다. 신사참배 강요에 앞서 학교뿐만 아니라 청년단체, 농촌진흥단체 등 각종 사회적 시설에 종교적 분위기를 조성해 놓은 것이다. 『조선(朝鮮)』1936년 3월호에 "심전개발의 근본적 용의(用意)"라는 글 바로 뒤에 "신사(神社)와 신앙"이라는 글을 실은 것을 봐도32) 심전개발운동의 일환으로 신사참배를 강요

---

30) 김승태, 『중일전쟁 이후 전시체제와 수탈』, 독립기념관 한국독립운동사연구소, 2009, 20~22쪽.

31) 「彙報-心田開發委員會」 『조선』 1936년 2월, 105~107쪽.

32) 津田榮, 「心田開發の 根本的 用意」; 阿知和安彥, 「神社と信仰」 『조선』 1936년 3월, 19~27쪽.

하게 될 것이라는 총독부의 의도를 추측할 수 있다.

1936년 총독으로 부임한 미나미 지로[南次郎]는 통치의 근본 취지인 '내선일체(內鮮一體)'에 따라 1937년 4월 "국체명징(國體明徵), 선만일여(鮮滿一如), 교학진작(教學振作), 농공병진(農工倂進), 서정쇄신(庶政刷新)"의 다섯 가지 강령을 발표하였다.33) 교학진작의 내용으로 학교교육을 지식배양보다 덕성의 함양, 국민정신의 진작을 교육의 최고 지표로 삼고, 이를 위해 사범교육의 개선, 각도 시학 및 시학관 강습회 개최, 시학기능의 강화를 도모하기로 했다.34) 이러한 방침에 따라 학교에서 '황국신민화(皇國臣民化)' 교육은 더욱 강화되어, 그해 10월 「황국신민의 서사(皇國臣民の誓詞)」35)를 제정하였고, 이후 학교에서 일본어 사용이 강요되었다. 미나미 총독은 선교사대회, 조선기독교연합회, 기독교조선감리회 등 선교사 및 기독교인들의 회의 자리에서, 총독부 통치방침에 대한 협조, '내선일체' 정신에 입각한 황국신민으로서의 책무 수행 등을 강력히 요구하였다.36)

1938년 3월 조선교육령을 다시 개정하고, 이어서 「국가총동원법」을 제정하였으며, 7월에는 '국민정신 총동원 조선연맹'을 결성하였다. 제3

---

33) 「道知事會議に於ける南總督訓示要旨」『조선』1937년 5월, 1~8쪽 ; 조선총독부, 『施政三十年史』, 조선총독부, 1940, 409~410쪽.

34) 「道知事會議に於ける大野政務總監訓示要旨」『조선』1937년 5월, 16~17쪽.

35) 중등학교 이상의 학생과 일반인에게 "1) 우리는 황국신민이다. 충성으로서 君國에 보답하련다. 2) 우리 황국신민은 서로 信愛協力하여 단결을 굳게 하련다. 3) 우리 황국신민은 인고단련력을 길러 皇道를 선양하련다"를 외우게 했다. 손인수, 「일제 식민지 교육정책의 성격」『일제하의 교육이념과 그 운동』, 한국정신문화연구원, 1986, 70~71쪽.

36) "제26회 전선선교사대회 출석자 초대 석상에서 총독 인사"(1937.9.21), "조선기독교연합회 대회 총독 축사"(1938.7.7), "제3회 기독교조선감리회 총회 총독 고사"(1938.10.7), "시국대응 기독교장로회 대회 총독 훈화"(1938.10.17), 조선총독부 官房文書課 편, 『諭告·訓示·演述總攬』, 朝鮮行政學會, 1941 ; 김승태 편역, 『일제강점기 종교정책사 자료집-기독교편 1910-1945』, 290~298쪽 재인용.

차 조선교육령은 '내선일체'라는 미명하에 보통학교를 소학교로, 고등보
통학교를 중학교로, 여자고등보통학교를 고등여학교로 하여 한국인 학
교와 일본인 학교의 명칭을 같게 했다. 그리고 한국어 교과를 수의과목
(隨意科目)으로 하여 공사립 학교에서 한국어 교과를 두지 못하도록 강
요했다. 교육령 개정과 동시에 지원병제도를 실시하여 학교를 군사교육
의 장소로 만들었다.[37] 「국가총동원법」에 따라 모든 물자·산업·인원·
출판·문화·교육에 이르기까지 통제와 징발이 가능하게 되었고, '국민정
신총동원운동'은 이 법의 원활한 적용을 위해 한국인들을 조직하고 통제
하는 기본작업이었다.[38] 태평양전쟁 도발 후에는 학생들을 노동력·전력
(戰力)으로 총동원하였고, 이어 '창씨개명(創氏改名)'을 강요했다. 1941
년 교육령의 일부를 개정하여 중등학교 수업연한을 5년에서 4년으로 단
축하고, 1943년에는 제4차 조선교육령을 공포하여 교육의 전시체제화를
목적으로 정상적인 학교 기능을 마비시키기에 이르렀다. 이때는 형식상
수의과목으로 존속했던 한국어, 한국사와 한국지리를 교과과정에서 완
전히 배제했다. 그리고 일본어, 일본도덕, 일본역사, 일본지리 등의 교과
를 '국민과(國民科)'로 통일시켰다.[39] 전쟁 막바지인 1945년 7월에는
'전시교육령(戰時敎育令)'[40]을 공포해 한국 내 모든 학교의 교직원과 학
생들을 학도대로 조직하여 전쟁터에 내보냈다.

이러한 과정 속에서 일제는 사립학교에 대한 통제를 강화하였다. 많

---

37) 정재철, 『일제의 대한국 식민지 교육정책사』, 420~422쪽. 수의과목이란 학교 당
   국의 의사에 따라 가르칠 수도 있고 가르치지 않을 수도 있는 과목이다. 鹽原學務
   局長談, 「朝鮮敎育令の改正に就て」, 윤치호, 「敎育令 改正 志願兵制度 實施に 際し
   ての 感想」『조선』 1938년 4월, 9~15쪽.
38) 국사편찬위원회, 「전시체제와 민족운동」 『한국사』 50, 국사편찬위원회, 2001,
   47~48쪽.
39) 정재철, 『일제의 대한국 식민지 교육정책사』, 475쪽 ; 柏木宏二, 「朝鮮敎育令改正
   の 趣旨と 其の 使命」『조선』 1943년 5월, 41~47쪽.
40) 『조선총독부관보』 호외, 1945년 7월 1일 "전시교육령"

은 사립학교들이 경영난에 시달렸는데 특히 기독교계 학교들은 미국 경제공황의 영향으로 인한 선교비 감소로 재정난에 시달렸다. 총독부 학무당국에서는 경영이 어려운 사립학교는 폐쇄를 명하는 등 일정한 통제방침을 세우기로 했다.[41] 1933년 5월 각 도의 학무과장과 도 시학관 회의에서 사립학교 문제를 토의했다. 사상악화, 경영파탄, 무자격교원 채용등의 사립학교에 대하여는 엄벌주의로, 개선이 불가능한 학교는 폐교 등단호히 조치하기로 했다.[42] 사립학교에 대한 지도감독과 적극적인 사상선도를 위해 감찰관을 두기도 했다.[43] 사립학교 통제를 강화하는 것과맞물려 일제는 미션스쿨에도 신사참배를 강요하였다. 1925년 조선신사(朝鮮神社)를 완공한 후 학교에 신사참배를 강요했지만 미션스쿨에서는단호히 거부하였고, 일제 당국도 더 이상 강력하게 대처하지 못했다.[44] 1933-1935년 식민지 대만에서 영국과 캐나다 선교사들이 운영하는 사립중등학교에서 신사참배를 강요받았고, 영연방 선교사계의 학교들은 대만총독부 당국에 굴복했다.[45] 1935년 초부터 조선총독부의 '정신교화'

---

41) 「매일신보」 1933년 2월 1일자 "私立學校經營에 對한 統制方針을 樹立-경영난에 쌔진 학교가 만타고 總督府學務課考究." 1938년에는 사립학교의 교육내용과 재정조사 명목으로 총독부 직속 '독찰대'를 조직해 전국으로 출동시켰다. 「매일신보」 1938년 4월 10일자 "지도방침세우고저 '독찰대'를 파견"

42) 「동아일보」 1933년 5월 22일자 "學務局과 各道聯絡 私立學校內査着手? 廿四日부터 三日間召集할 注目되는 視學官會議"; 「동아일보」 1933년 5월 28일자 "書堂은當分間指導 私立學校徹底監督 개선이 안 보이면 단호한 처치 學務課長會議閉會"; 「기독신보」 1933년 5월 31일자 "私立學校 徹底監督"

43) 「매일신보」 1933년 7월 9일자 "改善問題 前提로 私立校長會議-十一일 오전九시부터 京畿道會議室에서"; 「매일신보」 1933년 7월 13일자 "私立中等校에 改善策指示-十一日, 京畿道에서 廿七個校長 召集"; 「매일신보」 1935년 7월 21일자 "私立學校監督 專任監察官-종내의 등한하던 태도고처 昨年度부터 設置"

44) 1920년대 신사참배 강요에 대해서는 김승태, 「日本 神道의 침투와 1910·1920년대의 「神社問題」 『한국기독교와 신사참배문제』, 한국기독교역사연구소, 1991, 189~246쪽 참조.

45) 안종철, 『미국 선교사와 한미관계, 1931-1948』, 한국기독교역사연구소, 2010, 58쪽.

운동이 '심전개발' 운동으로 심화되고, 한국의 사립학교에도 천황제 이데올로기 주입을 위한 운동을 펼쳤다.

1935년 10월 총독부 학무국에서 각 도의 학무과장과 시학관들을 불러 국가관념 함양, 경신숭조(敬神崇祖), 일본어 보급 철저, 사립학교 지도감독, 심전개발, 교화사업 등을 지시하였다. 이 일환으로 평안남도 지사는 같은 해 11월 도내 공사립 초등, 중등학교장들을 연이어 불러 회의를 하였다. 이때 도지사가 회의 시작 전에 교장들에게 평양신사 참배를 제의하였으나 숭실학교 교장 매큔(G. S. McCune, 尹山溫)과 숭의여학교 정익성(鄭益成), 순안 의명학교 교장 리(H. M. Lee, 李希滿)가 거부하였다. 세 학교에 대해 교장들과 학생들의 신사참배 여부를 서면으로 회답하도록 요구했고, 선교사측의 교섭이 받아들여지지 않아 결국 숭실학교 교장 매큔과 숭의여학교 교장 대리 스누크(V. L Snook)는 신앙 양심상 참배할 수 없으며 학생들에게도 참배시킬 수 없다는 답변을 하였다. 이에 매큔은 1936년 1월 18일 숭실학교 교장직, 1월 20일 숭실전문학교 교장직 인가를 취소당하고, 스누크도 1월 20일 숭의여학교장 대리 인가를 취소당했다.[46]

1935년 12월 학무당국에서 어떤 학교든지 신사참배가 필요하면 반드시 참배해야 하며, 또 종교와 교육은 다르니 종교의 선포는 자유지만 종교 때문에 교육정책을 고칠 수 없다고 강경히 주장했다.[47] 총독부 학무

---

46) 김승태, 「1930년대 기독교계 학교의 신사참배 거부 문제와 선교부의 대응」 『한말·일제강점기 선교사 연구』, 175~177쪽 ; 「매일신보」 1935년 11월 27일자 "朝鮮 內 基督敎系 學校 神社參拜問題 重大化-各地宣敎師聯合會에서는 米國本部에 呼訴!," "神社不參拜問題에 當局態度 頗强硬-'신교의자유와혼동치말라고' 不遠間 通牒을 發送" ; 「매일신보」 1935년 12월 1일자 "雙方의 見解가 너무나 判異 神社參拜問題 解決困難-敎理억어서 學校經營할수업다고 宣敎師會도 重大決意" ; 「매일신보」 1935년 12월 10일자 "各地宣敎師 巨頭 學務當局과 懇談-問題解決의 曙光보다도 旣定方針을 傳達而已"

47) 「기독신보」 1935년 12월 11일자 "神社參拜는 不可避-宗敎宣布와 敎育政策은 別

과장 오노[大野謙一]는 신사참배문제에 대해 다음과 같이 언급하였다.

　　신사참배문제는 국가적 의식이요, 종교적 의식이 아니다. 그러므로 신사에 참
　　배치 아니한다는 것은 국가의식에 참배치 아니한다는 것이 된다. 그렇다고
　　하면 일본영토 안에서 일본국가의식에 참가치 아니하는 것은 결국 일본에 복
　　종치 아니하는 것이 된다. 헌법상에도 신사는 종교가 아니라는 것이 명백하
　　다. 이럼에도 불구하고 조선에 많은 공헌이 있는 기독교 선교사가 경영하는
　　학교들이 이 문제로 해서 철폐한다고 하는 것은 당국으로서는 알 수 없는 것
　　이다.[48]

　국가적 의식인 신사에 참배하지 않는다는 것은 결국 일본의 통치에
복종하지 않겠다는 것으로 받아들이고 있다. 이것은 학무과장의 입장으
로 끝나는 것이 아니라 총독부의 의사를 대변하는 것이었고, 신사참배
문제에 대한 선교부의 어떤 대응도 총독부 정책에 변화를 줄 수 없을
것이라고 전제하고 있다. 학교의 신사참배 문제에 대해 학무국 이상으로
주목하고 있던 곳은 경무국이었다. 경무국에서는 이 문제를 배일(排日)
교육으로 보고 선교사측의 행동을 감시하였다. 지금까지의 학무국 태도
를 우유부단하다고 보고 앞으로 신사참배 문제를 토의하기 위한 기독교
측 회합은 일체 금지하며 경찰이 미션스쿨의 단속을 엄중히 하겠다고 선
언했다.[49]

　신사참배 강요와 더불어, 1937년 7월에는 총독부령 제90호로「사립
학교규칙」을 또다시 개정하여, 그동안 신고만 하면 되었던 사립학교의
유지방법, 수업료와 입학료의 변경, 사립학교의 폐지에 관한 조항을 당

　　個問題라고"

48)「동아일보」1935년 12월 1일자 "'國家儀式에 參拜는 當然 廢校도 不得已' 大野學
　　務課長談"

49)「조선일보」1935년 12월 10일자 "警務當局에서도 斷然 彈壓할 態度-神社參拜問
　　題 討議할 基督敎會合 一切禁止할 方針"

국의 인가를 받아야 가능하도록 하였다. 이제 사립학교를 폐지할 때는 그 사유와 함께 학생의 처분 방법, 폐지 기일 등을 기록해 총독의 인가를 받도록 했다.[50] 사립학교의 경영과 재정상태, 학교의 폐지 등의 문제를 대만, 일본과 같이 국가에서 직접 감독하겠다는 의지를 드러냈다.[51] 신사참배 거부로 장로교계 학교들의 폐교 문제가 대두된 것이 「사립학교규칙」을 개정하게 된 동기로 작용한 것이다.

평양지역 학교장의 신사참배 거부 문제는 한국에서 교육사업을 시행하고 있던 모든 선교부들에게 파급되었다. 그러나 이 문제에 대한 각 교파의 인식과 그에 따른 학교 경영 태도는 매우 다르게 나타났다. 남장로회선교부는 신사참배 문제에 대해 가장 강경한 반대 입장을 취했다. 1936년 10월 전북신사 추계대제 때 학생들의 참배를 요구하자 이를 거부하고, 11월 남장로회선교부 연례회의에서 신사참배를 강요한다면 교육사업에서 철수하기로 결의하였다.[52] 그 다음 해 2월 해외선교부 실행위원회 총무 풀턴(C. Darby Fulton)이 내한하여, 신사참배를 시키기보다는 차라리 학교를 폐쇄하라는 강경한 '풀턴성명'을 발표하였다. 이 성명은 총독부에서 주장하는 신사의 비종교성은 기만이며 신사의식은 분명히 조상숭배를 포함하는 종교의식이라고 하여,[53] 신사참배를 거부해야 한다고 하였다. 학교 재산 처분에 대해서는 "기독교적 원칙을 유지할 수 없는 집단이나 조직에게 교육목적으로 기증, 대여, 세, 판매로 양도하는 것을 허락하지 않는다"고 하여 인계 거부 의사를 밝혔다. 따라서 신사참

50) 『조선총독부관보』 제3155호, 1937년 7월 22일 "사립학교규칙 중 개정"
51) 「동아일보」 1937년 7월 22일자 "私立學校 統制强化 ; 學校의 經營 廢止에 今後認可制 採用 授業料와 入學金等도 統制, 明廿二日부터 實施" "私立學校規則, 改正에 對하야 鹽原學務局長談";「조선일보」 1937년 7월 22일자 "私校統制强化策-廢校手續, 維持方法 今後는 許可制로-從來의 届出制를 斷然變改, 設立者 任意權 剝奪"
52) 김승태, 『일제의 식민지 종교정책과 한국기독교계의 대응, 1931-1945』, 50쪽.
53) George Thompson Brown, *Mission to Korea*, Board of World Missions, Presbyterian Church U. S., 1962, 153쪽.

배 강요가 본격화됨에 따라 남장로교계 학교들은 폐교 명령을 받거나 자진 폐교하였다. 1937년 9월 광주의 숭일·수피아, 목포의 영흥·정명 등이 폐교당했고, 순천의 매산 남녀학교, 전주의 신흥·기전, 군산의 영명학교 등이 폐교하였다. 이 과정에서 광주 수피아여학교는 존속 찬성파와 폐교 찬성파가 대립하여 서로 반목하고 폭행사건이 일어나기도 하였다.[54) 1938년 9월 조선예수교장로회 총회에서 신사참배를 결의하자, 남장로회 선교사들은 노회의 모든 책임에서 사임하고 선교비는 6개월간만 지급하며, 다만 부흥회와 성경교수, 심방, 설교 등은 계속하고 싶다는 결의서를 전북노회에 보냈다. 전북노회는 모든 선교사역을 계속 해주기를 바라는 뜻에서 교섭하였지만 교섭은 실패하였고, 결국 선교사들의 탈퇴와 사임이 받아들여지고 무임목사직은 거부되었다.[55)

호주장로회선교부는 1936년 2월 7일 선교협의회를 열고 신사참배를 하도록 가르칠 수 없다는 것을 선교부 방침으로 만장일치로 채택하였다. 물론 학교교육을 담당한 선교사들의 반대의사도 있었지만, 결국 1939년 1월 신사참배 반대를 결의하였고, 다시 그해 7월 선교부 총회에서 1월에 결의한 교육철수를 완전히 실행하기로 다시 결의하였다. 보통학교들은 8월까지 모든 경영을 중지하였다. 호주장로회 경영 학교로는 유일하게 1933년 지정학교로 인가된 동래 일신여학교는 9월 1일 경남노회 대표자인 김석진(金錫珍)으로 설립자를 변경하면서 학교 경영비는 12월까지 지불하기로 했다. 학교 재산 처리 문제는 10월에 호주 선교본부에서 들어온 대표자들과 협의하여 매각하기로 하였고, 다수 선교사들의 동의를 얻어 비신자들에게 50,000원에 매각하기로 하고, 1940년 3월 31일까지 학교를 운영했다.[56)

---

54) 「조선일보」 1937년 3월 18일자 "廢校, 存續 問題로 職員間 軋轢深刻-량과 감정악화로 상해사건까지 光州教會學校에 不祥事"
55) 김승태, 「일제하 주한 선교사들의 '신사문제'에 대한 인식과 대응」 『한말·일제강점기 선교사 연구』, 201~202쪽.

다른 교파 선교부에 비해 캐나다장로회선교부와 감리교에서 경영하는 학교들은 신사참배를 국가의식으로 받아들였기 때문에 신사참배를 둘러싸고 별다른 마찰이 없었으므로, 학교 경영권도 크게 문제되지 않았다. 감리교 총리사 양주삼(梁柱三)은 1936년 6월 총독부 초청 좌담회에 참석 후 일제의 입장을 따르기로 하였고, 1938년 9월에는 신사참배는 종교가 아니라 국가의식이라는 성명서를 발표하였다.[57]

천주교는 1920년대까지는 신사참배를 이단으로 규정하고 금지하였다. 그러나 1930년대에 들어와 신사참배가 국가의식이라는 일제의 설명을 수용하고 교리까지 수정하여 신사참배를 허용하였다. 1936년 5월 로마교황청에서 천주교 신자들이 신사에 참배해도 좋다는 훈령을 내렸다.[58] 안식교, 성결교, 구세군, 성공회 등의 교파들도 대부분 신사참배에 협조했다. 안식교에서 경영하는 순안 의명학교는 1937년 9월 설립자 및 교장이 학교경영을 무조건 양도하며 교사(校舍), 비품 전부를 무료로 대여하기로 하였다. 학교 교우단과 선교사들로 이사회를 새로 조직하고, 교장을 학교 교사였던 이경일(李璟逸)로 선정하여 도학무과에 인가 신

---

56) 정병준, 『호주장로회 선교사들의 신학사상과 한국선교, 1889-1942』, 한국기독교역사연구소, 2007, 310~314쪽 ; 「조선일보」 1939년 9월 22일자 "濠洲宣敎本部에서 朝鮮實情을 調査-敎育引退의 最後方針 決定코자 十月十日 馬山서 會議"

57) 감리교 선교사들은 1937년 6월 "1) 신사가 애국적이요 비종교적이라는 정부의 성명을 그대로 받아들인다. 2) 이것을 학생들과 교인들에게 가르쳐 교파신도와 국가신도의 구별을 분명히 하도록 노력한다. 3) 성서를 가르치고 매일 예배를 드릴 기회를 확보한다. 학교를 폐쇄함으로써 기독교 청년 교육을 정부의 학교에 몰아주는 것을 하지 않는다. 정부의 학교에서는 모든 학생이 신사에 참가하지 않으면 안되며 거기서는 성서나 기독교 예배를 전혀 드릴 수 없기 때문이다. 4) 우리의 가르침을 역동적으로 되도록 학생 앞에서 학생 가운데서 그리스도를 살린다. 5) 만약 초국가주의 정부가 기독교 가르침과 움직임을 금지하는 때가 오면 그때는 양심에 따라 용기를 가지고 일어서서 나아갈 것이다"라는 성명서를 발표하고 교육사업을 계속하기로 했다. 사와 마사히코, 「일제하 '신사문제'와 기독교주의학교」 『한국기독교와 신사참배문제』, 420~421쪽.

58) 김승태, 「1930년대 기독교계 학교의 '신사문제' 소고」, 377쪽.

청했다.59)

북장로회선교부는 1936년 선교부 연례회의에서 '교육철수 권고안'을 결의하고 "일본의 국가신도에 복종하는 세속적 교육" 현장에서 물러나기로 하였고, 미국 해외선교부에서도 이를 승인하였다. 1938년 5월 미국 북장로회 총회에서 한국에서의 모든 교육사업에서 일제히 철수하기로 했다고 정식으로 발표하면서, 북장로회선교부의 교육철수 문제가 완전히 결정되었다.60) 선교부에서 경영하는 각 지역 학교들의 교육철수 과정과 학교 인계 내용은 제2부의 3~5장에서 상세히 살피도록 하겠다.

1937년 12월 정무총감 오노 로쿠이치로[大野綠一郎]는 「(秘)조선에서 교육에 관한 방책」이라는 문서에서 다음과 같이 말했다.

> 기독교 및 기독교계 학교의 취급
> 기독교의 종래의 포교 태도와 그 실적에 비추어 금후에는 그 만연을 저지하고 時運을 감안 고려하여 조선에서 그 포교를 중지할 수밖에 없는 사태에 이르게 한다. 기독교 각 교파 경영의 학교에 대하여는 종교와 학교 교육을 완전히 구분해야 한다는 뜻을 누차 간절히 설유하였지만 도저히 이를 수긍하지 못할 뿐만 아니라 그 교육 내용에서도 황국신민 연성상 유감인 점이 적지 않은 실정에 비추어 점차 이를 공립학교 또는 확실한 사립학교로 접수하게 한다.61)

이 문서에서 그는, 많은 미션스쿨이 종교와 교육을 구분하지 못하고 있으며 소위 '황국신민' 교육도 이루어지지 않기 때문에, 미션스쿨들을 점차 공립학교나 일제에 순응하는 사립학교로 접수하겠다고 밝혔다. 그

---

59) 「조선일보」 1937년 9월 4일자 "校舍, 基地 備品까지 全部 無償引繼-宣敎會經營 學校의 模範校가된 洋洋! 順安義明校"

60) "Board Action of June 13, 1938," 이만열 엮음, 『신사참배문제 영문 자료집 II-미국 북장로교 해외선교부 문서 편』, 한국기독교역사연구소, 2004, 525~526쪽.

61) 大野綠一郎 文書, 「(秘)朝鮮에서 敎育에 관한 方策」(1937년 12월) ; 김승태, 「1930년대 기독교계 학교의 신사참배 거부 문제와 선교부의 대응」『한말·일제강점기 선교사 연구』, 176쪽 재인용.

일환으로 총독부에서는 1938년 예산에 미션스쿨의 보조금을 처음으로 지급하기로 결정했다.[62] 선교부의 교육사업 철수와 학교 인계 문제로 선교사와 한국인간의 감정의 골이 깊어지고 있는 이때, 전례없는 거액의 국고 보조 단행에는 총독부의 의도가 다분히 엿보인다.

일제 말 한국에 있는 각 교파의 선교부들이 더 이상 영향력을 발휘하기 어려워지자, 일제는 더욱 강력한 지도방침을 내세웠다. 그것은 "외국인 선교사회가 경영하는 교육기관, 기타 각종 사회사업을 점차 접수할 것. 외지 전도국에 대한 재정적 의존 관계를 차단하고 내선(內鮮) 기독교에 의한 재정의 자립을 촉진시킬 것"[63]이라 하여, 선교부 운영의 교육기관들을 접수할 것을 분명히 하였다. 그리고 얼마 안 있어 태평양전쟁으로 인해 선교부 소속 선교사들이 자의건 타의건 귀국하게 되면서 일제의 의도대로 실현되었다.

---

62) 「조선일보」 1938년 1월 21일자 "基督教經營 各校에 今年부터 補助金-大藏省査定額이 今年度에 四萬六千圓. 當局에 反響된 '教育引退'"

63) 「朝鮮に於ける基督教の革新運動」『思想彙報』 25호, 1940년 12월 ; 김승태 편역, 『일제강점기 종교정책사 자료집』, 356~364쪽.

제2장
학교 승격운동과 한국인의 경영 참여

일제는 1910년대 「사립학교규칙」과 「개정사립학교규칙」으로 미션스쿨에서 성경을 교수하지 못하게 함으로써 교육과 종교의 분리를 강제했다. 이에 대해 감리교 계통 학교들은 이 정책에 순응하였지만 장로교 학교들은 일제의 인가를 받지 않는 각종학교의 길을 걸어 상급학교 진학에 불이익을 받았다. 3·1운동으로 일제는 사립학교 정책을 비롯한 기독교 정책을 변경하였다. 1920년대 신교육령 발포와 「사립학교규칙」 개정으로 기독교 학교에서 성경교육이 가능해졌다. 그러나 고등보통학교로 승격되지 못한 학교들은 여전히 상급학교 입학에 불이익을 받았으므로 1920년대 초반 각종학교 학생들은 끊임없이 학교 승격 운동을 전개하였다. 1923년부터 지정학교 제도를 도입하여 학교 설비와 자격있는 교사진을 갖춘 학교는 상급학교 입학에서 불이익을 받지 않게 되었다. 총독부의 지정을 받지 못한 학교는 상급학교에 입학할 때 검정시험을 치러야 했으므로, 대부분이 각종학교였던 장로교 계통 학교의 학생들은 이번에는 지정학교로 인가 받기를 요구하는 동맹휴학을 전개하였다. 학교 승격운동은 학생들만 참여한 것이 아니라 동창회, 지역 노회와 교계 인사를 넘어 지역사회에서 적극적으로 참여하였고, 노회 차원을 넘어 총회에서까지 지정운동위원을 선정하여 총독부에 교섭할 정도로 한국교회 전체가 참여하였다고 할 수 있다. 승격운동 참여는 곧 한국인의 학교 운영 참여로 이어졌다.

1. 학교 승격운동과 한국인의 교육 참여

1) 지정학교 제도의 실시

일제는 제2차 조선교육령과 사립학교규칙 개정에 이어 1922년 3월 부령(府令) 제25호 "전문학교입학자검정규정 중 개정의 건(專門學校入學者檢定規程中改正ノ件)"에 근거하여 1923년부터 지정학교(指定學校) 제도를 실시했다. 각종학교 가운데 기본재산, 학교 설비, 자격있는 교사진을 갖추고 있으면, 학무국에서 시학관을 파견하여 학교를 실사하고 시험을 통해 지정학교로 인정해 주는 제도이다. 지정학교로 인가를 받으면 교과목에 성경과목을 넣고 예배를 드리면서도 고등보통학교와 똑같은 자격으로 상급학교에 진학할 수 있었다.[1] 지정학교가 되려면 다음의 사항을 구비하여 인가신청을 하도록 정했다.

1. 학교의 목적
2. 명칭
3. 위치
4. 학교의 연혁
5. 학칙
6. 생도 정원
7. 校地, 校舍, 기숙사 등의 평면도 및 식수의 定性 분석표
8. 설립자의 이력
9. 학교장의 이력, 교원의 씨명, 자격, 학업, 경력, 담임학과 및 전임 겸임의 구별
10. 현재 생도의 학년 및 학급별 인원수
11. 졸업자의 인원수 및 졸업후의 상황
12. 경비 및 유지방법
13. 교과서 목록

---

1) 「동아일보」 1923년 11월 7일자 "耶蘇敎學校 感謝 希望"

14. 참고서와 교수용 기구, 기계, 모형 및 표본의 목록
15. 학교의 자산 목록[2]

고등보통학교의 교육연한을 일본 중학교와 같은 5년으로 1년 더 연장하는 한편, 이제부터 사립 각종학교는 요건을 갖춰 고등보통학교에 준하는 지정학교로 인가받지 않으면, 취업과 상급학교 진학에서 철저히 배제되었다. 일제는 공·사립 고등보통학교-지정학교-각종학교 순으로 식민지 중등학교의 위계를 배치했고, 이는 근대적 직업의 출현 속에서 학력주의와 연계되었다.[3] 이로 인해 1920년대 사립 각종학교에서 지정학교 승격을 요구하는 동맹휴학이 유행하였다.

한편 1922년 3월 28일 부령 제28호 '사립학교 교원의 자격 및 원수(員數)에 관한 규정'에서는 사범학교, 중학교, 고등여학교 또는 고등학교 고등과의 교원면허장이 있는 자와 조선총독의 지정을 받은 자만 사립학교 교원 자격을 주었다. 또한 1923년 7월 17일 훈령 제42호 '사립학교교원자격인정위원회규정'에서는 전문학교, 사범학교, 중학교, 고등보통학교, 고등여학교, 여자고등보통학교에서 5년 이상 교수한 경력이 있는 자가 신청하면 시험을 보지 않아도 인정위원회의 심사를 거쳐 총독이 사립학교 교원자격 인정증서를 교부하며, 이는 교원면허장과 동일한 효력을 발휘하게 되었다.[4] 이는 지정학교보다는 역시 고등보통학교로의 편입을 유도하는 제도였다고 볼 수 있다. 시험을 보지 않아도 고등보통학교 등

---

2) 『조선총독부관보』 1928년 5월 "專門學校入學者檢定規程 第十一條ノ規程ニ依ル指定ニ關スル規程" ; 『朝鮮學事例規』, 조선총독부 학무국 학무과, 1938, 868~869쪽.

3) 장규식·박현옥, 「제2차 조선교육령기 사립 중등학교의 정규학교 승격운동과 식민지 근대의 학교공간」, 160쪽.

4) 「私立學校教員ノ 資格及員數ニ 關スル 規定」(1922년 3월 28일 府令 제28호), 『조선』 1922년 3월, 83~84쪽 ; 「동아일보」 1923년 7월 17일자 "私立學校 教員資格 認定에 就하야-長野學務局長談" ; 高尾甚造, 「朝鮮教育の斷片」, 政治教育協會, 1936(『日本植民地教育政策史料集成(朝鮮篇)』 28권).

에서 교수하면 교원 자격을 인정받을 수 있기 때문에 교원들은 지정학교 보다는 고등보통학교 등을 더 선호하게 되었고, 지정학교에서는 자격있는 교원을 구하기가 더 어려워졌다. 이 제도는 사립학교 교원의 부족을 해소할 좋은 방법이기도 하지만, 한편으로는 무자격 교원이 있는 사립학교에 대해서는 더욱 강경하게 대처하겠다는 것이다.

지정학교 제도가 실시되고나서 각종학교 학생들은 학교측에 고보 승격이나 총독부의 지정을 받도록 요구하는 동맹휴학을 끊임없이 단행하였다. 1920년대 미션스쿨에서 빈번하게 일어난 동맹휴학에서 학교 건물의 신축 문제, 이화학 기계의 설비, 유자격 교원 확충, 자격없는 교원의 해고, 신교육령에 의한 학교체제의 변경 등을 요구하고 있는데, 이것은 대부분 학교 승격과 관련된 것이었다.

> 교육의 본위가 급변한 이 시기를 당하여 학교경비가 증가됨을 인하여 완전한 학교는 없다. 우리는 교사의 신축 혹 증축과 완전한 설비와 유자격한 교원을 채용코저 노력하노라. 조선인이 선교회 재정의 유한함을 알지 못하는 듯하다. 선교사들은 본국 선교회에 모든 사업에 요구되는 상황을 보고하여 가급적 경비가 증가되기를 힘쓰는 것을 알면 조선인이 선교사에 대하여 사의를 표할지언정 동맹휴학함은 사의를 표하는 법이 되지 못하도다. 1) 소원의 사건을 정중히 간원은 할지언정 요구는 아니함이 가하다. 2) 요구하는 바가 기한에 현실이 되지 아니하는 시는 불만족한 학생은 개인적으로 퇴학함은 가하되 전교 학생을 망라하여 동맹휴학을 조직함은 불가하다 3) 불만족하는 학생은 학교당국자에게 가서 요구하는 사건의 설비를 위해 금전을 제공하거나 수업료를 加供할지니 고등보통학교에서 1년 수업료 20원이나 30원을 납부할 뿐인즉 이는 학교경비의 기분의 1에 불과하며 그 외는 전부 선교회에서 지출한다. 4) 불만을 품은 학생의 부형이나 학교동창이나 또 교회학교 소재지 교인들이 선교사에게 가서 조금이라도 원조하여 비품을 완비하며 교사를 신축하며 경비를 보조하여 상당한 보수를 지출하여 상당한 교사를 고빙케 하면 선교사들은 학교 관리나 支持에 상호협력함을 환영할지라

> 우리가 기억할 것은 교회학교라. 미국교인들이 학교를 위해 금전을 기부하며

선교사가 조선학생을 위하여 생명을 희생하며 조선교회에서 소학교를 유지함이 무슨 까닭이뇨. 오직 교육을 施하는 것만 목적할진대 정부에서 할 수 있는 것이라. 우리는 교회학교에 그리스도인의 품성을 保維케 하며 성경과 기독교 종교를 교수하며 교사는 반드시 교인이라야 될 것이라. 만일 우리가 여차히 행치 못할진대 학교나 교회는 정지함이 무방할지라. 그런즉 교회와 선교회와 학생과 학부형은 합동협력하여 동맹휴학이 다시 없게 할지니 이는 파괴요 所向이 없는 불행한 일이라 하노라.[5]

학교를 경영하는 선교사들은 '교회학교'의 목적은 그리스도의 품성을 갖도록 성경을 가르치는 것에 있다는 것을 강조하였다. 현재 당면하고 있는 문제는 학교경비는 계속 증가하는데 학생들의 수업료는 학교 경비의 3분의 1밖에 감당하지 못하고 있는 현실이었다. 앞으로 지정학교 인가를 받기 위해 각종 설비와 자격있는 교원의 확보를 위해 노력하겠지만, 이를 위해서는 한국인들의 지원이 절실히 필요하다고 하였다.

그런데 미션스쿨에서 일어난 동맹휴학 문제에 대해 일반인들이 서양인 선교사의 배척운동으로 오해하는 경우가 많았다.

근일 학생의 동맹휴학이 일종의 유행화한 감이 있다. 그중 교영학교 생도의 맹휴는 일반학생의 맹휴와 동일시하기 불능하며 더욱 주의를 인함은 그 영향이 직접 교회까지 파급하여 이를 선교사나 종교교육의 배척의미로 관함이라... 학생동맹휴학에 성질상 2종이 있으니 하나는 학교의 승격문제요 또하나는 충실문제. 제1. 학교승격문제는 조선총독부의 인가를 얻은 지정학교를 졸업한 자가 아니면 고등보통학교와 동일한 연한에 동일한 학과를 졸업하여 동등의 학력이 있다고 할지라도 상급학교에 입학자격을 인정치 아니함으로 반드시 검정시험을 거치지 않고는 절대로 입학할 도리가 없는즉... 지정여부의 관계로 상급학교 입학의 자격을 못얻게 됨은 누구나 동정할 점이라. 여하한 이유로써 학교의 승격을 운동하는 동시 완전한 자격을 얻고져 하는 운동이다. 제2. 학교의 충실 곧 내부의 완전한 개선을 구하는 운동에 불과함으로... 그 운동의 성질상으로는 결코 선교사나 종교교육을 배척함이 아닌 동시에 여

---

5) 「기독신보」 1922년 8월 30일자 "社說-學校의 同盟休學"

사한 행동이 있다 함은 전연 무근의 낭설임을 단언하노라.[6]

총독부 지정을 받지 않은 학교 학생들이 상급학교 입학에 별도의 시험을 치러야 했으므로, 학생들이 학교측에 지정을 받도록 촉구하는 운동을 한 것이지 결코 선교사 배척 또는 성경과목을 없애라는 종교교육 반대가 아니라는 것이다. 이 시기 미션스쿨에서 일어난 동맹휴학의 원인은 민족문제 또는 종교교육 반대가 아니라 학교 승격 문제와 학교의 충실을 기해달라는 것이었다.[7] 총독부의 지정을 받기 위해서는 자격있는 교원이 필요했다. 교사를 채용할 때 예전에는 학식보다는 신자여야 했지만, 이제는 신자보다는 먼저 학식이 필요하게 되었으므로 불신자 교사를 채용할 수밖에 없게 된 현실에 대해 우려의 목소리가 나타나기도 했다. 따라서 불신자를 교사로 채용하더라도 기독교 신자가 되게 하여 기독교적 교육을 실시하길 요구했다.[8]

1923년 7월 북장로회 선교사들은 선천에서 회장 로즈(Harry A. Rhodes, 노해리), 부회장 램프(H. Willard Lampe, 남행리), 서기 솔타우(T. Stanley Soltau, 소열도) 등 임원들의 주재하에 회의를 열고, 8개의 미션스쿨 가운데 먼저 서울 경신학교, 평양 숭실학교, 선천 신성학교, 대구 계성학교 등 4개의 남학교를 지정학교로 승격시키기로 결의하였다.[9]

1923년 4월 지정학교 제도 도입 이후, 그해 11월 서울 경신학교는 각종학교 가운데 최초로 지정을 받게 되었다.[10] 경신학교가 지정을 받은

---

6) 「기독신보」 1923년 2월 28일자 "社說-敎營學校 生徒의 盟休와 宣敎師 及 宗敎敎育 反對說" ; 「기독신보」 1923년 2월 7일자 "敎營學校의 昇格問題-특히 주목되는 성경과목의 편부"

7) 한규무, 「1920-30년대 기독교계 학교 동맹휴학에 대한 몇 가지 문제」(한국기독교 역사학회 제270회 학술발표회 발표문), 2009년 1월 10일.

8) 「기독신보」 1923년 7월 25일자 "社說-宗敎學校에 信者敎員"

9) 「기독신보」 1923년 7월 18일자 "北長老派에 屬흔 百餘名의 宣敎師團 宣川에서 第三十九會 宣敎會"

이후 다른 학교들도 끊임없이 지정운동에 노력했지만 한동안 지정을 받지 못했다. 1926년 중반부터 1927년 초에 이미 지정학교로 인가받은 경신학교를 제외한 북장로교 경영 7개 미션스쿨이 총독부 지정을 받아 존속하느냐 폐지하느냐의 문제가 집중적으로 논의되었다. 1926년 9월에 열린 제15회 장로회총회에 미북장로회 한국선교부가 다른 선교부와 장로회총회가 협력하여 총독부에 각 중등학교의 지정을 교섭하자고 청원했다. 이에 대해 장로회총회에서 각 중등학교 지정운동의원 215명을 선정할 것을 결의하였다. 중등학교 지정운동 위원장은 함태영, 서기 김길창, 회계 이인식을 임명하고, 실행위원으로 함태영·김길창·이인식·임택권·조만식·장규명·이순기·홍종필로 정했다. 지정운동의원들이 회의를 열고 중등학교의 지정을 총독부에 교섭하여 허락하지 않으면 다시 동경정부 문부성에 알리고, 그래도 안되면 학교 인가를 반환하고 장로교회가 경영하는 모든 남녀 중등학교를 폐지하기로 결정하였다. 총독부 교섭위원으로는 마펫, 스코트, 김영구, 강규한, 함태영 5명을 선정해 교섭하였다.[11] 이처럼 장로회 총회 차원에서 중등학교 지정운동의원을 뽑아 총독부에 교섭했다는 것은 학교 승격운동이 학교 내부의 문제로 끝나는 것이 아니라 한국교회 전체의 문제로 확대되었다는 것을 의미한다. 또한 학교 승격운동 뿐만 아니라 학교 전체의 운영에 한국인이 참여하게 되는 계기가 되었다는 데서 중요성을 찾을 수 있다.

총독부의 지정학교가 되기 어려운 가장 큰 원인은 재정이었다. 1927

---

10) 「조선일보」 1923년 11월 6일자 "專校入學指定과 儆新學校" ; 「기독신보」 1923년 11월 7일자 "儆新學校昇格 십일월이일에허가"

11) 『조선예수교장로회총회 제15회회록』 1926년 9월, 25~26·43쪽 ; 「기독신보」 1926년 9월 22일자 "第十五回 長老會總會 撮要" "指定을 不許ᄒ면 全敎會學校 斷然閉門." 지정운동위원은 함태영·차재명·김영구·이인식·박문찬·김길창·장규명·이영희·배은희·변봉조·윤원삼·강봉익·김광표·이수현·홍종필·김리현·임택권·강규찬·정찬우·김만일·이석탁·이순기·조기철·이승훈·조만식 등이다.

년 1월 말 북장로회선교부에서 경영하는 미션스쿨들이 경비 부족으로
폐지된다는 설이 퍼졌다. 교육사업에 드는 경비가 부족하여 몇 학교를
폐교하고 지정학교로 승격된 학교들을 중심으로 경비를 집중하겠다는
것으로, 이에 따라 대구 계성학교와 선천 신성학교, 평양 숭실학교와 숭
의여학교를 폐지하게 되었다는 것이다.[12] 학부형 및 학생들이 동요하자
선교부 실행위원 및 교육부 임원과 각 학교 교장들이 모여 교육문제에
대해 논의하고, 한국의 노회들과 연합해 재정이 허락하는 대로 승격운동
을 하기로 했다고 발표하였다. 평양 숭실학교·숭의여학교의 지정을 위
해 노력할 것이고, 다른 5개 학교도 재정이 허락하면 지정을 얻을 것이
라고 하였다.[13] 북장로교선교부의 계획대로 경신에 이어 두 번째로 1928년
5월 평양 숭실학교가 총독부로부터 지정허가를 받았다.[14] 1931년에는
선천 신성학교와 평양 숭의여학교, 1933년 대구 계성학교, 1935년 서울
정신여학교의 순서로 각각 지정 인가를 받았다. 선천 보성여학교와 대구
신명여학교는 지정학교로 인가받지 못했다. 각 학교의 지정학교 승격운
동은 다음 절에서 상세히 살펴보도록 하겠다.

---

12) 「조선일보」 1927년 1월 30일자 “長老派에서 經營하는 地方四學校도 廢止”“注目
    되는 會議內容-폐지할·학교와 경비절략내용”
13) 「조선일보」 1927년 1월 30일자 “問題되는 徹新과 貞信”; 「기독신보」 1927년 2
    월 9일자 “存廢問題로 懸案된 北長老會의 六個 中等學校”; 「조선일보」 1927년
    2월 20일자 “學校廢止는 追後問題 經費縮小는 事實化”; 「동아일보」 1927년 2월
    20일자 “長老教經營 學校費 補助金 減少는 確定”; 「동아일보」 1927년 2월 20일
    자 “極力經營에 努力”; 「기독신보」 1927년 2월 23일자 “長老教宣教會 各中等學
    校에 對ㅎ야(許大殿)”
14) 「기독신보」 1928년 6월 6일자 “崇實學校 指定”

〈표 14〉 북장로회선교부 경영 미션스쿨 지정학교 인가 내용

지역	학교명	지정학교 당시 교장	지정학교 인가	비고
서울	경신학교	Edwin W. Koons	1923. 11. 2	5년제
	정신여학교	Margo L. Lewis	1935. 5. 9	4년제
평양	숭실학교	George S. McCune	1928. 5. 23	5년제
	숭의여학교	Olivette Swallen	1931. 12. 18	5년제
선천	신성학교	장이욱	1931. 3. 16	5년제
	보성여학교	Blanche I. Stevens		1935.5 3년제 중등학교 인가
대구	계성학교	H. H. Henderson	1933. 4. 12	5년제
	신명여학교	H. E. Pollard		4년제/ 1939.1 지정학교인가 신청서 제출

2) 지정학교 승격운동과 한국인의 참여

대부분 각종학교였던 장로교계 학교 학생들은 상급학교 진학에 불이익을 받지 않도록 학교측에 총독부 지정학교가 되기를 요구하며 동맹휴학을 전개하였다. 학생들로부터 시작된 학교 승격운동은 점차 동창회와 지역 사회, 노회와 총회 차원으로 확대되었다. 모든 학교에서 학생들이 주체적으로 학교 승격운동을 일으켰다. 승격운동의 주체를 분명히 구분하기가 쉽지는 않지만, 승격운동에 참여한 비중에 따라 (1) 학생, (2) 동창회와 교계 인사, (3) 지역 사회로 분류하여 살펴보도록 하겠다.

(1) 학생들의 주체적인 학교승격운동—서울 경신학교와 평양 숭실학교

서울 경신학교는 북장로회선교부 관할 8개 중등학교 가운데 가장 먼저 지정학교가 되었다. 1922년 교육령 개정 당시 학무국장[柴田]이 경신학교에 대해 일본의 아오야마학원[靑山學院]이나 메이지학원[明治學院]과 같이 성경과목을 넣어도 지정학교로 인가해 줄테니 다른 조건만 고등보통학교와 같이 하면 된다고 비공식적으로 말했다고 한다. 이에

따라 경신학교에서는 학교의 내용을 새롭게 하고 학칙을 제정하여 지정
학교 신청서를 제출했다. 그 때는 방학이었으므로 개학하면 학무국원이
시찰한 후에 인가해 주기로 했다. 그러나 학무국장이 바뀐 후[柴田→長
野], 총독부 학제에 성경을 가르치는 학교를 지정학교로 인가해주는 규
례가 없어 인가해 줄 수 없다고 했다.15) 1922년 3월 발포된 "전문학교입
학자 검정규정 중 개정의 건"에 근거해 총독부 학무국에서 이때 이미
지정학교 제도 도입을 논의하고 있었던 것으로 보인다.

　1923년 1월 30일 경신학교 2학년 학생 40명이 고등보통학교로 지정
되지 않으면 상급학교 입학이 어려우므로 3월 안으로 고등보통학교로
승격해 달라고 요구하며 동맹휴교를 하였다.16) 고등보통학교 승격 요구
는 받아들여지지 않았지만, 4월에 지정학교 제도가 실시되었다. 1923년
4월 18일 총독부 학무국에서 경신학교 교장 쿤스와 학무위원 에비슨을
불러 학교 지정의 범위를 확장하는 취지를 설명하였다. 그리고 1922년
에 경신학교가 제출했던 신청서를 조사한 후 지정학교로 허가하여 다른
고등보통학교와 동일하게 대우할 것이며 문관임용령의 자격도 관립고등
보통학교와 차이가 없게 하겠으니 내용을 충실히 준비하라는 비공식 통
지를 했다. 경신학교는 교실을 증축하여 약 5백명의 학생을 수용할 수
있도록 준비하였다.17)

　경신학교는 1923년 11월 2일 고시 제249호로 한국 내 각종학교 중에서
가장 먼저 지정학교 인가를 받았다.18) 졸업생은 한국 내 각 전문학교와 대
학 예과에 입학할 수 있게 되었다. 나아가 1925년 6월 일본 문부대신 지정

---

15) 「조선일보」 1923년 1월 27일자 "儆新學校의 狼狽"

16) 「조선일보」 1923년 1월 31일자 "昇格問題로 同盟休校"

17) 「조선일보」 1923년 4월 22일자 "儆新學校의 指定在邇"；「기독신보」 1923년 5월
　　2일자 "儆新校의 昇格說"

18) 「조선일보」 1923년 11월 6일자 "專校入學 指定과 儆新學校"；「기독신보」 1923
　　년 11월 7일자 "儆新學校 昇格 십일월이일에 허가"

까지 얻어 일본의 고등학교와 전문학교에 입학할 자격을 얻었다.[19)

이제 경신학교는 성경 교수에 대한 불이익을 더 이상 받지 않으면서 졸업생이 상급학교에 입학할 때 다른 고등보통학교와 같은 자격을 얻게 되었다. 1928년 경신학교 학생 모집 광고를 보면, 지정학교가 된 이후 졸업생 86명 가운데 전문학교 입학자가 32인, 일본 내 전문학교 입학자 5인, 대학입학자 5인이라고 명시하고 있다.[20) 지정학교 인가로 경신학교 학생 수가 대폭 증가하여, 평균 등록 학생이 약 400여 명 정도가 되었다.

〈표 15〉 경신학교 등록생 수(1926~1935)[21)

시기	봄 학기	가을 학기	겨울 학기	평균
1926-27	404	381	324	370
1927-28	372	340	260	324
1928-29	480	470	404	451
1929-30	512	485	439	479
1930-31	422			431
1931-32	482	386	323	447
1932-33				389
1933-34				431
1934-35				460

경신학교는 북장로회선교부 관할 각종학교 가운데 가장 먼저 그리고 비교적 손쉽게 지정학교로 인가받았다. 지정학교로 인가받은 이후에도

19) 『경기노회 제2회 정기회록』, 1925년 6월, 17쪽 ; 『경기노회 제4회 정기회록』, 1926년 6월, 18쪽.
20) 「조선일보」 1928년 2월 1일자 "儆新學校 廣告"
21) E. W. Koons, "Annual Report of the John D. Wells School(Kyung Sin Hakkyo), May 19, 1930," *Presbyterian Church in the U.S.A. Board of Foreign Missions Korea Mission Reports 1911-1954* 제7권, p.58~69 ; R. O. Coen, "Annual Report of the John D. Wells School, Seoul Korea, May 12th, 1931" 제7권, p.79~80 ; E. W. Koons, "Report of the John D. Wells School, Seoul, May 22, 1934" 제7권, p.344~351 ; "John D. Wells, Kyung Sin Hakkyo, Annual Report to May 28, 1935" 제7권, p.438~442.

학생들은 교사의 태도나 수업 개선 등의 문제로, 더 나아가 조선공산당 재건 문제로 동맹휴교를 단행하였다. 1920년대 전반기의 동맹휴학이 주로 무자격 교사의 배척, 학교 설비를 비롯한 교육 여건의 개선을 요구하는 내용이었다면, 6·10만세운동을 기점으로 한 1920년대 후반부터는 항일운동적 성격과 함께 정치성을 띤 내용이 많았음을 확인할 수 있다.[22]

평양 숭실학교는 제2대 교장인 라이너(R. O. Reiner, 羅道來)가 1915년 「개정사립학교규칙」 발포 당시 일제의 교육정책을 따라 고등보통학교로 인가를 받아야 한다고 주장하여 다른 선교사들과 갈등을 빚기도 했다. 그는 1918년 사임하여 역대 교장 가운데 가장 단명한 교장이 되었다. 제3대 교장 마펫(Samuel A. Moffett, 馬布三悅) 재임 시 3·1운동이 일어났고, 학교 내에서는 고등보통학교 승격을 요구하는 동맹휴학이 자주 일어났다. 학교 설립의 근본 목적이 기독교 지도자 양성이었던 숭실학교로서는 성경과목을 포기하는 것은 학교 존립의 의의를 무시하는 것이었다. 숭실학교에서는 1920년대 초반부터 지정학교가 되는 1928년까지 '맹휴의 시기'였다고 해도 과언이 아니었다. 3·1운동 이후 한국인의 교육열 고조로 기독교인 가정의 학생들이 많이 입학했지만, 지정학교 제도 실시 이후 각종학교의 졸업생들에게 상급학교 입학 제한이 가해지는 1920년대 중반부터 학생 수는 급격히 감소했다.

---

22) 장규식, 『1920년대 학생운동』, 한국독립운동사연구소, 2009, 225~226쪽.

〈표 16〉 숭실학교 학급 및 학생 수(1918~1929)[23]

연도	학급 수	학생 수
1918		261
1919		134
1920	14	621
1921	12	627
1922	12	709
1923	12	710
1924	9	428
1925	9	389
1926	9	323
1927	8	312
1928	8	338
1929	9	442

　　1923년 5월 서울의 경신학교가 북장로교 소속 중등학교로서는 가장 먼저 총독부로부터 지정학교로 승격되었다. 그러자 평양의 숭실학교도 총독부에 지정학교로 승격해달라는 청원서를 제출하였다. 평안남도 학무과 시학관이 학교의 시설 등을 조사하였고, 학교 측에서는 설비와 제도를 고치고 평양중학교와 고등보통학교의 교사들을 청빙해 교수케 하기도 했다. 그러나 학교 선생들의 자격이 불완전하며 설비도 부족하다는 이유로 지정학교 승격을 거부한다는 통지가 왔다.[24] 숭실학교 교원 12명이 11월 '학교의 장래를 위해 자격없는 우리는 사직한다'고 하며 총사직했다가, 교장과 의논한 후 이사회에 경신학교와 같은 방식으로 지정인가를 받을 것과, 이사회에서 유자격 교원을 충원해 1924년 봄까지 인가 받도록 하겠다는 약속을 받고 수업에 참여했다.[25]

　　학교 승격 문제가 1924년 3월이 되도록 진전이 없자, 4학년 학생들이

23) 숭실100년사 편찬위원회, 『崇實100년사 1. 평양숭실』, 253쪽.

24) 「조선일보」 1923년 11월 8일자 "崇中 指定校 問題로 敎員一同은 突然 總辭職"

25) 「동아일보」 1923년 11월 7일자 "崇實中學 敎員全部 突然히 總辭職"；「동아일보」 1923년 11월 9일자 "平壤崇實中學 七日부터 授業開始"；「조선일보」 1923년 11월 10일자 "崇中 休校事件 解決"

중심이 되어 애걸단(哀乞團)을 조직하여 자격이 부족한 교원들의 집을 방문해 사직해 주기를 애걸하며 돌아다니기도 했다. 학교 당국에서는 학생들의 행동이 무례하고 교원 자격에 대한 판단과 교원의 임면(任免)은 학교 측의 고유권한임을 강조하였다. 이 문제는 봄에 졸업할 학생들을 비롯해 전교생으로까지 확대되었다. 학교 측에서는 교사의 봉급 문제를 학생들에게 제시하여, 관립학교와 같이 1개월에 150원 이상의 봉급을 지불하기가 어렵다고 설명하였다. 이사회에서 역사, 박물, 수리 등을 교수할 만한 자격있는 강사를 초빙하기 위해 도쿄, 서울 등에서 월 120원~140원까지 제시했으나 이에 응하는 자격있는 사람이 없으므로 부득이 기존 교사들이 금년 3월까지만이라도 더 교수해야 한다고 하였다.[26]

그러나 학생들은 더욱 강경하게 나와 자격없는 교사 4명과 학감의 사직을 요구하고 지정학교가 될 때까지 계속 운동하겠다고 하였다. 학교 측이 방학을 통고하자, 학생들은 대표자 이태석 등 20명을 선정하여 이들의 비용으로 현금 백여원을 모금하고, 나머지 학생들은 고향으로 돌아갔다. 이 결속에서 떠나 따로 행동하는 학생에게는 명예사형(名譽死刑)을 하기로 하였으며, 대표자는 학교의 태도를 감시해 각 학생에게 보고하기로 하였다. 학교 측에서도 학생들이 전부 퇴학할지라도 학생들의 요구를 들어줄 수가 없으며, 지정학교에 대해서는 노력하는 중이나 교사를 구하기가 매우 어렵고 학생들이 배척하는 세 선생은 이미 사직청원이 들어와 이사회에서 수리하기로 결정하였다고 하였다.[27]

학생 대표 20명은 아래와 같이 애계문(哀啓文)을 만들어 학교 당국자와 일반 학부형들에게 발송했다.

---

26) 「동아일보」, 1924년 3월 5일자 "平壤崇中 又紛擾"；「동아일보」, 1924년 3월 7일자 "崇實校는 尙未解決"

27) 「동아일보」, 1924년 3월 11일자 "崇實校盟休, 解決困難"

校長을 不信任

1. 지난 1월내로 현재 교사중 3분의 1을 유자격자로 변경하고 승격수속을 한다는 것이 아직도 실행되지 않은 일
2. 본교를 主掌하는 이사부장 牟義理씨가 학생들에 대하여 선언한바 유자격 선생이 無하야 고빙치 못하니 若此를 不信하면 학생의 임의로 교사를 청하라고 광고하였는대 지금 학생들이 청하려 하여도 교장이 不用하겠다 하는 것
3. 본교 학감 金聖讚씨는 교사가 변동할 듯 하다 하나 교장은 현재의 교사 (불완전한 선생)를 내 5월 검정시험에 入格케 한 후에 승격청원을 제출케 하겠다 하는 것
4. 본 교장이 금번 사건에 대하야 학생들의 원대로 轉學케 하여 준다 하고 실행치는 아니한 즉 此는 虛言임

敎師 三四名 不信任

1. 鹿을 馬라 하고 黑을 白이라 교수하는 것
2. 此 무자격자 중에도 불충분한 선생 3, 4명은 단언키를 자격있는 人이 오면 자기는 退去할 터이라고 하나 사실 유자격 선생이 入來하면 野陋한 수단으로 학교당국자에게 讒訴하여 학교의 승격여부와 흥망존폐를 좌우하는 것
3. 도덕상 질책을 불면할 행위와 또는 인격상으로 鄙陋한 것

학생의 요구조건

1. 자격자 중에도 불충분히 교수하는 선생 3명은 내 신학기에라도 사면케 하고 본교 학감 김성찬씨는 該職에서 해임하고 수학 교사로 이직케 한 후 그 代로 유자격 교사 4명을 고빙하여 내 학기에는 승격청원에 부족함이 없게 하여 달라.[28]

　　교장과 자격없는 교사를 불신임하고 학감 해임, 자격있는 교사 4명을 초빙해 지정학교 승격 청원에 노력해달라는 내용이었다. 숭실전문대학의 강사 김호연(金浩然), 김항복(金恒福), 이창근(李昌根) 등이 중재하였으나, 학교 측은 학생 대표 및 일반 학생들에게 퇴학, 무기정학, 1년 정

─────────────
28) 「동아일보」 1924년 3월 12일자 "崇中學生의 哀啓"

학 등의 처분을 내리고 기숙사의 수도와 전등을 끊는 등 강경하게 대응
하였다.[29]

한 달 이상을 끌었으나 문제는 해결되지 않았다. 퇴학과 정학 당한
학생들 일부가 학감 김성찬과 마펫 교장 자택을 방문하여 서로 과격한
언사를 벌이다 교장이 평양 경찰에게 연락하기도 했다. 이러한 사태에
대해 평양 경찰은 학교 내부의 일에 간섭하지 않는다는 방침을 세우고
형세를 관망하였다. 학생들은 "1. 차문걸(車文杰), 배치엽(裵致燁), 이경
준(李景俊) 세 선생의 해직 1. 학감 김성찬의 학감위 박탈 1. 지정고보교
로 승격" 등 세가지 요구를 들어주지 않으면 이번 학기에 새로 모집한
학생들에게까지 철저히 선동하고, 선동에 응하지 않는 학생에게는 협박
하겠다고 하였다.[30] 학교와 학생의 대립의 골이 깊어지자 김동원, 조만
식, 오윤선 등 평양의 유지들은 학교 측에서 지정학교로 인가 받고자 적
극적으로 운동하고 있음은 사실이나 조금도 양보하지 않아 중재할 여지
가 없으며, 학생들도 과격하며 학생이 선생에 대해 무례한 일을 하는 것
은 안 된 일이라고 하였다.[31] 아베[阿部] 학무과장은 학교 내부의 일이
므로 간섭하지는 않겠지만, 자격있는 교사를 구하는 것이 급선무임을 밝
혔다.[32]

---

29) 「동아일보」 1924년 3월 12일자 "校長憤慨" ; 「동아일보」 1924년 3월 20일자 "崇
實中學生 自服取消" ; 「동아일보」 1924년 3월 22일자 "宣傳配布와 公開演說"

30) 「동아일보」 1924년 4월 6일자 "崇實學生 惡化" "學生態度"

31) 「동아일보」 1924년 4월 6일자 "學生으로 哀惜한일" 김동원, 오윤선, 조만식은 평
양 산정현교회의 '3장로'로, 당시 평양 사회에 무슨 일이 생길 때면 사람들이 이
들을 찾아와 논의하였고, 1920-30년대 평양YMCA를 중심으로 한 민족·자본주의
경제운동을 주도하였다. 조만식은 숭실학교를 졸업한 동문이기도 하다. 해방 후에
는 세 사람 모두 평남건국준비위원회에 참여하였다. 장규식, 『일제하 한국 기독교
민족주의 연구』, 혜안, 2001, 277쪽 ; 장규식, 『민중과 함께 한 조선의 간디-조만
식의 민족운동』, 역사공간, 2007, 204쪽 ; 김상태, 『근현대 평안도 출신 사회지도
층 연구』, 서울대학교 대학원 국사학과 박사학위논문, 2002년 8월, 90쪽.

32) 「동아일보」 1924년 4월 6일자 "有資格敎師만 잇스면 승격은 쉬운일"

이 문제는 학교 이사회의 결의로 주모한 학생들에 대해 6명 퇴학, 10명 1년 이상 정학, 20명 1년간 정학 처분을 내리고, 그외 일반학생에 대해서는 동맹에 참가한 여부를 조사한 후 복교여부를 허락하고, 4월 8일 경관의 삼엄한 경계 속에 개학하였다. 학생들의 배척대상이었던 차문걸, 배치엽, 이경준 등 세 교사는 사직하기로 하였고 김성찬도 학감의 지위를 내놓기로 했다. 마펫 교장은 사직한 교사 대신에 새로이 5명을 초빙하였으며 그 외에도 더 교섭중이라고 하며 지정학교 승격을 위해 계속 노력할 것을 강조했다.[33] 학생들 역시 4월 14일 평양천도교회당에서 학생대회를 개최해 경과보고를 하고 대표를 맡은 학생들은 희생하지만 다른 학생들은 다시 입학해 공부하기로 결정하였다.[34] 학교에서는 새로 초빙한 교원들의 명단, 출신학교, 과목을 학부형에게 통지하였다. 그 내용은 아래와 같다.

〈표 17〉 평양 숭실학교 초빙 교원 명단(1924)[35]

이름	출신학교	과목
이성철(李聖徹)	미국 프린스턴신학대학	성경
백홍권(白鴻權)	경성고등공업학교 야금과	화학, 물리
朝田三郞	오사카고등공업학교 야금과	국어[일본어], 광물
R. O. Reiner(羅道來)	미국 캘리포니아주립대학	영어
楢原朴	오사카공업학교	국어
大岩嘉直	〃	국한문
윤부순(尹富淳)	조선보병대	체조
최응천(崔應天)	도쿄원예학교	식물, 국어
강영환(姜永煥)	숭실전문대학 수리과	수학
조형규(趙亨奎)	경성고등공업학교 토목과	수학, 물리

---

33) 「동아일보」 1924년 4월 6일자 "同盟與否를 조사한후 복교를 허락하고 지명은 말말라고" ; 「동아일보」 1924년 4월 10일자 "崇實中學 開學" ; 「동아일보」 1924년 4월 12일자 "登校生에 暴行".

34) 「동아일보」 1924년 4월 16일자 "崇中生의 登校決議" ; 「기독신보」 1924년 4월 16일자 "崇實中學校 開學式" ; 「조선일보」 1924년 4월 18일자 "崇中校 紛糾 解決".

35) 「조선일보」 1924년 4월 15일자 "學父兄에게 再次通知. 紛糾中이든 崇實中學校에

숭실학교의 지정학교 승격운동은 1927년에 다시 시작되었다. 1월 학
생대회를 열어 임원을 선정하고, 총독부 당국에 진정하기로 결의하였
다.36) 숭실학교는 학교의 설비 등을 보완하며 승격운동에 노력하였다.
1927년 12월 13일부터 17일까지 총독부 학무국에서 시학관이 두 서기
와 함께 학교를 방문해 학생들의 자격심사시험을 행하고, 성적에 따라
승격여부를 결정하기로 하였다. 평남 도지사를 비롯해 학무과장[柳生]
의 지원도 있어 지정학교가 될 가능성이 높았다.37) 자격없는 교원 때문
에 승격이 어렵다는 소문이 있어 학생들이 맹휴하기도 하였으나,38) 결국
1928년 5월 23일부로 조선총독부로부터 지정학교 인가를 받았다. 4, 5
학년 재학생을 제외하고, 3학년 학생들부터 검정시험을 치르지 않고 전
문학교에 입학할 수 있게 되었다.39) 지정학교가 되기 전까지 학생 수는
평균 300여 명이었으나, 지정학교가 된 이후에는 거의 600명으로 증가
하였다.40) 전국 각지에서 많은 학생들이 숭실학교에 지원했으며, 졸업생
들 다수가 숭실전문학교, 연희전문학교, 세브란스의학전문학교, 보성전
문학교와 일본의 학교 등으로 진학하였다.41) 지정받지 못한 지방의 다

　　서 여러 교원을 새로 연빙하고"
36)「동아일보」1927년 1월 21일자 "崇實昇格運動";「매일신보」1927년 1월 21일자
　　"平壤崇中 昇格運動 猛烈";「동아일보」1927년 1월 29일자 "崇中學生會 定總"
37)「동아일보」1927년 12월 16일자 "崇實中學校 昇格-이번에 승격여부를 결뎡, 生徒
　　學力考査中";「동아일보」1927년 12월 26일자 "崇中 昇格希望-試驗成績 大體良好"
38)「중외일보」1928년 4월 4일자 "崇中 昇格은 不遠-승격검뎡시험 호성적, 學務當局
　　과 折衝中";「매일신보」1928년 4월 28일자 "崇實專門 崇實中學 突然盟休-廿五
　　日 一齊히 歸家. 原因은 中學昇格問題"
39)「동아일보」1928년 5월 27일자 "六年前부터 運動하든 崇中校 指定許可";「기독
　　신보」1928년 6월 6일자 "崇實學校 指定"
40) Harry A. Rhodes, 최재건 옮김,『미국 북장로교 한국 선교회사(History of the
　　Korea Mission Presbyterian Church U.S.A. vol. I, 1884~1934)』, 연세대학교 출판
　　부, 2009, 166쪽.
41) G. S. McCune, "Pyeng Yang Boys' Academy Annual Report, 1932-1933" *Presbyterian
　　Church in the U.S.A. Board of Foreign Missions Korea Mission Reports 1911-1954* 제7권,

른 선교회 소속 학교의 학생들이 숭실학교로 전학을 오는 경우도 있었
다. 호주장로회선교부가 운영하던 마산의 한 학교가 지정을 받지 못하고
문을 닫게 되자 장학금을 받고 있던 우수한 학생 10여명을 숭실학교에
전학시키기도 했다.[42]

상급학교 진학 문제가 불거지자 지금까지 교육의 대상으로 수동적이
었던 경신학교와 숭실학교 학생들은 주체적으로 학교 승격운동에 나섰
다. 숭실학교 학생들은 애걸단(哀乞團)을 조직해 자격이 부족한 교원들
을 일일이 방문하여 사직을 요청하고, 애계문(哀啓文)을 만들어 학교 당
국자와 일반 학부형들에게 발송하는 등 매우 적극적인 활동을 통해 자격
이 부족한 교사들을 교육현장에서 물러나게 했다. 주도적 활동을 한 학
생들은 퇴학, 정학 등의 처분을 받아 학교 측과 첨예한 대립을 보였고,
평양의 유지들이 중재에 나서 학교 안의 문제가 평양 교계로까지 확대되
었다. 그러나 평양 교계 인사들의 중재 노력은 마펫 교장을 비롯해 완고
한 학교 측의 태도로 인해 별다른 효과를 얻지 못했다. 오히려 경신학교
와 숭실학교의 지정학교 승격운동에서 보여준 학생들의 희생을 각오한
승격운동의 영향이 평양 사회의 관심을 불러 일으켰고, 선교부에서도 지
정학교 승격을 위해 노력하게 되었다.

(2) 동창회와 교계 인사들의 승격운동 참여
-서울 정신여학교, 평양 숭의여학교, 대구 계성학교

서울 정신여학교와 평양 숭의여학교, 대구 계성학교도 경신학교나 숭
실학교와 마찬가지로 학생들이 승격운동에 주체적으로 참여하였다. 그

---

p.263~268.

42) G. S. McCune, "Report of the Pyengyang Boys' Academy to the Chosen Mission,
1931" *Presbyterian Church in the U.S.A. Board of Foreign Missions Korea Mission Reports
1911-1954* 제7권, p.120.

런데 지정학교 승격이 계속 미뤄지면서 동창회와 노회를 비롯한 교계 인
사들이 학생들과 함께 승격운동을 주도하기 시작하였다.

1920년대 초반부터 정신여학교 학생들은 학교 설비 문제, 교원의 자
질 문제 등으로 동맹휴학을 하였다. 1922년 10월 정신여학교 학생들 대
부분이 1) 학생의 인격을 무시하는 사감 여교사의 교체, 2) 수리 교사의
교체, 3) 교장의 낡은 교육방침과 무자격 교사 채용에 대한 비판, 외출
및 면회 금지 비판 등의 내용으로 동맹휴학하였다.[43] 당시 정신여학교
기숙사는 자유롭게 외출할 수 없었고, 매주 월요일과 토요일에만 기숙생
의 외출을 허락했다. 학교 측은 강경한 태도를 보였고, 31명의 주동자를
제명처분하였다. 학부형들은 조선교육협회 등 각계의 여론을 형성해서
사태를 해결하고자 하였다.[44] 일반 사회에서도 관심을 갖고 학생들에게
는 학교 설비의 불완전함이 학교 당국의 고의나 악의가 아니라는 것과,
교사 배척과 규칙 개정 등의 몇 가지 요구조건을 가지고 동맹휴학한다면
목적을 이루지 못할 것이니 학교로 돌아감이 마땅하다고 하였다. 학교
당국과 직원들에게는 관용을 베풀어 퇴학생들을 받아들이도록 권고하였
지만, 학교 측은 강경한 입장을 거두지 않았다.[45]

총독부가 지정학교 제도를 실시하자, 정신여학교도 1923년 9월 경기
도 학무과에 지정학교 인가신청을 하였다. 경기도 시학관이 출장 조사한
후 설비는 불충분하지만 다른 고등보통학교에 비해 손색이 없으며 자격
있는 교사만 확보하면 인가하겠다고 하였다. 이에 1924년 신학기부터
도쿄여자고등사범학교, 교토제국대학 졸업생을 교사로 청빙하고, 물리
화학기계·박물표본 등 학교 설비 확장, 교사(校舍) 건축 등의 노력을 기

---

43) 「기독신보」 1922년 10월 25일자 "貞信女學生 同盟休學"
44) 「기독신보」 1922년 11월 8일자 "同盟休學과 其後聞" ; 「조선일보」 1922년 12월
　　14일자 "學父兄의 斡旋"
45) 「조선일보」 1922년 12월 23일자 "貞信女學校 當局者에게-職員은 寬容한 措置를
　　行하고 學生은 復校할 方針을 講하라"

울였다.[46] 그러나 지정인가는 받지 못했다.

1925년 4월 학교 당국이 지정학교를 만들겠다고 약속하고 11월이 될 때까지 지정학교가 되지 않자 학생들은 학교의 무책임함과 성의없음을 비판하고 지정학교 승격을 요구하며 동맹휴학을 하였다.[47] 학교 측은 총독부 당국과 계속 교섭했지만 지정학교 승격은 쉽게 이루어지지 않았다. 경신학교 쿤스(Edwin W. Koons) 교장, 정신여학교 루이스(Margo L. Lewis) 교장 등이 총독부 이진호 학무국장과 시학관을 방문하여 학생들의 학력에 관한 시험을 행하겠다는 확답을 받았다. 학생들은 지정학교 문제가 해결되리라는 희망을 갖고 12월 5일부터 등교하였다. 겨울방학까지 중지하고 1월 중순에 있을 시험에 대비하였고, 무자격 교사들은 학교를 그만두었다.[48] 그러나 시험성적이 좋지 않았다. 학교 당국과 학부형들은 총독과 정무총감, 학무국장까지 양해하였으나 학무과장의 불찬성으로 어려운 문제를 냈다고 생각했고, '1, 2학년 학생에게 3, 4학년 정도의 시험을 보여서 낙제를 시켰다'고 생각했다.[49]

1930년대가 되면서 정신여학교의 지정학교 승격을 위한 졸업생들의 활동이 구체적으로 진행되었다. 1930년 6월 정신여학교 교장과 교원, 동창회, 경기노회가 협력하여 평양에서 개회하는 선교부 연례모임에 정신여학교가 지정받을 수 있도록 노력해 달라고 하였다. 경기노회에서는 특별위원 5인을 택해 지정학교 승격운동을 일임했는데, 그 중 차재명 목사와 이용설 장로를 선교부에 보냈고, 서울 시내 연합제직회에서는 함태영 목사를 보냈다. 이들은 지정허가를 속히 받도록 후원해 주기를 요청했으

---

46) 「매일신보」 1924년 4월 8일자 "指定될 貞信女學校" ;『경기노회 제2회 정기회록』 1925년 6월.
47) 「조선일보」 1925년 11월 30일자 "貞信女校生 盟休" ; 「시대일보」 1925년 11월 30일자 "생도요구에 동정"
48) 『경기노회 제3회 정기회록』 1925년 12월.
49) 「매일신보」 1926년 3월 29일자 "貞信女校生의 認定試驗 失敗"

며, 선교부에서도 적극 후원하기로 하였다.50)

지정을 받기 위해서는 경비가 매년 9천원이 필요한데, 정신여학교는 당시 약 이십만평의 토지와 선교부 보조 약 6천원으로 경영하고 있었다. 지정이 된다면 매년 약 3천원의 부족이 생기게 되는데 이 부족액은 경기 노회나 동창회, 서울의 유지들이 부담하기로 하였다. 이와 같은 내용을 1931년 정신여학교 대표 차재명(車載明)과 졸업생 대표 김필례(金弼禮)가 서울 선교지부를 통해 선교부에 청원했다.51) 1932년 10월 정신여학교 교장 루이스는 안식년으로 귀국했을 때 정신여학교의 교실 증축을 위한 기금모금에 매진하였다.52)

1932년 1월 지정을 위한 시험에 통과되지 못했고 지정인가가 계속 늦어지자, 교무주임 최삼열(崔三悅)은 장래를 위해 학생들에게 전학하라는 공문을 발송하였다. 그 이면에는 교장과 교무주임 사이의 감정문제가 있었던 것으로 보이는데, 이로 인해 1, 2학년 학부형들이 다른 학교에 전학하도록 해달라고 탄원하는 등 분규가 일어나기도 하였다.53)

1933년 5월 말 교장 루이스가 안식년을 마치고 귀국하자 각계인사들이 주선하여 정신여학교 후원회를 조직하였다. 6월 정신여학교 후원회 총회에서 발기인을 각 방면 인사들로 확대하고 학교기본재산을 20만원

50) 「기독신보」 1931년 6월 24일자 "貞信女校의 指定運動" ; 「기독신보」 1931년 7월 8일자 "貞信女學校 指定運動의 第一步" ; 「조선일보」 1931년 7월 2일자 "財團을 確立 指定校로 昇格"

51) Margo Lee Lewis, "Annual Report for Chung Sin Girls' School, May 1933," *Presbyterian Church in the U.S.A. Board of Foreign Missions Korea Mission Reports 1911-1954* 제7권, p.189~190.

52) 「기독신보」 1932년 10월 19일자 "校運開拓에 努力하는 貞信校長 渡美" ; 「조선일보」 1933년 5월 31일자 "정신校 교장 孫珍珠씨 귀임"

53) 「매일신보」 1932년 4월 4일자 "貞信女校紛糾 昇格問題로-학생의 부형들이 결속하야 兩學年生 轉學請願" ; "Seoul Girls' Academy Report, May 12, 1933," *Presbyterian Church in the U.S.A. Board of Foreign Missions Korea Mission Reports 1911-1954* 제7권, p.245~247.

에서 30만원으로 증액하여 재단법인의 지정학교를 만들기로 하고 규칙 통과를 시킨 후 위원 15명을 선거하였다.[54]

1934년 지정학교 승격을 위한 총독부 당국의 자격검정시험이 있었지만 통과하지 못하였고,[55] 계속 승격운동을 한 결과 1935년 5월 9일 지정학교로 인정되었다. 1936년 3월 졸업자부터 여자고등보통학교 졸업자와 동등한 자격으로 상급학교 입학 자격을 얻게 되었다[56] 1935년 6월 21일에는 연동교회를 비롯해 정신여학교 동창회와 동교 후원회, 학부형회 연합주최로 지정인가를 축하하는 축하회가 열렸다.[57] 정신여학교는 지정학교 인가를 받기 위해 준비한 지 12년이 지나서야 지정학교로 인가받았다.

평양 숭의여학교에서도 1923년 10월 지정학교 승격문제로 동맹휴학을 했다. 동맹휴학의 이유는 "첫째 총독부 지정학교로 승격할 것, 둘째 기숙사 규칙을 개정할 것, 셋째 기숙사 사감 라진경(羅眞敬)을 사면할 것"이라는 세가지 조건의 청원서를 학교에 제출하였다. 이에 대해 학교

---

54) 「조선일보」 1933년 6월 27일자 "貞信校後援會 積極으로 活動-三十萬圓 基金目標 코"；「기독신보」 1933년 7월 5일자 "貞信女學校 後援會 發起". 후원회원의 자격은 1.통상회원-회비 일시금 10원이상 납입한 자 2.특별회원-회비 일시금 50원이상 납입한 자 3.유지회원-일시금 5백원이상 납입한 자로 하였다. 「기독신보」 1933년 8월 30일자 "貞信女學校 後援會"

55) 「조선일보」 1934년 2월 13일자 "制服을 벗고나서-貞信女校篇"；Margo Lee Lewis, "Womens' Academy Report, Seoul, Oct. 6, 1934" "Chung Sin Girls' School Annual Report, 1934," *Presbyterian Church in the U.S.A. Board of Foreign Missions Korea Mission Reports 1911-1954* 제7권, p.352~356.

56) 「조선일보」 1935년 5월 10일자 "歷史기픈 貞信校 指定으로 遂認可"；Margo Lee Lewis, "Chung Sin Girls School Annual Report, June 1935," *Presbyterian Church in the U.S.A. Board of Foreign Missions Korea Mission Reports 1911-1954* 제7권, p.443~446.

57) 「조선일보」 1935년 6월 15일자 "貞信女校指定 認可祝賀會-來二十日 開催"；「동아일보」 1935년 6월 22일자 "貞信女學校 昇格祝賀會 四十年 럭사에 천여명 졸업생 盛況裏 校友, 有志會合"

측은 지정학교 문제는 기본금 부족으로 어려운 상태이며, 기숙사 규칙 개정은 교장 스누크 여사가 미국에서 돌아올 때까지 기다리라는 회답을 했다.[58] 그런데 기숙사 사감 라진경의 사임 요구는 숭의여학교 당국자와 학생들 사이의 문제로만 끝나지 않았다. 평양예수교장로회 도당회를 비롯한 평양 교회 및 지역민들과 선교사들 사이의 대립에 따른 평양지역 선교사 배척문제로 확대되어 오래도록 해결되지 않았다.

10월 초 학생들이 동맹휴교를 하자 학교 이사회에서 25일까지 학교 출석을 강요하였다. 학생들은 이에 대항하여 반 이상이 고향으로 돌아가고 약 50여명 정도는 시내 각처에 흩어졌다. 평양예수교장로회 도당회 조만식(曹晩植), 이승훈(李昇薰), 이덕환(李德煥), 윤성운(尹聲運) 등은 학생들을 권유하여 다시 기숙사에 들어가도록 중재할 것을 의논하였다.[59] 그러나 학교 이사회 당국자와 선교사 마펫은 학생 측에서 라진경을 배척하는 것이 잘못이라고 주장하였다. 25일에는 기숙사의 전기·수도를 끊고 부엌문을 봉쇄하고는 임시폐교를 선언하였다.[60]

숭의여학교 사태에 대해 각종 언론 매체에서 학생들의 행동을 비판하기는 하였지만 임시폐교까지 선언한 학교 측의 책임을 더욱 엄중히 묻고, 교육자의 자격이 부족하며 사회에 대해 사과해야 한다고 강하게 비난하였다.[61] 일반 사회에서는 이 문제를 미국인들이 한국인을 무시하기

---

58) 「동아일보」 1923년 10월 18일자 "崇義女校生 盟休-학교승격과 긔숙사 규측 개뎡등 조건을 뎨출하고 동맹휴학"; 「기독신보」 1923년 10월 31일자 "崇義女生 盟休-기 숙사제도에 불평을 품고"; 「기독신보」 1923년 12월 12일자 "同盟休校의 惡傳染"
59) 「동아일보」 1923년 10월 20일자 "崇義校盟休 問題는 兩便態度 益强硬-유지제씨 도 중재중이다"
60) 「동아일보」 1923년 10월 27일자 "崇義校生의 盟休와 殘忍한 羅眞敬氏의 行爲"; 「조선일보」 1923년 10월 27일자 "崇義女中校 突然 閉校"
61) 「동아일보」 1923년 10월 29일자 "社說-崇義女校事件, 學生盟休의 可否"; 「조선일보」 1923년 10월 30일자 "社說-崇義女校의 閉鎖에 對하야" 「開闢」 잡지도 1923년 11월호에 "숭의여학교 당국의 악화"라는 제목으로 학교 당국의 처사를 비판하고, 한국인, 한국 교인의 분기를 촉구하였다.

때문이라고 비난하자, 평양예수교장로회 도당회는 학교 문제보다 미국인 선교사들과 의사소통을 할 목적으로 길선주(吉善宙), 강규찬(姜奎燦), 김동원(金東元)을 대표로 정해 선교사회와 의견을 교환하게 하는 한편, 고향으로 돌아갈 여비가 없는 학생들에게 숙소와 식사를 주선해 주었다.[62] 10월 26일 기독청년회관에 모인 도당회 회원들은 학교 측의 완강한 태도에 분개해 간섭을 중지하고, 교섭위원들의 보고와 선교사의 태도에 대해 선후책을 의논하였다. 지정학교 승격과 일부 무자격 교사의 배척 문제가 사회문제로 확대되기 시작한 것이다.[63]

10월 30일 조직된 숭의여학교 동창회에서도 회장 박현숙(朴賢淑) 외 30여명이 문제의 인물인 라진경을 방문하고 사직을 권고하였다.[64] 평양지역 교계 인사들과 사회에서 라씨를 비판하고 일부 학생들이 서신으로 사직을 권고하기도 하였지만, 라진경은 사직할 뜻이 없음을 분명히 하였다. 학교 측은 주모자 6명에게 무기정학 처분을 내리고 학생들에게 무조건 등교하라고 하였다. 그러나 학교의 요구에 응하는 학생은 얼마 되지 않았다.[65] 학생 20여명이 라진경을 만나려고 학교를 방문했다가 학교 이사들에게 구타당하는 일도 일어났다.[66] 학교 측은 학생들의 무조건 등교와 주동 학생 처벌이라는 강경한 원칙론을 고수했고, 결국 11월 16일부터 학생들이 등교하기 시작하고 주동 학생들만 희생됨으로써 끝을

---

62) 「조선일보」 1923년 10월 29일자 "崇義女校 問題擴大-宣敎師의 處置가 苛酷한바 조선인 전례를 무시한다 하야 도당회에서 선교사측과 교섭" ; 「동아일보」 1923년 10월 30일자 "崇義校問題로 平壤都堂會 蹶起"

63) 「동아일보」 1923년 10월 28일자 "苛酷한 學校의 處置에 사회각방면의 여론비등/ 都堂會의 憤慨"

64) 「조선일보」 1923년 11월 5일자 "崇義盟休 從此解決?"

65) 「동아일보」 1923년 11월 14일자 "羅眞敬女史에게 辭職勸告와 脅迫狀" ; 「조선일보」 1923년 11월 18일자 "崇校事件 漸漸 惡化" ; 「조선일보」 1923년 11월 22일자 "崇義女校 問題는 繼續"

66) 「조선일보」 1923년 11월 24일자 "修羅場化한 崇義校庭-警官 十餘名까지 出動警戒"

맺었다.[67] 그러나 이 일은 평양지역에서 선교사에 대한 비판이 더욱 거세지는 계기가 되었다.

1924년 안식년으로 귀국했던 스누크(Velma L. Snook) 교장이 돌아왔다. 스누크 교장은 지정학교 승격을 위해 공장 설비를 완성하여 노동학생을 수용하고 기숙사 증축 등 학교를 확장하고 실험기구 등 학교 설비를 보완하였다.[68] 이후에도 계속하여 자격있는 교원을 초빙하고 설비를 확장하였다. 숭실학교의 지정학교 승격운동이 실현될 것으로 보이자, 숭의여학교도 1928년부터 지정학교 승격 운동에 박차를 가했다. 이미 대지 5천여평에 건평 130여평 되는 교사 2개동, 50여평의 공업실(가사, 수예 교수용), 서양식 침실설비로 120명을 수용할만한 기숙사, 3년간 3천여원의 비용으로 완비한 이화박물기구 등 여자고보 표준보다 설비가 훨씬 앞섰다. 나머지 문제는 자격교원의 채용이었다. 이미 채용되어 있는 자격교원 2인 외에 신학기부터 조상원(趙相元, 연전 수물과), 차경사(車慶思, 東京高工 화학과) 외 2명을 초빙하기로 결정하였다.[69]

1928년 6월 평양에서 열린 선교부 연례회의에서 평양 숭의여학교와 대구 계성학교 두 학교를 지정학교로 승격시키기로 만장일치로 가결하였다.[70] 숭의여학교는 1929년 12월 지정학교 승격 원서를 제출하고, 5만원 예산으로 기숙사를 증축하여, 본관, 별관, 기숙사를 합해 1200여평의 건물을 완성하였다. 27일부터는 도학무과에서 학교 설비 등을 조사하였다.[71] 장비도 충분하고 자격있는 교사들을 초빙하였기에 지정학교

67) 숭의100년사편찬위원회, 『숭의100년사, 1903-2003』, 191쪽.

68) 「기독신보」 1924년 11월 5일자 "숭의녀교진흥"

69) 「동아일보」 1928년 3월 10일자 "平壤 崇義女學校 指定認可運動-設備擴張, 敎員新聘"

70) 「중외일보」 1928년 7월 2일자 "老派宣敎師會에서 平壤 崇義女學校도 대구계성학교와 동시에 高普昇格을 決議"

71) 「기독신보」 1930년 1월 15일자 "宗敎團體의 新年抱負(三) 昇格運動과 함씌 寄宿舍를 增築-平壤 崇義女學校";「동아일보」 1930년 3월 4일자 "崇義女學校 指定認

승격은 무난한 것이라 여겼다.[72] 그러나 1929년 제출한 원서는 승인되지 않았다.

1931년 3월에는 학교 재정을 충실히 하기 위해 총 재산 35만원 외에 5년 예산으로 매년 만원씩 5만원의 적립금을 모으기로 하고 숭의여학교 기본재산 적립위원회를 조직했다.[73] 1931년 3월 26일 지정학교 교섭을 위해 이사회 대표 마펫 박사와 강봉우(姜鳳羽) 선생이 학무국장을 방문하였고, 4월 개학하면 시학관을 파송하여 학생들의 실력을 시험한 후에 결정하겠다고 하였다.[74] 드디어 5월 5일부터 총독부 학무국 다카하시[高橋] 시학관이 출장을 나와 각 학년에 자격고사 시험을 행했다. 시학관은 시험 결과가 대체로 양호하고, 설비나 학생들의 규율 등이 다른 학교에 비해 손색은 없으나, 학교 경영이 신시대에 적합하지 못하며 20여 명이라는 다수의 교원 중 '현대교육을 완전히 이해치 못하는 노후자(老朽者)가 많다'고 지적하였다.[75]

결국 숭의여학교는 1931년 12월 18일자 총독부령 611호로 지정학교로 승격되었다. 공사립 여자교육기관 가운데 5년제는 숭의여학교가 유일하다. 지정학교 자격은 1934년 이후 졸업생인 현재 3학년부터 받게 되었다. 이때의 재정은 31만 5419원 45전, 교지 5,126평, 6,616점의 기구, 표본 등으로 평양 여자중등교육기관으로 가장 완전한 설비를 갖추었다.[76]

可願, 설비를 완비코"

72) Velma L. Snook, "Pyeng Yang Academy for Girls. Annual Report 1929-1930" *Presbyterian Church in the U.S.A. Board of Foreign Missions Korea Mission Reports 1911-1954* 제7권, p.46.

73) 「동아일보」 1931년 3월 15일자 "平壤 崇義女學校 積立基金 募集"

74) 「동아일보」 1931년 3월 28일자 "平壤 崇義女校 指定校로 昇格"

75) 「조선일보」 1931년 4월 29일자 "平壤 崇義女校 指定校 認許內定-來五日부터 資格試驗"

76) 「동아일보」 1931년 12월 20일자 "面目一新할 平壤 崇義女校-현三학년부터 지정 실현, 同校獨特의 五年制" ; 「조선일보」 1931년 12월 19일자 "숭의 여학교 지정

대구 계성학교는 선교부 경영 학교들 가운데 가장 일찍 학교 승격운 동을 전개하였다. 지정학교 제도 도입 이전에 학생들은 고등보통학교로 승격해달라고 학교 측에 요구하며 동맹휴학을 했다. 1920년 가을 계성 학교 학생들이 학교 측에 학교 설비 개량 등의 요구를 하자, 학교에서도 이를 받아들여 교사를 새로 초빙하고, 학생 증원과 교육시설 완비를 위 해 노력하였다.[77] 1921년 5월 말에는 학생들이 자격있는 교사와 설비를 갖추어 고등보통학교로 변경해 달라는 청원서를 교장에게 제출하고,[78] 평양 출신의 백신칠(白信七), 김도근(金道根) 두 교사를 사직시키라고 요구했다. 또한 학제는 5년제이지만 고등보통학교보다 낮은 정도의 교 육을 받고 있으며, 교사들이 학생을 권위적으로 압제한다고 비판하였다. 학생들의 요구조건에 대해 핸더슨 교장을 비롯한 학교 측은 학교를 폐지 하겠다고까지 하였다. 학생들 역시 동맹퇴학청원서를 제출하고 목적이 관철되지 않으면 학교에 등교하지 않기로 결의했다.[79] 이 사건에 대해 조선총독부 경무총장은 학생들은 미국인 선교사에 대해 폭력적이고 혐

교로 승격 18일부로 지령교부" ; Olivette R. Swallen, "Report of Pyeng Yang Academy for Girls, 1931~1932" *Presbyterian Church in the U.S.A. Board of Foreign Missions Korea Mission Reports 1911-1954* 제7권, p.200~203.

77) 학생들이 요구한 4개 조건은 "1. 종래 예과1년 본과4년 합계 五年이던 것을 평균 四年으로 단축할 것 2. 寄宿舍를 정결히 修理할 것 3. 學校器具를 擴張하고 체조 를 일층 개량할 것 4. 時代에 應하여 적당한 敎科書로 充分히 敎授할 것" 등이었 다. 「동아일보」 1920년 9월 17일자 "啓聖校學生의 要求," 이에 대해 교장 핸더슨 과 교사 백신칠, 정상호(鄭祥浩), 이종화(李宗華), 김도근 등이 협의하여 김찬옥(金 燦玉), 이만우(李晩雨) 두 명을 새로 초빙하였다. 「동아일보」 1920년 9월 17일자 "啓聖學校 敎員增員"

78) 「조선일보」 1921년 6월 1일자 "大邱 私立啓聖學校 風波." 高警제17837호 "基督 敎 經營學校ノ 紛擾"에는 (1) 과목 정도를 향상할 것 (2) 무능교사를 해직시킬 것 (3) 비좁은 교실을 확장할 것의 세 가지로 정리되어 있다.

79) 「조선일보」 1921년 6월 3일자 "啓聖學校問題" ; 「동아일보」 1921년 6월 13일자 "啓聖學校 盟休事件" ; 高警제17837호 "基督敎 經營學校ノ 紛擾,"『한국독립운동 사 자료38-종교운동편』, 국사편찬위원회, 2002, 383~384쪽.

오하는 마음을 갖고 있고, 교장을 비롯한 미국인 선교사들은 강경한 태도로 학생의 요구를 거절하고 교사 확장 등은 전혀 실행하려 하지 않는다고 비판했다.[80] 동맹휴학 문제를 한국인 대 선교사의 문제로, 그리고 선교사의 우월주의가 일으킨 사건으로 몰아 선교사들의 교육사업을 폄하하려는 의도를 보였다.

1921년 북장로회선교부와 경북노회가 계성학교를 공동경영하기로 결정하고서도 계성학교의 문제는 쉽게 해결되지 않았다. 1923년까지 계속해서 학생들은 학교에 대해 상급학교 입학자격이 있는 고등보통학교로 승격시켜달라고 요구했지만, 학교측은 고등보통학교가 된다는 것은 '전도'가 우선인 학교에서 종교교육을 포기하는 일이므로 불가능하다고 하였다.[81] 1923년 종교교육을 포기하지 않아도 고보와 같이 상급학교 진학이 가능한 지정학교 제도가 실시되자, 계성학교는 정부의 지정을 받기 위해 노력했다. 1924년 가을 계성학교는 지정학교 인가원을 제출하고 승격시험을 준비하였다. 당시 지정학교 승격은 연내에 이루어질 것으로 인식되었다. 경상북도 학무과장도 교사 중 수리와 일본어 교사만 자격있는 사람으로 바꾸고, 설비만 더하면 지정이 되기 쉬울 것이라고 했다.[82] 자격있는 교사를 채용하였고, 5,000원을 들여 실험실을 세우고, 교사와 장비 등을 모두 정부의 표준에 맞추기 위해 노력하였다.[83] 그러나 지정

---

80) 高警제18205호 "基督教 經營學校ノ 紛擾詳報," 『한국독립운동사 자료38-종교운동편』, 384~387쪽.

81) 「조선일보」 1921년 8월 20일자 "紛擾를 極ㅎ던 啓聖學校-구월일일부터 기학할터이다"; 「조선일보」 1921년 9월 8일자 "啓聖學校의 現狀"; 「동아일보」 1923년 2월 1일자 "退學願書가 山積" 이때 동맹퇴학의 이유는 "1. 일반 상급학교에 입학자격을 얻지 못함, 2. 중등교육 자격이 없는 교사가 있음, 3. 학교의 설비가 불완전함, 4. 교장이 성의가 없음, 5. 금전을 위해 학교의 체면을 불구하고 무시로 입학을 허가함" 등이었다; 「동아일보」 1923년 2월 1일자 "傳道가 第一目的-교육은 둘재라는 계성학교당의 말"; 「동아일보」 1923년 2월 11일자 "啓聖校紛糾 解決無望-학교편이나 학생편이 모다 강경"

82) 「조선일보」 1924년 11월 21일자 "昇格될듯한 啓聖學校"

학교 승격은 몇 년에 걸친 노력에도 불구하고 쉽게 이루어지지 않았다.

1925년 경북노회와 경안노회가 선교부 연례회의에 대표를 보내 학교 승격을 요청하는 등 지역의 노회와 교회에서 계성학교의 지정을 위해 노력을 기울였다.[84] 1925년 여름에도 지정 허가가 나지 않자, 그해 겨울 4학년생 24명이 지정학교로 승격되지 않은 이상 5학년을 더 공부할 필요가 없으니 4학년으로 졸업시켜 달라고 동맹휴학을 하였다. 학교 측에서는 지정학교 인가신청을 수속중이니 5학년까지 있으라고 하고, 학부형 측에서는 지정인가가 날 때까지 학생의 요구대로 4학년으로 졸업시켜 주기를 학교당국에 교섭하였다.[85] 두 노회에서 선교부에 대표를 보내 공식적으로 학교 승격을 요청하는 노력을 기울인 것이다. 경북·경안 두 노회의 노력에 힘입어 1926년엔 경상북도 학무과에서 학생들의 학력 시험을 거쳐 지정인가를 해주겠다고 하였다. 3월 3일부터 4일간 관립학교 교원 2명이 입회하고 수학·물리·화학·영어·지리·역사·일어·한문 등의 시험을 치르게 되었다.[86] 그러나 이때에도 지정학교 승격 허가를 받지 못했다.

몇 년에 걸쳐 지정학교 승격운동을 벌이고 있던 시기인 1927년 1월, 이미 지정학교가 된 경신학교를 제외하고, 선교부 경영 7개 학교 중 우선 평양의 숭실학교와 숭의여학교를 지정학교로 승격시키도록 노력하겠고, 다른 학교들은 재정이 허락되면 그때 지정을 받게 하겠다는 내용을 선교부에서 발표하였다.[87] 재정부족으로 학교 폐지가 될 수도 있는 상

---

83) "Annual Report of Taiku Station, 1925-1926", *40 years in Korea*, p.381~382.

84) 「중외신문」 1925년 6월 18일자 "점차 맹렬화한 계성교 승격운동" ; 권영배, 「일제하 사립각종학교의 지정학교 승격에 관한 일연구」, 228쪽 재인용.

85) 「동아일보」 1925년 12월 6일자 "啓聖校도 解決-파업햇다가" ;「조선일보」 1925년 12월 15일자 "啓聖校 問題로 학부형회를 개최"

86) 「동아일보」 1926년 3월 1일자 "大邱啓聖校 指定問題-初旬 學力試驗後 結果與否로 決定"

87) 「기독신보」 1927년 2월 23일자 "長老教宣教會 各中等學校에 對ㅎ야(許大殿)"

황이었다. 일찍부터 학교 후원회가 조직되어 활동하고 있었고, 또한 경
북노회 공동경영이었던 계성학교에서도 학교 폐지 문제는 당면한 큰 문
제였다.

그러자 1928년 계성학교 졸업생들로 구성된 교우회에서 지정학교 승
격운동이 몇 년 동안 계속되었지만 아무 성과가 없고 학생 수도 50~60
명으로 줄어들자 지정학교 승격을 포기하고 대신 고등보통학교로 승격
시키자고 결의하였다. 선교회, 총회, 노회에 성명서를 보내기로 하고, 위
원으로 김정오(金正悟), 총무 이영식(李永植), 서기 서상훈(徐相勳), 간
사-김재명(金在明), 김병욱(金炳旭), 박태준(朴泰俊) 등에게 위임하였다.
교장에는 고창고등보통학교 교장이었던 양태성(梁泰城)을 초빙하기로
하였다.[88] 이러한 움직임에 핸더슨 교장은 곧 지정학교로 승격될 것이
라고 하면서 성경을 가르치는 것이 기독교학교의 생명이므로 어찌할 수
없다는 입장을 피력했다.[89] 심지어 교회 목회자들이 계성학교가 곧 지
정학교 승격이 될 것이라고 하면서 학부모들에게 계성학교 입학을 강요
했다가, 2~3년이 지나도록 승격이 되지 않자 다른 학교로 옮기고는 그
학부모들이 목회자들에게 속았다고 불평을 하는 사례들이 종종 있었다.
그러자 핸더슨 교장은 학생과 학부모에게 지정받지 않은 학교라는 것을
분명히 알려야 한다고 강조했다. 이처럼 지정학교 인가가 늦어지자 등록
학생 수뿐만 아니라 학교를 지원하는 사람들도 많이 감소되었다.[90]

교우회에서 고등보통학교 승격을 결의하였지만, 1928년 5월 숭실학
교가 지정학교로 승격되자 계성학교도 다시 지정학교 승격운동을 계속
하였다. 6월에 열리는 선교부 회의에 경북노회 염봉남 목사, 경안노회

---

88)「조선일보」1928년 3월 13일자 "沈衰된 大邱啓聖校 高普로 昇格運動"

89)「중외일보」1928년 3월 17일자 "大邱各私立學校 巡禮記(1)"

90) Harold H. Henderson, "Keisung Academy Annual Report, 1929-1930" *Presbyterian Church in the U.S.A. Board of Foreign Missions Korea Mission Reports 1911-1954* 제7권, p.54~57.

강병주(姜炳周) 목사, 학교 측 이석락(李析洛) 장로, 교우회 김정오(金正悟) 장로를 보내 계성학교 승격을 위해 활동하였다. 이 자리에서 평양 숭의여학교 지정, 선천 신성학교 재단법인, 서울 정신여학교 승격, 대구 계성학교 지정 등의 순서로 제안이 있었다. 원래는 숭의여학교 지정에만 힘쓰기로 했지만, 계성학교 지정위한 경북지역 대표자들의 활동으로 '대구 계성학교 지정운동은 모든 미순 학교 중 제일 먼저 하되 매년 유지비는 1만 2천원을 지불하기로 결의'하였다.[91]

1931년 지정학교 인가를 위해 정부 관료가 와서 시험을 치렀는데, 시험이 어려워 통과하지 못하자 교사진이 난해한 시험문제에 대해 항의했다. 이후 야간에 평균 이하의 학생들 대상으로 특별수업 실시, 지방관료의 모의시험 등을 통해 지정학교가 되기 위해 노력했다.[92] 1932년 2월에도 두 명의 시학관이 출장해 시찰 및 시험으로 지정학교 승격이 임박한 것처럼 보였다.[93] 그러나 이때도 지정학교 승격이 되지 않았다. 1932년에 교사를 신축하고 설비를 완전히 하고 유자격 교원을 채용하였다.

1933년 2월 다시 지정시험을 치른 후 4월 12일부로 지정학교 승격이 되었다.[94] 이때 남장로회선교부 경영의 전주 신흥학교, 호주장로회선교

---

91) 「중외일보」 1928년 6월 18일자 "漸次猛烈化한 啓聖校 昇格運動" ; 「중외일보」 1928년 6월 27일자 "啓聖校 昇格問題로 慶北老會 活動中-선교사대회에 위원파견, 各方으로 猛烈運動" ; 「중외일보」 1928년 7월 1일자 "大邱啓聖校 指定-전조선미순회에서 결령, 경북대표 활동으로 성공" ; 「기독신보」 1928년 7월 11일자 "啓聖學校 指定決定"

92) "Annual Report of Keisung Boys' Academy, 1932" ; "Keisung Academy Annual Report for 1932-1933" ; 이성전 지음, 서정민·가미야마미나코 옮김, 『미국선교사와 한국근대교육』, 한국기독교역사연구소, 2007, 222쪽 재인용.

93) 「동아일보」 1932년 2월 24일자 "大邱啓聖校 昇校는 無疑-학생시험만 입격이되면 校舍新築 設備整然"

94) 「중앙일보」 1933년 2월 18일자 "啓聖學校의 指定昇格 有望" ; 「중앙일보」 1933년 2월 19일자 "新興, 啓聖, 日新 三校 來四月부터 昇格" ; 「동아일보」 1933년 2월 23일자 "多年의 懸案인 啓聖校 指定-금卄三일부터 실력시험"

부 경영의 동래 일신여학교가 같이 시험을 치르고 지정학교가 되었다.[95]
계성학교가 지정을 받자 1933년 5월 4일 계성학교 승격축하회 및 신축
교사 낙성식을 개최하고, 이사회를 열어 재단법인 설립을 위해 30만원의
기본금을 모집하기로 결의하였다. 핸더슨 교장은 10년간 동창회와 학부
형과 노회에서 분담하여 300명 이상이 매년 100원씩만 학교를 지원하면
재단법인 목표가 가능하다고 판단했다. 졸업생들은 "1) 모교 기본금 부
담으로 매년 1원씩 의연할 것 2) 모교승격축하 음악회를 개최하여 수입
을 모교 기본금에 보충할 것" 등을 결의하였다.[96] 지정학교가 된 이후
계성학교 지원자가 대폭 증가하였다. 1936년에는 신입생 100여 명 모집
에 400여 명이 지원하였다.[97]

　이처럼 정신여학교와 숭의여학교의 경우 졸업생들로 이루어진 동창
회와 지역사회에서 지정학교 승격운동을 주도했다. 두 학교 모두 교사
배척이 승격운동의 가장 핵심적 요구조건이었다. 정신여학교 학생들의
교사 배척 동맹휴학에 대해 일반 사회에서 관심을 갖고 지켜보았고, 학
교와 학생 측에 각각 중재하기도 하였다. 지정학교 인가가 늦어지자
1930년대 동창회와 경기노회가 협력하여 맹렬히 지정학교 승격운동을
하였다. 선교부에 특별위원을 파견하여 지정 청원운동을 하였고 특히 동
창회 주축으로 후원회를 조직하여 장기적으로 학교 재정 확충을 도모하

---

95) 「동아일보」 1933년 4월 15일자 "啓聖, 新興, 日新 三校 指定學校로 認可/ 創立
　　卅九年 啓聖校 昇格-長老派 安氏設立" ; 「종교시보」 제2권 제5호, 1933년 5월
　　"각지방 종교학교 승격된 소식-계성 신흥 일신 三校 지정학교로 인가"
96) 「종교시보」 제2권 제6호, 1933년 6월 "학교소식" ; Harold H. Henderson,
　　"Keisung Academy Annual Report for 1932-33" *Presbyterian Church in the U.S.A.*
　　Board of Foreign Missions Korea Mission Reports 1911-1954 제7권, p.226~230.
97) Harold H. Henderson, "Past, Present and Future of the Keisyung Academy,
　　Annual Report, 1933-34" "Keisung Academy Annual Report for 1934-35"
　　Presbyterian Church in the U.S.A. Board of Foreign Missions Korea Mission Reports
　　1911-1954 제7권, p.324~328, 417~422 ; 「조선일보」 1936년 4월 7일자 "私立
　　中等學校 巡禮(11)-啓聖學校"

였다. 숭의여학교 승격운동에는 평양예수교장로회 도당회 소속의 목사·장로 등과 평양 지역민들이 광범위하게 참여하였다. 학교 승격운동을 통해 교계 인사들이 학교 내부의 문제까지 깊은 관심을 갖게 되었고, 선교사들의 교육행위에 대해 한국인들이 정면으로 맞서 교육정책 자체를 비판하고 그것의 변화를 요구하였다. 원인은 학력주의와 그로 인한 교육열 고조때문으로, 한국인들의 주체적인 교육행위와 교육요구가 시작된 것이다. 계성학교는 1921년부터 경북노회와 공동경영을 하면서 노회에서 학교 이사를 파견하였다. 뒤에 경안노회가 분리되면서 경북·경안 노회가 선교부에 대표를 보내고 지역의 교회들에 지원을 요청하는 등 학교 승격운동에 매진하였다. 학교 밖에서의 승격운동 뿐만 아니라 학교의 운영에 공식적으로 관여하게 되면서 한국인들의 주체적인 교육 참여가 이루어지게 된 것이다. 이러한 노회의 교육 참여는 뒤에 학교 인수 과정에서도 매우 큰 영향력을 발휘하게 된다.

(3) 지역사회의 학교 승격운동 참여—선천 신성학교

선천 신성학교 역시 학생들이 먼저 승격운동에 참여하였고, 지정 인가가 계속 늦어지자 지역사회의 유지들이 자산을 기부하고 시민대회를 개최하는 등 활발하게 승격운동을 주도하였다. 지정학교 제도 시행 이후 신성학교도 학생과 지역민들의 요구로 지정학교로 인가받기 위해 유자격 교원을 채용하고 교실을 비롯한 학교 설비를 갖추는 등의 노력을 기울였다. 1923년부터 지정인가 청원서를 당국에 제출하였지만 인가는 쉽게 나지 않았고 학생 수가 줄어들었다. 학기 초에 등록했다가도 중간에 그만두는 학생들이 많아져 어느 때는 약 40% 이상의 학생이 중도에 학업을 포기하기도 했다. 이러한 상황을 타개하기 위해서는 지정학교 인가가 꼭 필요했다.

1923년 6월 신성학교 동창회 임시회를 개최하고, "1.교실을 증축할

일 2.설비를 충실히 할 일 3.지정학교로 승격시킬 일"의 세가지를 결의
하였다.[98] 신성학교 동창회는 모교의 발전과 장래에 대해 토의하기 위
해 7년동안 특별히 금란회(金蘭會)라는 이름으로 모이기로 했다. 1923
년 제2회 금란회에서 선교부에 대해 신성학교 교사 증축 설비확장 및
지정학교 승격을 요구하였다.[99] 신교육령 발포 이후 지정을 얻지 못했
을 뿐 아니라 교실이 좁고 시설이 불완전하여 학생들이 불편을 느끼고
있는 가운데 동창회에서 선교부에 압력을 넣은 것이다. 1923년 12월 미
북장로회선교부 회의가 신성학교에서 개최되자 교장 휘트모어가 학교의
정황을 설명하고 개선책을 체출했다. 선교부에서는 가을에 우선 의자 등
설비를 보충하고 교사건축비 8만 5천원을 미국 선교본부에 청구하여 내
용충실을 도모하기로 하였다. 또한 12월 6일 신성학교 직원회에서 다음
해 3월 내로 지정신청을 하기로 가결하고, 교장이 학무당국과 교섭하기
위해 상경하였다.[100]

　1924년 3월 지정신청서를 당국에 제출하고 승격 준비를 하였다.[101]
1924년 12월 개최된 이사회에서는 1925년에 약 1만원으로 교사를 새로
건축하기로 결의하였다.[102] 그러나 지정학교 인가는 쉽지 않았다. 1925
년에는 학교의 설비를 완전히 갖추기 위해 임시로 이전의 공업소를 수리
하여 교실로 쓰고 8만 5천원 예산의 신교사 건축공사를 착수하기로 했
고, 신학기부터 전부 유자격교원을 채용하기로 하여 한국인 및 일본인
유자격 교원 7, 8인을 선정했다. 학무당국에서도 유자격 교원만 채용하

98)「동아일보」1923년 6월 30일자 "信聖同窓會 決議"
99)「동아일보」1923년 8월 17일자 "信聖 金蘭會 總會" ;「조선일보」1923년 8월 20
　　일자 "信聖學校 金蘭會"
100)「조선일보」1923년 7월 22일자 "信聖校의 前途有望" ;「동아일보」1923년 12월
　　11일자 "信聖校新 曙光"
101)「동아일보」1924년 2월 17일자 "信聖 指定運動"
102)「조선일보」1924년 12월 14일자 "宣川保聖校 이사회"

고 다른 설비만 좀더 완전히 하면 금년내로 지정허가는 주겠다고 하여 1925년에는 지정이 되리라고 기대하였다.[103] 게다가 1925~1926년 4천 여 원 상당의 이화학 실험기구와 표본 등을 구입했으며, 운동장을 수선 하고 운동구의 설비도 완전하게 했다.[104] 휘트모어 교장이 도미하여 교 실 건축비를 모금하여 3만원의 자금을 얻어 1926년 3월부터 공사에 착 수하였고, 미국인 휴 오닐 일가의 추가 기부로 수백석을 추수하는 토지 를 구입해 이것으로 학교 유지의 기본금으로 사용하게 되었다.[105]

1927년 신성학교 동창회에서는 "1. 6월 선교사회에 모교 확장에 대해 청구할 것 1. 모교에 공헌이 많은 전 교장 윤산온 기념비를 120원에 주 문해 오는 4월에 교정에 세우기로 함"을 결의하였다.[106]

신성학교가 1923년부터 지정인가 청원을 하였고 5년제로 고등보통학 교와 같이 교수하고 있는 데도 1928년이 될 때까지도 지정인가가 되지 않자 성경과목의 폐지가 앞서야 하는 것이 아닌가 하는 사회 일반의 의 견들이 있었다.

> 승격문제에 잇서 指定과 高普가 兩方安協上 중대한 관계를 가지고 잇다는 것이다. 만일 指定으로 승격이 容易하다면 양방의 타협도 별문제를 야기할 것이 업거니와 高普로 승격이 되어야할 경우에는 선교회측의 태도가 어썰른 지 의문이다. 지정과 고보의 差는 오즉 聖經科目의 存廢問題에 스치고마는 것으로 성경을 과목으로 하지 안트라도 경영자의 지도에 쌀ह 宗敎的修養 은 좌우할 수 잇는 것인 동시에 종교적 훈련은 강제보다도 각기 자유의사에 任함이 종교의 본의며 돌이어 神聖을 損함이 업슬 것이다. 여하간 동교의 승

---

103) 「동아일보」 1925년 2월 15일자 "信聖中學校 指定運動"; 「기독신보」 1925년 3 월 4일자 "信聖學校 昇格"

104) 「동아일보」 1925년 6월 1일자 "信聖中學 內容擴張"; 「시대일보」 1926년 2월 1일자 "指定許可中에 信聖校 擴張"

105) 「동아일보」 1926년 2월 2일자 "信聖學校 新築-三萬餘圓의 工事費로 來三月 初 旬부터 起工"; 「동아일보」 1926년 7월 12일자 "巡廻探訪-宣川地方大觀(1)"

106) 「조선일보」 1927년 3월 5일자 "信聖學校 同窓會"

격문제는 평북 교육계에 적지안혼 영향을 도래할 것이 사실인 만큼 일반이
주목하는 바이오 딸서 만혼 渴望과 企待를 가지고 잇는 바이다. 바라건대
선교회측과 조선인간에 원만한 타협으로 머지안하 조혼 결과가 잇기를 바라
는 바이다.107)

성경과목만 빼면 지정이 아니라 지금이라도 고보로 승격될 것이니 성
경을 교과목으로 하지 않더라도 경영자의 지도에 따라 종교적 활동이 가
능하며 동시에 종교적 훈련은 강제보다는 자유의사에 둠이 종교의 본의
라는 것이었다. 어쨌든 1928년 5월 진정위원 1명을 서울에 보내 총독부
당국에 지정인가 승격에 대한 진정을 하였다.108)

1928년 10월 12일에는 신성학교 신교사 낙성식을 거행했다. 이는 미
국에 있는 휘트모어 전 교장이 7만 4천여원의 기부금을 모아 보내주어,
이중 5만여원으로 신교사를 건축하고 2만여원으로는 물리화학 실험기구
및 박물표본, 운동장 등의 설비를 충실히 했다. 설비면에서 봐도 고등보
통학교로서도 손색이 없어 곧 지정학교로 승격될 것을 기대하였다.109)

1927년 평북·의산 노회와 선교부가 공동경영을 하고 장이욱이 교장에
취임하면서 지정운동은 더욱 박차를 가하게 되었다. 두 노회와의 협력과
더불어 기부금 캠페인을 벌여 18,000엔 정도를 모았는데 선천지역 교회
의 주현칙과 이봉혁 장로가 각각 2,000엔을 기부하였다. 두 장로는 1930
년에 신성학교와 보성여학교의 설립자가 되었다. 이로서 오랫동안 설립
자로 봉사해온 휘트모어와 매큔과 더불어 학교 설립자는 총 4명이 되었
고, 한국인 설립자와 선교사 설립자가 동등한 권리를 갖게 되었다.110)

---

107) 「동아일보」 1928년 4월 13일자 "信聖學校의 昇格運動"
108) 「매일신보」 1928년 5월 24일자 "信聖學校 昇格運動-당국에 진정"
109) 「동아일보」 1928년 10월 5일자 "宣川保聖學校 十二日에 落成式(信聖學校의 오
　　류-필자)"；「동아일보」 1928년 10월 14일자 "隆運의 信聖學校 盛大한 落成式-
　　紀念運動會도 擧行"；「조선일보」 1928년 10월 15일자 "宣川信聖學校 新築校
　　舍 落成"

교실을 신축하고 자격 교원을 채용하는 등 지정운동에 노력하였으나 재정이 불완전하여 아직 승격이 되지 못한 것을 알고, 1928년 3월 21일 선천식림조합(宣川殖林組合)[111] 총회(조합장 金熙綽)에서 조합 소유인 10만원 가치의 대목산 2백여 정보와 현금 2천여원을 전부 신성학교에 기부하기로 만장일치로 결의하였다.[112] 또 27일에 선천 유지 이창석(李昌錫)이 5천여원 가치되는 전답을 신성학교에 기부하였다.[113] 이처럼 선천 유지들이 학교에 자산을 기부하는 일이 생기자 일반인들의 관심이 높아졌고 따라서 다른 지역에서도 유산가의 기부와 사학의 진흥을 촉구하게 되었다.[114] 사립학교들이 재정 곤란으로 학교를 유지하기가 어려웠기 때문이다.

선천식림조합은 1930년 3월 총회에서 현안 중에 있던 조합 소유 산림(대목산)을 신성학교에 완전히 양도하기로 가결하였다. 조합의 특별공로자 김희작, 양성하(梁聖河), 최경식(崔景植), 이창석 외 2백여명의 조합원들이 사회에 공헌하자는 의견이 3년 전부터 있어오다 이번에 만장일치로

---

110) L. W. Chang(장이욱), "Report of the Sin Syung Academy, Year 1929-1930" *Presbyterian Church in the U.S.A. Board of Foreign Missions Korea Mission Reports 1911-1954*, 제7권, p.42 ; "Minutes and Reports of the forty-fifth Annual Meeting of the Chosen Mission of the Presbyterian Church in the U.S.A. 1929," 41 ; "Minutes and Reports of the forth-sixth Annual Meeting of the Chosen Mission of the Presbyterian Church in the U.S.A. 1930," p.40.

111) 선천식림조합은 1909년 또는 1910년 김희작, 양성하, 최경식, 이봉규, 이시항 등의 발기로 대목산 대부허가를 얻어 20여년간 조림해 면적 330여정보, 시가 십만여원 가치를 소유하게 되었다. 「중외일보」 1930년 4월 3일자 "巨額의 大森林을 信聖學校에 寄附-大睦山殖林組合員의 特志"

112) 「동아일보」 1928년 3월 23일자 "宣川 殖産組合에서 十万餘圓 森林 寄贈, 信聖中學의 基礎鞏固"

113) 「조선일보」 1928년 3월 31일자 "指定運動中에 잇는 宣川信聖學校에 李昌錫氏와 殖産組合은 土地와 金錢을 多數寄附" 그는 이미 재단법인 명신(明信)학교를 완성하고자 많은 재산을 기부하기도 하였다.

114) 「동아일보」 1930년 4월 8일자 "實業敎育의 振興-平壤 崇仁學校와 宣川 信聖學校"

다시 가결된 것이다.[115] 그런데 조합장 이창석이 "한가지 유감은 공로자 중 한 분인 최경식씨가 멀리 잇서 참석치 못한 것이외다"라고 하였듯이 이 자리에 참석하지 않은 최경식의 반대가 있었다. 4월 19일 조합공로자 김희작, 양성하와 현 조합장 이창석외 위원들, 신성학교장 장이욱외 이사들이 신성학교에서 대부권양도계약을 체결했다.[116] 그런데 그 계약을 제대로 이행하기 어려웠다. 대목산은 대부허가를 얻었던 것일 뿐 양여가 되지 못하였으므로, 기부를 받은 신성학교에서는 당국에 양여허가원을 제출하였으나 허가받지 못했다. 따라서 어쩔 수 없이 기부자인 식림조합에 반환하게 되었다. 조합에서는 당국의 양해를 얻어 양여를 받은 후 처음 결의대로 신성학교에 기부하고자 노력하였고, 1932년 5월 4일 임시총회를 개최하였다. 평북도 당국에서 참석한 다카하시[高橋]는 조합의 의견만 일치되면 허가해 주겠다고 하였다.[117] 그러나 다시 최경식의 반대가 있어 결국 선천식림조합의 대목산 기부는 이뤄지지 않았다.[118]

1928년 10월에 열린 신성·보성 양교 이사회에서는 신성학교 승격운동을 속히 진행하기로 하고, 교장이 각 교회를 순례하며 학교 발전책을 선전하며 강연하기로 했다. 이사회 결의 내용이다.

一. 신성교 승격운동을 속히 진행하기로 할 것.

---

115) 「동아일보」 1930년 4월 2일자 "宣川 信聖校에 十万圓 寄附-십여만원 산림기부 문제 殖林組合서 確實決定"
116) 「중외일보」 1930년 4월 21일자 "大睦山殖林 讓渡契約 締結-殖林組合과 信聖學 校間에"
117) 「동아일보」 1932년 5월 8일자 "十萬圓價의 大睦山 信聖校에 完全讓與"
118) 1938년 3월 조합의 정기총회에서 대목산 양여문제는 중단하는 것으로 일단락짓고, 선천식림주식회사로 재조직하고 최경식·노윤엽(魯允燁) 두 사람을 선정하여 각 방면으로 절충하기로 하고 폐회하였다. 당시 조합의 임원은 다음과 같다. 조합장-최경식, 이사-노윤엽, 회계-이하홍(李賀弘), 서기-안병균(安秉均) 김윤근(金允根), 감사-양준명(梁濬明) 계시항(桂時恒) 「조선일보」 1938년 3월 16일자 "信聖學校에 快消息-宣川植林組合에서 奮然蹶起, 五萬圓을 提供工作"

二. 신성교 소유인 토지 목축장 과원(菓園) 급 채원(菜園)을 확장정리하기 위
   하야 다년간 미국에서 농업 급 목축과를 연구하고 수년전 귀국한 용천
   장태윤씨를 이재과 총무로 임명할 일.
三. 신성교 급 보성여학교의 발전책을 각 교회에 선전토의하기 위하야 신성
   교장 장이욱씨로 순례강연케 할 일.
四. 보성여학교 신축교사 낙성식은 명춘에 하기로 할 일.[119]

지정의 희망이 멀어지자, 지정을 포기하고 정규 고등보통학교가 되는
길을 모색하기도 했다. 그러나 그것은 성경과목과 예배를 커리큘럼에서
제외시켜야 하는 것이었기에 신성학교는 미션스쿨의 원칙을 유지하기로
했다.[120]

신성학교의 지정학교 인가는 1931년에 이루어졌다. 1930년 4월에 지
정청원서를 제출하였고, 9월에 평안북도 시학관 두 명이 학교 교원들의
교수 상태, 일반 서류, 실험실 및 기타 모든 부분을 검열한 후 설비와
교원이 충분하다는 평가를 내렸다. 지정청원서가 총독부 학무국으로 올
라간 지 한참 되어서도 연락이 없자 장이욱 교장이 학무국을 방문하기도
하였다.[121]

1931년 2월 4일에는 신성학교 지정을 촉구하기 위해 선천읍내 유지
들의 발기로 선천기독교청년회관에서 시민대회를 개최했다. 장이욱 교
장의 경과보고 후, 진정위원 2명을 택해 선천 시민 전체가 날인한 진정
서를 평안북도를 거쳐 총독부로 보내기로 하고, 모든 경비는 일반인들의
의연금으로 하기로 했다. 진정위원으로 오치은(吳致殷)·이영찬(李泳贊)

119)「조선일보」1928년 10월 15일자 "信聖保聖兩校 理事會"

120) L. W. Chang, "The Report of Sin Syung Academy Year 1930-1931" *Presbyterian
    Church in the U.S.A. Board of Foreign Missions Korea Mission Reports 1911-1954* 제7
    권, p.93.

121)「동아일보」1930년 9월 13일자 "宣川信聖中學 指定許可 不遠-지정신청코 인가
    긔대중, 兩視學이 出張調査";「동아일보」1930년 11월 30일자 "信聖中學校는
    不遠間 指定?-도에서는 허가에 노력, 平北道參與官談"

이, 진정위원 후보로 최준삼(崔俊三)·최봉순(崔鳳淳)이 피선되었다. 그리고 신성학교 지정허가가 완전히 마무리될 때까지 후원하기로 하고 '신성학교 지정운동후원회' 위원 21인을 뽑았다.[122] 후원회의 임원은 다음과 같다.

위원장 : 이창석(李昌錫)
서 기 : 김치제(金致濟)
회 계 : 노정린(魯晶璘)
위 원 : 오치은(吳致殷)·이영찬(李泳贊)·이봉찬(李鳳燦)·정상인(鄭尙仁)·
       김학규(金鶴奎)·박찬빈(朴贊斌)·홍치업(洪致業)·송의정(宋義禎)·
       주현칙(朱賢則)·김덕연(金德淵)·김상설(金商說)·최준삼(崔俊三)·
       최봉준(崔鳳浚)·오필은(吳弼殷)·김창선(金昌善)·전문감(田文坎)·
       김경희(金景熙)·박정찬(朴正燦)

진정위원 오치은·이영찬이 2월 9일 총독부 학무국을 방문해 시민대회에서 결의한 것을 제출하였다.[123] 총독부 학무국에서 학교검정위원회를 개최하여 신성학교와 함흥 영생학교 지정문제에 대해 협의하고, 두 학교를 모두 지정인가하기로 하였다. 2월 17일부터 21일까지 5일간 신성학교에 총독부의 시학관과 지정계 주임이 출장하여 9과목의 시험을 보고 나서,[124] 지정계 주임[庄司]은 아래와 같이 자신의 의견을 피력했다.

---

122) 「동아일보」 1931년 2월 7일자 "信聖校指定 後援會 組織-총독부까지 또 진정결의, 四日 宣川市民大會"；「매일신보」 1931년 2월 9일자 "宣川 信聖學校 昇格運動 開始-面民大會에서 後援會 組織"；「기독신보」 1931년 2월 25일자 "신성학교 지정운동"
123) 「동아일보」 1931년 2월 9일자 "信聖校指定 陳情委員 上京-지금 설비로도 손색이업서 明九日 總督府 訪問"
124) 「매일신보」 1931년 2월 11일자 "宣川信聖校와 咸興永生校 指定資格 試驗"；「동아일보」 1931년 2월 18일자 "宣川信聖中學 指定 檢定試驗"；L. W. Chang, "The Report of Sin Syung Academy Year 1930-1931" *Presbyterian Church in the U.S.A. Board of Foreign Missions Korea Mission Reports 1911-1954* 제7권, p.93.

생도의 학력시험의 결과는 다른 고등보통학교나 지정학교에 비교하야 손색
이 업다. 그럼으로 금년부터 승격될 양이나 금년 졸업생의 자격부여는 어려
울 모양이다. 재산관계를 보면 미국에서 매년 一만一천원씩 보조하고 평북로
회(老會)와 의산(義山)로회로부터 二천원씩의 보조가 잇슴으로 경영에 곤난
을 밧지 안는 모양이며 장차 재단이 조직될 째에는 삼림조합 소유림야 二百
八十정보-약五만원과 그 지방 유지 리창석(李昌錫)씨가 一만원, 오치은(吳
致殷)씨가 五천원을 비롯하야 五만원의 긔부와 쪼 미국선교회로부터 현재
교사 운동장 가튼 부동산을 포함하야 二十만원을 긔증할 터임으로 그럭저럭
三十만원의 재단은 될터이니 학교경영이 충분한줄 생각한다.[125]

신성학교 학력시험의 결과는 다른 학교들에 비해 손색이 없다고 하면
서, 미북장로회선교부의 11,000원과 평북·의산 노회 2천원의 보조로 학
교 경영에는 어려움이 없으며 유지들의 기부와 선교회의 학교재산 등을
포함해 30만원의 재단이 충분히 만들어질 수 있다는 것이었다. 1931년
3월 16일부로 신성학교 지정 인가가 발표되었다. 시험 결과에 의해 4·5
학년은 자격을 주지 않고 1·2·3학년 즉 1933년 졸업생부터 상급학교 입
학 자격을 얻었다.[126]

이처럼 선천 신성학교는 지역사회 인사들이 지정학교 승격을 주도하
였다. 평북·의산 노회가 1927년부터 선교부와 공동경영을 하면서 지정
학교 승격운동을 본격적으로 진행하였다. 노회와 더불어 선천 지역사회
에서도 학교에 대한 기부와 학교의 지정을 촉구하는 시민대회 개최 등
매우 적극적으로 학교를 지원하였다. 선천지역 유지들이 학교에 자산을
기부하였고, 이는 다른 지역에서도 사립학교에 대한 유산가의 기부와 사
학 진흥을 촉구하는 계기가 되었다. 한국인들의 주체적인 교육 참여가

---

125) 「동아일보」 1931년 2월 25일자 "宣川信聖校 中等校 指定-庄司主任의 調查結果
今春 新學期엔 實現"

126) 「매일신보」 1931년 3월 15일자 "宣川信聖學校 指定請願 認可"; 「동아일보」
1931년 3월 19일자 "宣川信聖校 指定校로 認可-十六일부 관보로 발표, 高普와
同一待遇로"; 「동아일보」 1931년 3월 24일자 "昇格人事次 代表가 上京"

이루어지게 되었고, 지역민들이 뒤에 학교 인수 과정에서도 큰 영향력을 발휘하게 된다.

이에 반해 선천 보성여학교와 대구 신명여학교는 학교 승격운동에도 불구하고 지정학교로 승격되지 못했다. 보성여학교는 「개정사립학교규칙」 발포 이후 1916년 2월 여자중학교 인가신청을 제출했으나 허가되지 않아 학교명을 보성학원(保聖學院)으로 개칭하였다.127) 1921년 선교부 대표 휘트모어와 선천남·북교회 노정관 등이 협동하여 보성여학교를 부활시키고자 노력하여 보통과 6년, 중등과 2년제 사립 보성여학교로 인가를 받았다. 신성학교가 지정학교로 인가받은 것에 비해, 당시 선천지방의 유일한 여자중등교육기관인 보성여학교는 2학년까지밖에 없어 상급학교를 진학하려는 학생은 다른 지방의 여자고보로 편입해야 했다. 이에 따라 1934년 5월 보성여학교 학년연장후원회를 조직하고 실행위원을 선정하여 학년이라도 연장해달라는 운동을 진행하였다. 그해 가을 3년제로 인가해 달라는 서류를 제출하였고, 1935년 5월 인가되었다.128) 학년

---

127) 이 기간 동안 기혼 여성들을 위해 'The Louise Chase Institute for Women'이라는 이름의 학교를 운영하였다. Harry A. Rhodes, *History of the Korea Mission Presbyterian Church U.S.A.* vol. I, 1884~1934, p.216~217.

128) 「동아일보」 1934년 5월 15일자 "宣川 保聖女學校 學年延長運動" ; 「조선일보」 1935년 5월 19일자 "宣川 保聖學校 學年延長實現" ; 「조선중앙일보」 1935년 5월 22일자 "宣川 保聖女學校의 學年延長 遂實現" ; 「동아일보」 1935년 5월 27일자 "宣川 保聖女校 學年延長 祝賀會" ; 홍선의, 『보성백년사, 1907~2007』, 144쪽 ; Blanche I. Stevens, "Posyung Girls' Academy Report 1934-1935" *Presbyterian Church in the U.S.A. Board of Foreign Missions Korea Mission Reports 1911-1954* 제7권, p.427~435. 안종철은 북장로회선교부 경영 8개 학교 중 신명여학교를 제외한 7개의 학교가 지정학교가 되었다고 하였다. 안종철과 이성전 모두 보성여학교가 1935년 5월 지정학교로 인가되었다고 하였는데 이는 오류이다. 보성여학교는 이때 2년제에서 3년제로 인가받은 것이다.(안종철, 『미국 선교사와 한미관계, 1931-1948』, 한국기독교역사연구소, 2010, 60쪽 ; 이성전 지음, 서정민·가미야마미나코 옮김, 『미국 선교사와 한국 근대교육』, 한국기독교역사연구소, 2007, 225쪽)

이 늘어나면서 학생 수의 증가와 함께 학교 후원자들의 재정적 지원이 늘어났다. 이에 따라 보성여학교도 신성학교와 같이 기본금 모금운동을 벌이고자 하였으나 관리당국은 이를 허락하지 않았다.[129]

대구 신명여학교는 1930년 정부의 지정학교 기준에 맞추기 위해 기존의 자격없는 교사들을 내보내고 3명의 여성 교사를 채용했으며, 가사실과 물리화학실 등 학교 설비를 확장했지만[130] 지정학교로 인가받지 못했다. 1934년 2월에는 학교 교사들과 동창회를 중심으로 승격기성회를 조직하였고, 경북노회 내 각 교회에 1만원 연보를 결의하여 모금하였고, 이 모금운동에 일반인들도 참여하였다. 강당과 교사 증축을 위해서 약 2만원을 모금하기로 하였다. 학생들 역시 1935년 여름방학 때 자발적으로 모금활동을 하였고 폴라드 교장도 1개월 안식기에 고국에 돌아가 3천원 이상의 기금을 마련하였다. 학교는 자격있는 교사들을 계속 보강하였다.[131] 1939년 1월 지정학교 승격 신청서를 제출하였다.[132] 4학

---

129) Vera F. Ingerson(교장직무대행), "Posung Academy Report 1935-1936, Syenchun, Korea" *Presbyterian Church in the U.S.A. Board of Foreign Missions Korea Mission Reports 1911-1954* 제8권, p.495 ; Blanche I. Stevens, "Report of the Posyung Girls' Academy, Syenchun, Korea, 1936-1937", 위의 자료 제8권, p.615.

130) "Annual Report of Taiku Station, 1929-1930," *40 years in Korea*, p.417 ; Harriet E. Pollard, "Report of Taiku Girls' Academy, 1929-1930" *Presbyterian Church in the U.S.A. Board of Foreign Missions Korea Mission Reports 1911-1954* 제7권, p.34 ; 「동아일보」 1930년 2월 24일자 "大邱 信明女校 昇格을 目標로 活動"

131) Harriet E. Pollard, "Report of Sin Myung Girls' Academy, Taiku, Korea, June 1934" *Presbyterian Church in the U.S.A. Board of Foreign Missions Korea Mission Reports 1911-1954* 제7권, p.313~316 ; Harold H. Henderson, "1935-36 Annual Report Sin Myung Academy, Taiku" 위의 자료 제8권, p.491 ; 「기독신보」 1934년 10월 17일자 "(康萬裕) 大邱 信明學校의 存在와 吾人의 企待" ; 「동아일보」 1935년 7월 26일자 "三十年동안 닦은 터우에 더욱 빛날 大邱 信明校" ; 「조선중앙일보」 1935년 7월 30일자 "大邱 信明女校 昇格運動 猛烈"

132) 「동아일보」 1939년 1월 25일자 "風浪걷힌 大邱 信明校 學級을 倍增코 擴充-宣教會서 分離, 慶北老會 經營, 昇格申請, 不遠認可"

급에서 8학급으로 교사를 증축하고 운동장을 2천평으로 넓히기 위해 학교 이사회에서 2만 5천원, 학부형회에서 1만 5천원 합계 4만원을 내기로 결정하였다.[133] 그러나 신명여학교는 경북노회로 인계되었고, 일제 말까지 지정학교로 인가받지 못했다.

2. 미션스쿨의 재정 문제와 한국인의 경영 참여

미북장로회선교부 관할 8개의 미션스쿨들은 미북장로회 해외선교부를 통해 교육기금을 지원받아 학교를 운영하였다. 1920년대 신교육령과 그 뒤를 이은 지정학교 제도의 실시로 각 지역 학교 학생들이 지정학교 승격운동을 벌이게 되자, 학교 설비와 우수한 교사진을 확보하기 위한 학교 재정의 증가는 필수적이었다. 따라서 학생들과 동창회, 교계 인사, 지역사회를 비롯해 한국교회의 노회와 총회 차원에서 학교 승격 운동에 주체적으로 참여하게 되었다. 또한 지정학교 승격운동과 때를 같이 하여 각 지역 학교 이사진에 한국인들이 참여하게 되었다. 국내외 상황에 따라 선교부 재정이 악화되자 선교부는 한국 교회에 재정 지원을 요청하였다. 재정 지원은 각 지역의 노회 차원에서 이뤄지게 되었고, 각 노회에서는 학교 이사회에 이사를 파견하게 되었다. 한국인들이 미션스쿨에 대해 재정을 지원하게 되면서 실질적으로 학교 경영에 대해 책임을 지게 된 것이다.

미북장로회 한국선교부가 미션스쿨 이사회에 위탁경영함으로써, 학교

---

133) 「조선일보」 1939년 6월 17일자 "校舍增築 實現-理事會와 父兄會서 四萬圓 醵出, 大邱 信明女學의 曙光"; 「동아일보」 1939년 10월 27일자 "大邱 信明高女 卅一週年 紀念-빛나는 同校의 存在"

이사회는 학교 경영에 대한 책임을 지게 되었다. 일반적으로 거의 모든 학교 이사회는 선교부에 형식적으로 임대료라는 이름으로 1년에 1원씩 납부하였다. 이는 학교는 선교부 소유지만, 임대료를 납부하는 학교 이사회가 학교에 대해 사실상 자율적인 전임 경영을 했음을 의미한다. 즉 각 학교 이사진에 소속된 선교사들과 한국인들이 대등한 관계 속에서 학교를 공동 경영한 것이다.

1) 미션스쿨의 재정 문제

① 선교지부의 교육기금 분배

미북장로회 한국선교부는 해외선교부에서 한국으로 오는 교육기금을 지역별 지원 비율에 따라 각 학교에 지급하였다. 북장로회선교부는 평양, 서울, 대구, 선천, 부산, 재령, 청주, 강계, 안동의 9개 선교지부에 교육기금을 지원했는데, 이 가운데 평양, 서울, 대구, 선천에 주로 지원하였다.

1911년부터 1927년까지 교육기금 분배 비율은 다음과 같다.

〈표 18〉 각 선교지부의 교육기금 분배(1911~1927/ 단위: %)[134]

연도	평양	서울	대구	선천	부산	재령	청주	강계	안동	합계
1911	35	33	16	9	3		2	2		100
1912	33	32	17	10	2.5		2.5	3		100
1913	34.8	30.8	15.9	9.7	2	2.5		3.3	1	100
1914	34.8	29.4	16.3	11.6	2.1		2.3	2.6	0.9	100
1915	37	28.06	17.63	11.42			2.73	2.35	0.81	100
1916	37.07	29.64	16.82	11.36			2.03	2.20	0.88	100
1917	35	31.5	19.4	10			2	2.1		100

---

134) "Minutes and Reports of the Annual Meeting of the Chosen Mission of the Presbyterian Church in the U.S.A.(1910-1927)" 1911년부터 1927년까지 비율이 기록되어 있다.

1918	36.2	31.1	19.1	9.5			2	2.1		100
1919	35.3	33	19.1	8.9			1.7	2		100
1920	37.5	31.8	18.4	9			1.5	1.8		100
1921	31	33	18	16			1	1		100
1922	30.5	32.3	20.7	14.5			1	1		100
1923	31.5	31	20	15.5			1	1		100
1924	30.2	31.1	22.1	14.8			0.9	0.9		100
1925	31.1	32	21.4	15.5						100
1926	29.4	30.1	22.2	16.9			0.7	0.7		100
1927	29.2	29.9	22	16.7			1.5	0.7		100
평균	33.45	31.16	18.94	12.37	2.4	2.5	1.66	1.79	0.89	

위의 표를 보면, 미션스쿨 가운데 남녀 중등학교가 있었던 평양, 서울, 대구, 선천 지역에 교육비가 집중되어 있는 것을 알 수 있다. 대략 평균을 내면 평양 33.45%, 서울 31.16%, 대구 18.94%, 선천 12.37%의 순서로 교육기금이 지원되었다. 부산은 교파간 선교지역을 분할할 때 호주장로회선교부로 이관되었고, 재령과 안동 지역은 1910년대인 비교적 초기에 지원이 끊어졌으며, 청주와 강계 지역에는 아주 적은 금액이 지원되었다. 중등학교가 없는 지역에 대해서는 교육비 지원이 거의 없었거나 매우 적은 금액이었음을 알 수 있다.

4개의 선교지부 가운데 대구와 선천에 비해 평양과 서울의 교육기금이 약 2배 가량 차이가 난다. 이는 대구와 선천의 학교들이 평양과 서울의 학교들에 비해 교육비 자급능력이 있었기 때문이고, 그것은 지역 노회가 학교 예산을 어느 정도 뒷받침하고 있었기 때문이다. 1930년대 후반 북장로회선교부의 교육사업 철수 결정 이후 미션스쿨들에 대해 한국인들의 인수 노력이 한창일 때, 대구와 선천의 학교들이 평양과 서울지역 학교들에 비해 상대적으로 큰 논란 없이 그 지역 노회로 인계되는 이유도 여기서 찾을 수 있다고 본다.

제1차 세계대전으로 북장로회 해외선교부의 교육재정이 충분하지 않자 1918년 각 학교에 대한 지원금을 일부 유예하였고, 1920년에는 적자

폭이 늘어나면서 서울 정신여학교와 대구 계성학교에 대한 지원을 중단
하기도 했다.[135] 한국 교회에서 미션스쿨에 대한 지원을 약속해주지 않
으면 1~2개의 학교 문을 닫을 수밖에 없는 상황이 되었다.

〈표 19〉 학교 교육비 부족액(1915~1921)[136]

연도	평양		서울		대구		선천		합계
	숭실	숭의	경신	정신	계성	신명	신성	보성	
1915	600		700	350	300	400	300	100	2,750
1916	300		700	100	160				1,260
1917									1,860
1918	900		1,800		800		500		4,000
1919	1,169	100	136	1,575	186		2,000	100	5,266
1920	2,000	900	2,300	3,000	2,500	1,585	2,350	550	15,185
1921	1,950	2,221	1,600	2,000	3,690	1,660			13,121

위의 표는 1915년부터 1921년까지 각 학교의 교육비 부족액을 표시
한 것이다. 이것을 보면, 1919년과 1920년의 부족 금액 차이가 3배 가량
이나 된다. 점차 학교 설비를 늘려가고 교사를 확보해가는 중이었으므
로, 학교에 들어가는 교육비가 증가했기 때문이다.

일제는 이런 상황에서 미션스쿨을 비롯해 중등 정도의 사립학교에 매년
1,500원 내외의 보조금을 주기로 결정하면서, 사립학교에 대해 형식적인
감독이 아니라 철저한 지도감독을 하도록 지시하였다. 상급학교 진학 문제
등의 이유로 관공립 학교 지원자가 사립학교에 비해 몇 배나 되는 상황에
서, 보조금 지급으로 사립학교에 대한 통제를 강화하겠다는 것이다.[137]

---

135) "Minutes and Reports of the Thirty-Fourth Annual Meeting of the Chosen Mission
of the Presbyterian Church in the U.S.A.(1918.6.23-7.4)," 104 ; "Minutes and
Reports of the Thirty-Sixth Annual Meeting of the Chosen Mission of the
Presbyterian Church in the U.S.A.(1920.6.20-30)," p.60.

136) "Minutes and Reports of the Annual Meeting of the Chosen Mission of the
Presbyterian Church in the U.S.A." 각 연도 보고 참조.

137) 『朝鮮』 1921년 4월 "道視學會議" ; 「매일신보」 1921년 4월 3일자 "私學輔助-中

② 지정학교 인가를 위한 교육예산 증가와 한국교회의 지원

　1915년 「개정사립학교규칙」 발포 이후 지정학교 제도가 실시된 1923
년까지, 북장로회 해외선교부는 미션스쿨에 대한 재정증액을 최소화하
고 있었다. 그러다 지정학교 제도 실시 이후 선교부는 미국 해외선교부
에 교육기금의 증액을 요청하였다. 1923년 8개 미션스쿨에 대해 3만 5
천원(1만 7천불) 이상의 재정을 지원하였는데, 이는 1915년 1만 4천원(7
천불)의 두 배 이상의 금액이었다.[138] 그러나 한꺼번에 8개 학교에 대한
재정을 확보하기가 어려웠다. 한국선교부는 미국 해외선교부와의 협의
를 통해 지정학교 제도에 대한 교육 방침을 다음과 같이 정했다.

　1. 지정은 정부의 규정 안에 기독교 학교들을 감독할 수 있게 하는 것이다.
　　우리는 정부 당국자와 만나, 오랫동안 우리의 기독교적 교육정신을 유지
　　했고, 우리 7개의 중등정도 학교들(경신학교는 이미 지정을 받았다)을 빨
　　리 재정과 다른 조건들을 충족시킴으로, 지정해 주기를 성심껏 노력했다.
　2. 우리 8개의 중등정도 학교들은 한국 교회 교인의 발전과 성장을 기본으로
　　하고 있다. 우리는 한국교회가 전적인 지원을 하고, 결국에는 모두 한국교
　　회 학교들로 온전히 가능해질 때까지 모든 지원을 아끼지 않을 것이다.
　3. 모든 학교들이 표준을 만족시키기를 원하고 있지만, 아직 현실은 적어도
　　매 학교마다 지정을 확보하고 지정이 요구하는 것을 유지하기 위해서는
　　8,000원에서 12,000원의 예산이 해외선교부로부터 필요하다. 우리는 실행
　　위원회가 임명한 특별위원회에, 선교부가 승인하고 해외선교부가 제시하
　　는 완전한 교육프로그램을 제안한다. 그것은 다음과 같다.
　　1) 우리 중등학교들에 대해 선교부가 완전한 책임을 지는 충분한 매년 예
　　　산 또는 기부금
　　2) 교육 사역자의 완전한 목록과 건물의 필요
　　3) 어떤 학교도 재정적 붕괴를 예방하도록 선교부가 학교 재정의 충분한

　　等程度에” ; 「매일신보」 1923년 5월 15일자 “私立學校의 不景氣”.
138) 숭실100년사 편찬위원회, 『숭실100년사 1. 평양숭실』, 247~252쪽 ; “Minutes
　　and Reports of the 38th Annual Meeting of the Chosen Mission of the
　　Presbyterian Church in the U.S.A. 1922(1922.6.25-7.4)”, p.59.

　　계획
　　4) 지정위한 충분한 재정
　4. 우리의 모든 사역과 학교를 유지하는 것이 가장 중요하다.[139]

　학교 재정 부족 문제는 1920년대 초반부터 지속되어 왔는데, 지정학교 인가에서 가장 절실한 문제는 바로 재정이었다. 이미 지정학교로 인가받은 경신학교를 제외한 7개의 미션스쿨들이 지정학교로 인가받기 위해 모든 노력을 기울일 것이며, 해외선교부와 한국교회의 전적인 재정 지원을 요청하고 있다. 지정학교 제도에 대한 교육방침 가운데 종국에는 모든 학교들이 한국교회의 온전한 지원을 받아 자립할 수 있게 하자는 내용을 주목해야 한다. 선교부는 언젠가는 각 지역 학교들을 한국교회의 손에 인계할 것이라고 생각하고 있었다는 점이다. 이는 각 학교 이사진 구성에서도 나타난다.

　지정학교 제도에 대한 교육방침을 정하자, 북장로회선교부 학무부장 로즈(Harry A. Rhodes)는 조선예수교장로회 총회에 한국교회에서 미션스쿨에 이사를 파견하고 경제상 보조를 해달라고 청원했다. 장로회 총회는 경남, 경북, 전남 각 노회에서 미션스쿨에 협의원 3인씩 파견하고 있다고 학무부 보고를 올렸으며, 이사 파견과 재정 보조에 대한 문제는 학교와 관계된 해당 노회에서 선교지부와 협의하도록 했다. 노회에서 이사를 파견한 학교들은 숭실, 경신과 정신, 계성과 신명 등이다.[140] 그러나 실지로 각 지역 노회들에서 미션스쿨에 보조한 금액은 매우 적었고, 각 학교 교장들이 선교본부에 보낸 보고서에서 지역 노회에서 재정 부담을 지기로 하였지만 거의 기대할 만한 것이 못된다고 불만을 털어놓기도 했다.[141]

---

139) "Minutes and Reports of the 40th Annual Meeting of the Chosen Mission of the Presbyterian Church in the U.S.A. 1924(1924.6.31-8.7)," p.12.

140) 「조선예수교장로회총회 제12회록」 1923년 9월, 『대한예수교장로회 총회회의록』 4권, 14·29~31쪽 ; 「조선예수교장로회총회 제14회록」 1925년 9월, 『대한예수교장로회 총회회의록』 5권, 12쪽.

북장로회 뿐만 아니라 미감리회(북감리회), 남감리회 경영 학교들도 마찬가지로 미국 본부의 보조금 감소로 큰 어려움을 겪었다. 미감리회 미션스쿨들은 1925년부터 총 보조비의 4할이 줄어들자, 교역자 봉급이 감소되고 매월 몇십 원씩 보조하던 96곳의 보통학교 보조를 전면 중지하였다.[142] 중등학교인 서울 배재고보, 평양 광성고보, 공주 영명학교, 영변 숭덕학교 등 네 학교 보조금도 해마다 감소되었다. 배재고보는 약 3만원의 보조금을 지원받다가 1926년 10,800원, 1927년부터는 만원을 넘지 못하게 되었다. 영변 숭덕학교와 공주 영명학교는 1927년 3월까지만 보조하고 그 다음부터는 중지하기로 했다. 따라서 한국인 유지들에게 학교 후원을 호소하였다.[143] 남감리회에서도 선교본부로부터 교육비 1만 8천원이 감축되자, 개성제일보통학교와 송도고등보통학교를 제외하고 남자 보통학교 60여 곳을 폐지하기로 하였다. 송도고보에도 경비 1천 5백원을 감소하였다.[144] 이처럼 북장로회 뿐만 아니라 대부분의 미션스쿨들이 이 시기 학교 교육비 부족에 시달렸다.

1926년 중반부터 1927년 초에 이미 지정학교로 인가받은 경신학교를 제외한 7개 미션스쿨에 대해 총독부 지정을 받아 존속하느냐 폐지하느냐의 문제가 집중적으로 논의되었다. 선교부는 실행위원회가 임명한 학교조사위원회에 각 학교의 현황과 재정을 조사하게 하는 한편, 휴가 중에 있는 선교사들이 한국의 미션스쿨에 충분한 재정적 지원을 위해 미국에서 긴급 교육 캠페인을 하도록 요청하였다. 또한 홀드크로프트(J. G.

---

141) Harold H. Henderson, "Keisung Academy Annual Report, 1929-1930", "Keisung Academy Annual Report for 1934-35" *Presbyterian Church in the U.S.A. Board of Foreign Missions Korea Mission Reports 1911-1954* 제7권, 54-57, 417-422.
142) 「조선일보」 1925년 1월 3일자 "北監理敎의 經費節減으로 九十七校의 補助를 中止"
143) 「조선일보」 1927년 1월 29일자 "永明, 崇德 兩校 經營도 中止-北監理서도 敎育費 縮少, 培材補助도 減少"
144) 「조선일보」 1927년 1월 27일자 "南監理敎育費 縮小 男子校經營 廢止?"

Holdcroft), 마펫(Samuel A. Moffett), 플레처(A. G. Fletcher)를 지정학교 문제와 관련해 정부와 협상을 진행하도록 했다.[145]

〈표 20〉 선교부의 학교 지원금 현황(1923~1938)[146]

연도	평양		서울		대구		선천		합계
	숭실	숭의	경신	정신	계성	신명	신성	보성	
1923	6,987	4,700	5,085	5,839	4,000	2,975	3,887	1,551	35,024
1927-28	10,860	8,748	10,860	11,440	9,586		9,440		60,934
1928-29	12,000	9,500	12,000	6,000	11,000		10,000		60,500
1929-30	12,000	8,428	12,000	5,725	8,750	4,554	9,000		60,457
1930-31	12,000	8,750	12,000	6,000	8,750	4,860	8,000		60,360
1931-32	11,500	8,750	11,500	6,000	8,750	4,860	9,000		60,360
1932-33	10,000	10,000	10,000	7,500	9,700	4,766	6,000	3,000	60,966
1933-34	8,000	8,000	7,450	3,700	8,000	2,300	5,000	2,304	44,754
1934-35	7,000	7,000	1,200	8,000	8,000	2,600	4,000	1,200	39,000
1935-36	4,600	7,000	2,400	7,000	8,000	2,300	3,000	2,000	36,300
1936-37	4,553	6,929	2,375	6,929	7,919	2,276	2,969	1,980	35,930
1937-38	4,553	6,929	2,375	6,929	7,919	2,276	2,969	1,980	35,930

지정학교 제도 시행 이후 학교에 고정적으로 필요한 금액이 대폭 확대되었지만, 해외선교부에서 들어오는 재정 지원금이 1933년부터 급격히 감소하였다. 위의 표를 보면 각 학교 지원금의 20~30%가 줄어들었음을 알 수 있다. 그러자 선교부는 1933년 분배위원회, 교육위원회와 각학교 교장들이 모인 교육정책 회의에서 8개 학교에 대해 재정 압박으로인해 학교를 폐교할 것인지 또는 한국인에게 인계할 것인지 등의 문제를논의했다. 우선 1934년 3월 31일 전에는 어떤 학교도 문을 닫지 않는다

---

145) "Minutes and Reports of the 42nd Annual Meeting of the Chosen Mission of the Presbyterian Church in the U.S.A. 1926(1926.6.25-7.2)," p.49~50 ; "Minutes and Reports of the 43rd Annual Meeting of the Chosen Mission of the Presbyterian Church in the U.S.A. 1927(1927.6.23-30)," p.53.

146) "Minutes and Reports of the Annual Meeting of the Chosen Mission of the Presbyterian Church in the U.S.A." 각 연도 보고 참조.

는 전제하에, 선교부 교육기금 감소로 어려움에 처한 각 미션스쿨 지원에 대해 즉시 계획을 세우고 선교지부, 교사, 이사회, 한국인들이 예산을 담당하게 해야 한다고 결정했다.[147] 이미 1910년대 후반부터 한국인들이 학교 예산을 어느 정도 담당해야 한다는 논의가 있었으며 일부 시행되어 오기도 했다. 미션스쿨들을 언젠가는 한국 교회의 완전한 지원을 받게 하겠다는 의지는 1920년대에도 있었다. 그러나 실질적으로 재정 압박으로 인해 선교부가 교육사업에서 물러날 경우를 대비해 학교를 폐교하거나 한국인에게 인계해야 한다는 것은 이 때부터 본격적으로 논의되었던 것이다.

실제로 각 지역 학교들은 초창기부터 한국인이 학교 운영을 위한 이사회에 직·간접적으로 참여하고 있었다. 이사회 참여는 학교에 대한 재정 부담과 함께 실질적인 학교 운영에 대해 책임을 지고 있다는 것을 말한다. 따라서 각 학교에서 한국인들이 얼마나 이사진에 참여하였는지를 살펴보는 것은 지정학교 승격운동에서 학생들과 한국인 및 노회가 적극적으로 승격운동에 참여한 것보다 더욱 실질적으로 한국인들이 수동적인 교육 대상에서 벗어나 주체적인 교육행위를 했다는 사실을 증명해 준다고 하겠다.

미북장로회선교부 소속 미션스쿨들의 모든 건물과 토지, 비품의 소유권은 선교부에 있었다. 그러나 학교의 건물, 토지 등의 소유권을 선교부가 갖고 있다고 하더라도 학교의 경영 자체를 선교부에서 직접 할 수는 없었다. 따라서 미북장로회 한국선교부가 학교 이사회에 위탁 관리하고, 학교 이사회는 모든 학교 경영에 대한 책임을 지고 있었다. 다음은 숭의여학교 재단 정관 가운데 학교 건물에 대한 소유권 및 임대료와 관련된 부분이다.

---

147) "Minutes and Reports of the forth-ninth Annual Meeting of the Chosen Mission of the Presbyterian Church in the U.S.A. 1933(1933.6.29-7.6)," p.37~38.

[평양 숭의여학교 관리 재단 정관(1925)][148]

제3조 재단 건물
　　　제2항 미국 북장로회 한국선교부는 이사회의 관리 하에 있는 모든 건
　　　　　　물과 토지, 비품의 소유권을 보유하며, 학교가 설립목적에 의
　　　　　　거하여 운영되지 않는다고 선교부가 판단할 경우 이사회의 권
　　　　　　한을 박탈하기 위하여 학년 종료 6개월 전부터 권리를 보유한
　　　　　　다. 그리고 학교가 폐쇄되는 경우 모든 건물과 토지, 비품은 자
　　　　　　동적으로 선교부에 귀속된다.
　　　제3항 건물과 토지, 비품이 선교부에 속해 있다는 사실을 인정하여 임
　　　　　　대료를 미국 북장로회 한국선교부(회계)에 년 1원씩 납부해야
　　　　　　한다.

숭의여학교 뿐만 아니라 일반적으로 거의 모든 미션스쿨의 이사회는
선교부에 형식적으로 임대료라는 이름으로 1년에 1원씩 납부하였다.[149]
이사회가 학교의 설립목적에 따라 제대로 운영을 하지 않는다고 판단할
경우, 선교부는 이사회의 모든 권한을 박탈할 권리를 갖고 있었다. 학교
가 폐쇄되는 경우에는 모든 건물과 토지, 비품 등은 자동적으로 선교부
에 귀속하게 되어 있었다. 한편 1년에 임대료로 1원을 납부했다는 것은
학교 소유권에 대한 상징적인 금액이었다. 즉 학교는 선교부 소유였지
만, 임대료를 납부하는 학교 이사회가 학교에 대해 사실상 자율적인 전
임 경영을 했음을 의미한다. 이로써 미션스쿨들은 미북장로회 한국선교
부 소속이 아니라 독립적으로 학교 이사회가 학교 경영권을 갖고 있었

---

148) "Minutes and Reports of the 41th Annual Meeting of the Chosen Mission of the
　　Presbyterian Church in the U.S.A. 1925(1925.6.25-7.1)," p.50~55 ; 숭의100년사
　　편찬위원회, 『崇義100년사, 1903-2003』, 143~145쪽 재인용.
149) 1년에 1원의 임대료 납부 내용이 정관에 나오는 것은 숭의여학교, 정신여학교,
　　신성학교, 보성여학교, 신명여학교이다. 이들 학교의 임대료 납부 내용은 거의
　　비슷하다. 이로 미루어볼 때 숭실학교와 경신학교, 계성학교도 마찬가지로 1년
　　에 1원의 임대료를 납부하였을 것으로 보인다.

고, 학교 이사회에 각 선교지부 선교사들과 한국인이 참여하여 대등한 관계 속에서 학교를 공동 경영하였음을 알 수 있다.

이하 각 장에서는 북장로회선교부 관할 각 미션스쿨에 대해 지역 노회에서 이사진으로 참여하게 되는 과정을 살펴보기로 하겠다.

2) 평양·안주·평서 노회와 숭실·숭의 학교

1897년 평양 숭실학교를 시작한 베어드(William M. Baird)는 학교 설립 초창기부터 선교사와 한국교회가 학교 발전과 운영에 협력하는 체제가 필요하다고 생각했다. 그는 한국인들의 재정 협조를 위해 선교사 3명과 한국인 2명으로 협동위원회를 구성하여 초창기 학교를 운영했다.[150] 1905년 장로교와 감리교의 연합사업으로 숭실학교 건물과 교사, 이사진에 장·감 선교사들이 참여하였다. 이 때는 미북장로회 한국선교부의 평양·선천·재령 선교지부, 그리고 감리교 한국선교부의 평양·영변·해주 선교지부가 참여하였다. 1912년 숭실학교 정관을 보면 호주장로회와 미남장로회 선교부가 초기에 참여한 장·감 선교지부의 동의를 얻어 이사진에 참여하였다. 각 선교부에서는 학교 운영비의 일정한 부분을 납부하고 매년 2인의 이사를 이사회에 파송했다. 1912년 숭실학교 정관 가운데 이사회 구성에 관한 내용은 아래와 같다.

　[평양 숭실학교 정관(1912)][151]

　　제4장 기구

　　　　제1조 이 기관은 장로교 및 감리교 위원회와 한국에서의 그 대표자에게 관리되며, 연합사업에 참여한 선교지부를 통하여 수행된다. 좀더 큰 효율성과 통합성을 위하여 학교의 경영은 연합하고 있

---

150) 류대영, 「윌리엄 베어드의 교육사업」, 144쪽.
151) 숭실100년사 편찬위원회, 『崇實100년사 1. 평양숭실』, 162~167쪽.

는 모든 선교지부가 참여하는 이사회에 위임된다.

제2조 이사회는 현 단계에서 이 사업에 참여하고 있는 장로교 및 감리교 양 선교부로부터 파송된 각 5인의 남성으로 구성된다. 그 중 각 3인은 양 선교부의 평양지부에서 파송하며, 다른 2인은 이 사업에 참여하고 있는 다른 선교부로부터 각 1인씩 파송한다. 만약 장로교나 감리교 중 어떤 한쪽의 선교지부가 새로이 연합에 참여하게 되어 이사의 균형이 깨질 경우, 다른 한쪽은 상대편의 증가된 이사 수와 동등한 수의 이사를 임의의 지회로부터 추가할 권리를 지닌다. 평양에 거주하고 있는 6인의 이사는 집행위원회(Exucutive Committee)를 구성하여 이사회로부터 때때로 부여되는 사무를 신속히 실행한다.

제5조 이사회의 권한과 의무는 다음과 같다.

제1항 관련된 선교부나 위원회가 제공하는 모든 종류의 건물, 설비, 장비를 받아들이고 사용하여야 한다. 선교부와 선교본부로부터의 모든 재정 기부, 그리고 한국인이 아닌 모든 기부자로부터 제공된 현금 및 물권은 기금 제공자로부터 제시된 조건에 따라 이사회에서 유지하고 관리하여야 한다.

제2항 학교에 주어진 경상기금은 이사회에서 수령하고 운용하여야 한다. 모든 대규모 개량이나 확장 또는 모든 새로운 정책의 집행은 장로교 및 감리교 선교본부의 동의하에 오직 이사회만이 수행할 수 있다. 이사회는 일반적인 정책에 따라, 위임된 모든 특정한 방법을 수행한다.

제3항 이사회는 교원의 임용권을 가진다. 정규 교원은 선교본부의 임명하에 활동하는 해외선교사여야 한다.

제7조 집행위원회는 장로교 및 감리교로부터 파송된 평양에 거주하는 각 3인씩으로 구성한다. 집행위원회는 정기이사회가 열리지 않는 동안 이사회가 제안한 규정 내에서 이사회의 권한을 대행하며, 이사회에 대해 책임을 진다. 집행위원회는 회계를 검사하며, 보고서를 선교부에 제출하기에 앞서 이사회에 제출해야 하며, 익년도 예비 예산을 제출하여야 한다. 집행위원회는 이사회의 의장이 당연히 겸임하는 집행위원회의 의장에 의해 소집된다. 의장은 집행위원회 위원 2인의 요청이 있을 때 회의를 소집한다. 장로교 및 감리교에서 2인 이상의 위원이 참여하였

다면 그들은 의사정족수를 구성한다.

제8조 한국인 자문위원회(Advisory Korean Committee)

기관에 참여하는 각 선교지부는 교유의 방법으로 각 선교지부에서 파송한 이사와 동수의 한국인 위원을 선임한다. 이들은 이사들과 함께 협동위원회를 구성한다. 협동위원회는 한국인으로부터의 기금 모금 계획을 수립하고 그렇게 해서 모인 기금의 사용을 관리한다. 협동위원회는 이상 자문위원회로서 활동하며 이사회가 위촉한 문제를 결정한다. 한국인 자문위원회 위원은 이사회 이사들과 함께 협동실행위원회를 구성하며 협동위원회에 자문된 것과 유사한 문제에 대한 자문에 응한다. 자문위원회는 이사회 정기총회에 이어 즉각 연례 정기총회를 개최한다. 정족수 등에 관한 규칙은 이사회와 동일하다. 이사회가 자문위원회를 조직하는 것이 옳지 못하다고 판단했을 경우, 장로교 및 감리교 선교부는 독자적인 자문위원회를 구성하여 자문이나 판단을 의뢰할 수 있다.

[정관 수정(1916)][152]

평양 숭실학교 이사회-평양 선교지부에서 올린 4명의 선교사와 3명의 한국인이 모두 선교지부(Station)와 선교부(Mission)에 동등한 권위와 책임감을 갖는다.

위의 1912년 숭실학교 정관을 보면, 학교의 경영은 이사회에 위임되었음을 알 수 있다. 숭실학교 이사회는 10인의 선교사들로 구성된 재단 이사회와 한국인 10인의 자문위원회 혹은 협동위원회로 분리 운영되었다. 재단 이사회는 평양지역에 거주하는 장로교와 감리교 선교사들이 각 3인씩, 그리고 호주장로회와 남장로회 선교사도 참여하였다. 재단 이사회는 주로 각 교파의 재정 확충과 해외선교부와의 연락 및 유대 관계를 담당하였다. 협동위원회 소속 한국인은 장로교의 길선주·위창석·박치록

---

152) "Minutes and Reports of the Thirty Second Annual Meeting of the Chosen Mission of the Presbyterian Church in the U.S.A.(1916.9.10-21)," p.116.

·박대로·김영훈과, 감리교의 현석칠·윤홍필·김창식 외 2인으로 총 10명
이다. 한국인 이사들은 재단 이사회 이사들과 함께 협동실행위원회를 구
성하여 한국인으로부터의 기금 모금 계획을 수립하고 모인 기금의 사용
을 관리했다.[153] 한국인들이 아직은 학교의 실질적 경영 책임을 맡고 있
는 이사진에는 참여하지 않았지만, 자문 혹은 협동위원회라는 형태로 다
른 학교들에 비해 비교적 이른 시기에 비공식적으로 학교 운영에 참여한
것을 알 수 있다. 이로 인해 평양의 교계 인사들이 숭실학교에 대해 계
속 관심을 가지게 되었으며, 학교 승격 운동 과정에서도 학교와 학생측
사이에서 중재에 나섰던 것이다.

숭실학교에서의 장로교와 감리교의 연합사업은 1915년 「개정사립학
교규칙」 발포 이후 감리교가 일제 정책에 순응해 감리교 학교들을 고등
보통학교로 인가받기로 하면서 중단되었다. 이때까지 학교 이사회는 주
로 선교사 중심이었지만, 감리교 분리 이후에는 한국인들이 자문 혹은
협동위원회가 아닌 실질적인 숭실학교 이사로서 학교 운영에 참여하게
되었다. 1916년 수정된 정관에 의하면, 평양 선교지부에서 4인, 한국인
3인이 숭실학교 이사진으로 선임되었고, 선교사와 한국인이 이사회에서
동등한 권위와 책임을 지게 되었다.[154]

학교 승격을 위해 재정 확충이 요구되던 1920년대가 아닌, 1916년부터
평양의 숭실학교에서 한국인 이사가 선교사 이사와 동등한 권위를 갖게
되었다는 것은 매우 중요한 의의를 가진다. 이사진 참여는 곧 선교사와
한국인이 학교 경영에 대한 공동 책임을 지고 있음을 의미하기 때문이다.
이때부터 한국인과 선교부가 숭실학교의 공동 경영에 참여한 것이다.

숭실학교 한국인 이사진은, 평남노회에서 숭실학교 주일을 정해 헌금

---

153) 숭실100년사 편찬위원회, 『숭실100년사 1. 평양숭실』, 162~167쪽 "평양 숭실학
교 정관 및 부칙"
154) "Minutes and Reports of the Thirty Second Annual Meeting of the Chosen
Mission of the Presbyterian Church in the U.S.A.(1916.9.10-21)," p.116.

한 것으로 보아 평남노회 소속이었을 것으로 추정된다. 숭실학교 이사회
는 한국선교부와 해외선교부로부터의 모든 재정 기부금의 유지와 관리,
경상기금의 수령과 운용, 교원의 임용권을 가졌고, 학교의 교과과정 및
학사일정 등을 감독했다. 1917년 숭실학교 찬성위원의 청원으로 평남노
회에서 매년 한 주일을 택해 헌금한 것을 학교로 보내기로 하였고, 이것
은 1927년에도 지켜지고 있다. 1922년 평남노회가 평양·안주·평서 세
노회로 분리되고 나서, 평양노회 조직회에서 숭실학교 이사회 협회위원
에 김동원 장로를 선정하였다. 1924년 평양노회에서 숭실학교에 김우석
을 이사로 선정하였고, 1933년 평서노회에서 김성탁을 이사로 선임하였
다. 안주노회에서도 1928년 김화식을, 1935년에 석근옥을 이사로 파견
하였다.[155] 이로써 숭실학교에 평양·평서·안주 세 노회에서 이사 1인씩
을 파견하였음을 확인하였다. 1925년 이후 학교 보고에서는 각 노회들
이 재정 곤란으로 학교를 유지하기가 어렵다고 보고하고 있다.

　이사진 파견으로 숭실학교에 대한 공동 경영을 하고 있던 평양·안주·
평서 세 노회에서 숭실학교 이사 파견을 중지한 것은 평양 학교들에서
신사참배 거부로 학교장들이 파면당하고 나서 선교부의 교육철수 문제
가 논의되던 때이다. 1936년 10월에 평양노회가 숭실학교에 대한 이사
파견을 중지하였고, 1937년 3월 안주노회에서 숭실학교와 숭의여학교에
대한 이사 파견을 중지하기로 결정하였다.[156]

　숭의여학교는 1905년부터 1920년까지 장로교와 감리교가 연합으로

155) 평양노회사 편집위원회, 『평양노회사』, 대한예수교장로회 평양노회, 1990, 196·
　　203쪽 ; 김요나, 『동평양노회사』, 대한예수교장로회 동평양노회 역사편찬위원
　　회, 2003, 139쪽 ; 이찬영, 『서평양노회사』, 대한예수교장로회 서평양노회 노회
　　사 편찬위원회, 2005, 376·384쪽 ; 홍만춘, 『평서노회사』, 대한예수교장로회 평
　　서노회사 발간위원회, 1998, 265쪽 ; 이찬영, 『안주노회사, 1912-2002』, 안주노
　　회사 편찬위원회, 2003, 300·457·465쪽.
156) 牧丹峰, 「全朝鮮社會의 視聽이 總集注된 崇專, 崇實, 崇義 三學校引繼運動의 全
　　貌」『平壤之光』1937년 12월, 18쪽 ; 이찬영, 『안주노회사, 1912-2002』, 465쪽.

학교를 운영하게 되면서 정의여학교와 연합경영하였다. 장·감 연합이었
다가 분리된 후, 1925년 숭의여학교 이사회에 한국인들이 참여하였다.
숭의여학교 재단 정관 가운데 이사회의 구성과 권한에 관한 내용은 다음
과 같다.

[평양 숭의여학교 관리 재단 정관(1925)][157]

제4조 이사회의 구성과 권한
제1항 미국 북장로회 조선선교부는 이사회를 아래와 같이 조직하고,
이 기구가 존속된다는 조건 아래 상기된 건물, 토지, 비품을 포
함하는 숭의여학교의 운영과 관리를 위임하는 데 동의한다.
제2항 이사회의 구성
(1) 이전의 평남노회를 구성한 세 노회에서 각각 1인씩 선출한다.
(2) 평양시 교회의 연합회에서 여성 1인을 선출한다.
(3) 학교 동창회 구성원 중에서 1인을 선출한다.
(4) 평양 선교지부에서 6인의 위원을 선출하되 적어도 2인은
여성이어야 한다.
(5) 평양부의 유치원 업무와 숭의여학교 사이의 관계를 고려하
여 이사회에 의해 1인을 선출한다.
(6) 교장은 동수인 경우를 제외하고 투표하지 않으며, 이사회
임원으로서의 직권을 가진다.
제3항 임원들의 임기는 1년이며 재선될 수 있다.
제6조 이사회의 권한
제1항 이사회는 이 정관이 정한 권한 이외의 숭의여학교 운영에 관한
전반적인 관리도 한다. 이사회는 연례회의에서 교장이 제출한
다음 연도의 예산을 심의하며, 교장과 학교 회계가사 제출한
보고서를 승인한다. 이사회는 수업료, 헌금, 전도회 보조금 등
으로 얻어진 모든 금전 지출을 관리하며, 한국 및 일본 교사의
급료를 결정하고, 수업료와 기타 학교 업무에 관련된 요금을

---

157) "Minutes and Reports of the 41th Annual Meeting of the Chosen Mission of the
Presbyterian Church in the U.S.A. 1925(1925.6.25-7.1)," p.50~55 ; 숭의100년사
편찬위원회, 『崇義100년사, 1903-2003』, 143~145쪽 재인용.

책정한다.

교장과 외국인 교사의 임명은 선교부에서 하며 이사회는 추천
을 할 수 있다. 한국 및 일본인 교사의 임용과 책임은 이사회의
권한에 속하며 교장의 추천에 의하여 행해진다.

제2항 이사회는 선교지부의 동의 없이 어떠한 결손금 지불도 선교지
부에 요구할 수 없으며, 재산을 담보로 하는 채무관계를 체결
할 권한이 없다.

제9조 부칙

제1항 이 정관은 이사회와 평양 선교지부, 그리고 세 장로회의 승인을
얻어 수정할 수 있다.

제2항 이 정관은 선교지부와 선교본부에 의해 승인되고, 이사회의 구
성원은 3인 이상의 추천에 의해 정당하게 선출되었을 경우에
유효하다.

이 정관이 선교본부에 의하여 승인되거나 거부될 때까지, 위와
같이 한시적인 이사회가 선출될 수 있다.

평양 선교지부와 평양·안주·평서 노회(평남노회에서 1922년 분리)에
서 숭의여학교의 운영과 관리를 맡았다. 이사회 총 13인 가운데 평양 선
교지부에서 가장 많은 6인(이중 2인은 여성)을 담당했고, 나머지 7명은
평양·안주·평서 노회에서 각 1인, 평양시 교회연합회 1인, 동창회 1인,
평양부 유치원 업무와 숭의여학교 관계자 1인, 교장으로 구성되어 있
다. 이사진에 노회 뿐만 아니라 평양의 교회 유지 가운데서도 이사에 참여하
고 있으며, 학교 업무와 직접 관계가 있는 사람을 역시 이사로 두고 있
다. 이는 다른 학교의 사례에서는 보이지 않는다. 1926년 평양노회에서
숭의여학교 이사로 김선두를 파견하였고, 1933년 평서노회에서 이윤모
를 선임하였다. 안주노회에서도 1935년 이사로 이정섭을 파견하였지만,
1937년 3월 이사 파견을 중지하였다.[158)

학교 이사진은 학교의 운영에 관한 전반적인 관리를 하였다. 이사회

---

158) 이찬영, 『서평양노회사』, 375쪽 ; 홍만춘, 『평서노회사』, 259·265쪽 ; 이찬영, 『안
주노회사, 1912-2002』, 457·465쪽.

연례회의에서 교장이 제출한 예산을 심의하고, 수업료·헌금·전도회 보
조금 등으로 얻어진 모든 금전적인 지출을 관리하였다. 선교사의 급료를
제외하고, 한국 및 일본인 교사의 급료를 결정하고 이들의 임용 문제에
대해 책임을 지고, 수업료와 기타 학교 업무에 관련된 요금을 책정하였
다. 교장과 선교사(외국인) 교사의 임명은 선교부에서 하지만 이사회에
서 추천할 수 있었다. 이사회는 예산을 심의하고 지출을 관리하지만, 학
교의 재산을 담보로 하는 채무관계를 체결할 권한은 없었다. 이사회 관
련 법규를 수정할 때에는 숭의여학교 이사회와 평양 선교지부 그리고 평
양·안주·평서 노회의 승인을 얻어야만 수정이 가능했다.[159)

이상에서 살펴본 것과 같이, 숭실학교에 한국인 이사가 참여한 것은
비교적 이른 시기였다. 1912년부터 실질적 이사는 아니지만 자문위원회
·협동위원회의 이름으로 학교 장로교와 감리교의 목회자 및 교인들이
학교 운영에 참여하였다. 장·감 연합사업이 끝나고 북장로회 소속으로
환원되면서 숭실학교에 평남노회에서 3인이 이사진으로 참여하였고, 숭
의여학교 역시 1925년에 평남노회에서 분리된 평양·안주·평서 노회에
서 각 1인씩 학교 이사진에 참여하였다. 1916년부터 숭실학교에서 한국
인 이사가 선교사 이사와 동등한 권위를 갖게 되었고, 숭의여학교 역시
이사회에 평양·안주·평서 세 노회와 동창회에서 이사를 파견하였다. 이
는 평양지역 학교들이 매우 이른 시기에 학교를 한국인(노회)과 공동 경
영을 했다는 것을 의미한다. 그러나 1916년과 1925년이라는 이른 시기
부터 숭실학교와 숭의여학교 운영에 참여한 노회들이 1936년 말과 1937
년 초 북장로회선교부의 교육철수 논의가 시작된 지 얼마 안 되는 때에
학교에 대한 이사 파견을 중지하게 되었다. 이 시기는 평양 학교들에 대

---

159) "Minutes and Reports of the 41th Annual Meeting of the Chosen Mission of the
    Presbyterian Church in the U.S.A. 1925(1925.6.25-7.1)," p.50~55 ; 숭의100년사
    편찬위원회, 『숭의100년사, 1903-2003』, 143~145쪽 재인용.

한 한국인들의 인계 논의가 한창이었고 선교부에서도 폐교를 구체화하지 않은 때였다. 따라서 노회들이 이때 이사 파견을 중지함으로써 이후 노회 차원에서 인계 시도를 전개할 수 없었고 또한 한국인의 학교 인계 노력에도 전혀 도움이 되지 않았다. 서울, 선천, 대구의 지역 노회들이 학교 이사진 파견으로 공동 경영을 하고 있었음을 들어 학교 인계 과정에 적극적이었던 것에 비하면, 평양·안주·평서 세 노회의 성급한 이사 파견 중지는 비판받아야 할 것이다.

3) 경기노회 및 동창회와 경신·정신 학교

제1차 세계대전의 여파로 북장로회 해외선교부의 교육기금이 줄어들자, 각 지역 미션스쿨들이 한국인들에게 공동 경영을 요청하게 하였다. 1914년 제7회 경기충청노회에서 서울 경신학교와 정신여학교가 경비 부족으로 유지하기 어렵다는 보고를 받자, 두 학교 재정 확충을 위해 30년 사업으로 교육의연금을 모아 기본금을 적립하자는 제안이 있었다. 각 교회의 교역자들이 봉급 100분의 2를 기부하고, 입교인과 학습인이 매년 20전씩을 모아, 한국선교부에서 위 두 가지 의연금의 2배를 기부해 30년 동안 적립하면 5만원을 만들 수 있으니 이것으로 각 학교에 보조하자는 것이었다.[160] 그러나 제안만 있었고 가결되지는 않은 것 같다.

1922년 선교부는 서울의 남녀학교에 대한 한국인들의 연합 경영을 요청하였다.[161] 이때도 논의만 되고 구체적인 진행은 되지 않았다. 1923년 선교부 연례회의에서 경신학교 이사회 계획안을 승인하였고, 같은 해 12월 경기충청노회에서 선교부 경영 남녀 학교 경영방침 협의를 위해 김영구, 이강원, 이정로를 위원으로 선정함과 동시에 「경신학교 이사회

---

160) 「경기충청노회 제7회회록(1914.12)」, 5~9쪽.
161) 「경기충청노회 제23회회록(1922.12)」, 22~23쪽.

규칙」을 가결하였다.162) 이때로부터 서울 선교지부와 노회와 동창회가
학교의 모든 경비에 대한 책임을 지고 공동 경영하기 시작했다.

[경신학교 이사회규칙 중 발췌(1923.12)]163)

제3장 조직
    제4조 본회원은 아래 단체에서 아래 수에 의하야 선출된 자로 한다.
        (1) 경성 선교지부 4인
        (2) 경성노회 2인(1923년 당시에는 경기충청노회였다가, 1924
            년 경기노회로 바뀜)
        (3) 동문회 2인
        (4) 본교직원 2인(교장은 제외로 함)
제4장 의무 및 권리
    제5조 선교지부, 노회 및 동문회는 경신학교 일체 경비를 담당한다.
    제6조 본회 회원은 본회에 대하여 질문권, 제청권, 투표권 및 가부결
        정권이 있다. 단 경신학교직원회에서 선임한 이사 2인은 투표
        권, 가부결정권이 없다.
    제8조 이사회에서 가결된 사건이라도 다음 각항에 관한 것은 선교지
        부, 선교부 전도국의 허가를 받은 후에 실행함
        (1) 학교건축물 및 기지
        (2) 총독부 학무국에 관한 일
        (3) 기타 중대사건
    제21조 이사단(동일단체에 속한 이사 등의 결속을 말함)이 퇴회코저 할
        때는 6개월 전에 그 뜻을 이사장에게 통지하고 정기를 경과한
        후에 퇴회할 수 있다.

---

162) "Minutes and Reports of the 39th Annual Meeting of the Chosen Mission of the
    Presbyterian Church in the U.S.A. 1923(1923.6.24-7.2)," p.69 ; 「경기충청노회
    제25회회록(1923.12)」, 26쪽. 경기충청노회는 1924년 9월 총회에서 경기노회와
    충청노회로 분립되었다. 경기노회는 같은 해 12월 조직회에서 회장 오건영, 부
    회장 이강원 외에 김영한, 이주완, 이석진, 정규환 등을 임원으로 선임하였다.
    1932년에는 경기노회에서 다시 경성노회가 분립하였다.
163) 「조선일보」 1937년 12월 8일자 "規約에 明文歷然-宣教會로서는 脫退를 할뿐"
    에 "경신학교 이사회 규칙" 발췌문이 실려 있다.

제22조 이사회의 폐지는 회원 반수 이상의 동의를 얻을 때에 이를 폐지
한다.
제23조 이사회 폐지 후라도 경신학교 기지, 건축물 및 설비 등은 선교
부 소유로 한다.

부칙
제24조 본 규칙을 개정하고자 할 때는 이사의 소속단체의 허락을 얻은
후에 이사회에서 이를 행한다.
제26조 본 규칙은 먼저 통고함을 원칙으로 한다.

이 해는 경신학교가 지정학교로 승격된 해였으므로, 학교에서는 이사
회에 한국인을 참여시켜 부족한 재정의 확충을 도모하게 된 것이다. 경
신학교 이사회 구성은 서울 선교지부 4인, 경기(충청)노회 2인, 동문회
2인, 교직원 2인으로 되어 있다. 이들 중 교직원 이사는 투표권과 가부
결정권을 주지 않았다.164) 당시 노회 회의록에 선교부 경영 두 학교에
이사 3인 이상씩 선정해 달라고 한 것으로 보아 노회 측 이사가 처음엔
3인이었다가 1927년부터 2인으로 감소한 것으로 보인다. 1927년 경신학
교 이사 2인에 오천영, 김창두가 선정되었고, 1932년 경성노회로 분립된
이후에 경성노회에서 경신학교 이사에 오천영, 송치명을 선정하였다.165)
경신학교는 이제 교직원을 제외하고 서울 선교지부와 노회와 동문회
가 공동 결정권자로 학교 운영을 하게 되었다. 그러나 학교의 모든 문제
를 결정하는 이사회라도 학교 건물과 부지 문제, 총독부 학무국에 관한
일을 비롯해 중대한 사건에 대한 일은 이사회 단독으로 결정할 수 없었
고, 한국선교부와 해외선교부의 허가를 받은 후에야 실행할 수 있었다.

---

164) 이때는 1937년이므로 경성노회로 되어 있지만, 1923년 6월 당시에는 경기충청노
회로 봐야 한다. 이 다음 해에 경기충청노회는 경기노회와 충청노회로 분립되었
다. 「경기노회 제3회정기회회록(1925.12)」, 27쪽 ; 「경기노회 제4회정기회회록(1926.6)」,
18쪽.
165) 「경기노회 제6회정기회회록(1927.6)」, 21쪽 ; 「경성노회 조직회회록(1932.10)」, 3쪽.

정신여학교는 1920년대에 들어와 학생들이 학교 승격을 위한 동맹휴학을 했고 학교 측 역시 1925년부터 지정학교를 만들겠다고 약속하였다. 따라서 학교의 설비 확충과 자격있는 교사 확보 등을 위해서는 예산이 대폭 증가할 수밖에 없었다. 그런데 1920년대 후반 미국 경제공황의 여파로 교육경비가 축소되어 미션스쿨들이 재정난에 시달리게 되었다. 그러자 몇 학교를 폐지하고 나머지 학교에 대한 내용을 충실케 하자는 의견이 있었다. 한때 정신여학교는 경신학교와 같이 존속하고, 대구 계성학교, 선천 신성학교, 평양 숭실학교와 숭의여학교 등은 폐지되는 것으로 논의되기도 하였다.[166] 이때 경기노회에서 선교부에 정신여학교 존속을 청원하기로 하였다. 쿤스 목사에게 청원서를 부탁하고, 정신여학교 유지문제에 대한 특별위원으로 차재명, 김익두, 배진성, 김재형, 오천영, 김창두, 이재형 7인을 선정하였다.[167] 특별위원들은 정신여학교 후원회를 조직하기로 하고, 먼저 발기인회를 조직하였다. 임원은 회장 차재명, 부회장 이재형, 서기 천윤석, 부서기 유각경, 회계 오천영, 부회계 김형칠이고, 후원회는 1928년 3월에 설립하기로 하였다.[168] 1927년 11월 28일 경기노회 학무위원회 주최로 정신여학교유지 발기회를 조직했다. 회원은 노회 학무위원 7인, 동창회원 중 4인, 학교직원 중 4인 합해 15인이었다. 그리고 차후에 선교회, 경기노회, 동창회 및 사회(재미동포)를 연합해 정신여학교 이사회를 조직하기로 하였다.[169]

---

166) 「조선일보」 1927년 1월 30일자 "長老派에서 經營하는 地方四學校도 廢止" ; 「동아일보」 1927년 2월 20일자 "長老教經營 學校費 補助金 減少는 確定"

167) 「경기노회 제6회정기회록」(1927.6), 21쪽.

168) 「경기노회 제7회정기회록」(1927.12), 5쪽.

169) 「경기노회 제8회정기회회록」(1928.6), 18~19쪽 ; 「신한민보」 1928년 2월 9일자 "뉴욕유지인사들이 뎡신녀학교를 계속 유지코져" ; 「신한민보」 1928년 8월 2일자 "뎡신녀학교유지회" ; 「신한민보」 1928년 9월 27일자 "뎡신녀학교에 긔부금 조국녀셩교육위희." 유지회에서 1928, 1929년 경비 수입을 아래와 같이 잡고 경비부족액 보충을 위해 활발히 활동하였다. 특히 교장 루이스와 동창회 김필례

1928년 노회 학무부에서 올린 정신여학교 이사회정관 승인 요청에 대해 경기노회에서 당시 경제상황이 어렵다는 이유로 보류하고, 특별위원을 정해 충실히 검토하고 미국 해외선교부에 청원한 이후 한국선교부에서 유지방침을 세운 이후에 승인하기로 하였다. 특별위원은 이재형·박용희·김일선·윤치소·김병찬·김태화·이용설·차재명·박희병·조병도가 선임되었다. 정신여학교 유지를 위해 선교부에 차상진·차재명 목사가 교섭하기로 하였고, 미국 뉴욕 총회 교섭은 오천영 목사가 하기로 정했다.[170]

정신여학교 이사회 정관은 1929년 6월 선교부 연례회의에서 가결되어, 미북장로회선교부와 경기노회가 협력하여 학교를 운영하기로 합의하였다.

[서울 정신여학교 이사회 정관(1929)][171]

제2장 협력 기관
　　제4항 미북장로회 해외선교부와 조선예수교장로회 경기노회가 이 기관에 대해 다음과 같이 협조하기로 동의한다.
　　　　(1) 미북장로회 해외선교부에 속한 부지, 건물과 장비를 이사회에 맡겨 사용하도록 허락한다. 그러나 재산은 한국선교부

――――――――――

의 노력으로 재미동포에게서 많은 후원을 받았다.

	1928년	1929년
선교부 보조	6,000원	5,500원
노회 보조	1,000원	1,500원
재미동포 보조	2,500원	1,500원
동창회 보조		1,000원
합계	9,500원	9,500원

170) 「경기노회 제9회정기회회록(1928.12)」, 11~12쪽 ; 「경기노회 제10회정기회회록(1929.6)」, 22~24쪽.
171) "Minutes and Reports of the forty-fifth Annual Meeting of the Chosen Mission of the Presbyterian Church in the U.S.A. 1929(1929.6.21-28)," p.44~46.

유지재단에 계속 속하며, 이 동의에 따라 이사회가 1년에 1
원의 대여비를 지불한다.

(2) 이 정관의 최종 채택 이후에, 한국선교부는 미북장로회 해
외선교부에 1년에 6,000원의 보조금을 요청했지만, 5,000원
으로 감소되었다.

(3) 이사회는 이 기관의 유지를 위해 모든 다른 필요 기금에 책
임을 지며, 선교부에 공식적인 보조금 이상을 요청하지 않
는다.

제3장 이사회 조직과 권위

제5항 이사회는 10명으로 조직한다. 1명은 학교의 교장의 직권을 가
진다. 나머지 9명은 다음과 같다.

(1) 경기노회에서 3명

(2) 서울 선교지부에서 3명

(3) 동창회에서 3명

(교장을 제외하고, 이사회 위원들은 아무도 학교에서 봉급을
받지 않는다)

제6항 임원들의 임기는 3년이다.

제9항 이사회는 학교의 부지, 건물, 장비와 재정 등을 온전히 부담하
며, 정관 제4항에 따라 학교의 유지와 관리에 대해 전적인 책
임을 진다.

제7장 개정과 해산

제18항 이 정관의 개정은 협력하는 다른 기관의 동의를 얻어야 효력이
발생한다.

선교부에 속한 부지, 건물과 장비를 학교 이사회가 맡아 사용하도록
위임받았고, 학교의 유지와 관리에 대한 전적인 책임을 졌다. 재산의 소
유가 선교부였으므로 이사회는 형식적으로 1년에 1원의 대여비를 지불
하였다. 정신여학교에 대해 한국선교부는 해외선교부에 1년에 6,000원
의 보조금을 요청했지만 5,000원으로 감소되었고, 학교 이사회는 정신여
학교의 유지를 위해 모든 경비에 책임을 지기로 했고, 해외선교부에 공
식적인 보조금 이상을 요청하지 않기로 했다.

정신여학교 이사회는 임기 3년, 총 10명으로 조직되었다. 1명은 교장

이고, 나머지 9명은 경기노회에서 3인, 서울 선교지부에서 3인, 동창회에서 3인이며, 교장을 제외하고 이사회 회원들은 아무도 학교에서 봉급을 받지 않았다. 교사의 선임, 해임, 제명, 승진, 졸업과 일반적인 관리에 책임을 지는 교장은 다시 이사회의 감독을 받았다.

이상에서 살펴본 것처럼, 경신학교는 지정학교로 승격된 1923년에 경기(충청)노회와 동창회에서 이사진을 파견하여 학교를 공동으로 운영하기로 하였다. 정신여학교는 1920년대 후반 선교부 재정 보조가 쉽지 않은 상황에서 1929년에 경기노회, 동창회와 연합으로 학교를 운영하기로 결정하였다. 이는 1920년대 중반부터 시작된 지정학교 승격운동의 결과 학교 경비가 대폭 증가되자, 선교부에서 한국인들에게 학교 경비 지원을 요청하였기 때문이다. 서울지역 두 학교 역시 경기(충청)노회와 동창회에서 학교 이사가 되어, 선교부에서 받는 보조금 외에 학교의 경상비 모금이나 교원 임면 사항 등 학교를 공동으로 관리하고 감독하였다. 재정 문제로 경기(충청)노회가 경신학교와 정신여학교 이사진에 참여하여 선교부와 학교를 공동으로 운영한 사실은 뒤에 학교 인계 과정에서 두 학교의 이사회 규칙을 들어 한국인에게 학교 인계가 가능하도록 역할하게 된다.

4) 평북·의산·용천 노회와 신성·보성 학교

1920년대 초반부터 북장로회선교부가 학교에 대한 한국교회의 지원을 요청하였는데, 선천지역 학교의 경우에는 1927년에 지원을 요청하였다. 이때 미국 경제불황의 여파로 선교부 경영 학교들에 대한 폐교가 논의되자, 미북장로회 한국선교부는 선천 선교지부를 통해 신성학교와 보성여학교의 인계를 평북노회와 의산노회에 제안하였다.[172]

---

172) "Minutes and Reports of the 43rd Annual Meeting of the Chosen Mission of the

평북·의산 두 노회에서는 각각 세 사람씩의 대표를 선출하고, 선교부 측 3명과 두 학교 교장을 합해 11명이 모였다. 이 자리에서 두 학교의 발전책을 협의할 협의회를 조직하고 회장으로 양전백(梁甸伯)을 추천했다. 이들은 우선 1927년 예산발전금 4,550원은 동 협의회에서 책임질 것과 1928년부터는 매년 경비금으로 1만원씩 미국 해외선교부와 한국선교부에 청구하여 현상유지를 해 나가는 한편, 두 노회와 선교부 측의 협동이사회를 조직하여 학교를 관리하기로 가결하였다. 그리고 규칙기초위원으로 김선두(金善斗), 장규명(張奎明) 두 사람을 선출하고, 이사회가 완전히 조직된 후에는 한국인이 주체가 되어 두 학교의 장래를 위해 재단법인을 만들고자 계획했다.173) 이때 이미 공동 경영에 앞서 학교 인계를 제안하였다는 사실과, 장래에 한국인이 주체가 되어 학교를 운영할 것을 계획하였다는 데 주목할 필요가 있다. 이것이 선천 학교들에 대한 노회 차원의 인계가 비교적 쉽게 이루어진 원인이라고 해석할 수 있다.

　1927년 평북노회와 의산노회가 선교부와 함께 두 학교를 공동 경영하게 되면서 두 노회에서 학교에 재정적 지원을 하였다.174) 신성학교와 보성여학교 이사회를 하나로 합쳐 평북노회, 의산노회, 미북장로회선교부 측에서 각각 이사를 파견하여, 학교에 대한 완전한 재정과 감독의 책임을 지게 되었다. 1927년 9월 신성·보성 학교 이사회에서, 당시 미국에

　Presbyterian Church in the U.S.A. 1927," p.52~53.

173)「동아일보」1927년 2월 25일자 "基礎가 尤益鞏固한 信聖 保聖 兩校-미국뎐도국 보됴가 적더라도 자력으로 경영해 나가도록 해"

174) 김영혁 편저,『창립 100주년 신성학교사』, 66~67쪽 ;「조선예수교장로회총회 제16회회록」(1927년 9월),『대한예수교장로회 총회회의록』5권, 102쪽 ;「조선예수교장로회총회 제17회회록」(1928년 9월),「조선예수교장로회총회 제18회회록」(1929년 9월), 대한예수교장로회 총회회의록』6권, 91~91·112·114쪽 ;「기독신보」1928년 9월 12일자 "의산로회뎨二十회상황." 의산노회는 공동경영을 하면서 1927년 1천원, 1929년 7백원, 1930년 8백원을 보조하였고, 평북노회도 공동경영을 하게 되었다고 보고했다.

체류하고 있는 장이욱(張利郁)을 신성학교 교장으로 영입하기로 결정하였고, 장이욱은 그 다음해 4월 교장에 취임했다.[175] 미북장로회선교부 관할 미션스쿨 중 가장 이른 시기에 한국인 교장이 취임한 것이다. 한국인 교장 취임과 더불어 설립자도 한국인이 추가되었다. 학교 이사회는 1929년 한국인 설립자를 추가하기로 결정하였고, 1930년에 선천지역 교회의 주현칙 장로와 이봉혁 장로가 신성학교와 보성여학교의 설립자로 임명되어, 휘트모어(N. C. Whittemore)·매큔(G. S. McCune)과 함께 동등한 권리를 갖게 되었다.[176]

신성과 보성 두 학교에 대해 선교부와 평북·의산 노회가 공동으로 학교를 운영하기로 합의하면서, 선교부에 속한 부지, 건물과 장비를 학교 이사회가 관리하도록 위임받았고, 이사회는 다른 학교들과 마찬가지로 1년에 1원의 형식적인 대여비를 미북장로회 해외선교부에 지불하기로 했다. 다음은 1928년 평북·의산 노회가 신성·보성 학교 이사회를 하나로 합쳐 공동 경영하였을 때의 이사회 정관이다.

---

175) 「조선일보」 1928년 4월 7일자 "信聖校長 交遞-七日 北敎會서" ; 「동아일보」 1928년 4월 13일자 "信聖學校長 交遞式." 장이욱은 평양 숭실학교를 졸업하고 미국에 유학하여 뉴욕 콜럼비아대 대학원에서 교육학을 전공했다. 안식년을 맞아 콜럼비아대에서 공부하고 있던 보성여학교 교장 스티븐스를 만난 인연으로 신성학교 교장에 취임하게 된 것이다. 신성학교 동창회, 『신성학교사』, 173쪽.

176) L. W. Chang(장이욱), "Report of the Sin Syung Academy, Year 1929-1930" *Presbyterian Church in the U.S.A. Board of Foreign Missions Korea Mission Reports 1911-1954* 제7권, p.42 ; "Minutes and Reports of the forty-fifth Annual Meeting of the Chosen Mission of the Presbyterian Church in the U.S.A. 1929," p.41 ; "Minutes and Reports of the forth-sixth Annual Meeting of the Chosen Mission of the Presbyterian Church in the U.S.A. 1930," p.40.

[선천 신성·보성 학교 이사회 정관(1928)][177]

제2장 협력기관

　제1항 한국선교부를 통한 미북장로회 해외선교부와 조선예수교장로
　　회 평북과 의산노회는 두 학교를 다음과 같이 협동운영하는 데
　　동의함으로 이 정관은 승인되었다.

　　　(1) 한국선교부를 통한 미북장로회 해외선교부는 이사회가 이
　　　　정관에 따라 부지와 건물과 장비를 학교가 계속되는 한 손
　　　　실없이 사용하도록 위탁하는 데 동의한다.; 여기에 선천 선
　　　　교지부가 명칭, 수치와 각 구역의 평수 등 공식적으로 서술
　　　　하여 작성한 재산목록을 첨가한다. 이 재산은 다른이들이
　　　　동의하는 동안 선교부 유지재단에 계속 속해 있고, 이사회
　　　　는 재산 사용에 대해 미북장로회 해외선교부에 매년 1원의
　　　　대여료를 지불한다.

　　　(2) 한국선교부는 해외선교부에 다음과 같이 잠정적으로 학교
　　　　에 보조금 요청하기를 동의한다.; 1928-29년 10,000원;
　　　　1929-30년 9,000원; 1930-31년 8,000원; 1931-32년 7,000
　　　　원; 1932-33년 6,000원.

　　　　평북과 의산노회는 앞으로의 적자 비용을 포함해 적절한 학
　　　　교 유지에 필요한 모든 것을 제공하는 완전한 책임을 지는
　　　　데 동의한다.

제3장 이사회 조직과 권위

　제1항 이사회는 14명으로 조직하며 다음과 같다. 선천 선교지부 3명,
　　평북노회 3명, 의산노회 3명, 각 학교 동창회에서 각1명, 선교
　　부 실행위원회에서 1명. 세 곳의 연합기구와 동창회를 대표하
　　는 업무의 임기는 3년이다. 세 연합기구의 각각의 대표자 3명
　　은 순차적으로 내보낸다. 대표는 선교부와 선교지부는 선교부
　　연례모임에서, 노회는 여름 모임에서, 연합 동창회는 (그들의
　　모임에서) 선출한다.

　제2항 이사회는 학교의 부지, 건물, 장비에 대해 완전한 책임을 지며,
　　이 정관에 기재한 것처럼 학교의 유지와 감독에 완전한 책임을
　　진다.

---

177) "Minutes and Reports of the 44th Annual Meeting of the Chosen Mission of the
　　Presbyterian Church in the U.S.A. 1928(1928.6.22-28)," p.9~13.

제5장 부지, 건물, 장비

　　제1항 평북노회 또는 의산노회 또는 다른 한국인 개인 기부자가 학교
　　　　를 위해 건물, 기숙사 또는 다른 전용 건물을 미북장로회 해외
　　　　선교부가 이사회에 위탁한 부지에 세우기를 원할 경우, 이 건
　　　　물이 세워질 적당한 부지를 지명하여, 해외선교부에 그 기부금
　　　　을 사용할 계획을 알린다.

　　제2항 모든 기부된 부지, 건물, 기부금은 한국선교부 유지재단 또는
　　　　협력한 평북 또는 의산노회에 합법적으로 위탁하고, 이사회가
　　　　학교의 이익을 위해 사용해야 한다.

　　제3항 부지, 건물, 기부금을 사용하는 이사회가 기부한 것의 변경을
　　　　원할 경우, 우선 기부자의 동의를 얻어야 한다.

　한국선교부는 해외선교부에 두 학교 보조금을 요청하였는데, 1928~29
년 10,000원이던 것이 1932~33년에는 6,000원으로 감소하였다. 이외의
학교 유지에 필요한 모든 것은 평북·의산 노회가 완전히 책임지기로 했
다. 두 학교 이사회 임기는 3년이고, 이사진은 선천 선교지부 3인, 평북
노회 3인, 의산노회 3인, 동창회 각 1인, 선교부실행위원회 1인, 교장 각
1인으로 총 14명이다.

　1929년 당시 평북노회, 의산노회, 선교부에서 각기 선임한 신성학교
와 보성여학교 이사진은 김석항(金碩伉), 김성모(金聖姆), 김창석(金昌
錫), 양전백(梁甸伯), 장규명(張奎明), 장이욱(張利郁), 장애경(張愛敬), 최
득의(崔得義), 홍하순(洪夏順), 램프(H. W. Lampe, 南行里), 블레어(W.
N. Blair, 方韋良), 스티븐스(B. I. Stevens, 徐愛溫), 캠벨(E. L. Campbell,
甘茂悅), 호프만(C. S. Hoffman, 咸嘉倫)이다.[178] 1930년에는 다시 용천
노회가 분립하여, 신성학교와 보성여학교는 평북·의산·용천 3노회가 선
교부와 합동경영하게 되었다.[179] 지금까지 통합되어 있었던 신성·보성

---

178) 「동아일보」 1929년 3월 4일자 "宣川 信聖校 新任된 理事"

179) 「조선예수교장로회총회 제19회회록」(1930년 9월), 『대한예수교장로회 총회회의
　　록』 6권, 80쪽.

학교 이사회는 1934년 6월 15일 분립을 결정하였다.[180] 이에 따라 신성
학교 이사진은 선천 선교지부 3인, 평북노회 2인, 용천노회 2인, 의산노
회 2인, 동창회 1인, 선교부실행위원회 의장 또는 한국선교부가 선택한
그의 대리자, 교장으로 총 12명이 되었다. 1930년 용천노회가 분립한 후
1934년 두 학교 이사회를 다시 분립하기로 결정하였을 때 평북·의산·용
천 세 노회에서 각각 두 학교를 선교부와 공동 경영하기로 한 이사회
정관이다.

[선천 신성학교 이사회 정관(1934)][181]

제2장 협력기관
제1항 한국선교부를 통한 미북장로회 해외선교부와 조선예수교장로
회 평북, 용천, 의산노회는 이 학교를 다음과 같이 협동운영하
는 데 동의함으로 이 정관은 승인되었다.
(1) 한국선교부를 통한 미북장로회 해외선교부는 이사회가 이
정관에 따라 부지와 건물과 장비를 학교가 계속되는 한 손
실없이 사용하도록 위탁하는 데 동의한다.
(여기에 선천 선교지부가 명칭, 수치와 각 구역의 평수 등
공식적으로 서술하여 작성한 재산목록을 첨가한다.)
이 재산은 다른 이들이 동의하는 동안 선교부 유지재단에
계속 속해 있고, 이사회는 재산 사용에 대해 미북장로회 해
외선교부에 매년 1원의 대여료를 지불한다.
(2) 한국선교부는 해외선교부에 해외선교부와 선교부가 승인한
재정으로서, 매년 보조를 요청하는 데 동의한다.
평북, 용천, 의산노회는 앞으로의 적자 비용을 포함해 적절
한 학교 유지에 필요한 그밖의 모든 것을 제공하는 완전한
책임을 지는데 동의한다.

---

180) 「조선일보」 1934년 6월 24일자 "宣川 保聖學校 學年延長 實現-信聖 保聖 兩理
事會 分立"
181) "Minutes and Reports of the fiftheth Annual Meeting of the Chosen Mission of
the Presbyterian Church in the U.S.A. 1934(1934.6.23-7.3)," p.35~39.

제3장 이사회 조직과 권위

제1항 이사회는 12명으로 조직하며 다음과 같다. 선천 선교지부 3명, 평북노회 2명, 용천노회 2명, 의산노회 2명, 동창회 1명, 선교부 실행위원회 의장 또는 한국선교부가 선택한 그의 대리자, 그리고 아래 제5항에서 선출한 학교 교장으로 선정한다. 네 곳의 연합기구와 동창회를 대표하는 업무의 임기는 3년이다. 각 연합기구의 각 대표자들은 순차적으로 내보낸다. 대표는 선천 선교지부와, 협력 노회는 노회의 겨울 모임에서, 동창회는 정기 연례모임에서 선출한다.

제2항 이사회는 학교의 부지, 건물, 장비와 재정에 대해 완전한 책임을 지며, 이 정관에 기재한 것처럼 학교의 유지와 감독에 완전한 책임을 진다.

신성학교는 지정학교로 인가받기 위해 10만원의 기본금을 목표로 모금운동을 하였다.[182] 동창회를 비롯하여, 선천남교회와 선천북교회 당회에서 신성학교 기본금을 모금하기로 결의하고, 기본금 모집위원으로 김석창(金錫昌)·김신행(金信行)·노정린(魯晶麟)·박찬빈(朴贊斌)·오순애(吳順愛)·장규명 등을 선출하였다.[183] 선교부 역시 학교의 기독교적 정신을 보존한다는 조건 아래 신성학교의 재단법인 설립에 적극 협조하기로 결의하였다.[184] 1931년 지정학교로 인가된 이후에는 재단법인을 만들기 위해 평북 일대와 선천지역에서 모금운동을 계속하였다. 신성학교의 경상비는 미북장로회선교부에서 5천원, 평북노회에서 1천원, 의산노회에서 8백원, 용천노회에서 5백원 합계 7천3백원의 보조를 받고 있었다.[185] 보조금만으로는 학교를 유지하기 어렵다고 보고, 장래를 위해 재

---

182) 「동아일보」 1929년 3월 6일자 "指定運動, 財團準備 信聖中學 發展-卒業生이 極力 後援"

183) 「조선일보」 1929년 6월 15일자 "信聖學校 基本金 募集, 委員選定"

184) "Minutes and Reports of the forth-sixth Annual Meeting of the Chosen Mission of the Presbyterian Church in the U.S.A. 1930," p.40~41.

185) 「기독신보」 1933년 9월 20일자 "宣教費縮小는 얼마나? 그對策은?" 북장로회선

단법인을 만들어 자립하는 것이 가장 중요하다고 판단하였다. 신성학교
가 소유하고 있는 재산과 각 방면에서 모은 기본금은 약 20만원에 달했
고, 5만원에 대해 총독부에 기부허가 신청서를 제출하였다. 당시 사립학
교의 기부금 모금도 총독부의 허가가 필요했다. 1933년부터 1935년까지
기부금 모금에 대한 허가를 받고 모금운동을 활발히 벌였다.[186]

　5만원의 기부금을 마련하기 위해 신성학교에서는 1934년 1월 29일부
터 1주일간 '신성주간'으로 정하고 선천지역에서 2만 5천원, 평북 일대
에서 2만 5천원을 모금하기로 하였다.[187] '신성주간'에 360명의 재학생
들이 선전삐라로 선천 시민의 관심을 환기시키며 모금운동을 한 결과 1
주일 동안 18,913원을 모금하였다.[188] 또한 1934년 8월 방학을 이용해
신성학교 교무주임 심인곤(沈仁坤), 서무 김지일(金志一) 2인이 의주·삭
주·창성·벽동 등지를 순회하며 모금하였는데, 벽동 오북금광 광주 유홍
산(劉興山)을 방문하여 2만원의 기부금을 받았다.[189] 평북 일대와 선천

　　교부나 각 노회 보조금은 매년 11,000원부터 5~6천원에 이르기까지 상황에 따
　　라 조금씩 변동이 있었다. Harry A. Rhodes, *History of the Korea Mission
　　Presbyterian Church U.S.A.* vol. I, 1884~1934, p.214~215.

186) 「동아일보」 1933년 11월 9일자 "敎育界에 又一喜 消息-宣川 信聖學校에 五萬圓
　　寄附認可, 평북에 빛나는 중등교육기관, 二十五萬圓 財團期成"；「조선중앙일보」
　　1933년 11월 11일자 宣川 信聖校에 寄附認可"；"Yearly Report of Syenchun
　　Boys' Academy, 1932-33" *Presbyterian Church in the U.S.A. Board of Foreign
　　Missions Korea Mission Reports 1911-1954* 제7권, p.243~244.

187) 「동아일보」 1934년 1월 26일자 "宣川 信聖學校 財産完成에 專力"；「매일신보」
　　1934년 1월 30일자 "永久한 歷史를 가진 信聖校 昇格準備"

188) 「동아일보」 1934년 2월 2일자 "'信聖週間' 一日 七千五百圓-二만五천원은 무란할
　　듯, 信聖校 財團 完成運動"；「동아일보」 1934년 4월 29일자 "宣川 信聖學校 募
　　集金 벌서 二萬圓臺 突破-각처에서 뜨거운 동정이 모여, 財團完成도 不遠의 일"

189) 「동아일보」 1934년 8월 15일자 "宣川 信聖校 財團設立에 現金 二萬圓 喜捨"；
　　「조선중앙일보」 1934년 8월 16일자 "宣川 信聖學校에 金二萬圓을 寄附-靑年鑛
　　業家 劉興山氏의 長擧, 一般은 將來를 期待"；「동아일보」 1934년 8월 28일자
　　"宣川 信聖校에 寄附金 遝至"

지역에서 25만원 재단법인을 위한 기부금을 모금하였고 1934년 말까지 27만원이 되었다.[190] 5만원 모금은 이미 1934년 12월에 도달하여, 1935 년 10월까지의 기간이 남았으므로 모금액을 75,000원에서 80,000원으로 조정하기로 했다. 선교부에서 기금이 5만원이 넘을 경우에는 재단을 분리하기로 허락받았다. 정부가 학생 수를 250명에서 500명으로 증가하도록 허락한다면 30만원 가량의 신성 재단을 만드는 일은 가능한 일이라고 평가했다.[191]

1927년부터 선천지역 학교 인계 논의와 함께 평북노회와 의산노회가 신성학교 이사진에 참여하면서 공동경영을 하게 되었고, 선천을 비롯한 평북일대 시민들은 신성학교의 지정학교 인가를 위해 시민대회를 개최하고 진정위원을 선출해 총독부 학무국을 방문하는 등 적극적인 활동을 하였다. 또한 재단법인을 만들기 위한 기부금 모금활동에도 적극 참여하였다. 이러한 일련의 노력들은 선천 지역의 종교적 특성과 더불어 선천 지역민들의 학교교육에 대한 관심을 반영하는 것으로 보인다. 선천은 기독교인이 약 40% 이상을 점하고 있어 각종 분야에서 기독교인들이 주도권을 쥐고 있었다.[192] 노회의 이사진 참여와 선천 지역민들의 주도적인 지정학교 승격운동은 1939년 평북·의산·용천 노회의 학교 인계로 연결되었다.

보성여학교는, 신성·보성 학교에 대한 선교부와 평북·의산 노회의 공동 경영보다 이른 1921년에 지역 교회들과 공동 경영을 시도하였다. 기혼 여성들을 위한 'The Louise Chase Institute for Women'이라는 이름으

---

190) 「동아일보」 1935년 1월 1일자 "信聖學校". 신성학교의 재단법인은 1940년에 가서야 인가를 받게 된다.

191) L. W. Chang, "Report of Sin Syung Academy, Year 1934-1935" *Presbyterian Church in the U.S.A. Board of Foreign Missions Korea Mission Reports 1911-1954* 제7권, p.423~426.

192) 선천의 기독교적 특성과 교육에 대해서는 한규무, 「1930년대 평북 선천의 교육·산업과 기독교」『이화사학연구』 38, 이화사학연구소, 2009 참조.

로 학교를 운영하다가,[193] 1921년 선교부의 휘트모어와 선천남·북교회
노정관 등이 협동하여 사립 보성여학교로 인가받았다. 이 때 지역교회와
협상하여 교회 대표와 선교사로 이루어진 8인의 이사가 학교를 공동 관
리하기로 하였다. 8인의 이사는 설립자 2인, 교장, 교감, 선천 선교지부
4인으로 구성되는데, 2명의 설립자 중 1명은 선천 선교지부에서, 또 다
른 1명은 지역교회로 이루어진 선천 합동회의(Syenchun Joint Session, 도
당회)에서 각각 선출하기로 했다.[194] 물론 학교 건물, 부지 등은 선교부
소유로 되어 있는 것을 학교 이사회가 빌려 쓰는 형식이지만, 이들 이사
들이 학교의 모든 사무를 책임지고 학교의 재정에 대한 모든 권리를 갖
게 되었다. 그러다 1927년 평북노회, 의산노회, 선교부가 신성·보성 두
학교를 공동 운영하게 된 것이다.[195]

　　1934년 6월 15일 신성학교와 보성여학교 이사회가 분립을 결정하면
서, 보성여학교에 대해 미북장로회선교부에서는 매년 5천원씩, 평북·의
산·용천 3노회는 매년 4천원씩 보조하기로 하였다.[196] 보성여학교 이사
진은 선천 선교지부 3인, 평북노회 2인, 용천노회 2인, 의산노회 2인, 동
창회 1인, 학교 설립자 또는 한국선교부가 선택한 그의 대리자, 교장으
로 총 12명으로 구성되었다.[197]

　　신성학교와 보성여학교 이사회가 하나로 합쳐져 있었던 1928년과 두

---

193) Harry A. Rhodes, *History of the Korea Mission Presbyterian Church U.S.A.* vol. I, 1884~1934, p.216~217.

194) "Minutes and Reports of the 37 Annual Meeting of the Chosen Mission of the Presbyterian Church in the U.S.A. 1921," p.56~57.

195) 「동아일보」 1926년 7월 12일자 "巡廻探訪-宣川地方大觀(1)" ; 박근명, 『선천요람』, 31~32쪽 ; 홍선의, 『보성백년사, 1907~2007』, 116·137~138쪽.

196) 「동아일보」 1934년 9월 4일자 "宣川 保聖女學校 學年延長 完成-前途에 一大의 曙光"

197) "Minutes and Reports of the fiftheth Annual Meeting of the Chosen Mission of the Presbyterian Church in the U.S.A.(1934.6.23-7.3)," p.39~43.

학교 이사회가 분리된 1934년 모두 선천 선교지부 즉 선교사 이사보다 노회의 한국인 이사 수가 거의 두배였다. 선천의 두 학교 이사회는 선교부보다 노회의 비중이 훨씬 컸다고 볼 수 있다. 또한 선교부와 노회의 보조금 액수도 거의 차이가 없었던 점도 이것을 증명해준다고 하겠다.

5) 경북노회와 계성·신명 학교

1920년 6월 북장로회선교부 제36회 연례회의에서 재정 부족으로 서울 정신여학교와 대구 계성학교에 대한 지원을 중단하기로 했을 때, 한국교회에서 학교에 대한 지원을 약속해준다면 학교를 계속할 것이라는 단서를 달았다. 그렇지 않으면 피치 못하게 1~2개 학교의 문을 닫을 수밖에 없다는 것이었다.[198] 그러자 1921년 1월 제9회 경북노회에서 각 교회의 6월 첫째 주 헌금을 대구 계성학교와 신명여학교에 보내기로 결정하였고,[199] 북장로회선교부는 경비를 부담해 주면 학교에 대한 권리도 그만큼 부여하겠다고 경북노회에 제안하였다. 경북노회에서는 계성학교 연합과 관련하여 다음과 같이 결의하였다.

　一. 계성학교를 노회와 연합유지하자는 일은 토의한 결과 교인 매명(每名) 2
　　전식[200] 출외하기로 결정하다.
　一. 계성학교와 연합의연금 증수할 위원은 각 지방 시찰에게 맡겨 한 지방

---

198) "Minutes and Reports of the Thirty-Sixth Annual Meeting of the Chosen Mission of the Presbyterian Church in the U.S.A.(1920.6.20-30)," p.60.

199) 「경북노회 제9회 회록」(1921년 1월), 『대한예수교장로회 경북노회 회의록』 1권, 대한예수교장로회 경북노회, 371~372쪽. 이 결정은 노회와 선교부의 연합사업이 진행되는 과정인, 1923년 1월 제13회 경북노회에서 없던 일로 하기로 의결되었다. 「경북노회 제13회 회록」(1923년 1월), 『대한예수교장로회 경북노회 회의록』 1권, 513쪽.

200) 교인 1인당 2전으로 되어 있는데 이는 20전의 오기인 것으로 보인다. 그 후의 회의에서 계속 교인 1인당 연 20전씩 출연하는 것으로 되어 있다.

학무위원 2인씩 택하여 그 위원에게 맡기기로 결정하다.

一. 각 지방 시찰위원이 학무위원을 선택하여 여좌히 보고하매 채용하기로 결정하다.

1. 대구지방 김덕경, 백남채
2. 서남지방 김홍주, 배석주
3. 안동지방 강석진, 강병주
4. 동북지방 이규완, 이규하
5. 서편지방 조치옥, 백중홍
6. 동편지방 김순여, 최경성
7. 서북지방 임종하, 이재구 제씨라

一. 계성학교 연합이사 2인을 택하되 각 시찰지방에서 피택된 학무위원 14인이 투표선정하기로 결정하다. 백남채, 김덕경 양씨가 되다.

一. 계성학교 학생대표 진평헌 송재현 양씨의 공소서류는 회장이 회를 대표하여 취하하도록 권면한 후 취하하기로 청원하므로 그 서류는 전부 반려하기로 결정하다.[201]

경북노회에서는 학교 경비의 반을 부담하기로 하고, 필요한 재원은 경상북도 내에 거주하는 교인들이 1인당 20전씩 거두어, 각 지방에서 학무위원을 택해 모금하기로 하였다. 계성학교 연합이사 2인은 백남채, 김덕경이 선임되었다.[202]

경북노회와 북장로회선교부는 1921년부터 계성학교를 공동 운영하기로 공식적으로 결정하였다.

[대구 계성학교 정관(1921)][203]

제3장 선교부와 장로회와의 관계
　　제1항 대구 선교지부로 대표되는 미북장로회 한국선교부와 대한예수

---

201) 「경북노회 제10회 회록」(1921년 6월), 위의 책 1권, 397~398쪽.
202) 「동아일보」 1921년 6월 23일자 "啓聖, 老會의 幹旋으로, 로회에서도 경비분담, 츄기부터는 개학될듯"
203) "Minutes and Reports of the 37 Annual Meeting of the Chosen Mission of the Presbyterian Church in the U.S.A. 1921(1921.6.26-7.4)," p.58~60.

교장로회 경북노회는 이 기관에 대한 지원과 운영에 연합하기
로 동의하며, 그들은 올바른 재정적 지원을 한다.

제2항 선교부가 앞서 조사한 건물과 장비의 실제 평가액은 현재
60,000원의 가치를 지니며, 그들이 이 기관에 주어야 할 금액
을 계산하면 ___% 또는 ___원이다.: 앞으로의 모든 재산상 조
사의 올바른 가치는 이 비율로 계산한다.

제3항 기부금과 현행 제공하는 비용은 이 기관에 대한 현재 수입의
금액으로 가치매긴다.

제4항 이사회가 기관에 대한 모든 결정과 통제권을 갖는다. 대구 선교
지부로 대표되는 선교부는 선교지부가 매년 임명한다.

제5항 장로회는 연합한 날로부터 적어도 한 개의 대표권을 갖는다. 또
한 부수적인 대표권을 갖는다: 장로회는 같은 해 선교부가 공
급한 작년 수입금의 33.13%를 제공해야 한다. (위의 2, 3항에
서 계산한 것처럼)

제6장 연합의 개정과 해산 규정

제1항 이 정관의 개정은 이사회, 장로회 또는 선교부가 요청하면 언제
든지 가능하다. 그러나 효력의 발생은 선교부와 장로회 양쪽의
동의가 있어야 한다.

제2항 언제든지 어떤 이유로든지 선교부나 장로회가 연합사업에 대해
중지 요구가 있을 때까지, 이 기관에 대한 두 곳의 연합사역은
지속될 것이다.

[대구 남학교 규약 개정(추가)(1925)][204]

해산시 계성학교에 기부 우위를 차지하는 곳이 계성학교의 원래 목적과 부합
하게 학교를 운영하도록 오랫동안 학교에 속한 모든 부지, 건물, 장비와 기부
금의 모든 감독을 계속할 권리가 있다. 주 경영자가 학교 운영을 거절하면,
계약한 규약의 다른 곳이 학교의 목적에 따라 계성학교를 단독으로 감독할
권한이 있다. 또한 협력하는 다른 새 기관은 재산과 관련해 안전하게 운영해
온 경영자의 동의를 받은 이후에 협력에 참여할 수 있다. 두 기관이 계성학교
의 지원과 감독을 계속하는 것을 거절하는 경우, 재산을 팔아 각 기관이 공헌

---

204) "Minutes and Reports of the 41th Annual Meeting of the Chosen Mission of the
Presbyterian Church in the U.S.A. 1925(1925.6.25-7.1)," p.56~57.

한 가치에 따라 경북노회와 한국선교부 유지재단을 대표하는 북장로회 해외
선교부가 나눠 갖는다. 그러나 미북장로회 해외선교부를 대표하는 한국선교
부 유지재단은 경북노회에 의해 기부한 모든 땅과 건물을 평가 가치에 따라
팔 법적인 선택을 갖는다. 평가가치는 각 기관과 1, 2가 선택한 제3자가 선택
한 곳 중 하나인 세 감정인이 결정한다.

선교부와 노회의 연합 이사회가 학교에 대한 모든 결정과 통제권을
갖게 되면서 노회는 학교에 대한 대표권을 획득하였고, 이에 따라 지금
까지 선교부가 학교에 공급해 온 금액의 약 33%를 제공하기로 하였다.
그리고 노회가 학교에 대한 전적인 지원을 하기 전까지 교장은 선교부에
서 임명한 선교사가 맡기로 하였다. 1925년에는 "주 경영자가 학교 운영
을 거절하면, 다른 한 곳이 계성학교를 단독으로 감독할 권한을 가진다"
는 내용을 추가하여 정관을 개정하였다.

학제가 4년제에서 5년제로 늘어나면서 학교 예산도 늘어나는데 선교
부의 지원은 이에 미치지 못했다. 1922년 선교부에 6천원을 요구했고
선교부는 그 금액을 승인했지만, 지급된 금액은 2,310원으로 학교 유지
가 매우 어려운 상태였다.[205] 1922년 대구 선교지부의 계성학교 보고를
보면, 한국인이 학교 이사진에 참여하게 되었고, 노회가 재정적 부담을
지게 되어 선교지부의 부담이 줄어들었음을 반기고 있다.[206]

경북노회에서는 학교에 대한 재정 지원을 위해 개 교회별로 후원금을
모을 수 있도록 계성학교 후원회를 조직하는 등의 노력을 기울였다.
1923년 경북노회에서 한국인 이사를 선정하고, 학교 경비도 선교회와 반
씩 부담하기로 하여 경북노회 내 280여 장로교회 교인에게 평균 20전의

---

205) Harold H. Henderson, "The Taiku Boys' Academy, Annual Report for
     1921-1922" *Presbyterian Church in the U.S.A. Board of Foreign Missions Korea Mission
     Reports 1911-1954* 제6권, p.1056~1058.

206) "Taiku Station Annual Report, Presented to the Mission 1922-Boys' Academy,"
     Henry M. Bruen, *40 years in Korea*, p.283~284.

금액을 배정하였다. 그러나 교육비 수합이 어렵게 되자 1924년에 각 교회 대표자가 모여, 계성학교의 경제적 자립을 도모하기 위해 계성학교 후원회를 조직하였다. 계성학교 후원회는 회원의 종류를 통상회원, 유지회원, 명예회원의 세 가지로 나눠 회비를 모아 학교를 후원하였다.207) 후원회에서 유급 이사 2인을 택해 사회와 교회 각 방면으로 회원을 모집하여 총 2백여원을 모금하였다. 1925년 1월 계성학교 후원회 제2회 총회에서 후원회를 계속 유지하기로 하고, 한국인이 단독으로 학교를 경영할 능력이 있을 때 선교부가 학교를 완전히 인계해 줄 것이라 기대하였다.208)

그러나 실제로 경북노회가 학교에 지원한 금액은 별로 많지 않았다. 공동경영 초기부터 있던 경북노회 분쟁 탓도 있었지만, 노회 내 각 교인들의 형편이 어려웠고 각 지방 학무위원에게 부담시킨 모금을 다시 각 교회 목사, 장로, 조사에게 부담시키기도 했다. 1922년 6월 노회 내 각 교회에서 모금한 액수가 126원 90전에 불과하였으므로 각 교회의 지원금을 기대할 수는 없는 형편이었다. 지원금 모금이 어려워 각 지방에 노회 측 이사가 순회하며 권면 혹은 강연하기도 하였지만,209) 계속되는 경비 부족으로 학교 경영에 상당한 어려움을 겪었다. 1930년 경북노회장은 학교에 약속한 재정 지원을 하지 못한 이유를 흉작으로 인해 교회

---

207) 「경북노회 제15회 회록」(1924년 1월), 『대한예수교장로회 경북노회 회의록』 1권, 623~624쪽에 "계성학교 후원회 규칙"이 실려있다. 1924년 6월 계성학교 후원회 보고에서 명예·유지·보통 회원 합계가 1,448인, 회비수입 165원 16전이었고, 1925년 1월 창립 1년간 회원이 1,940인에 달하고 회비는 545원 60전에 달해 상당한 성과를 거두었다. 「경북노회 제16회 회록」(1924년 6월), 「경북노회 제17회 회록」(1925년 1월), 『대한예수교장로회 경북노회 회의록』 1권, 671·706쪽.

208) 「조선예수교장로회총회 제13회회록」(1924년 9월), 『대한예수교장로회 총회회의록』 4권, 대한예수교장로회총회, 104쪽 ; 「기독신보」 1924년 1월 23일자 "復活되는 啓聖校" ; 「시대일보」 1925년 1월 9일자 "啓聖校 後援會-五日 聖經學院에서"

209) 「경북노회 제11회 회록」(1922년 1월), 「경북노회 제12회 회록」(1922년 6월), 「경북노회 제13회 회록」(1923년 1월), 『대한예수교장로회 경북노회 회의록』 1권, 446·472·531쪽.

목회자들의 봉급도 지불하지 못하고 있는 형편 때문이라고 했다. 1935년에도 2개의 노회(경북·경안 노회)[210]에서 40원의 보조밖에 받지 못하였고, 대신 학부형회에서 1,200원 가치의 도서와 장비를 기증하였다. 여전히 선교부 지원에 상당 부분 의존하면서 학교가 운영되었다.[211]

공동경영을 하면서 계성학교에 대한 경북노회 측 이사는 1명이었는데,[212] 1924년 계성학교 이사인 어드만(Walter C. Erdman, 魚塗萬)은 학교 이사회에서 선교부에 노회 측 이사 증원을 청원하여 허락 받았다고 보고했다. 따라서 노회 측 이사를 선교부 이사와 동 수인 4명으로 증원하여 선교부와 노회가 똑같은 권리를 갖게 되었다. 이에 따라 염봉남, 박문찬, 이규하, 이규완이 이사로 선출되었다.[213] 비록 노회의 재정 지원이 원활하게 이루어지지는 않았지만, 선교사 이사와 노회의 한국인 이사가 동 수가 되어 공동경영의 외형을 갖추었다.

신명여학교도 1929년에 경북·경안노회와 선교부가 공동경영하기로 합의하였다.

---

210) 1921년 9월 조선예수교장로회 제10회 총회에서, 경북노회를 분립해 달라는 청원을 허락하여, 경북노회에서 경안노회가 분립되었다. 따라서 대구 학교들이 경북·경안노회와 선교부 공동 경영이 된 것이다. 「조선예수교장로회총회 제10회 회록」(1921년 9월), 『대한예수교장로회 총회회의록』 3.

211) Harold H. Henderson, "Keisung Academy Annual Report, 1929-1930", "Keisung Academy Annual Report for 1934-35" *Presbyterian Church in the U.S.A. Board of Foreign Missions Korea Mission Reports 1911-1954* 제7권, p.54~57, 417~422.

212) 경안노회도 1명이었음을 추측할 수 있다.

213) 「경북노회 제15회 회록」(1924년 1월), 「경북노회 제17회 회록」(1925년 1월), 『대한예수교장로회 경북노회 회의록』 1권, 618~619·709쪽.

[대구 신명여학교 정관(1929)][214]

제2장 설립자

제1항 한국선교부와 대구 선교지부의 감독 아래, 선교사역하는 미북
장로회 해외선교부가 1910년 Mrs. H. M. Bruen을 임명하였다.

제2항 학교의 발전과 표준의 전진을 위해, 한국선교부의 대구와 안동
선교지부를 통한 미북장로회 해외선교부는 조선예수교장로회
경북노회, 경안노회와 공동으로 대구 신명여학교를 동일한 책
임과 감독 하에 지원하고 운영과 발전해나가기로 동의하며, 이
정관에 대해 완전히 승인하는 날(날짜 기입)로부터 시작한다.

제3항 미북장로회 해외선교부가 학교 운영비의 반 이상을 오랫동안
지원해 왔으므로, 최초 설립자의 후계자와 교장은 선교부 재단
에서 임명할 것이며, 그 후에는 학교 이사회가 선교사 봉급과
학생의 수업료를 제외하고 평가되는 비용을 운용한다.

제4항 최초 설립자와 그녀의 후계자는 학교 밖에서 개인적 책임은 없
지만, 정부에 대해서는, 대구와 안동 선교지부, 경북과 경안노
회가 이사회로 활동하는 것과 동시에 학교를 위해 정관상의 활
동을 수행하는 방법으로 학교를 위해 활동한다.

제3장 부지, 건물, 기부금

제1항 대구 신명여학교 캠퍼스와 부지, 거기에 속한 모든 장비는 모두
미북장로회 해외선교부의 재산이며, 그것은 미북장로회 해외선교부
의 감독 아래 장로회선교부 법인(Presbyterian Mission Corporation)
에게 위임되어, 재산 손실없이 상황에 따라 사용된다.

제2항 미북장로회 해외선교부는 모든 부지, 건물, 장비를 제3장 제1항
에서 결정한대로 학교 이사회가 학교의 본래 목적의 더 나은
성취를 위해 정관에서 승인한대로 위임하기를 동의한다.

제3항 경북 또는 경안노회 또는 어떤 한국인 개인 기부자가 학교를
위해 신명여학교에 건물, 기숙사 또는 다른 전용 건물을 세우
기를 원할 경우, 장로회선교부 법인을 통해 미북장로회 해외선
교부에 말하고, 1년에 1원의 부지 대여료와 재량권을 주어 그
기부금을 사용할 계획을 세운다.

제4항 경북 또는 경안노회 또는 한국인 개인이 학교에 기증한 부지,

214) "Minutes and Reports of the forty-fifth Annual Meeting of the Chosen Mission
of the Presbyterian Church in the U.S.A. 1929(1929.6.21-28)," p.46~51.

건물과 기부금은, 신성한 위탁으로서 관련된 장로회의 합법적 법인에 합법적으로 위탁해, 이사회에서 학교의 이익을 위해 사용해야 한다.

제5항 부지, 건물, 기부금을 사용하는 이사회가 그것의 변경을 원할 경우, 우선 원래 기부자의 동의를 얻어야 한다.

제6항 학교의 합병 동안에 모든 학교 기부금은 한국선교부 유지재단 (Land Holding Corporation of the Chosen Mission)에 위탁하되, 기부금으로부터의 이윤은 학교 이사회로 넘겨 법인의 규정과 연합해 학교 비용으로 사용해야 한다.

제4장 이사회

제1항 이사회는 10명으로 조직하며 다음과 같다. 대구 선교지부에서 2명의 남자와 2명의 여자, 안동 선교지부에서 1명, 경북노회 2명, 경안노회 1명, 경북노회 부인전도회 1명, 동창회 1명이다. 멤버들은 이사회가 지명하고, 각각의 기관에서 대표자를 선출한다. 교장은 이사회에서 대구 선교지부 또는 평북노회(경북노회의 오기인듯-필자)를 대표한다. 교장을 제외하고, 이사회에서 봉급을 받는 사람은 이사가 될 자격이 없다. 이사회 정족수는 6명이며, 각 노회와 미북장로회 한국선교부에서 각각 3명씩 참석해야 한다.

제2항 이사의 임기는 2년이다. 선교지부 이사는 9월, 노회 이사는 6월, 동창회와 장로 이사는 봄 모임에서 선출한다. 이 규정에 따라 새로운 이사를 선출하지 못한 경우에는 2년 임기 지나서 후계자를 선택할 때까지 업무를 봐야 한다.

제3항 이사회는 경북과 경안노회, 대구와 안동 선교지부의 대리자로 완전한 재정적 지원과 학교 활동의 감독에 대한 최종 결정권과 책임을 진다. 목적과 학교의 원칙, 정책, 학칙과 규칙, 교수방법과 교사진 등은 정관에 연합해 결정한다. 현재 교장은 선교부가 선출하고, 이사회는 교장을 통해 학교를 감독한다. 매년 이사회 정기 모임에서 교장으로부터 수입, 지출 보고와 학교의 계획을 보고받아 심의하고, 이사회에서 승인한다. 학교의 모든 재산, 건물, 장비는 정관에 따라 이사회의 감독 아래 있다. 봄, 겨울 노회 모임 때, 이사회는 재정, 교사, 학생에 대한 보고를 경북, 경안노회와 대구와 안동 선교지부에 보고한다.

제4항 이사회는 의장, 부의장, 총무, 회계원을 각 1명으로 조직한다.

학교 교장은 가부 동수이거나, 그런 일은 없었지만 해외선교부와 노회들이 적대적이어서 대표할 수 없을 때를 제외하고는, 이사회 모임에서 투표권이 없다. 한국 장로교회의 명령 규정은 권위가 있고, 모든 회의록은 기록되어야 한다. 재정, 교사, 감사와 특별 위원회가 필요하다면 둘 수 있다.

제8장 개정

　　제1항 이 정관의 개정은 노회, 미북장로회 해외선교부 또는 이사회 어느 쪽에서도 제안할 수 있다. 그러나 경북과 경안 노회와 한국 선교부 재단을 통한 미북장로회 해외선교부 양쪽의 합법적 승인 없이 개정될 수 없다.

선교부가 학교 운영비의 반 이상을 오랫동안 지원해 왔으므로, 설립자와 교장은 선교부에서 임명하기로 하였다. 학교 부지와 건물, 장비는 모두 미북장로회선교부 소유지만, 이사회가 감독·관리하며 1년에 1원의 부지 대여료를 내기로 했다. 이사회는 학교에 대한 재정적 지원과 감독에 대한 최종 결정권과 책임을 지고, 교장을 통해 학교를 감독했다. 이사회는 재정, 교사, 학생에 대한 보고를 경북·경안노회와 대구·안동 선교지부에 보고해야 하며, 이사회는 어떤 목적으로도 재산을 담보로 돈을 빌려 사용할 권한이 없었다. 이사진은 대구 선교지부 4인(남자 2, 여자 교장 포함 2인), 안동 선교지부 1인, 경북노회 3인(남자 2, 여자 1), 경안노회 1인, 동창회 1인 등 모두 10명으로 구성되었다. 만일 다른 한 곳이 연합에서 손을 떼더라도, 선교부, 경북노회, 경안노회 중 한 곳이 학교를 온전히 감독하고 재정적 책임을 지기 원할 경우에는 정관의 목적에 따라 학교 경영을 계속할 수 있게 하였다.

이상에서 살펴본 것처럼 미북장로회선교부가 관할하는 미션스쿨들은 거의 학교 이사회에 한국인이 참여하였다. 따라서 미북장로회선교부 단독으로 학교를 경영했다기보다는 한국인의 공동 경영이었다고 봐야 한다. 1910년대에는 평양의 숭실학교만이 선교부와 한국인의 공동 경영이었다. 그러다 1920년대 중반 각 학교에서 지정학교 승격문제가 대두되면서 지정학교에 갖춰야 할 학교 설비와 유자격 교사들을 유치하기 위해서는 학교 재정 확보가 필수적이었다. 지정학교 승격운동에 학생뿐만 아니라 노회와 동창회, 지역사회 등 각계의 한국인들이 관심을 갖고 참여하게 되자, 선교부는 한국인들에게 학교 재정을 지원해달라고 요구하였다. 선교부가 한국교회 총회에 정식으로 학교 지원과 감독에 대한 협조를 제안하였다.[215] 이로 인해 각 지역의 노회가 학교 경영에 협력하여 공동으로 학교를 경영하게 되었고 학교 이사회에 한국인들이 이사진으로 참여하게 되었다. 한국인이 포함된 각 학교의 이사진 구성은 다음과 같다.

〈표 21〉 각 학교 이사진 구성[216]

지역	학교명	연도	이사수	이사진 구성	임기
평양	숭실학교	1912	10	재단이사회-장로교 3인, 감리교 3인(이하 평양)/다른 선교부 소속 각1인/ 타지역 선교사	2년
			10	협동재단이사회-한국인 장로교 5인, 감리교 5인	
		1916	7	평양 선교지부 4인, 한국인 3인이 동등한 권리	
	숭의여학교	1925	13	평양 선교지부 6인(이중 2인은 여성), 이전 평남노회 구성한 세 노회(평양·안주·평서노회) 각1인, 평양시교회연합회 1인, 동창회 1인, 평양부 유치원업무와 숭의여학교 관계자 1인, 교장	1년
서울	경신학교	1923	10	서울 선교지부 4인, 경기노회 2인, 동창회 2인, 교직원 2인	
	정신여학교	1929	10	서울 선교지부 3인, 경기노회 3인, 동창회 3인, 교장	3년

215) "Minutes and Reports of the 39th Annual Meeting of the Chosen Mission of the Presbyterian Church in the U.S.A. 1923(1923.6.24-7.2)," p.69.

선천	신성·보성	1928	14	선천 선교지부 3인, 평북노회 3인, 의산노회 3인, 동창회 각1인, 선교부실행위원회 1인, 교장 각1인	3년
	신성학교	1934	12	선천 선교지부 3인, 평북노회 2인, 용천노회 2인, 의산노회 2인, 동창회 1인, 선교부실행위원회 의장 또는 한국선교부 선택 1인, 교장	
	보성여학교	1921	8	선천 선교지부와 선천합동회의(도당회)에서 설립자 각1인, 선천 선교지부 4인, 교장	
		1934	12	선천 선교지부 3인, 평북노회 2인, 용천노회 2인, 의산노회 2인, 동창회 1인, 설립자 또는 한국선교부 선택 1인, 교장	
대구	계성학교	1921	6	대구 선교지부 4인, 경북노회 2인	2년
		1924	8	대구 선교지부 4인, 경북노회 4인	
	신명여학교	1929	10	대구 선교지부 남2인, 여2인, 안동 선교지부 1인, 경북노회 2인, 경안노회 1인, 경북노회 부인전도회 1인, 동창회 1인	

　미션스쿨 이사진은 대체로 각 지역 선교지부에서 가장 많은 이사를 파견하고 있다. 그러나 지역 노회에서 파견하는 이사 수도 비슷하거나 오히려 더 많기도 하고, 동창회에서 이사진에 참여하는 경우도 많았다. 이처럼 각 학교에 한국인이 이사로 참여하게 되면서 선교부와 공동으로 학교 운영과 감독을 하게 된 것이다.

　북장로회선교부 관할 미션스쿨에 한국 노회와 동창회, 지역사회 등에서 이사진으로 참여하였다는 사실은, 뒤에 신사참배 문제로 선교부가 교육사업에서 철수하면서 학교 인계 문제가 대두되었을 때 한국인들이 이사회 정관을 들어 한국인의 학교 운영을 관철시키는 데까지 연결된다. 일제 말 신사참배 거부로 선교부가 교육사업에서 철수하게 되었을 때 각 학교의 교직원들과 학생들, 동창회에서 우선 한국인에게 인계해 주기를

---

216) "Minutes and Reports of the Annual Meeting of the Chosen Mission of the Presbyterian Church in the U.S.A." 중에서 해당 연도 정관 참조.

요구하였다. 그러나 교직원, 학생들은 학교 운영 및 재정에 관해서 결정할 수 있는 권한도 능력도 없었다. 이에 반해 학교 인계에 대한 책임을 가지고 인계 요구의 중심에 선 곳은 각 지역의 노회였다. 지금까지 미북장로회선교부 단독으로 학교 운영을 하고 있었다고 알려진 8개 미션스쿨들이 이미 오래 전부터 학교 이사회에 각 지역 노회들이 이사로 참여해 학교 운영 및 재정을 책임지고 있었기 때문이다.

다만 한국인들이 미션스쿨의 이사로서 학교 운영에 참여하였지만, 미션스쿨에 대한 재정 보조금의 차이 등으로 인해 의사 결정권자는 선교사였을 것이라는 점은 부인할 수 없는 사실이다. 따라서 미션스쿨에 관여한 주요 인물들의 개인기록들을 상세히 살펴본다면 미션스쿨에서 한국인들과 선교사들간의 협력과 갈등이라는 미시적 권력의 문제를 드러낼 수 있을 것으로 본다.

제2부
교육사업 철수와 학교 인계

일제는 1930년대 들어 미션스쿨에도 신사참배를 강요했다. 이는 사립 학교 통제와 더불어 기독교 학교에 대한 천황제 이데올로기 주입을 위한 것이었다. 미션스쿨에 대한 신사참배 강요로 북장로회선교부를 비롯한 타교파 선교부들은 교육사업 철수를 결정하게 된다.

1935년 봄부터 총독부에서 미션스쿨에 대해 신사참배를 강요할 것이라는 소식이 들리자, 북장로회선교부는 그해 7월 연례회의에서 신사참배 문제를 주요 안건으로 올려 논의했다. 총독부 학무국과 교섭 책임을 맡은 실행위원회의 솔타우(T. Stanley Soltau, 蘇悅道), 로즈(Harry A. Rhodes, 盧解理), 홀드크로프트(James G. Holdcroft, 許大展) 3인은 신사참배에 대한 강경한 입장을 가진 자들로 선교부 내 다수파의 의견을 대변했다. 이들은 와타나베[渡邊豊日子] 학무국장과의 면담에서 예식 중에 경례는 하지 않고 마치고 고개만 숙이기로 타협했다.[1] 그러나 9월 총독부가 전면적인 신사참배 강요 정책을 결정하였고, 11~12월 신사참배를 거부한 평양 학교의 교장들이 1936년 초에 파면당하는 일이 일어났다. 이때 숭실학교장 매큔은 신사참배 반대 이유를 네 가지로 들었다. 첫째 신도의식이 명백한 종교적 중요성을 포함하고 있고, 둘째 많은 이들이 신사에서 영령에 대한 제사가 이루어지고 있다고 알고 있으며, 셋째 기독교인들에게 조상숭배는 하나님께 죄를 짓는 것이며, 넷째 성경에서도 금하고 있다는 것이다.[2] 매큔의 이러한 주장은 대부분의 평양지역 선교사들의 의견을

---

1) 안종철, 『미국 선교사와 한미관계, 1931-1948』, 61~63쪽.
2) "평안남도 지사에게 보낸 맥큔의 편지," 1936년 1월 18일, 이만열 엮음, 『신사참배문제 영문 자료집 II : 미국 북장로회 해외선교부 문서 편』, 한국기독교역사연

대변하는 것이었다. 신사참배 문제는 곧 교육선교 철수의 문제로 확대되었다.

북장로회선교부는 1936년 6월 선교부 연례회의에서 '교육철수 권고안'을 결의하고 제반 문제들을 선교부 실행위원회에 일임하였다. 권고안은 다음과 같다.

> 1. 우리의 미션스쿨을 유지하고 미션스쿨의 완전한 목적과 이상을 보존하기에 어려움이 증가하고 있음을 인정한다. 우리는 선교부가 세속적 교육의 장에서 물러날 것을 승인하기를 권고한다. 적절한 방식으로 이렇게 하기 위해서는 시간이 좀 필요하다. 그것은 또한 장래 학교 경영과 학교 재산의 사용 또는 처분의 요구를 포함한다. 이것을 위해서는 정부 직원과의 긴밀한 협조가 필요하다.
> 2. 우리는 선교부가 시기나 방법 등 모든 세부사항에 대해서 실행위원회에 일임하기를 권고한다.
>   (1) 위원회와 관련된 모든 선교지부가 서로 협의할 것.
>   (2) 의무를 수행하는 위원회는 그 결정을 선교부에 보고할 것. 만일 15일 안에 어떤 선교지부에서도 반대가 없으면 실행위원회의 결의가 확정된다. 어떤 선교지부에서든지 반대가 있을 때에는 선교부에 보고하여 선교부 연례모임에서 결정하든지 실행위원회가 필요하다고 소집한 임시총회에서 필요하다면 투표할 것.
>   (3) 해외선교부에 보고해야 할 모든 내용은 선교부 지침서에 따른다.[3]

이 권고안은 미국 해외선교부에 보고되어 9월 21일 해외선교부 총회에서 선교부의 결정이 그 상황에서 내린 유일한 해결책임을 믿는다고 하며 승인하였다.[4] 이후 세부사항의 (2)항이 "만일 15일 안에 현장에서 위원들이 투표하여 20%가 서명한 반대가 있으면, 실행위원회 의장은 선교부에

구소, 2004, 45~49쪽 ; 안종철, 「윤산온의 교육선교 활동과 신사참배문제」『한국기독교와 역사』 23호, 한국기독교역사학회, 2005년 9월, 88쪽 재인용.

3) "Minutes and Reports of the fifty-Second Annual Meeting of the Chosen Mission of the Presbyterian Church in the U.S.A.(1936.6.25-7.2)," p.18.

4) "Board Action of September 21, 1936," 이만열 엮음, 『신사참배문제 영문 자료집 II-미국 북장로회 해외선교부 문서 편』, 517쪽.

재투표를 하여 투표 다수결로 위원회의 방침을 확정한다. 그런 반대가 없으면 위원회 방침을 따른다"로 변경되었다.[5] 각 선교지부에서 반대가 있자 이를 20% 즉 1/5 이상이 되어야 재투표하는 것으로 조정한 것이다. 이 결정이 알려지자 선교사들 사이에서 학교를 폐교하자는 측과 존속하자는 측으로 의견이 나뉘어졌다. 대체로 평양지역 선교사들은 학교를 폐교하자는 입장이었다. 선교부 실행위원장 솔타우 목사는 학교를 유지한다는 것은 기독교 원칙에 대한 무가치한 타협이 전제가 되는 것이므로, 이 상황에서 학교 폐쇄 말고는 다른 대안이 없다고 보았다. 이에 반해 서울과 대구지역의 교육선교사들은 학교 폐쇄 문제에 대한 심사숙고를 요구하며 실행위원회의 방침에 항의했다. 그들은 신사에 가서 머리를 숙이는 의식을 순수한 애국심이라는 총독부의 약속을 용인할 수 있다고 생각했고 그렇게 해서라도 학교를 유지하는 것이 옳다는 입장에 서 있었다.[6]

북장로회선교부가 교육사업에서 철수한다는 소식이 알려지자 평양의 숭실학교와 숭의여학교를 한국인에게 인계해 달라는 요구가 빗발쳤다. 선교부는 1937년 6월 연례회의에서 교육사업 철수 이후 학교 인계 문제를 논의하였다. 회의 초반에는 한국인에게 인계하는 것으로 논의가 되다가, 폐교하자는 입장이 더 우세하여 결국 서울 경신학교, 대구 계성학교와 신명여학교는 1938년 3월까지 철수하되, 1937년 12월 20일까지 적당한 인계방법이 있다면 각 선교지부의 연구조사와 미국 해외선교부의 승인을 거쳐 인계한다는 결의가 성립되었다.[7] 한국인들은 지금까지 오랜 기간 동안

---

5) "Minutes and Reports of the fifty-Fourth Annual Meeting of the Chosen Mission of the Presbyterian Church in the U.S.A.(1938.6.23-30)," p.48.

6) "Board Action of September 21, 1936" 내용 가운데 솔타우가 보낸 8월 19일 편지 ; "Confidential Report of the Board's Second Commission to Chosen regarding the Educational Situation in Chosen relative to the Shrine Problem by Charles T. Leber and J. L. Dodds, April 12, 1937," 『신사참배문제 영문 자료집 II-미국 북장로회 해외선교부 문서 편』, 225~239쪽.

7) 「조선일보」 1937년 7월 3일자 "廢校를 前提한 暗流-北長老宣教會總會 表裏兩面

공헌해 온 교육기관에 대해 인계라는 호의를 베풀지 않고 무자비하게 문을 닫겠다는 선교부의 태도와 평양 학교들의 신입생 모집조차 허락하지 않고 학교 사업을 거의 정지시키고 있는 점 등을 비판하였다.[8]

교육사업 철수 문제로 세인의 주목이 집중된 가운데 7월 3일 홀드크로프트, 7월 5일 선교사 30여명이 한꺼번에 안식년이라고 하여 귀국하였다. 이 중에는 안식년이 아닌 선교사도 포함되어 있었다.[9] 1937년 10월에는 선교부 실행위원장 로즈 명의로 "조선북장로교 선교학교 문제에 관하여"라는 장문의 성명서를 발표하였다.[10] 이 성명서는 북장로회선교부가 1936년 회의에서는 학교의 매도나 인계에 대한 결정을 내리지 않았는데, 1937년 최종적으로 어떤 학교도 매도하거나 인계하지 않겠다고 결정했다고 발표했다. 따라서 해외선교부에서 철저히 조사하고 심사숙고하여 내린 결정이므로 한국의 교회와 교인들의 이해를 바란다고 했다. 그리고 평양의 학교들은 정식으로 폐교 신청을 할 것이며, 대구 계성학교와 신명여학교, 서울 경신학교에서 1939년 3월 철수하기로 한 방침을 재확인했다.

1938년 4월 북장로회선교부 실행위원회를 열고 100여 명의 선교사에게 폐교 문제에 대한 서면투표를 하였다. 투표 결과 재산 양도에 대한 재고 없이 학교를 폐교하고 귀국하자는 측이 62:33으로 다수였다.[11] 평

記(1)" ; 「조선일보」 1937년 7월 4일자 "暗中謀策·決議飜覆-北長老宣教會總會 表裏兩面記(2)" ; "Minutes and Reports of the fifty-Third Annual Meeting of the Chosen Mission of the Presbyterian Church in the U.S.A.(1937.6.24-7.1)," p.54.

8) 「조선일보」 1937년 7월 5일자 "引退는 形式뿐인가-北長老宣教會總會 表裏兩面記(3)" ; 「조선일보」 1937년 7월 6일자 "制動機될 引繼條件-北長老宣教會總會 表裏兩面記(4)" ; 「조선일보」 1937년 7월 7일자 "圓滿引繼는 疑問?-北長老宣教會總會 表裏兩面記(5)." 앞의 기사를 포함하여 총 5회에 걸쳐 북장로회선교부의 인계과정에 대한 양면성을 지적하고 비판하였다.

9) 「조선일보」 1937년 7월 5일자 "宣教師團 卅餘名 五日同車로 歸國-名目은 安息年이라고 하나 學校事業 引退 此際에 注目處"

10) 「동아일보」 1937년 10월 31일자 "大邱兩校와 儆新校 三年後 引退키로 決定-傳道本部에서 決定하기까지의 經緯, 魯宣教會委員長의 聲明書"

양의 세 학교가 1938년 3월 말로 폐교하게 되자 북장로회선교부 선교방
침의 변화는 필연적인 것이었다. 숭실전문학교의 교사에 신학교를 이전
확장하여 선교사업에 집중하는 동시에, 남녀고등성경학교도 대규모로
확장하여 세 학교의 폐교로 인한 상처를 치료하자는 의견이 나왔다. 그
러나 앞으로는 선교사업이든 병원사업이든 북장로회선교부의 모든 사업
이 난관에 봉착하리라는 것은 분명하였다.12)

　　1938년 5월 열린 미국 북장로회 총회에서 "총회는, 한국에서 신도 의
식으로 인한 세속적 교육에서 선교부가 철수하는 것과 관련한 해외선교
부 방침을 승인한다"고 하며, 한국에서의 모든 교육사업에서 일제히 철
수하기로 했다고 정식으로 발표했다. 해외선교부 방침은 아래와 같다.

　　　　일본은 국가신도에 복종하는 세속적 교육을 학교에 강요하였다. 우리 해외
　　　선교부는 1936년 9월 21일과 1938년 5월 16일에, 신도의식으로 곤란하게
　　　했기 때문에 선교부가 세속교육에서 철수하기로 하는 한국선교부의 방침을
　　　따른다. 우리는 확실한 교육기관을 통해 봉사할 기회를 잃게 되었고, 많은
　　　개인 기독교인들과 교회 지도자들이 손해를 보게 되었으므로 한국교회와 한
　　　국선교부에 깊은 동정을 표현한다. 우리는 일부 정부 관리들의 인내와 동정
　　　적 자세에 감사를 표현한다. 그리고 우리는 일본 정부의 정책이 한국에서
　　　기독교 기관들에 좀더 호의적 자세를 보여주는 방법으로 변경하기를 진심으
　　　로 바란다.13)

　　'세속적(secular)'이라는 말을 사용한 총회의 보고는 해외선교부에 의

11) 「동아일보」 1938년 5월 6일자 "北長老系 學校經營 62-33으로 撤收決議" ; 김승
　　태, 「1930년대 기독교계 학교의 신사참배 거부 문제와 선교부의 대응」, 180쪽 재
　　인용 ; "Board Action of May 16, 1938,"『신사참배문제 영문 자료집 II-미국 북장
　　로회 해외선교부 문서 편』, 525쪽.
12) 「조선일보」 1938년 3월 7일자 "崇實三校 撤門과 北長老教 事業難-神學校 擴充과
　　高等聖經學校 移轉計劃도. 當今時勢로는 樂觀을 不許"
13) "Board Action of June 13, 1938,"『신사참배문제 영문 자료집 II-미국 북장로회
　　해외선교부 문서 편』, 525～526쪽.

해 일반적인 학교교육을 의미한다고 해석되었다. 이로써 만 3년간 끌어오던 북장로회의 교육철수 문제가 최종적인 결정을 얻게 되었다. 그동안 교육철수 문제에 대해 미국 해외선교부는 한국에 나와있는 선교사들의 의향과는 관점을 달리해왔지만, 미북 북장로회 총회에서는 학교 폐쇄파인 매큔, 마펫, 솔타우 등 강경파의 활동으로 이런 결의가 나온 것으로 추측되었다.[14] 따라서 6월 23일부터 평양에서 열릴 한국선교부 연례회의에서 이 문제에 관해 더 토의할 여지가 없게 되었다. 이제 남은 문제는 학교 재산처리였다.

6월 평양에서 한국선교부 연례회의가 열렸다. 실행위원회는 교육철수에 관해 총회에 제안해 토의하지 않고 가부를 결정하기로 했다. 그 내용은 아래와 같다.

一. 연희전문과 세브란스의학전문은 감리교측과의 협동이사회의 경영인 관계상 북장로회는 명년 3월까지를 한도로 하고 선교회측의 교직원을 학교와 이사회에 파견치 않는다.
一. 경신학교 문제에 대해서는 이번 봄에 한국인 이사를 한명 더 증가하여 학교처리문제가 선교회측의 의사만으로는 어쩔 수 없이 되었는데 이러한 중대한 처리를 서울의 지방선교회에서 독단으로 한 것은 실책이 있다고 실행위원회와 총회준비회에서 말썽이 있었다. 그리고 금년 4월부터는 한국인 이사 최태영씨가 실제에 있어서도 경영을 하고 있은즉 선교회로서는 명년 봄부터 신입생을 모집치 않고 인퇴를 하려고 했지만은 사실에 있어 가능치 못하므로 선교회로서는 종래의 보조금 연 7천원을 금년 봄부터 중지한다.
一. 그 외의 대구의 계성 신명과 선천의 신성 보성학교, 서울의 정신학교는 모두 금년 7월부터 앞으로 1년만은 종래의 보조예산을 계상한다.
一. 그 중 정신여학교에 대해서만은 1936년 총회때의 원칙적 결정방침에 의해 1940년 봄부터 폐교한다.[15]

---

14) 「조선일보」 1938년 6월 4일자 "現地强硬派의 主張이 總會의 空氣를 誘導?"
15) 「조선일보」 1938년 6월 26일자 "實行委員會 決議案 24時間以內 票決-直系學校는 引退, 延專,世專과는 絶緣. 徹新學校는 經營에서 引退"

실행위원회에서 이미 폐교된 평양 학교들 외에 선교부 경영 6개 학교
도 1939년 4월 폐교, 서울 연희전문학교와 세브란스의학전문학교에서
북장로회 교직원 철수와 보조금 중지 등의 결의안을 제출한 것이다.16)
이제 중요한 논의의 요점은 학교 기지와 건물 등의 재산처리 문제였다.
여러 차례의 토의를 거쳤지만 쉽게 결정나지 않았다.17) '학교의 폐교 비
용 일체를 학교 소재지의 선교부 재산을 팔아 처리한다'는 안을 상정하
고 토론했는데, 연희전문학교 교장 언더우드와 경신학교장 쿤스는 '학교
를 명의만이라고 양도할 때에 그 재산을 팔아서 폐교비용에 충당한다면
학교재산으로 남을 것이 없을 터이니 학교를 한국인에게 넘겨준다는 호
의는 어디 있을 것이냐? 이것은 학교를 그대로 폐교시키겠다는 것밖에
아무 것도 아니다'라고 강경하게 반대하였다. 그러나 결국 폐교할 때까
지의 1년 동안 쓸 경상비와 학교폐지 경비는 학교 소재지의 선교부 재산
을 팔아서 경비에 충당하는 것18)으로 결정되었다. 연례회의에서 결의된
세부 내용은 아래와 같다.

(1) 연희전문학교에서 철수할 것
(2) 세브란스연합의학전문학교에서 철수할 것
(3) 선교부 철수 이후 기관에서 이사진이나 교사로 참여함을 금지함
(4) 서울 선교지부가 경신학교에서 두 명의 한국인 설립자 임명함을 승인한
    것을 비판함-해외선교부와 선교부를 이간시키고 실행위원회를 밀어내고
    학교와 학교 재산을 통제하려는 것. 선교부 실행위원회 의장 Rhodes 박사

---

16) 「조선일보」 1938년 6월 25일자 "北長老宣教會系 六中等校 明春 廢校-實行委員會
    에서 總會에 提案, 延專·世專에서도 引退," "風前燈火格의 北長老系諸校-適任引
    繼者 잇건업건 引退를 廢校로 斷行? 延專,世專은 監理敎와 合同이라 擅斷不能. 儆
    新校도 設立者中 朝鮮人 增加로 別問題"
17) 「조선일보」 1938년 6월 29일자 "注目되는 財産處理-朝鮮人側에 引繼할 것인가?
    應한다면 어떤 程度로 할까? 北長老敎實行委員會서 繼續討議"
18) 「조선일보」 1938년 7월 1일자 "廢校時까지 經常費는 學校財産파라 處理-學校廢
    止經費는 밋슌財團을 放賣充當, 今日 北長老 밋슌總會서 決議"

는 경신학교 문제에서 서울 선교지부 위원들의 남용을 참을 수 없음.

(5) 5월 16일 해외선교부 방침에 따라 학교 비용의 승인을 중지하고, 각 선교 지부에서 책임지고 학교 재산을 팔아 학교 부채를 지불하기로 함.

(6) 실행위원회의 거부에도 불구하고, 서울 경신학교 재산은 두 명의 한국인 설립자 임명으로 한국인 이사들에게 넘어감.

(7) 선천 학교 재산은 해외선교부의 요구로 장로회의 투표를 통해 양도됨.

(8) 실행위원회가 서울과 선천의 두 학교의 재산 처분에 대한 전권을 가짐. 대구와 선천의 학교 설립자에 한국인이나 다른 이들을 추가하지 말 것[19]

앞으로 학교 재산 처리 문제에서 실행위원회가 더욱 힘을 받게 되었다. 실행위원회는 서울 선교지부가 경신학교에서 두 명의 설립자를 증원하도록 허락한 것과, 한국선교부와 해외선교부 사이를 가로막고 학교 재산을 통제하려 한 것에 대해 매우 비판했다. 그리고 선교부 철수 이후 선교사들이 학교에서 이사나 교사로 더 이상 참여함을 금지했다. 그러나 대구 학교들에서는 선교사들이 교장에서 물러난 후 계속 복음전도자로 학교에 남아 있었다. 실행위원회에서 이를 정식으로 문제삼고 교장을 호출하는 등 강경하게 반대했지만, 해외선교부에서는 이를 용인하였다. 또한 재산 처리 문제에서도 실행위원회는 매뉴얼에 따라 결정해야 한다는 입장이었고, 해외선교부는 지역적 형평에 따라 다르게 처리해야 한다고 결정하였다.[20] 결국 이러한 몇 가지 문제로 인해 한국선교부와 해외선교부 사이에 첨예한 대립이 일어났다.

1938년 9월 조선예수교장로회 제27회 총회에서 신사참배를 만장일치로 가결하고 신사에 참배하자, 선교사들은 각 노회에서 탈퇴하였다.[21]

---

19) "Present Conditions in Korea by Herbert E. Blair, July 30, 1938" 내용 가운데 "Annual Meeting of the Chosen Mission(June 20 to 29, 1938-Pyungyang)," 『신사참배문제 영문 자료집 II-미국 북장로회 해외선교부 문서 편』, 372쪽.

20) "Board Action September 19, 1938," 『신사참배문제 영문 자료집 II-미국 북장로회 해외선교부 문서 편』, 527~529쪽.

21) 「조선일보」 1938년 9월 12일자 "教育引退에서 宗教引退로! 教理解釋의 相剋으로

선교사들은 '신사참배는 교회헌법에도 위반되고 신경(信經)에도 위반되어 결국 하나님의 뜻에 위반되는 것이니 선교회로서는 끝까지 반대한다'라고 항의서를 제출했다.22) 이때 연희전문학교 교장이며 정신여학교 설립자인 언더우드는 신사참배는 종교신앙상 문제될 것이 없다는 의견을 피력하였다.23) 장로교단도 총회의 신사참배 결의 이후 교단 차원에서 일제의 정책에 협조하는 입장에 서게 되었다.24)

1939년 6월 선교부 연례회의에서 서울 경신학교, 선천 신성학교와 보성여학교에 대해 학교 부지와 건물을 한국인과 한국의 노회에 인계하기로 최종 결정하였다. 연례모임 이전에 실행위원회에서 해외선교부로 올려 승인받았고, 한국인 및 한국 노회와 최종 계약을 맺었음을 연례회의에서 보고하였다.25) 1940년 10월 미북장로회 해외선교부가 신사참배와 교육철수 문제에 대한 공식 입장을 발표했다.

> 해외선교본부는 계속적으로 세속 정부들에 충성하고 정치적인 일에 본부의 일부나 그 요원들이 간섭하지 않는 정책을 취하고 있고, 다른 기독교 기관들 특히 조선 교회를 위한 표준에 결코 양심에 거리낌이 없지만, 조선에 있는 기관들에게 공식적인 신사에 참배하도록 강요하는 조치에 대해서 오랫동안 기도 중에 고려한 후에 그 같은 참배는 다른 신들과 영혼들을 상징적으로 인정

宣教師側, 絶緣必至 長老教總會의 神社參拜 決議波紋 注目되는 今後의 動向"; 「조선일보」 1938년 10월 7일자 "平壤宣教師 四氏 老會脫退願 提出-宣教引退의 前兆로 觀測"; 「조선일보」 1938년 10월 9일자 "老會와 宣教師 袂別 各地에 順次 波及-平壤老會에서 車義理氏도 마자 脫退, 引退決意의 端的表現"; 「조선일보」 1938년 12월 2일자 "宣教師團 不參으로 老會에 支障莫大"

22) 「조선일보」 1938년 9월 14일자 "神社參拜 決議反對 書面으로 正式 抗議"
23) 「조선일보」 1938년 9월 12일자 "元氏, 宣教會와 袂別? 延專固守의 態度明確 貞信 運命에도 影響至大"
24) 김승태, 「일제 말기 한국기독교계의 변질·개편과 부일협력」『한국기독교와 역사』 24호, 한국기독교역사학회, 2006년 3월 참조.
25) "Minutes and Reports of the fifty-Fifth Annual Meeting of the Chosen Mission of the Presbyterian Church in the U.S.A.(1939.6.22-29)," p.45~54.

하는 것을 내포하고 있다는 선교본부의 확신을 다시 한번 확인한다. 선교본부는 기독교 신앙 이해에 충실하여, 1938년 9월 19일에 취한 조치('선교사는 어떠한 환경에서라도 신사 의식들에 참여할 권한이 없다')를 다시 확인하면서, 거기에 참여한 대표들을 인정할 수 없다.[26)

이 성명서에서는 그동안 미국에 있는 선교본부와 한국에 있는 선교부 사이에 신사참배 및 교육사업 철수에 대해 다른 입장과 의견들이 존재했음을 인정하였다. 또한 일제 당국의 통제를 받는 선교부의 입장을 이해하면서, 신사참배는 어떤 경우라도 해서는 안되는 일임을 확실히 하였다.

이와 때를 같이 하여 서울 주재 미국총영사 마쉬(O. Gaylord Marsh)가 한국에서 미국인들의 철수를 권고하였고, 영국총영사 핍스(G. H. Phipps)도 일본과 만주 지역에 거하는 영국인들에게 철수하도록 하였다. 이는 감리교, 호주장로회, 캐나다연합교회 선교사들에게도 영향을 미쳤다. 대부분의 미 선교사들은 1940년 11월 16일 귀국하였다. 1941년 상황이 더욱 악화되자, 남아있던 선교사들은 9월에 거의 귀국했다. 끝까지 한국을 떠나지 않았던 언더우드, 쿤스 등은 태평양전쟁 발발 직후 외교관들과 함께 적성국 국민이 되어 구금 또는 억류되어 모든 재산을 박탈당하고 1942년 6월 1일 전쟁포로 교환 방식으로 한국을 떠났다.[27)

26) 김승태, 『한말·일제강점기 선교사 연구』, 한국기독교역사연구소, 2006, 355쪽. "부록 6".
27) 김승태, 「1930·40년대 일제의 선교사에 대한 정책과 선교사의 철수·송환」, 『한말·일제강점기 선교사 연구』, 228~239쪽 ; 안종철, 『미국 선교사와 한미관계, 1931-1948』, 178~188쪽.

제3장
평양지역 학교 인계 논의와 폐교

일제의 신사참배 강요에 대해 평양 숭실학교와 숭의여학교 교장들이 거부하게 되자 일제는 학교장을 파면하였고, 이것이 북장로회선교부가 한국의 교육사업에서 철수하게 되는 시발점이 되었다. 북장로회선교부의 교육 철수가 기정사실화되자, 평양 학교의 학생, 교사, 동창회 뿐만 아니라, 평양의 교계 인사들과 지역 유지들이 학교 인계를 위해 노력하였다. 그러나 인계 방법을 둘러싸고 한국인들 간에 의견이 나뉘어지고, 선교부 역시 학교를 매도하거나 인계하지 않겠다는 결정을 내렸다. 결국 평양의 두 학교는 1938년 3월 폐교되었다.

1. 신사참배 거부와 학교장 파면

1931년 만주를 침략한 일제는 그 다음해 9월 '만주사변 1주년 기념일'에 전몰자 위령제를 거행하였다. 평안남도 지사는 평양에 있는 공사립학교에 대해 위령제에 참배할 것을 공식적으로 통지하였다. 그러나 숭실전문학교 등 기독교계 학교들은 참석하지 않았다. 평안남도 당국은 이 일이 다른 학교들에 사상적으로 좋지 못한 영향을 미칠 것이라 하여 참가하지 않은 학교에 일일이 시말서를 받기로 했다. 또한 이 사실을 총독부 학무국에 보고하는 한편, 도경찰부에 연락해 교장과 교직원의 사상을 감시하게 했다. 숭실전문학교에 대해서는 상당한 제재와 경우에 따라서 폐교 처분 혹은 책임자 국외 방출 등 강경한 태도까지 고려하였다. 상황이 심각해지자 기독교계 인사들이 총독부를 방문해 양해를 구했다.[28] 이때까지만 해도 서방 국가들과의 관계가 악화되지 않았기 때문에 교장 파면이나 폐교 처분 등의 강력한 조처를 취하지는 않았다.

신사참배 문제를 둘러싸고 총독부와 미션스쿨 사이에 심각한 대립이 일어나는 것은 1935년 초부터 시작된 조선총독부의 '정신교화' '심전개발' 운동이 강화되면서부터이다. 1935년 11월 평안남도 야스타케[安武直夫][29] 지사가 학교 교장들을 평양신사에 참배하도록 했으나 숭실학교 교장 매큔(G. S. McCune, 尹山溫)과 숭의여학교 정익성(鄭益成-스누크 교장대리 대신 참석), 순안 의명학교 교장 리(H. M. Lee, 李希滿)가 거부하였다. 12월 4일에도 일왕 아들 명명봉축제[親王殿下御命名奉祝祭] 때 평양신사 참배를 요구받았다. 그러나 평양지역 미션스쿨 교장들이 신사참배를 거부하자 평안남도 당국은 폐교 처분을 경고하며 매우 강경한 태도를 보였다. 총독부 학무국에서는 "신궁(神宮) 혹은 신사(神社) 참배는 국민으로서 조종(祖宗)에 대한 숭경(崇敬)의 염(念)에서 나오는 것으로 하등 종교적 구속을 받는 일이 아니라"고 하며 신사참배는 종교가 아님을 강조했다. 이에 평양 선교지부에서는 회의를 개최하고, 신사참배가 옳으냐 아니냐 의견이 분분했으나 결정을 내리지 못하고 뉴욕 해외선

---

28) 「중앙일보」 1932년 11월 13일자 "戰歿者慰靈祭에 平壤 十一校 不參加로 學務關係當局에서 問題되어 始末書 써오라 命令" ; 「중앙일보」 1932년 11월 13일자 "'愼重考慮中' 林學務局長談"

29) 야스타케 타다오(安武直夫)는 도쿄대 독법과를 졸업하고, 1920년대 초 조선총독부 사무관, 1932년 대만총독부 문교국장을 역임하고, 1935년 1월 한국에 와 평안남도 도지사를 맡았다. 阿部勳 편, 『朝鮮功勞者銘鑑』, 民衆社, 1935, 44쪽 ; 김 승태, 『일제의 식민지 종교정책과 한국 기독교계의 대응, 1931-1945』, 한국학중앙연구원 한국학대학원 박사학위논문, 2006, 43~44쪽 재인용.

교부에 알리고 동시에 미북장로회 스피어 총무의 내한을 요청했다.[30] 결국 12월 4일 총독부 학무국 관할인 숭실전문학교는 교내에서 봉축식을 거행했고, 평안남도 학무과 관할의 남녀중등학교와 소학교들은 각각 독자적 태도를 취했다. 평양신사에서 출발하는 학생 기행렬(旗行列)에 숭덕, 숭현 등이 신사를 향해 절했는데 숭의여학교는 절하지 않았고, 숭실학교는 동쪽을 향해서는 절했으나 신사를 향해서는 절하지 않았다.[31]

신사참배가 처음 문제시되었을 때 장로교, 감리교, 안식교 등이 경영하는 각 학교가 전부 참배를 거부했으나, 감리교 학교장들은 감리교 본부의 명령에 따라 추후에 참배하게 되었다.[32] 신사참배에 대한 입장은 총독부와 장로교측의 입장이 첨예하게 대립했다. 총독부 측은 국가적 의식이니 종교신자라도 모두 참배해야 하며, 거부하는 교육자는 자리에서 물러나야 한다는 강경한 입장이었다. 장로교 측과 선교사들은 '아무리 국가적 의식이라고 해도 명칭부터가 '신사(神社)', '강신(降神)' '승신(昇神)' 등의 용어가 있어 종교적 행위가 분명하므로 참배할 수 없다. 차라리 교육을 희생할지언정 교리를 배반할 수는 없다'는 견해가 다수였다. 한국인 장로, 목사들도 선교사들 못지않게 태도가 완강해, 12월 4일 일부러 자녀를 결석시킨 경우도 있었다. 당국자 일부에서는 '이는 장로교 측의 거부가 아니고 오직 서양인 선교사의 문제이니 노회, 총회도 열 필요가 없는 것이요 교장 독자의 의견에 맡기면 선교사는 그만두고 대신 조선 사람이 들어서면 그만'[33]이라고 하며 문제를 단순히 보는 경향이

---

30) 「매일신보」 1935년 11월 27일자 "神社不參拜 問題에 當局態度 頗强硬" "朝鮮內 基督敎系學校 神社參拜 問題重大化-各地宣敎師聯合會에서 米國本部에 呼訴!"

31) 「조선중앙일보」 1935년 12월 6일자 "御命名式 當日의 神社不參拜로 問題-平壤의 崇義 崇實 兩校에서, 平南當局 態度 硬化"

32) 「조선일보」 1935년 11월 26일자 "監理敎側은 結局 垂首服從-長老, 安息 兩派가 問題"

33) 「조선중앙일보」 1935년 12월 9일자 "神社參拜에 對한 雙方의 見解는 如此"

있었다. 그러나 문제는 결코 간단하지 않았다.

숭실전문학교와 숭실학교, 숭의여학교 3교 교장들과 학생들의 신사참배 여부를 서면으로 회답하도록 요구한 데 대해, 북장로회 한국선교부 실행위원들이 야스타케 평남지사를 방문해 교장의 신사 불참배 문제에 대한 답변 제출을 1936년 9월까지 연기해달라는 요구를 하고 우가키 총독에게 진정서를 제출했다.[34] 진정서의 내용은 기독교인의 양심이 허락하는 한 기꺼이 국가적 행사에 협조할 것이지만, 신들이 국가신사에서 예배되는 문제는 심각하게 생각해봐야 할 문제이며, 미국의 해외선교부와 한국 장로교회에서 이 문제를 다루어야 한다고 하였다. 따라서 최종 결정을 내릴 수 있도록 시간을 달라는 것이었다. 이 의견은 받아들여지지 않았고, 이후 선교사들의 여러 차례의 면담 요청도 거절당했다. 종교적 신앙심을 식민통치에 이용하는 '심전개발운동'을 강화시키고 있는 당시 상황에서 더 이상 미션스쿨들을 신사참배에서 제외하거나 선교사들의 의견을 들어줄 리 없었다.

평양의 매큔과 마펫이 서울에 올라와 신사참배 문제를 협의하였다. 이어서 서울의 홀드크로프트와 로즈, 매큔, 린튼 등 선교사들이 와타나베[渡邊] 학무국장을 방문하고 신사참배에 대해 양해를 구했으나 단순한 의견교환 정도에 그치고 말았다. 학무국장은 앞으로는 학교 경영과 교회 경영을 구분해 생각해야 한다고 하였다. 어떤 학교든지 신사참배가 필요할 때에는 반드시 참배를 하여야 하며, 종교와 교육은 다르니 종교의 선포는 자유이지만 종교 때문에 교육정책을 고칠 수 없다고 매우 강경한 입장을 표명하였다. 또한 일본에서는 문제도 안 되고 한국에서도 감리교, 가톨릭 뿐만 아니라 장로교 일부에서도 신사참배에 따르고 있는데 단지 장로교와 안식교에서만 따르지 않는다는 것은 이해할 수 없으

---

34) 실행위원들이 우가키 총독에게 보낸 1935년 11월 25일자 진정서 ; 김승태 편역, 『일제강점기 종교정책사 자료집』, 193~194쪽.

니, 방침에 따르지 않으면 적당한 처분을 내릴 수밖에 없다고 하였다.[35]

평양지역 학교들의 신사 불참배 문제가 신문에 보도되자, 조선예수교 장로회 평양노회 간부들은 12월 8일 일요예배 때 신사참배 문제를 협의하였고, 12월 13일 장대현교회에서 임시노회를 개최하기로 하였다. 그러나 경찰은 신사참배 거부를 결의한다는 사실을 정탐하고 노회장을 소환해 집회의 금지를 명령했다. 그리고 각 노회원들에게 집회 금지를 알리고 당일 노회를 향해 출발하는 자들을 저지하였다. 경찰의 금지로 모임을 못하게 되자 '종교집회 금지'라는 처분에 대한 반감까지 생겼다. 이들은 앞으로는 참배 뿐만 아니라 학교 안에 신단을 설치하는 문제, 신사참배에서 합장하는 의식들까지 뒤이을 것이라고 걱정하였다.[36]

야스타케 지사는 12월 20일 동계휴가 전까지 숭실학교 매큔[37] 교장과 숭의여학교 스왈른 교장을 불러 최후의 태도를 듣고자 했지만, 매큔 교장은 신병으로 참석하지 않았다.[38] 그 다음해 1월 18일 숭실전문과

---

35) 「조선일보」 1935년 12월 10일자 "神社參拜問題 去益多難-學務局長과 五巨頭會談 結果 遂決裂, 雙方이 持論을 强硬히 固執, 今日 宣敎師代表會見" ; 「매일신보」 1935년 12월 10일자 "各地宣敎師 巨頭 學務當局과 懇談-問題解決의 曙光보다도 旣定方針을 傳達而已" ; 「기독신보」 1935년 12월 11일자 "神社參拜는 不可避-宗敎宣布와 敎育政策은 別個問題라고" ; 「매일신보」 1935년 12월 13일자 "長老敎만 不參拜 地方的으로 處理-다른종파들도 모다 따른다. 神社參拜와 渡邊局長談" ; 「매일신보」 1935년 12월 15일자 "『宗敎上 禮拜아니요 愛國心과 忠誠表現』-이 점을 료해치 못하는 점이다. 神社參拜問題와 渡邊學務局長談"

36) 「조선중앙일보」 1935년 12월 9일자 "神社參拜에 對한 雙方의 見解는 如此" ; 「매일신보」 1935년 12월 11일자 "神社參拜問題 十三日討議는 禁止-『학교안에 관한 일을 밧게서 宣敎師 討議는 不可』"

37) 매큔은 1909년부터 1921년까지 신성학교 교장으로 있었는데, 3·1운동 당시 학생들과 시위 참가자들을 집에 숨겨주었고, 1920년 방한한 미국 의원단에 진정서를 전달하고, 선천경찰서에 폭탄 투척한 박치의의 영결기도를 해주는 등 일련의 반일활동으로 1921년 한국을 떠났다. 1928년 다시 내한하여 숭실학교와 숭실전문학교 교장이 되었다. 안종철, 「윤산온의 교육선교 활동과 신사참배문제」 『한국기독교와 역사』 23호, 2005년 9월, 79~83쪽.

38) 「조선중앙일보」 1935년 12월 18일자 "神社參拜問題 解決期 臨迫-道知事도 登廳

숭실학교 교장 매큔은 마펫과 같이 야스타케 지사에게 신사에 참배할 수 없다고 답변했다. 평안남도 당국은 매큔의 숭실전문과 숭실학교장 인가를 취소하고 교장직에서 파면하였다.[39) 야스타케 지사의 성명 내용이다.

> 평양에서 일부 기독교계 학교의 신사불참배는 진실로 유감의 일이다. 그리고 안식교의 의명학교는 학교장 자신으로서 참배는 물론 학교직원 및 생도로 하여금 참배시키겠다는 회답이 왔으나 북장로파의 숭실학교장은 지금까지 당국이 신사와 종교 및 교육의 관계에 대하여 내무부장의 담으로 발표한 취지에 의해 누누간절히 설시를 했음에 불구하고 의연히 국정을 이해치 못하고 함부로 종교적 편견을 고집하여 신사참배에 불긍하므로 학교장으로서 재직하는 것은 학교교육상 용인하기 어려운 까닭에 부득이 학교장의 인가를 취소하기에 이르렀다. 이것은 심히 유감이나 숭실학교장 맥큔 씨는 숭실전문학교 교장인 동시에 이와같은 학교교육상 교육자로서 부적당하다고 인정하므로 숭실전문학교 교장도 동시에 파면할 필요를 인정하였다. 총독부에 대하여 이미 그 수속을 밟아놓았다.
>
> 위의 학교 설립자는 교육의 중요함에 신중 고려해서 적당한 학교장을 속히 선정하여 신민을 수용하는 교육기관의 기능을 충분히 발휘시키어 자제의 교육에 지장이 생기지 않도록 선처하기를 희망한다. 학교의 직원 및 생도에 대해서도 이때에 당국의 의를 체하여 더욱더 그 본무에 정려하고 함부로 세상 유언에 혹해 경거망동하여 그 장래를 그르치는 것과 같은 일이 없도록 충분 자숙하도록 하고 학부형들도 그 자제를 선도하는 동시에 교학진흥에 일층 협력하기를 희망하는 바이다.[40)

하야 不遠中 尹山溫氏 會見”; 「조선중앙일보」 1935년 12월 22일자 “回答期限안에 尹校長 回答不能-身病으로 入壤못하여, 神社參拜問題 續報”

39) 「동아일보」 1936년 1월 19일자 “學校側 ‘不參拜’ 表明 最後의 交涉은 決裂-學務當局의 態度도 强硬, 崇專 崇實校長 認可를 取消”; 「매일신보」 1936년 1월 20일자 “崇實學校 設立者에 後任校長 詮衡慫慂-罷免시킨 尹山溫氏 대신으로 平壤神社問題 後報”; 「기독신보」 1936년 1월 22일자 “當局과 最後會談에 尹校長 參拜拒絶-尹氏의 崇中, 崇專 兩校長職을 當局은 卽時로 罷免”; 매큔이 평남지사에게 쓴 1936년 1월 18일자 서신을 보면, 그는 이미 12월 20일 숭실학교 이사회에 사퇴서를 제출했지만 이사회에서 받아들이지 않았음을 알 수 있다. 김승태 편역, 『일제강점기 종교정책사 자료집, 기독교편 1910-1945』, 205~206쪽.

40) 「동아일보」 1936년 1월 19일자 “安武知事 聲明”

안식교에서 운영하는 학교는 신사에 참배하겠다는 회답이 왔는데 유
독 숭실학교장이 종교적 편견을 고집하고 있어 학교장의 자격이 없으므
로 부득이 파면하게 되었다는 것이다. 사립학교 교장이 부적당하다고 인
정될 때 이의 해직을 명하고 인가를 취소할 수 있다고 규정한 「사립학교
규칙」에 의해 학교장을 파면한 것이다. 또한 이를 통해 앞으로 다른 미션
스쿨에 신사참배 거부가 더 이상 파급되지 않도록 초강수를 둔 것이다.
숭실학교장 매큔의 교장직은 즉시 파면하였으나, 숭실전문학교장의 임면
권은 도지사가 아니라 총독부에 있으므로 학무국에서 20일부로 숭실전
문학교장 매큔을 파면하였다. 매큔 교장이 파면되자 숭실학교 학생들이
이에 항거하여 시위를 벌였다. 평남경찰부와 평양경찰서에서 급히 봉쇄
하였으나, 수백명의 학생들은 강당에 모여 교가를 부르며 농성하였다.[41]

교장이 파면당하자 양교 설립자인 마펫이 대리사무를 보았으나, 평남
도당국에서는 마펫이 파면당한 매큔과 같은 태도를 가진 사람이므로 후
임 교장을 빨리 선정하라고 재촉했다. 숭의여학교에도 마찬가지로 교장
대리를 선정하도록 했다.[42] 숭의여학교는 스왈른(Olivett R. Swallen) 교
장이 안식년으로 귀국하였으므로, 설립자 스누크(Velma L. Snook)가 교
장사무 대행을 하고 있었다. 교장대리 스누크 역시 참배를 거부하였다.
교장이 부재중이므로 사무대행자 취소를 당분간 보류할 것이라는 추측
도 있었으나, 결국 교장대리 스누크를 파면하였다.[43] 스누크는 1월 22일

41) 「朝鮮每日新聞」 1936년 1월 22일자 "숭실학교생, 동맹휴교인가, 신사불참배문제
   로 돌연 시위운동에" ; 김승태, 『일제의 식민지 종교정책과 한국기독교계의 대응,
   1931-1945』, 56쪽 재인용.
42) 「조선일보」 1936년 1월 29일자 "崇專, 崇中, 崇義 三校 後任校長 問題多端-代理
   校長도 前校長과 갓다고 當局 迅速選定을 督促爲計"
43) 「동아일보」 1936년 1월 21일자 "崇專校長職도 昨日 正式으로 罷免, 崇義女學校
   長도 不日罷免, 不參拜問題와 其後" ; 「매일신보」 1936년 1월 20일자 "崇義女學
   校는 校長不在中-설립자가 교장대리로 잇는데 不參拜表明 問題化" ; 「매일신보」
   1936년 1월 23일자 "평양 숭의여학교에도 교장대리에 파면선언-신사불참배를 고

부로 평남 도당국으로부터 교장대리 취소 통고문을 받았다. 그는 71세로 선교사로서 정년이 되었으므로 가을에 귀국할 예정이었다.[44]

숭실학교 교수 모우리(E. M. Mowry, 牟義理)를 숭실전문학교와 숭실학교 교장사무대행으로 세우고자 했으나, 당국에서는 단지 사무대행이라 해도 참배를 하는 사람이어야 한다고 하며, 마펫에게 압력을 넣어 한국인 교장을 임명하라고 했다.[45] 마펫, 베어드와 총독부가 절충한 결과, 숭실전문학교 교장은 미국인, 부교장 한국인, 숭실중학교 교장 한국인, 명예교장 미국인으로 하기로 하였다. 서울 선교지부와 최고위원들도 찬성했으며, 숭실 이사회에서도 이를 승낙하였다.[46]

2월 25일 숭실전문학교 블레어(William N. Blair), 엥겔(George O. Engel), 마펫(S. A. Moffett), 숭실학교 번하이슬(Charles F. Bernheisel), 로버츠(Stacy L. Roberts), 해밀턴(Floyd E. Hamilton), 모우리 이사가 모여 교장 문제를 토의하였다. 제의된 내용을 승인하고, 번하이슬, 로버츠, 해밀턴, 모우리, 블레어 등 5명을 위원으로 선정하여 이들에게 위임하였다. 26일 다시 40명의 선교사가 모여 토의하고, 25일 이사회 결정안을 찬성했다. 교장 후임선정을 책임진 5명의 위원은 숭실전문교장 모우리, 부교장 이훈구, 숭실학교장 정두현(鄭斗鉉)[47], 명예교장 모우리를 내정했

집한다고. 평남당국 태도준엄"

44) 「동아일보」 1936년 2월 23일자 "平壤 崇義女校 校長代理 取消-道에선 代理申請하라 慫慂, 卒業期 앞두고 걱정"；「동아일보」 1936년 2월 1일자 "女子敎育 爲해 全生涯 犧牲-숭의여고 선우리양의 送別兼慰勞會 盛況"

45) 「조선중앙일보」 1936년 2월 19일자 "崇實校長 問題 아직도 未解決! 當局은 速히 解決하라고 學校當局에 督促"；E. M. Mowry, "Annual Report of the Presbyterian Boy's Academy, Pyengyang, 1935-6" *Presbyterian Church in the U.S.A. Board of Foreign Missions Korea Mission Reports 1911-1954* 제8권, p.512.

46) 「동아일보」 1936년 2월 26일자 "崇實問題 解決에 崇專校長에는 米國人, 崇中에는 朝鮮人 校長으로-昨夕, 緊急理事會 開催." 미국인이 명예교장으로 되어 있지만, 선교부는 한국인을 명예상의 교장이라고 지칭했다. E. M. Mowry, "Annual Report of the Presbyterian Boy's Academy, Pyengyang, 1935-6", p.512.

다. 총독부에서 이 의견을 받아들여 3월 6일 취임인가 통지서가 전달되
었다.48)

신사참배 문제로 숭실학교의 교장이 바뀌고, 교사 대부분은 경찰서로
불려가 신사에 참배하도록 강요당했다. 교사의 권위는 떨어지고 학생들
은 매우 혼란스러웠다. 이후 교사진은 분열되었고 기존의 많은 교사들이
사임하고 새로 온 교사들은 한 학기를 넘기기 어려웠다. 학생 수도 많이
감소되었다. 1935년에는 502명이 등록했지만, 1936년엔 지원자 510명
가운데 110명만 뽑을 수 있었다. 모우리 명예교장은 선교부 보고에서 당
시 상황을 매우 절망적으로 보고했다.49)

한편 숭의여학교 교장에는 오랫동안 봉직해 온 버그만(Anna L. Bergman,
富玉萬)이 선임될 것으로 알려졌지만, 3월 12일 동교에서 14년간 재직
한 학감 김승섭(金承涉)이 교장사무취급자로 인가되었다. 5월 중순 스왈
른 교장이 돌아올 때까지 교장사무취급을 하기로 하였다. 미뤄진 졸업식
은 17일로 결정되었다. 스누크는 9월에 미국으로 떠났고, 숭의여학교 학
생들은 10월에 강제로 신사를 참배하였다.50)

---

47) 정두현(鄭斗鉉)은 일본 홋카이도[北海道]제국대학을 졸업하고 숭인학교 교장을
   거쳐, 1931년부터 숭실전문학교 생물학 교수로 재직하고 있었다.

48) 「동아일보」 1936년 2월 27일자 "崇專校長 內定코 馬布博士 또上京-校長 牟氏 副
   校長 李動求氏 理事會에서 大體贊成";「동아일보」 1936년 3월 2일자 "崇實問題
   落着-朝鮮人 副校長 두기로 되어, 設立者 當局間 覺書交換";「동아일보」 1936년
   3월 7일자 "崇實의 後任校長 牟博士로 正式認可-副校長 李動求氏, 崇中 鄭斗鉉氏
   今日, 平南學務課에서"

49) 1935-36년 사임한 교사들은 김덕삼(Kim Tuk Sam), 정재호(Chung Chai Ho), 박봉
   조(Pak Pong Cho), 강영환(Kang Yung Whan), 강봉우(Kang Pong Oo), 이두해(Lee
   Too Hai), 김응한(Kim Eung Han)이며, 새로 온 교사는 정익성(Chung Ik Sung),
   정진기(Chung Chin Ki), 강진구(Kang Chin Koo), 박태훈(Pak Tai Hoon) 등이다.
   E. M. Mowry, "Annual Report of the Presbyterian Boy's Academy, Pyengyang,
   1935-6" "Soong Sil Academy, 1937" *Presbyterian Church in the U.S.A. Board of
   Foreign Missions Korea Mission Reports 1911-1954* 제8권, p.512·614.

50) 「동아일보」 1936년 3월 13일자 "崇義女學校長代理 金承涉氏로 認可-卒業期日도

2. '3숭(三崇)' 학교 인계 논의

3숭(三崇)[51]의 학교장들이 파면당하자 학생들과 교직원들은 학교마저 문을 닫을지도 모른다고 불안해했다. 신사참배 문제만 놓고 볼 때는 평양 교계 인사들과 학생들이 선교사들과 같은 입장에 있었지만, 학교 폐교 혹은 인계 문제에 있어서는 평양지역 선교사들과 생각과 입장을 달리 할 수밖에 없었다.

평양 숭실학교의 신사불참배 문제에 대해 학교 경영자 측과 교수단 측이 입장을 달리하였다. 1936년 2월 18일 열린 숭실전문학교 교수회에서 다음과 같은 결의를 하여 학교 경영자 측에 전달하였다.

> ◇ 決議 : 我等은 과거 사십년간의 광휘있는 역사를 가진 평양숭실전문학교의 건전한 유지를 위하여 결실한 해결책을 강구한 결과 좌기와 같은 원칙적 규정을 일치결의함
> 1. 아등은 평양숭실전문학교와 끝까지 운명을 같이 함
> 1. 아등은 여하한 방법에 의하여서나 조선교육령에 의한 숭실전문학교의 영구존속을 절대로 期함
> 1. 학교경영자측에서 문제를 해결치 못하는 경우에는 아등은 동교의 경영권을 조선인 측에 양도하기를 요구함.[52]

19일 숭실전문학교 학생들이 학생대회를 열고 교수단 측과 동일한 내용의 결의를 하였고, 숭실학교에서도 학생과 교원들이 숭실전문학교와 비슷한 결의를 하였다. 숭실전문학교 교수와 숭실학교 교원단으로부터 설립

決定되어" ; Olivette R. Swallen, "Pyeng Yang Academy for Girls, Report for 1936-1937" *Presbyterian Church in the U.S.A. Board of Foreign Missions Korea Mission Reports 1911-1954* 제8권, p.610.
51) 숭실전문학교, 숭실중학교, 숭의여학교를 '3숭(三崇)'이라고 불렀다.
52) 「기독신보」 1936년 2월 26일자 "崇專, 崇中 經營을 朝鮮人에게 讓渡要求"

자 마펫과 전 교장 매큔에게 학교 장래 문제에 대해 질문서를 제출하고 회답을 요구하였다. 이들은 두 학교를 "성경학교로 경영"할 것이며, "성경 학교에 반대하는 직원과 학생은 아무렇게나 된다 하여도 우린 알 수 없 소"라고 냉정하게 답변했다. 교수단에서는 이것이 두 사람 개인의 의견인 지, 한국선교부 전체의 의견을 대표하는 것인지 알려달라고 했다.53)

이것은 평양지역 선교사들이 대답할 수 있는 간단한 문제가 아니었 다. 학교의 장래 문제에 대한 최종적인 결정은 북장로회선교부 전체 회 의에서 논의하였다. 1936년 6월 연례회의에서 세속교육에서 철수하는 문제를 승인할 것을 요청하는 '교육철수 권고안'이 가결되었고, 이것이 9월 21일 미국 해외선교부 총회에서 승인되었다. 1936년 12월 9일 청주 의 솔타우, 서울 로즈 선교사가 평양에 와 블레어 선교사 집에서 비밀리 에 회합을 가졌다. 다음 해 봄부터 평양 3교 신입생 모집은 중지하되, 현재 재학생을 졸업시키고 폐교할 것인가, 아니면 종래와 같이 계속 선 교부에서 경영할 것인가에 관해 논의했다. 숭실전문과 숭실학교의 모우 리 교장은 40년의 역사를 가진 학교들을 폐교함에 반대했다.54) 그 이튿 날에는 솔타우, 로즈 선교사 외에 평양 비거(John D. Bigger, 白怡居), 클라크(Charles A. Clark, 곽안련) 등 여러 선교사와, 세 학교의 이사 및 실행위원인 숭실학교 교장 정두현, 안주의 고한규(高漢奎) 장로, 평양 김 동원(金東元) 등이 모여 학교 후계 경영문제에 대해 협의했다.55) 한국인 이사들과 졸업생 등은 모두 선교부 측에서 계속 경영해 주기를 바라지 만, 부득이 안 될 경우에는 한국인 유력자들에게 인계해 주기를 요청했

---

53) 「기독신보」 1936년 2월 26일자 "聖經學校로 變更說"
54) 「조선일보」 1936년 12월 11일자 "蘇, 魯 兩牧師 來平 重大한 秘密會議-崇專, 崇中, 崇義의 經營을 中心" ; 「조선일보」 1936년 12월 11일자 "宣敎會에서 손은 떼도 間接으로 經營?-崇專校長 車義理氏談"
55) 「매일신보」 1936년 12월 12일자 "各關係者 極秘會合과 宣敎師만의 密議等-平壤 崇專, 崇實, 崇義 三校의 後繼經營 問題緊張"

다.56) 12일에는 솔타우, 로즈와 고한규, 김동원 뿐만 아니라 조만식, 오
윤선 등 평양 교계 인사들까지 모여 인계 방침에 대해 협의했다. 12월
20일까지 후계 경영자가 결정되지 않으면 다음 해 신입생을 모집하지
않을 것과 폐교수속을 하기로 결의했다는 것이 알려지자, 조급한 폐교신
청에 대해 다시 고려해 달라고 요청했다.57) 12월 초 평양 학교들이 신입
생 모집을 중지한다는 것이 알려지자 한국인 이사들, 졸업생을 비롯하여
평양 교계 인사들까지 계속해서 학교를 한국인에게 인계해주기를 요청
하였다.

야스타케 후임으로 부임한 가미우치[上內] 평남지사는 그동안 선교
사들이 한국의 교육사업에 많은 공헌을 해온 것을 치하하면서, 하루아침
에 세 학교를 폐교할 수도 있다는 사실을 강조하였다.

> 선교사측에서 조선의 교육사업을 위하여 그동안 많은 공헌을 하여 왔다는 것
> 은 자타가 공인하는 바도 실로 감사하기 끝없는 바이다. 그들이 마치 전기 세
> 학교를 자기네의 가장 사랑하는 자식과 같이 알고 과거 40여년동안에 성심성
> 의로 경영해온 것을 일조일석에 폐교의 운명에 빠지게 하리라고는 절대로 믿
> 어지지 않는 바이오 또 최악의 경우를 생각해 폐교하지 않을 수 없게 되는
> 한이 있다 하더라도 학교법규상 현재의 재학생들은 전부 졸업시키지 않고는
> 안되는 것이다. 또 우리 평양과 같이 가장 실력있는 도시 교육사업에 가장 이
> 해를 가지고 있는 도시로서 그 세학교가 폐쇄하지 않을 수 없게 된 딱한 사정
> 을 그저 가만히 앉아있지는 않으리라는 것도 나의 확신하는 바이다. 그리하
> 여 이번 후계경영을 뜻하는 유지들이 나서서 이 문제를 상의하고 있다는 것
> 은 전기 세 학교 장래를 위해 다행한 일로 후계경영문제가 순조롭게 진척되
> 기만 바라는 바이다. 이렇게 후계경영할 경우 그들이 과거 성의껏 노력해온
> 데 대한 사례의 의미 또는 위로의 의미로 몇십만원이라는 돈을 증정한다는

---

56) 「조선일보」 1936년 12월 11일자 "萬一의 境遇에는 引繼經營할 成算잇다-敎會幹
  部 朝鮮人側 某長老談" ; 「조선일보」 1936년 12월 11일자 "最後의 一刻까지 母校
  의 牙城死守-現經營者를 鞭韃援助할 決心. 卒業生有力者 某氏談"

57) 「매일신보」 1936년 12월 14일자 "崇專, 崇實, 崇義 三校 引繼問題 討議繼續-宣敎
  師側과 平壤有志가會合 圓滿解決 希望濃厚"

것은 물론 당연한 일이라고 할 것이나 만약 이것이 절대 불가능한 경우에는 그 학교의 건물과 기지 등을 영년(永年) 대부를 맡아가지고 경영하는 것도 또한가지 방법이라고 하겠다. 이것은 나 개인의 생각이나 당국으로서는 전기 세 학교가 폐교하지 않을 수 없는 절대운명에 빠져있다고 하면 물론 고려하 게 될줄로 안다.58)

선교사들의 학교 폐교를 기정사실화하고 있으며, 그러나 평양 지역민 들이 3교의 폐교를 그저 가만히 앉아서 보고만 있지는 않을 것이라고 하였다. 폐교를 주장하는 선교사들과 학교 유지 또는 인수를 요구하는 한국인들의 의견 차이를 부각시키고 이 사이에서 학무 당국이 중재를 하 고 있음을 강조하였다. 3교의 후계 경영을 위해 선교사들에게 몇 십만 원의 사례금을 주고 인수하거나, 인수가 어렵다면 학교의 건물과 기지 등을 영구적으로 대여하는 방법까지 고려하자고 하였다.

남장로회선교부는 1937년부터 일체 폐교를 단행하기로 결정하였으므 로 신입생은 모집하지 않기로 했다. 북장로회선교부에서는 점진적으로 폐교하되 1937년에는 평양과 대구에만 하되 가능한 적당한 후임자에게 인계시킬 것이며, 그 방침은 다시 평양과 대구 선교지부의 동의를 얻기 로 하였다. 그런데 대구에서는 갑자기 폐교할 수 없다 하여 다시 고려하 기로 하고, 평양 학교들만 봄부터 학생모집을 중지하기로 했다. 후임자 문제는 숭실학교는 현 교장 정두현이, 숭의여학교는 김동원 등이 후계 경영하기로 결정될 것으로 보였다. 그러나 상당한 재원이 필요한 숭실전 문학교의 경우 후계 문제가 결정되지 않으면 모우리 교장은 개인자격으 로라도 경영하겠다고 하였다.59)

---

58) 「매일신보」, 1936년 12월 14일자 "宣敎師側의 功勞는 自他가 共認하는바 설마 폐 교까지는 안되겟지요-上內平南知事談"

59) 「매일신보」, 1936년 12월 16일자 "崇專後繼不如意면 牟校長이 個人經營-崇實은 鄭校長, 崇義는 金東元氏 分擔經營 거의 確定的"; 「조선일보」 1937년 1월 4일자 "나서라! 引繼者여 大崇實을 救하자!-感謝할 宣敎會가 半世紀後 주는 試驗期. 요

선교부에 대한 사례금과 학교의 교사(校舍), 소유 토지 등을 인계하는 문제는 쉽게 결정하지 못하고 있었다. 선교부 실행위원 로즈, 솔타우 등은 평양의 원로 선교사인 블레어와 협의한 후 미국 선교본부에 몇 개의 제안을 만들어 보내고 회신을 기다리기로 했다. 그 내용은 1) 현재의 교사, 운동장, 소유 토지, 제반 설비 등을 그대로 인계, 2) 숭실전문학교 본관, 과학관과 운동장의 일부분(1500평 가량)을 분리시키고 나머지를 인계, 3) 대동군의 숭실전문학교 농장 약 33만평을 분리하고 나머지를 인계한다는 것이다.[60]

한편 1937년 1월 19일 일부 학부형들이 숭실학교 강당에서 학부형회를 개최하고 '1) 같은 북장로파 경영인 서울, 대구, 선천의 학교는 그대로 경영하는데 하필 평양만이 학교경영을 폐지하려 함은 어쩐 일인가. 그대로 경영하도록 미국 북장로파 본부에 청원할 일 2) 만약 전기 청원의 목적을 달성치 못하는 때는 학교경영을 학부형측에 인계하라'는 등의 내용을 의결하였다. 그리고 교섭위원인 김동원 고한규, 숭실학교장 정두현을 불러 교섭내용을 물었다. 이들은 조선일보 사장 방응모가 학교 인수를 위해 70만원 내지 백만원을 제공하기로 했음을 밝혔다. 그러자 그때까지 교섭위원에 반대의사를 갖고 있던 학부형들은 일제히 태도를 바꿨다.[61]

숭실전문학교와 숭실학교, 숭의여학교 인계 경영에 대한 입장이 제각각이었다. 먼저 김동원, 고한규 등 실행위원들은 숭의만 분리 경영하고, 숭전과 숭실은 합동경영하자는 입장이었다. 반면 숭실학교 정두현 교장과 직원들, 학부형 유지들은 숭의와 같이 숭실도 숭전과 합동경영하지

만한 힘은 가진 우리"

60) 「기독신보」 1937년 1월 13일자 "崇專, 崇中, 崇義三校 引繼具體案을 宣敎部에 請訓"
61) 「매일신보」 1937년 1월 21일자 "一部反對 學父兄들도 交涉委員에 合流 학부형회에서 오해가 일소 平壤崇實 引繼經營압길 多幸"

말고 분리경영하자고 주장했다. 숭실학교 정두현 교장은 서울 유지의 70
만원을 전부 숭전에 출자해 설비를 확충하라고 하고, 숭실학교는 현재
10만원 이상을 출자하고 계속 보태겠다는 사람이 있으니 그가 숭실학교
를 전담하게 하는 것이 좋겠다고 했다. 그러나 70만원을 내놓기로 한 방
응모는 합동경영을 조건으로 내세웠고, 숭실학교 출자의사를 밝힌 서울
의 이모(李某)는 1월 24일 평양에 와서 숭실학교 당국자와 학부형 유지
들과 회견한 후 출자의사를 철회하였다.62)

　1937년 봄학기에 3교의 학생모집을 하느냐 안하느냐도 문제가 되었
다. 숭실학교는 독자적으로 학생 모집 수속을 하였으나, 숭전, 숭의 두
학교는 아직 불분명했다. 1월 19일 평양 선교지부 선교사들이 모여 토의
했다. 숭전 교장 모우리, 숭의 교장 스왈른, 평양 외국인학교장 라이너
등은 학생 모집을 주장했지만, 다른 선교사들이 강력히 반대하여 아무
결정도 하지 못했다.63)

　1월 말 숭전 교수회에서 합동, 분리 두가지 안을 토의하고는 분리도
타당하다는 의견이 나왔다. 이에 고한규를 통해 방응모에게 숭전 분리
경영을 교섭하게 하기로 했다. 숭전 학생회에서는 선교사단에서 신입생
모집하지 않을 경우 모집청원운동을 일으키기로 결의했다.64)

　선교부 실행위원장 솔타우가 2월 2일 세 학교 교장(모우리, 정두현,
스왈른)을 불러 폐쇄를 통보하고 신입생 모집을 하지 말라고 했다. 이에
대해 학교 안팎에서 폐교에 반대하고 존속을 결의하는 성명서 등을 발표

---

62) 「매일신보」 1937년 1월 26일자 "平壤三校 後繼經營問題 崇專과 合同引繼說에 崇
　　實側은 强硬反對" ; 「매일신보」 1937년 1월 27일자 "分離, 合同 兩論對立, 後繼經
　　營 前途暗澹-숭실교와 출자측이 모다 강경"
63) 「매일신보」 1937년 1월 31일자 "結局은 募集 ? 一般注目非常 崇專、崇實、崇義
　　三校의 生徒募集 可否討議"
64) 「매일신보」 1937년 2월 1일자 "崇中側 分離經營論에 崇專도 贊同意見-분리경영
　　론에 리유충분타고, 新出資者의 諒解要望"

했다.[65)]

2일 숭실전문학교 학생회가 개최되어, 분리 인계를 주장하는 자들을 비판하는 다음과 같은 결의를 하고 결의문을 관계자들에게 전달했다.

> 결의
> 1. 본대회는 숭전 숭실 숭의등 3개교의 완전한 일체갱생을 기함
> 1. 본대회는 분리인계를 주장하여 3교를 폐지에 직면케 한 인계교섭위원중 배신자의 맹성을 촉함
> 1. 본대회는 李承吉등 일부분자의 사심적 숭실분리운동을 철저히 배격하는 동시에 그 반역운동의 분쇄를 기함
> 1. 본대회는 이 중대한 역사적 시기에 제하여 사리사욕으로 행동하는 자라면 誰某를 막론하고 박멸키로 기함
> 1. 본대회는 3교일치존속인계자의 출현을 절실히 요망함.
> 소화12년 2월 2일
> 숭실전문학교학생대회
> 결의문 전달위원 - 이창권 허중수 이0화 조의황 현옥원 차명선 윤원식 김치선
> 　　　　　　　전준삼 최병상[66)]

또한 평양의 시민들은 '숭전 숭실 숭의 3교 후계경영촉진회'를 조직하기로 하고, 준비위원으로 강병준(姜炳駿), 김영필(金永弼), 노진설(盧

---

65) 「조선일보」 1937년 2월 4일자 "命在頃刻 崇實校에 最後의 食鹽注射-三校一體存續을 目標로 悲壯한 非常會合. 校內 校外로 救命運動 鬱然" "崇中分離의 中止를 鄭校長 斷然拒絶-曹, 吳 兩氏 勸告도 無效"

숭전교수회	3교일체존속에 대한 결의와 동시에 분리파에 대한 맹성을 재촉하는 장문의 성명서 발표
숭전학생대회	삼교일체존속 결의, 수업중지, 문제의 숭중교장 방문하고 분리운동 중지를 간원/교회와 사회유지들을 역방해 학교운명타개책을 강구해달라고 활동
숭실교우회	긴급간사회 개최, 모교 존속운동·통지서를 발함
숭의학교	긴급직원회 개최, 숭전교수회의 결의사항과 같은 결의
조만식, 오윤선	숭중 정두현 교장 방문, 평양 교육계를 위해 의견 바꾸어 세 학교 존속운동 요청

66) 「매일신보」 1937년 2월 4일자 "分離引繼主張 反對의 決議文-崇實專門學生會서"

鎭薛), 정세윤(鄭世胤), 채수현(蔡洙玹) 5명을 선거했다. 이들은 실행위원 김동원, 정두현, 고한규를 비롯해 숭실·숭의 등 후계경영에 관심을 갖고 있는 이춘섭(李春燮) 장로, 이일영(李一永) 목사, 이승길(李承吉) 목사 등을 방문해 의견을 교환했다. 2월 6일 촉진회 결성을 위한 준비회를 개최하기로 했다.[67] 6일에는 평양 유지 60여명이 모여 좌담회를 개최하고, '숭전 숭실 숭의 후계촉성회(後繼促成會)'를 결성, 실행위원 11명을 선정했다. 그 이튿날 김두현, 고한규가 숭실학교장 정두현에게 교섭해 합동하도록 권고했다.[68] 숭실학교 학생 5백여명은 학생회를 열고 정두현 교장의 분리 주장을 절대 지지한다는 결의를 했다.[69]

3교 인수 문제가 평양 사회 초미의 관심사가 되어가자, 블레어 목사는 선교부의 입장과 고충에 대해 "1) 선교부는 학교 폐교보다는 한국인에게 인계하고자 함 2) 각 학교마다 경영위원을 선정해 후계자를 택하게 했으나 세 위원 간에 의견이 일치되지 못해 선교본부에 청원하지 못했음 3) 모든 결정권은 평양 선교지부에 있는 것이 아니라 선교부 실행위원회와 해외선교부에 있음 4) 따라서 폐교수속을 하기 전에 인계청원을 다시 제출하면 해외선교부에서 최종 결정을 할 것"이라고 역설했다.[70]

3교 후계문제가 합동 경영이냐 분리 경영이냐를 놓고 대립되고 있는 중에, 일부에서는 분리 경영도 가능하다는 인식이 점차 퍼져나갔다. 숭전 교수단은 11일 긴급교수회를 소집하고 '각 학교의 개별적 인계의 가능여부'에 대한 선교부의 책임 있는 답변을 구했다. 이에 선교부 실행위

67) 「매일신보」 1937년 2월 4일자 "三校 後繼經營 期成促進會-平壤 市民有志 蹶起"
68) 「매일신보」 1937년 2월 8일자 "緩漫을 不許할 問題라 後繼促成會를 組織-委員十一名 選定, 積極打開 一任, 崇實等의 經過內容"
69) 「매일신보」 1937년 2월 6일자 "崇實五百의 生徒들은 鄭校長 絶對支持 오른손 드러 엄숙히 선서한 것 代表, 校長에게 傳達"
70) 「조선일보」 1937년 2월 10일자 "崇實三校 問題와 邦偉良氏 釋明談-'新學期學生 不募' 手續上 飜覆不能, 朝鮮宣敎會서는 左右權限없다. 廢校는 適當時期에"

원장 솔타우는 3교를 분리 인계할 의사가 전혀 없음을 분명히 했다.[71]

6일 조직된 평양 3교 후계촉진회는 15일 제2회 회의를 하고, 합동경영을 권고하였으나 원만한 결과를 얻지 못했고 또 시민대회를 열어 이 문제를 토의하고자 했으나 경찰이 허가하지 않았다고 보고했다. 그리고 "1. 합동경영을 지지하며 분리경영을 반대한다 1. 분리경영파의 주장으로 말미암아 3교가 폐교하게 되는 경우에는 분리주장과 재단이 전 책임을 지라"는 의견을 성명한 후 2월 15일로 해체하였다.[72]

숭실학교 직원회에서는 분리경영을 지지한다는 성명서를 발표하였다.

  聲明書
  1. 재경성 모씨의 3교합동경영안이라는 것은 해 위원간 통일된 의사가 아니고 김동원씨의 안에 불과한 것을 명언하는 것이다.
  1. 숭전교수단의 성명에 의하면 3교의 갱생은 거의 절망이라고 하나 숭실은 전술한바와 같이 정두현씨의 완전한 경영안이 성립되었고 숭의도 역시 자립의 안이 有하다고 전한다. 그런고로 숭전도 숭중을 자기활로의 방편으로 하지 말고 적극적으로 자교갱생의 선책을 강구하면 반드시 존속의 길을 얻을 수 있다고 믿는다.
  1. '假使숭실을 분리경영이 가능타하여도 숭전의 인계자가 없는 한 3교가 다 같이 폐교될 수밖에 없다'라는 숭전교수단의 성명은 우리로서는 이해키 어려운 바이다. 웨 그러냐 하면 거액을 투자하야 교육사업에 힘쓰려는 재경 모 독지가가 숭실의 분리경영안을 不肯함은 그 진의가 那邊에 있을가 짐작컨대 그 배후에서 술책하는 이의 의사에서 나온 것이 아닐가. 그러치 않다면 평양부내 모 독지가의 거액의 출자에 의한 숭실학교분리경영안을 배척하는 이유가 없을 것이다.
  1. '如斯한 이유로써 숭실의 분리경영은 숭실자체까지 폐교에 이르게 하는 졸책이다'라는 기사는 인식부족에서 나온 것이 아닌가고 생각한다. 擱筆

71) 「조선일보」, 1937년 2월 13일자 "分離引繼 意思는 全無 宣敎會側 明文提示-崇專敎授團의 決議文에 對한 文書回答. 一校分離 經營은 絶對 不可能. 崇實三校問題에 斷案!!. 崇專敎授團의 質問全文"
72) 「조선일보」 1937년 2월 16일자 "'分離派의 固執으로 圓滿한 結果를 不得' 崇實三校 後繼促進會 昨日解體하고 合同經營 支持를 聲明"

함에 당하야 우리는 사회의 공정한 보도기관이 되여야 할 경성 모지의 반
성을 촉하는 동시에 우리의 微衷을 피력하야 감히 강호제위에게 소하는
바이다.

決議文
1. 본교는 학교내용의 충실과 자유로운 향상발전의 만전을 기하이 위하야 단
   독경영을 절대로 주장함
1. 본교는 생도의 풍기상 훈육상 종래의 경험에 감하야 전문학교와의 분리를
   절대로 주장함
소화12년(1937) 2월 5일
숭실학교 직원 일동[73]

처음부터 3교를 합동경영하지 않는다는 전제하에 각기 학교의 후계
자 물색을 해왔다는 것이다. 숭실학교 정두현 교장이 학교 내용의 충실
과 장래 발전을 위해 노력한 것인데, 숭의 측 김동원이 정두현 교장을
모략하여 분규가 발생하게 되었다는 것과, 숭실학교는 분리 경영을 주
장한다고 다시 한번 확실히 밝혔다. 사주인 방응모가 학교 인수에 관여
하고 있었으므로 조선일보는, 선교부 솔타우에게 학교 인계청원서를 제
출할 때에도 정두현 교장이 갑자기 조인을 거절했다는 등 분리경영을
내세우는 정두현 교장 측을 비난하는 기사를 계속해서 게재했다. 이에
대해 숭실학교 직원이나 『평양지광』의 기자는 조선일보의 기사를 비판
하기도 했다.[74]

한국인들은 선교부가 교육사업에서 철수하면 학교를 당연히 한국인
에게 인계할 것이라는 희망을 갖고 있었기 때문에 여러 방면으로 학교를
인계하고자 노력하였다. 그러나 인계 방법에 대해서는 학교 관계자들과
평양 기독교인들 사이에 의견이 첨예하게 대립하였다. 세 학교에 대한

---

73) 「기독신보」 1937년 2월 17일자 "崇中職員團聲明書發表"
74) 牧丹峰, 「全朝鮮社會의 視聽이 總集注된 崇專, 崇實, 崇義 三學校引繼運動의 全
    貌」 『平壤之光』 1937년 12월, 20쪽.

합동 인계와 분리 인계 입장 모두 나름대로 의미를 갖고 있었다. 그러나 선교부의 인계 의지 혹은 인계 방침을 파악하지 못한 채 한국인들이 합동경영파와 분리경영파로 분열되어 상대방의 의견을 비난하는 것으로 일관했다는 것은 비판받아야 한다.

3. 인계자의 출현

북장로회 한국선교부가 1936년 결의한 '교육철수 권고안'이 그해 9월 해외선교부에서 승인을 받고, 이후의 제반 문제들을 한국선교부 실행위원회에 일임했다. 그러자 1937년 2월 선교부 실행위원장 솔타우가 평양 3교 교장들에게 학교를 폐쇄할 것이므로 신입생 모집을 하지 말라고 통보했다.[75] 1936년부터 한국인들은 계속해서 학교 인계를 주장하였고 인계에 대한 몇 가지 방안이 논의되고 있었다.

이러한 가운데 1937년 2월 말 숭실전문학교 양주동 교수와 김택의 교섭으로 한인보와 이춘섭이 각각 70만원과 30만원 출자를 약속하였다.[76] 선교부에 줄 학교 인계 사례금으로 숭의 약 17만원, 숭전 약 6만 5천원, 숭실 약 6만 2천원이 결정되었다. 한인보에게서 70~80만원을 회사받아

---

75) 「조선일보」 1937년 2월 4일자 "命在頃刻 崇實校에 最後의 食鹽注射-三校一體存續을 目標로 悲壯한 非常會合. 校內 校外로 救命運動 鬱然" "崇中分離의 中止를 鄭校長 斷然拒絶-曺,吳 兩氏 勸告도 無效"

76) 「매일신보」 1937년 2월 28일자 "崇專、崇義兩校에 七十萬圓을 擔當, 李春燮氏는 崇實爲해 卅萬圓-百萬圓新財團內譯" ; 「매일신보」 1937년 3월 1일자 "平壤三校 後繼問題 交涉經緯를 發表-한,리양씨가 출자하기까지의 宣敎師側서도 本部에 請訓키로" ; 「기독신보」 1937년 3월 10일자 "北長老派宣敎會 經營各學校 問題-一世의 注目의 焦點인 崇專, 崇實, 崇義 後繼者는 篤志靑年 韓仁輔氏와 德望家인 李春燮 長老"

숭실전문학교와 숭의여학교 사례금 23만원을 쓰고, 나머지로 두 학교 경영을 위해 별개의 재단을 세우기로 했다. 숭의는 교사, 기숙사 기지 전부를 그대로 인수하게 되어 경상비만 필요하지만, 숭전은 적당한 기지를 찾아 나가야 하므로 막대한 경비가 필요했다. 이를 위해 1, 2년간은 현재의 위치에서 학교 경영을 하도록 양해가 성립되었다. 숭실학교는 이춘섭의 30만원으로 경영하기로 하였다.[77]

평양 3교 경영위원인 고한규, 김인준(金仁俊), 권연호(權連浩), 정두현, 김승섭 5명이 라이너(R. O. Reiner) 선교사 집에서 학교경영과 신재단에 관해 토의한 후, 4일 미국 해외선교부에 3교를 신재단에 인계해 달라는 청원서에 조인했다. 이 청원서는 12일 서울에서 열리는 선교부 실행위원회에 제출한 뒤 8곳의 선교지부 회의를 거쳐 미국 해외선교부로 보내고, 그 결과는 4~5월 경에 알 수 있었다. 따라서 신재단 측에서는 선교사측과 도당국의 양해를 얻으면 신입생을 모집하기로 하였다.[78] 청원서 가운데 숭실학교와 숭의여학교에 대한 조약 및 협약 내용은 다음과 같다.

조약(숭의 관계)
1. 귀회에서 별지에 기록한 숭의여학교를 인계인에게 기부하여 주시면 좌기 제항대로 준수하기를 서약함.
   (가) 인계자는 당국으로부터 인계허가를 받기로 함
   (나) 미국본전도국에서 인계허가가 된 다음에는 귀회에서 기부하여주신 재산과 인계인의 출자를 합해 재단법인을 조직함

---

77) 「매일신보」 1937년 3월 2일자 "梁,金兩氏의 談話로써 後繼工作 經過發表" "學校 基礎는 盤石우에-韓氏의 決意鞏固-전재산을 희생할 결심으로써 壯擧에 旋風的 禮讚"；「조선일보」 1937년 3월 5일자 "今春 新入生 募集은 臨時辨法을 適用?-宣教會와 當局의 諒解를 얻어. 萬歲磐石우에선 崇專三校!" "謝禮金도 決定-崇專六萬餘圓 崇義十七萬圓. 調印 맛치고 各關係者談"

78) 「조선일보」 1937년 3월 5일자 "順風마즌 崇實三校. 三校 引繼 請願書에 歷史的 調印 完了-京城 宣教本部를 거쳐 米國 宣教本部로 新學期 學生募集도 運動中"

(다) 숭의인계의 사례금으로 금 17만 1천 592원을 귀회에 지불하되 미국
　　　전도국의 허가가 4월 20일 이전으로 나오면 금 7만 1천 592원은 4
　　　월 20일에, 잔금은 5월 20일에 각 지불하고, 허가가 4월 20일 이후
　　　로 나오면 허가통지를 받는 날 금 7만 1천 592원을, 잔금은 5월 20
　　　일에 지불키로 함
(라) 미국전도국으로부터 인계허가를 받은 날부터 좌기제항을 인계인이
　　　부담키로 함 (1) 학교경영에 관한 비용, 급료 기타 (2) 세금 급 재산
　　　이전비

조약(숭실 관계)
1. 인계자는 당국으로부터 인계허가를 받기로 함
2. 미국전도본부에서 인계허가가 되면 귀회에서 기부한 재산과 인계인의 신
　 출자한 것을 합하야 재단법인인가를 받기로 함
3. 숭실학교 인계 사례금으로 금 6만 2천 706원을 지불하되 미국전도국에서
　 청원서를 수리하였다는 통지가 도착된 후 15일내에 귀회에 납입키로 함
4. 그때부터 학교경영에 관한 경비는 인계인이 부담키로 함

협약
1. 본 전도국에서 인계청원을 수리한 후에는 구 설립자가 사임하고 신 설립
　 자를 당국에 청원하되 선택은 인계자의 임의로 함
2. 신 설립자가 인가되는 때는 현교장과 이사는 사임함
3. 미국전도국 허가와 재단법인 인가가 완료후 좌기 재산을 기부함. 지도와
　 재목에 대한 지상건물과 학교내의 시설전부
4. 재단법인의 인가를 거쳐가지고 선교회의 재산을 인계함
5. 신 설립자가 인가되기 전에는 선교회에서 학교를 관할함
6. 학교를 인계한 후에는 해교는 교육적 입장에서 일반학교와 동일하게 함
7. 본전도국에서 인가가 나올 동안 신입생 모집에 관하야는 선교회의 의견을
　 존중함.79)

　　청원서에서 한인보의 출자금으로 인계하는 숭실전문학교와 숭의여학
교는 선교부 소유 재산을 기부받아 출자금을 합해 재단법인을 조직하되
새로운 설립자는 인계자의 의사대로 할 것, 인계 사례금을 5월까지 지불

---

79)「기독신보」1937년 3월 17일자 "崇專, 崇實, 崇義 三校 後繼請訓 調印完了"

할 것, 숭전 소속의 건물을 1939년 3월 말까지 무임 사용할 것 등을 협약하였다. 이 내용에 대해 고한규, 정두현, 김승섭이 찬의서(贊意書)에 날인했다. 이춘섭도 숭실학교의 인계 사례금으로 6만 2천여 원을 청원서가 승인되는 대로 지급하고, 새로운 설립자가 세워지면 현 교장과 이사는 사임하기로 하였다. 청원서에서 눈에 띄는 내용은 세 학교 모두 인계 후에는 종교학교가 아니라 일반학교로 변경하겠다는 내용이었다. 당시의 상황이 계속 미션스쿨로 유지하기가 어려웠기 때문이다.

북장로회 해외선교부는 중국에 있던 레버(Charles T. Leber)와 도즈(Joseph L. Dodds) 두 총무를 평양으로 보내 교육문제에 대한 권한을 위임했다.[80] 1937년 3월 레버와 도즈가 평양 3교 후계문제를 조사하기 위해 평양을 방문해 3교 관계자들을 만났다. 숭전 모우리 교장과 박치우, 숭실 정두현 교장과 송기업, 숭의 오문환 한인보가 3교의 대표였다. 양주동, 숭전교수회, 숭전YMCA, 숭실직원, 숭의여직원, 숭실교우회에서 3교 인계청원을 속히 실행해 달라는 진정서를 제출했다.[81] 15일에는 두 위원이 참석한 실행위원회가 재령에서 극비리에 열렸다. 실행위원장인 청주 솔타우 외에 서울 로즈, 평양·대구·안동·강계 대표들이 모였다. 중요의제는 숭실 3교 인계청원서를 그대로 한국선교부에서 승낙할 것인지 여부를 결정하는 것이었다.[82] 17일 실행위원회가 끝나고, 18일 실행위원장 솔타우 명의로, 3교 후계문제가 통과되어 청원안을 미국 해외선교부에

---

80) "Board Action February 15, 1937", 이만열 엮음, 『신사참배문제 영문 자료집 II-미국 북장로회 해외선교부 문서 편』, 517쪽.

81) 「매일신보」 1937년 3월 14일자 "平壤三校 後繼請願을 早速實現키를 要望-米國北長老教會 總務兩氏에 三校代表가 陳情書" ; 「기독신보」 1937년 3월 24일자 "米國北長老派 總務에게 崇實三校 引繼早速實現을 要望" ; "Petition, 1937.3.5』 『신사참배 영문자료집 II-미국 북장로회 해외선교부문서 편』, 168~170쪽.

82) 「조선일보」 1937년 3월 16일자 "三校引繼 請願書 承諾與否 討議-十五日 載寧서 리벨,또스兩氏마저. 宣教師實行委員會開催" ; 「기독신보」 1937년 3월 24일자 "載寧서 레버,다드 兩氏와 같이 宣教師實行委員會 開催-引繼承認與否討議"

보내기로 했다는 것을 발표했다.[83] 선교부 실행위원회의 결의문이다.

　결의문
　1. 재평양 3개 학교 이사 대표 명의로 조선인 재단에게 해 학교 등을 인계하
　　여 달라는 청원에 대하여 외지전도국 총무 레버, 또스 양 박사와 협의하여
　　그들의 권고 밑에서 청원에 대한 최후적 결정은 외지전도국에서 행하도록
　　同局에 청원서를 제출키로 하는 동시에 신입생은 모집치 않기로 하되 그
　　결정을 기다리는 동안 학교의 경영은 미슌회에서 주재하기로 함.
　2. 실행위원회는 평양학교의 학생수가 감소함으로 인하여 生할 장래의 재정
　　상 부족을 보충하기 위하여 긴급 임시경비 2만원을 지출하여 주도록 외지
　　전도국에 요청키로 함.[84]

　실행위원회는 1937년 3월 13일자로 긴급 예산 2만원을 요청했고, 해
외선교부는 이를 승인하고 먼저 1만원을 보내기로 했다. 이 기금은 선교
본부의 기금(undesignated legacy)에서 빌려서 조성하고, 뒤에 학교 재산
을 팔아 갚기로 했다.[85] 즉 해외선교부는 이미 이 무렵에 선교부 관할
학교 재산을 팔 계획도 있었다고 볼 수 있다.

　평양의 모든 학교 관계자들은 미국 해외선교부로 청원안을 보내는 것
은 형식적 절차이므로 학교 인계가 곧 허가될 것이 분명하다고 인식했
다. 이렇게 되자 평양의 유지들 중 그동안 학교 인계에 관심을 갖지 않
았던 인사들도 '평양 3교 수계후원회'를 조직하고 적극적 활동을 하기로
하였다.[86]

---

83) 「기독신보」 1937년 3월 31일자 "崇實三校後繼問題를 宣教師會實行部會에서 正式
　通過-委員長蘇氏가 牟校長에게 通達", "崇實三校後繼問題 不遠間 最終的 落着-宣
　教師會의 通過가 事實上 最終決定"
84) 「매일신보」 1937년 3월 20일자 "미슌會實行委員會 決議文 譯文全文"
85) "Chosen Educational Situation, 1937", 『신사참배문제 영문 자료집 II-미국 북장로
　회 해외선교부 문서 편』, 275~276쪽.
86) 「조선일보」 1937년 4월 7일자 "引繼後援會를 組織 最後成功을 促進-平壤各界有
　志들이 團合蹶起. 崇實三校 引繼具現을 應援"

그러나 청원안의 실제 내용은 한국인들에게는 알려지지 않았다. 당시 실행위원회에 참석한 레버와 도즈 두 위원은 회의에서 논의된 상세한 내용을 보고했다. 평양의 학교 철수와 관련되어 논의된 내용은 아래와 같다.

1. 학교를 완전히 폐쇄하고 학교 재산을 다른 선교 목적에 사용한다.
2. 선교부가 교육사업에서 철수한 후 한국인들의 요구처럼 학교와 재산을 한국인에게 인계한다.
3. 선교부가 교육사업에서 철수한 후 학교 재산을 다른 선교 목적으로 남겨두되, 정부가 허락하는 한국인들에게 (선교사를 제외한) 학교 교직원과 학생들을 인계한다.
4. 3안과 같지만, 더하여 선교부가 소유한 재산 중 한국인들이 기부한 두 곳과 일본 정부가 기부한 한 곳을 원래의 기부자에게 돌려준다.[87]

처음엔 평양 선교지부 소속 선교사들이 1안에 동의했지만 다시 의견이 나뉘어졌다. 2안은 평양지역 일부 선교사들과 한국인, 일본 당국의 지지도 받고 있었다. 두 위원은 4안 즉 한국인과 일본 당국에 그들의 원래 소유지를 돌려주고 교사와 학생들만 인계해야 한다는 안을 지지하고 권고했지만, 성급한 결정을 내리지 말아야 한다고 보고했다.[88]

신학기를 앞두고 3교에서는 신입생 모집을 하지 않고 있어 동요하고 있었다. 선교사들은 미국 해외선교부에서 후계청원에 대한 확답이 올 때까지 기다려 신입생을 모집하라고 하였지만, 그때는 신입생 모집이 너무 늦어지게 되는 것이다. 평안남도 당국에서는 이전에 선교사측에서 제출한 학생모집을 하지 않겠다는 정식계출을 반환하는 동시에 각 학

---

87) "Confidential Report of the Board's Second Commission to Chosen regarding the Educational Situation in Chosen relative to the Shrine Problem by Charles T. Leber and J. L. Dodds, April 12, 1937", 『신사참배문제 영문 자료집 II-미국 북장로회 해외선교부 문서 편』, 232~233쪽.
88) 안종철, 『미국 선교사와 한미관계, 1931-1948』, 한국기독교역사연구소, 2010, 122~123쪽.

교 교장들을 불러 학생모집을 종용하였다. 일부 인사들은 이미 후계재
단이 나온 이상 문제가 없는데도 신입생을 모집하지 못하게 하는 선교
사들에 대해 비판하기도 하였다.[89] 4월 17일에는 평양 3교 은인에 대
한 찬하회(讚賀會)를 개최하기도 했다. 취지는 과거 3교를 창건한 선교
사 측과 앞으로 후계경영할 새 경영자(한인보, 이춘섭)에게 감사의 뜻을
표하는 데 있었다.[90]

미국 해외선교부 스피어(Robert E. Speer) 총무는 평남 도지사로부터
평양 3교 양도문제에 대해 즉각적 답변을 요구하는 전보를 받았다. 그러
나 그는 한국의 교육상황에 주목하면서, 레버와 도즈 두 위원이 미국에
와 한국 상황을 보고한 후, 6월에 있는 해외선교부 모임 때까지 학교 문
제에 대한 결정을 연기하기로 했다.[91]

해외선교부의 회신이 계속 늦어지면서 5월 초까지도 신입생 모집 문
제가 해결되지 않자, 각 학교와 단체에서 신입생 모집 문제를 속히 해결
해 달라는 간원서 및 진정서 등을 제출했다. 먼저 3교수계후원회에서 해
외선교부·레버·도즈에게 각각 신입생 모집을 속히 해달라는 전보를 보
냈고, 도당국과 3교 이사회에도 진정서를 제출했다.[92] 4월 30일 김능수
(金能秀), 김영필(金永弼), 박경석(朴經錫), 손수경(孫壽卿), 이기환(李基

---

89) 「기독신보」 1937년 4월 7일자 "平南道當局에서 新入生募集을 慫慂-崇專, 崇實, 崇義 校長을 招致하야"

90) 「매일신보」 1937년 4월 17일자 "崇專, 崇實, 崇義等 三校恩人讚賀會" 찬하회 조직은 회장 박경석, 부회장 이기찬, 위원장 김영필, 부위원장 강병준 외 18위원이 있고, 총무부, 회계부, 설비부, 선전부, 사교부 5부 90여명의 집무원이 있다. 이에 앞서 3월 6일에도 숭전, 숭의 양교 직원과 학생 연합 주최로 한인보 찬하회를 개최하였다. 「조선일보」 1937년 3월 8일자 "平壤三校 更生의 봄"

91) "Board Action April 19, 1937", "Board Action May 4, 1937", "Board Action May 17, 1937", 『신사참배문제 영문 자료집 II-미국 북장로회 해외선교부 문서 편』, 520쪽.

92) 「조선일보」 1937년 5월 3일자 "崇實三校 學生募集을 兩當局에 陳情" ; 「기독신보」 1937년 5월 5일자 "崇專, 崇實, 崇義 新入生 問題로 受繼後援會 活動"

燦) 등 5명의 교섭위원을 도청에 파견해 주영환(朱榮煥) 참여관, 시라이시[白石] 내무부장과 경찰부장이 참석한 가운데 가미우치[上內] 지사에게 3교후계청원은 이미 미국 해외선교부에 전달되어 원만히 수리될 것이니, 신입생 모집을 할 수 있게 해달라는 진정서를 제출했다. 가미우치 지사는 선교사측과 절충하고 있으며, 외국인과 관계되는 것이므로 신중히 진행하고 있다고 답변했다.[93]

1937년 5월 숭실전문학교 교수단은 미국 해외선교부에 진정서를, 숭전 이사장과 숭실학교 직원들이 선교부 실행위원장 솔타우에게 간원서와 진정서를 제출했다.[94] 모두 청원서에 대한 회신이 오지 않아 신입생을 모집하지 못하고 있으므로 속히 신입생을 모집할 수 있도록 해달라는 내용이었다. 5월 17일 선교부 실행위원장 솔타우가 평양에 와서 가미우치 지사와 장시간 3교문제에 대해 논의했다. 이어서 평양3교수계후원회 실행위원(강병준, 김영필, 김필응, 박경석, 채수현), 3교 교직원 대표들을 차례로 만나고 6월 20일 내에 해결하겠다고 밝혔다.[95]

5월 25일 레버와 도즈 두 위원이 뉴욕 본부에 도착했다. 미국북장로회 총회가 열리고 있는데, 두 위원의 실지조사 보고에 학교 인계 여부가 결정될 것으로 기대했다. 그리고 한국선교부 총회도 24일부터 평양에서 개최되었다.[96] 6월 초까지만 해도 해외선교부의 회신은 매우 긍정적일 것으로 기대하고 있었다. 그러나 6월 말이 되자 북장로회 한국선교부 연례회의를 거치면서 비관적인 분위기가 되었다. 이러한 분위기에서 선교부 실행위원장 솔타우는 성명서를 발표했다.

---

93) 「기독신보」 1937년 5월 5일자 "宣敎師側의 好意 잃지않게(平南道當局意見)"
94) 「기독신보」 1937년 5월 19일자 "平壤三校 職員團에서 米國宣敎本部와 宣敎師側에 陳情과 懇願書 發送"
95) 「기독신보」 1937년 5월 26일자 "平壤三校 後繼問題를 六月 二十日까지 解決"
96) 「동아일보」 1937년 6월 3일자 "外地傳道部 委員會 十日頃에 重大會合"

성명서

수일내로 평양서 개최중인 북장로교회 선교총회가 평양3교 인계청원에 대하여 반대되는 결의를 한 것같이 신문기사나 혹은 여러가지 풍설이 유포되고 있음에 관하여 말하고자 한다. 후계청원을 포함한 전체 문제는 이미 수주일 전에 뉴욕외지전도국에 상정되어 본 선교회 손을 떠난 것이다. 고로 이 문제는 본기 선교총회에서나 그 어떠한 위원회에서든지 문제삼은 일도 없었고 토론된 일도 없다. 이에 반대되는 어떠한 풍문이든지 그것은 허설이다.
1937년 6월 26일
선교회실행위원장 소열도[97]

신문기사나 여러 사람들이 평양에서 개최한 선교부 연례회의에서 평양 3교 인계청원에 대해 반대결의를 했다고 하는데, 이 문제는 이미 미국 해외선교부에 상정된 것이므로 자신들의 손을 떠난 것이라고 강조하였다.

한국인들의 평양 학교 인계 요구에 대해 해외선교부는 결정을 미루고, 한국의 교육상황에 대한 신중한 연구를 계속하기로 결정하였다. 그리고 외국분과위원회(Foreign Department Committee)에 특별연구를 하도록 하고, 해외선교부의 다음 모임이 있는 9월에 보고서를 제출하라고 지시했다. 이 내용을 6월 30일자로 한국선교부에 통지했다.[98] 솔타우는 새로이 실행위원장으로 선출된 로즈와 함께 평남지사를 방문해 그 뜻을 전달했다. 이에 숭전과 숭의를 인계하려고 했던 한인보는 선교부 측에서 학교를 인계해줄 성의가 없으므로 더 회답을 기다릴 필요가 없다고 하여 7월 6일 평남 도지사를 방문하고 학교 인계를 포기하겠다고 선언했다.

---

97) 「기독신보」 1937년 6월 30일자 "平壤三校 後繼請願問題로 蘇悅道 宣敎師 重大 聲明"

98) "Board Action June 14, 1937", "Board Action June 30, 1937", 『신사참배문제 영문 자료집 II-미국 북장로회 해외선교부 문서 편』, 521쪽. 외국분과위원회(회장 Dr. Robert McGregor)는 총무를 한국으로 파견하여 현장의 선교사들과 회의와 전보 등을 통해 교섭하였고, 돌아온 후에는 휴가중인 선교사들과 협의하였다.

숭의여학교 동창회는 긴급 대책을 토의하는 중이고, 숭실학교 인계청원
자 이춘섭은 미국본부에서 가부통지가 다시 오기까지 기다리겠다고 하
였다.99)

3교수계후원회에서는 도당국의 태도를 타진하는 동시에 한인보에게
새 학교 설립을 권고했다. 그러나 예정한 70만원으로 새 학교 창설은 불
가능하다는 의견이었고, 이춘섭에게도 학교 창설을 권했으나 이 역시 30
만원은 숭실학교 인계의 최저 금액이지 중등학교의 신규 설립은 도저히
불가능한 액수였다.100) 미국 해외선교부의 회답 내용과 뒤이어 한인보
의 인계 포기 소식은 평양의 학교 관계자들과 일반 사회에 매우 큰 충격
을 주었다. 신문들은 형식적으로는 인계해 줄 것처럼 해 놓고 실제로는
극히 소극적이고 불분명한 태도를 취하고 있는 한국선교부의 태도를 비
판했다. 그리고 한국 교회와 교인들도 선교부와 선교사들의 태도에 대해
맹종하거나 수수방관하고 있다고 비난했다.101) 숭전 교수이며 한인보
재단에 많은 노력을 기울인 양주동은 한인보의 포기는 경솔했으며 앞으
로 새로운 출발이 필요함을 역설했고, 숭의여학교 동창회장 박현숙(朴賢
淑)은 신재단을 물색하고 있다고 했다.102)

한편 가미우치 평남지사가 한인보에게 여러 차례 포기 보류를 권고한
결과, 9월 미국 해외선교부의 결의 때까지 보류하기로 하였다. 또한 한인
보의 재산이 처음 평가되었던 70만원보다 훨씬 적은 4~50만원 정도이
고, 숭의는 최소 30만원, 숭전은 100만원은 필요하므로, 9월 미국에서 인
계승낙의 통지가 와도 자금이 부족하였다. 평남지사는 한인보에게 2교

---

99) 「동아일보」 1937년 7월 7일자 "平壤學校 問題 又 新展開" ; 「조선일보」 1937년
　　7월 7일자 "暗澹, 大崇實은 어데로"
100) 「조선일보」 1937년 7월 7일자 "新規學校 創設을 受繼後援會 勸告"
101) 「조선일보」 1937년 7월 7일자 "圓滿引繼는 疑問?-北長老宣敎會總會表裏兩面記
　　　(5)" ; 「기독신보」 1937년 6월 30일자 "사설-북장노회선교회에 一언을드리노라"
102) 「동아일보」 1937년 7월 8일자 "平壤三崇校 引繼問題 後報-新財團 出現을 希望"

인계경영이 어려우니 1교 인계를 권유했으나 한인보는 그럴 수 없다고
답했다. 숭전 교장 모우리는 2교 인계를 고집하는 것은 이해하기 어려우
니 태도를 명백히 해달라고 요구했다.[103] 이런 가운데 신입생 모집을 하
지 않은 평양의 학교들은 경비 문제로 고통받고 있었다. 숭전에서는 긴
급이사회를 열고 학교재산을 저당잡혀 자금을 빌릴 것을 결의하였고, 숭
실학교와 숭의여학교도 신입생 모집을 하지 못해 경비부족이 심각한 데
다가 미국에서의 보조금이 끊어진 상태에서 2학기 개교를 하였다.[104]

1937년 9월에 개최된 미국 해외선교부의 총회에서는 수십년간 쌓아
온 교육사업을 없애는 일은 애석하다는 계속경영파와, 현지의 모든 정세
가 기독교학교의 정신에 합치하지 않아 더이상 경영할 필요가 없다는 즉
시폐쇄파와, 그 중간인 인계경영을 인정하자는 파와의 사이에 격렬한 논
쟁을 거듭했으나 결론을 얻지 못한 채 회의가 끝나고, 10월 21~22경
열릴 위원회에 재부의하기로 결정했다. 로즈 실행위원장에게 온 전문에
는 다만 폐교 후 학교재산처리 문제에만 국한해 매도하느냐 또는 적당한
인계희망자에게 양도하느냐에 집중되어 있었다. 따라서 10월 회의에서
는 매도론과 양도론만이 의논될 것으로 추측되었다.[105]

개정된 사립학교규칙에서 학교의 폐지는 인가를 얻도록 하여 함부로
학교를 폐지할 수 없게 하였다. 따라서 평양의 학교들에 대해 정식으로
폐교수속을 했을 때 당국이 어떻게 처리할 것인가가 주목되었다. 평양경
찰서장은 평양의 각 학교 직원과 인계 청원자, 동창회 임원 등을 불러

---

103) 「기독신보」 1937년 7월 14일자 "基金不足關係인듯, 結局一校만引繼?" ; 「동아
    일보」 1937년 7월 17일자 "韓氏, 抛棄宣言을 回訓時까지 保留"
104) 「조선일보」 1937년 9월 4일자 "補助金은 全然杜絶 農場을 抵當起債"
105) "Board Action September 20, 1937", 『신사참배문제 영문 자료집 II-미국 북장로
    회 해외선교부 문서 편』, 521쪽 ; 「조선일보」 1937년 9월 28일자 "外地傳道局
    總會經過, 經營, 廢校, 引繼 三派로 激烈한 論戰이 展開" ; 「조선일보」 1937년
    9월 29일자 "賣渡, 讓渡만 表示한 回答電文의 內容"

당국이 적절한 방법을 강구할 것이니 정식 서한이 오기까지 동요하지 말라고 했다.106)

평양의 학교들을 폐교할 것이라는 소식이 들리자 처음 인계문제에 관여했던 조만식, 숭의의 김승섭, 숭전의 우호익(禹浩翊), 숭실의 정두현, 교회 측 채필근(蔡弼近) 등 각계 각층에서는 대체로 인계나 매도가 안된다면 학교 명의만이라도 줄 것을 희망하였다. 선교부에서 이러한 한국인들의 요구조차 거절하지는 않을 것이라고 생각하고, 명의만을 얻는 일에도 학교 교사와 경상비로 숭실, 숭의는 약 50만원, 숭전은 약 백만원 정도가 필요하므로 독지가의 출현을 바라고 있다.107)

그러나 선교부 실행위원장 로즈가 인계후원회장 앞으로 서한을 보내 10월 말 폐교 청원을 낼 것이며 1938년 3월 완전히 폐교할 것이라는 점을 분명히 했다.

조선북장로교선교회 실행위원장 노해리
1. 수일 전에 외지전도국본부로부터 다음과 같은 전보가 도달되었습니다. "어느 학교의 재산이든지 매도하거나 인계치 않기로 함. 특별위원회에서 10월중에 다시 통지하기로 함. 긴급 경비에 대해서는 재정부의 보고를 기다린 후에 다시 전보함"
2. 귀하에게 이 서한을 쓰기 전에 소생이 평양에 와서 도지사 각하와 상의함이 필요할 줄로 알았습니다. 물론 우리는 10월중에 외지전도국 본부에서 여하한 통지를 보낼지 알 수 없는 바입니다. 우리는 전도국본부에서 어느 학교의 재산이든지 매도나 혹은 인계하게 되리라고도 믿을 수 없습니다.
3. 만일 전도국본부에서 매도나 인계를 하지 않을 때에는 조선에 있는 미순회에서는 조선총독에게 평양있는 학교의 폐지청원을 하여 1938년 3월까지 완전 폐교하기로 가결하였습니다. 전도국본부에서 다른 통지가 없을 때에는 우리는 10월 말일경에 폐교청원을 하기로 하였습니다.

---

106) 「동아일보」 1937년 10월 1일자 "高尾學務課長 平壤에 急行-認可規則 適用이 注目" "學校關係者 招致 動搖없기를 警告"
107) 「동아일보」 1937년 10월 2일자 "殞命直前의 平壤三校"

4. 우리는 전도국본부에서 통지가 늦어진 바를 매우 미안히 생각하는 동시에
   귀 인계후원회 위원 제위의 학교인계에 대한 성의를 감사히 생각하는 바
   입니다.
   1937. 9. 30
   평양3교인계후원회장 朴經錫殿[108]

그러자 10월 2일 인계후원회를 개최하고, "1. 학교수계에 대하야 반
대하는 북장로파 선교사의 배격성명서를 발표할 것 2. 학교존속에 관하
야 도당국의 선처를 요망할 것 3. 한인보 이춘섭 양씨의 출자로 인한 재
단조직을 적극적으로 원조할 것" 등 세 항목을 결의하였다. 그리고 실행
위원으로 강병준, 고영한(高永翰), 김능수, 김영필, 김필응, 이기찬, 채수
현 등 7명을 선정했다.[109] 한편 이제는 우리의 힘으로 교육기관을 설립
해야 한다는 주장도 많았다. 선교사들이 50년 동안 교육사업에 많은 공
헌을 해 온 것은 감사하고, 지금쯤은 독립하여 스스로 경영할 실력을 갖
춰야 하는 것이 당연하다는 것이다. 따라서 새로 학교를 신설하는 것이
평양을 넘어 한국인 전체의 의무라고 했다.[110] 학교 관계자들을 비롯한
한국인들은 개정된 사립학교규칙으로 학교 폐교도 당국의 인가를 요하
는 만큼 쉽게 폐교되지 않을 것이라고 희망하였지만, 평남 다케오[武
尾] 학무과장은 정식 폐교한다면 인가하지 않을 수 없고, 학교를 경영하
기 싫다는 것을 억지로 하라고는 할 수 없다고 했다.[111]

숭실학교에 30만원을 출자하기로 한 이춘섭은 다른 의사표시를 하지
않았지만, 숭전과 숭의에 출자하기로 한 한인보는 인계 청원을 사퇴한다

---

108) 「동아일보」 1937년 10월 3일자 "引繼後援會에 보낸 魯解理氏의 書翰內容"
109) 「조선일보」 1937년 10월 3일자 "平壤三校 先後處置 受繼後援會 對策決議"
110) 「조선일보」 1937년 10월 4일자 "社說-北長老敎系 學校問題-民間에서 基金을 모
     아 새로 設立하라"
111) 「동아일보」 1937년 10월 5일자 "廢校願이 提出되면 當局認可할 方針 '억지로
     經營시킬 必要는 없다' '三崇校' 問題와 學務局態度"

고 하였고 도지사와의 회담에서도 확답을 회피해왔다. 그러나 10월 6일 한인보가 평남 시라이시 내무부장을 방문하고 숭의여학교에 20만원의 재단(토지 31만 6천평, 과수원 1천평)을 출자하겠다고 밝혔다.[112] 이렇게 해서 숭실과 숭의 두 학교는 다시 인계의 희망이 보였지만 숭전은 비관적이었다.

4. 평양지역 미션스쿨의 폐교

미국 해외선교부에서 평양 세 학교를 폐교하고 학교 재산은 매도나 양도도, 계속 경영도 할 수 없다는 전보가 왔다. 또한 재학생에 대한 책임도 지지 않는다는 설명까지 추가했다.[113] 지금까지 온갖 노력과 활동을 해 오던 수계후원회, 3교존속기성회, 숭실교우회 등 학교 존속에 노력을 기울인 사람들은 모두 망연자실했다. 이젠 학교의 교사나 재산은 인계할 수 없더라도 역사 있는 학교의 명의만이라도 무슨 방법이든지 인계하자는데 의견이 일치했다. 게다가 현재 3교 재산 중에는 순전한 선교회 재산 이외에 한국인으로부터 기부한 재산도 상당히 있으니, 폐교하면 반드시 이 기부금만은 이들 학교명의로 새로 경영할 재단에 반환해야 한다고 강조했다.[114]

평양 3교 문제에 대한 전보를 받고 블레어(William N. Blair)와 라이

---

112)「동아일보」1937년 10월 4일자 "崇實專門은 絶望狀態, 心境의 動搖 이르킨 韓仁輔氏 崇義引繼도 確答保留" "李春燮氏 卅萬圓 崇中의 引繼請願者로 出捐言明, 崇中側의 愁雲은 解消";「동아일보」1937년 10월 7일자 "崇義女學校의 財團 韓仁輔氏 擔當言明"

113)「조선일보」1937년 10월 21일자 "米國外地傳道局 旣定方針은 '不變色'"

114)「조선일보」1937년 10월 21일자 "名義라도 引繼 根本的 新經營" "朝鮮人寄附는 讓渡가 至當!"

너(R. O. Reiner)가 평남도청에서 시라이시[白石] 내무부장과 회담했고, 선교부 실행위원장 로즈는 평남 학무과장 다케오와 만나 작년 9월 북장로회선교부 총회에서 결의한 교육철수 원칙에 의해 앞으로 교육사업에서 철수, 평양 3교는 결코 양도와 인계하지 않을 것을 분명히 하고 평남도청을 경유해 폐교수속에 착수할 것을 밝혔다. 그러나 대체로 폐교신청을 하더라도 재학생을 졸업시킨 후 폐교하는 것이 정당하므로 숭실전문은 2년후, 숭실중학은 4년후, 숭의여학교는 2년후 3월까지 존속될 것이라고 예상했다.[115]

25일 선교부 실행위원장 로즈가 참석한 가운데 열린 평양 선교지부에서는 평양 3교의 재학생 문제와 교명 양여문제에 대해 다음과 같이 결의하였다.

> 1. 평양 숭실, 숭의, 숭전 세학교의 폐교수속은 이달 30일까지 완료하고 서류는 평양에서 작성하여 평남 도당국에 제출키로 함
> 2. 재학생문제는 명년 3월까지 완전히 폐교하므로 그이상 책임질 수는 없다. 그러나 당국으로부터 어떠한 좋은 안을 제시하면 고려해보기로 한다.
> 3. 학교명칭은 역시 전도본부의 방침에 의하여 양여의 허락을 할 수 없다.[116]

평양 3교의 폐교 수속을 완료한다는 것과, 재학생 문제를 책임질 수 없다는 것, 학교 명칭도 양여할 수 없다는 것이었다. 숭실교우회에서 로즈에게 "1. 미순회는 교명(校名)을 후계 경영자에게 인계하여줄 것 2. 폐교하는 경우에는 재적생을 졸업시켜줄 것" 두가지 조건을 결의해 전달했지만, 로즈는 그 다음날 "교우회에서 제출한 청원서 내용은 동정하는

---

115) 「동아일보」 1937년 10월 23일자 "魯氏, 總督府訪問코 引退方針을 說明" "宣敎師側과 當局 會見內容-在籍生을 處理한뒤 廢校申請키로 決定" "學生을 處置안코는 閉校不認可 方針"
116) 「동아일보」 1937년 10월 27일자 "平壤'三崇'의 廢校願은 今月 卅日 以內로 提出"

바이나 미국본부 방침에 의해 청원내용 중 어느 것이나 인정 허락할 수 없다"고 정식으로 거절했다.[117] 학교 명의도 인계할 수 없고, 졸업생에 대한 책임도 질 수 없다는 답변을 들은 교우회 대표들은 극도의 분노를 나타냈다. 한국인의 기부도 포함된 학교 재산도 가져가고 학교 명의까지 '영원히 땅 속에 묻어버리고 가려는' 북장로회선교부의 종교적 양심을 의심하지 않을 수 없다고 분개했다.[118]

선교부 실행위원장 로즈는 10월 27일 "조선북장로교 선교학교 문제에 관하여"[119]라는 성명서를 발표해, 평양의 3교를 폐교하기로 했다는 것, 대구 두 학교와 서울 경신학교에서 1939년 3월에 철수하기로 했다는 것을 알렸다. 이에 따라 10월 29일 숭실과 숭의 두 학교 폐교원이 각교의 설립자인 블레어와 라이너 명의로 평남 도학무과에 제출되었다. 숭전은 11월 1일 밀러 명의로 제출하였다.[120] 당시 숭실전문학교 이사장이며 숭실중학교 설립자인 블레어는 도지사가 인계할 의향이 있는지를 물어보자 단호히 거절하며 다음과 같이 말했다.

> 만약 우리가 재정이나 인력이 부족하여 학교 문을 닫는다면 기꺼이 당신이 제안한 대로 할 것입니다. 그러나 아시는대로 우리가 학교 문을 닫는 유일한 이유는 신도 신사에 참배하는 것은 하나님의 계명에 위배된다고 믿기 때문입니다. 그렇게 믿으면서 어떻게 우리가 잘못되었다고 믿는 것을 하려고 하는 다른 사람들에게 학교를 넘겨줄 수 있겠습니까[121]

---

117) 「조선일보」 1937년 10월 26일자 "魯氏來壤을 機會로 崇實校友會 活動" ; 「동아일보」 1937년 10월 27일자 "校友會의 請願 卽席에서 拒絶, 校名도 引繼시킬 수 없다"

118) 「조선일보」 1937년 10월 28일자 "爛爛한 敎育功塔 九仞一簣로 倒壞-崇實校友會 代表 魯씨에게 悲壯峻烈한 最後的 論駁!"

119) 「동아일보」 1937년 10월 31일자 "大邱兩校와 儆新校 三年後 引退키로 決定"

120) 「동아일보」 1937년 10월 30일자 "文化의 搖籃 '大崇實' 終焉, 四十年의 歷史 남기고 崇實崇義 廢校願, 今日 午前 道에 提出" "崇專은 來月一日에 書類를 京城에서 作成"

숭실전문학교는 그동안 학교 인계가 절망적이었는데, 숭전 교수 이훈 구의 교섭으로 대동공업사 대표 이종만(李鍾萬)이 120만원을 출연해 재단법인 대동학원(大同學院)을 조직하고 숭전을 경영하기로 하였다.[122] 이종만 측은 현재 교사(校舍)가 없어 선교부 측에 교사를 지을 때까지 3개년만 빌려달라는 교섭을 하였는데, 이때도 역시 평양 선교지부 회장 라이너는 "폐교하기로 결정된 이상 교사는 어떤 사람에게도 빌려줄 수 없습니다"라며 거부하였다.[123]

폐교원의 내용은 "1. 3교는 명년 3월 말일까지 선교회에서 경영책임을 진다 1. 현재 학생은 전학시킬 학교가 있으면 당국과 협의해 전학한다. 1. 학교재산은 외지전도국의 직할예속함으로 여기에서 임의로 처분할 수는 없다"[124]고 되어 있다. 그러나 폐교 신청 서류는 '서류불비' 이유로 몇 차례 거부되었다. 대개 학교를 경영하다가 폐교할 경우 재학생은 다른 학교에 전학시키고 학교 재산은 부나 군에 맡겨 신설학교에 기부하거나 공공사업에 충당해온 것이 전례였다. 그런데 평양의 학교들은 폐교 후 다른 학교에 전학시킨다든가 다른 방법의 구제책이 전혀 보이지 않았다. 게다가 재산처리에 대한 명시도 없었다.[125] 따라서 폐교 이후의 상황에 대한 준비가 전혀 되어 있지 않아 평양 사회에서 선교부의 처사에 대해 상당한 비난이 일어났다.

11월 16일 숭실전문학교 설립자 밀러, 숭실학교 설립자 블레어, 숭의

121) William Newton Blair, *Gold In Korea* ; 김승태 옮김, 『정금같은 신앙』, 한국기독 교역사연구소, 2005, 128쪽 재인용.

122) 「동아일보」 1937년 10월 31일자 "'大崇實'의 新主人公出現! 百卅萬圓의 巨金投擲, 崇實專門 '後繼' 經營 鑛山科와 師範科도 新設, 慧星! 鑛山家 李鍾萬氏 特志"

123) 「조선일보」 1937년 11월 2일자 "校舍三年間 貸借 羅氏 正面拒否"

124) 「조선일보」 1937년 11월 2일자 "崇實三校 一括로 廢校願을 提出-在學生轉校는 當局과 協議. 未備한 說明書의 內容"

125) 「조선일보」 1937년 11월 6일자 "三校廢校申請書類 道學務課에 廻付-在學生處理問題曖昧를 理由로 當局은 또 反却意思 三校廢校後의 財團處分問題"

여학교 설립자 라이너가 모여 협의한 후, 17일 3교 학생과 직원들에게
명년 3월 31일 폐교를 단행한다고 통고했다.

> 학생제군에게-1년전에 선교회에서 결정한 바와 같이 1938년 3월 31일까지
> 학교를 계속하고 그후는 폐교하기로 결정하였습니다. 그 결정에 의하여 이미
> 총독부에 폐교청원을 제출하였습니다. 이렇게 폐교되는 날에는 제 학생의 前
> 途에 관계가 있을 것으로 생각되어 금일 정식으로 통고하여 둡니다. 즉 1938
> 년 3월 31일 이후에는 학교를 계속하지 못하게 되었습니다. 폐교수속상 당국
> 과 상의할 문제가 많으므로 이이상 더 자세한 말씀은 피하고저 하나이다. 소
> 화12년 11월 00학교설립자 서명 / 동 교장 서명
> 직원제씨에게-拜啓 귀체건강하시기를 앙축하나이다. 1년 전에 선교회에서
> 결정한 바와 같이 1938년 3월 31일까지 학교를 계속하고 그 후는 폐교하기
> 로 결정하였습니다. 그 결정에 의하여 이미 총독부에 폐교청원을 제출하였고
> 이리하여 폐교되는 날에는 제 직원의 前途에 관계가 있을 것이므로 금일 정
> 식으로 제 직원에게 통고하여 두고저 함은 1938년 3월 31일 이후에는 학교
> 를 계속할 수 없는 동시에 여러분의 직무는 그날로서 그칠 것입니다. 그러므
> 로 4월 1일부터는 다른 직업을 구하도록 미리 준비하여 주시기를 바라는 동
> 시에 우리도 가급적 다른 취직처를 소개하여 드리도록 생각합니다. 여러분은
> 오랫동안 학교를 위하여 많은 노력을 아끼지 아니하였음에도 불구하고 이제
> 학교로부터 떠나지 않으면 안 될 경우에 이르렀음을 심히 섭섭하게 생각하나
> 이다. 그리고 평소에 직무에 열성을 다하여주셨음에 吾等은 마음속으로 감사
> 를 드리는 동시에 과거 1,2년간 학교내의 복잡한 사정이 있는 중에도 여러분
> 께서 열성을 가하여 주셨음을 감사하게 생각합니다. 폐교수속상 당국과 상의
> 할 문제가 많으므로 이이상은 더 말씀드리지 않나이다. 소화12년 11월 00학
> 교설립자 서명 / 동 교장 서명[126]

3월 31일 폐교를 단행할 것이니, 학생과 직원들은 4월 1일부터 다른
학교나 다른 직업을 구하라는 내용이었다. 학교 인계나 졸업생 문제 등
일체의 다른 얘기는 없었다.

---

126) 「동아일보」 1937년 11월 18일자 "'三崇'의 學生職員과 完全絶緣을 通告" ; 「동
아일보」 1937년 11월 20일자 "'三崇' 學生 職員에게 惜別의 通告文"

22일 숭의여학교 직원들은 사직통고 반박 결의문을 라이너에게 보냈다.

결의문
11월 16일부 우리들에게 발송한 서면은 잘 받았다. 그러나 명료하지 않은 점
이 있으므로 이에 다음의 질문사항에 대해 회답을 해주기 바란다. 1. 서면에
의하면 소화 13년 3월 31일까지 폐교하도록 선교회에서 결의하고 이미 총독
부에 폐교인가원을 제출하였으므로 이날 이후에는 학교를 계속하지 않겠다
고 했고, 또 이달 18일 본교장은 직원회에 소화 13년 3월 31일까지 폐교인가
가 되지 않는 경우에 어떻게 하겠는가 하는 질문에 대하여 폐교인가가 안되
어도 단연 학교는 계속하지 않는다는 답변이니 여기에 관하여 설립자의 확답
을 요구함. 2. 폐교 때에 현 재학생 처분에 관하여 구체안을 명시할 것. 이
두 항목에 관하여 명확한 회답을 받기까지 교직원들은 신상(身上) 관한 것은
보류함.
소화 12년 11월 22일 숭의여학교 직원일동
숭의여학교 설립자 羅道來殿[127]

폐교 후 재학생의 처리 문제에 대한 확답이 없으면 직원들의 일신상
에 관한 문제를 보류하겠다는 내용이었다. 라이너는 다시 3일에 숭의여
학교 직원단을 소집하고 반박문에 대해 설명했다. 선교부의 결정대로 명
년 3월 31일 폐교는 절대 변할 수 없으며, 폐교 후 재학생 처리문제는
선교부에서 복안이 있으나 지금은 발표할 시기가 아니다. 도당국의 지시
여하에 따라 최선을 다할 것이라는 막연한 대답을 하고 돌아갔다.[128]

숭실전문학교는 이종만의 출연금으로 재단조직이 진행되었지만, 숭실
학교와 숭의여학교에 출자하기로 한 이춘섭과 한인보는 평남도당국과 절
충을 거듭하였다. 현재 중학교 하나를 신설하자면 최소한도 50만원의 재
단이 필요하므로, 양교를 후계할 신교 설립에서 아무리 특별취급 받는다
해도 재단이 빈약했다. 새로운 독지가의 출현이 요구되었다.[129] 평남도

127) 「조선일보」 1937년 11월 23일자 "職員 辭職通告에 反駁質問 決議"
128) 「조선일보」 1937년 12월 5일자 "說明은 朦朧一貫-崇義女學校 廢校後 在學生 處
理問題와 設立者 羅道來氏 職員會서 說明"

학무과는 이춘섭, 한인보가 제공하는 토지(각 30만원, 20만원)를 매각해 이것을 국고보조와 도비보조에 합쳐 숭중, 숭의 양교를 대신할 공립학교를 신설하겠다고 했다. 그러나 교우회나 일반 부민의 의향은 공립보다는 숭실, 숭의의 교명이라도 받아 사립학교를 신설하자는 것이었다.[130]

평남 가미우치 도지사는 13일 3교 수계후원회측 실행위원 김영필, 이기찬, 채수현 등을 불러 숭중, 숭의 2교를 공립고등보통학교로 만들기로 결정했다고 통고했다. 명년 2월 신입생 모집공고, 3월 입학시험을 실시하고, 현 재적생과 같이 현재의 교사를 빌려 신교사가 확정될 때까지 수업하겠다는 구체안을 가지고, 다케오 학무과장이 12월 22일 총독부에서 토의하기로 하였다.[131] 이춘섭과 한인보는 본인들이 출자하는 자금은 민간 사립학교를 후계하고자 하는 것이지 공립학교 설립에 기부할 것이 아니라는 것을 명확히 했다.[132]

1937년 12월 말 결정된 내용은 숭실의 후신으로 공립고등보통학교를 국고보조로 설립하고, 평양여자고등보통학교 8학급을 16학급으로 증설해 숭의여학교 재학생을 전부 편입시키기로 하였다. 일제 당국은 3교에 대해 아래와 같은 정책을 조치를 취하였다.

1) 숭실전문학교
문과 재학생 12명 농과 17명이 있는데 문과 재학생은 학력 검정 기타의

---

129) 「동아일보」 1937년 11월 24일자 "暴風 지난 뒤 崇實, 崇義와 平南道 當局의 對策-不日中 李,韓兩氏招請, 後繼에 最終斷案. 最惡의 境遇에 兩氏財團을 容認? 새 篤志의 出現도 待望"

130) 「조선일보」 1937년 11월 29일자 "崇中崇義 兩校는 結局 公立으로?"; 「조선일보」 1937년 12월 7일자 "'五十萬圓 財團못되면 不得已 公立으로'

131) 「조선일보」 1937년 12월 15일자 "平壤崇中崇義兩校 公立高普로 存續 內定"; 「조선일보」 1937년 12월 22일자 "崇中, 崇義兩校問題. 李, 韓兩氏 寄附는 不問 公立高普로 實現"

132) 「동아일보」 1937년 12월 18일자 "私立을 容認하면 全財產을 傾注"

방법에 의하여 이를 다른 문과 계통 사립 전문학교에, 농과 재학생은 평안
남도에서 각각 취직을 알선한다.
2) 숭실학교
   쇼와 13년도 재적 생도 제3, 4, 5학년 각 2학급 계 6학급은 이를 시험 검
   정을 거쳐 평양 제3공립중학교(신설)에 수용한다.
3) 숭의여학교
   쇼와 13년도에 평양공립 제2고등여학교에 4학급을 증설하고 숭의여학교
   쇼와 13년도 재적 생도 제3, 4, 5학년 각 2학급 계 6학급을 시험을 거쳐
   각각 제2, 3, 4학년에 편입(정도가 낮을 때에는 1학년씩 낮춰 수용) 각 1학
   급 계 3학급에 편성 수용하고 제1학년을 새로 1학급 모집한다.[133]

한때 백선행기념관재단에서 20만원으로 숭의학교를 후계하고자 하여
대표로 오윤선(吳胤善)이 평남도지사와 회견했지만, 평남도에서는 20만
원 재단으로는 불가능하다고 했다.[134] 숭실 후신으로 신설할 공립고등
보통학교의 위치는 평양부내 동대원리 사범학교 부근으로 결정하였다.
이춘섭이 동대원리 소재 토지 9천여 평을 제공하기로 했고, 그 뒤를 이
어 한인보도 1만원을 평양여고보 확장비의 일부로 기부하기로 했다.[135]
교사 신축까지의 기간 동안은 기존 3교 교사를 대용하도록 평남 도당국
에서 선교부에 요구하였다. 선교부에서는 1월 27일 실행위원회를 열고
'3교의 재학생과 직원은 평남도당국에서 책임지고 처리할 것과 폐교를
속히 인가해 준다면, 숭전과 숭중의 교사는 빌려도 좋으나 숭의여학교는

---

133) 大野綠一郎 文書, "(秘) 南朝鮮 및 平壤에서 外國人 私立 中等學校長의 神社不參
    拜問題의 經緯 및 그 후의 經過 概要," <제74회(1938년 12월) 법무·학무·농림·
    철도, 제국의회 설명자료 8책의 內秘> ; 김승태, 「1930년대 기독교계 학교의 신
    사참배 거부 문제와 선교부의 대응」, 179~180쪽 재인용.

134) 「동아일보」 1937년 12월 30일자 "崇實 崇義의 殞命頃刻-二校廢止는 未免狀態.
    公立高普一校新設, 崇義生은 平壤女高에서 救濟. 崇中生은 新校에 編入"

135) 「동아일보」 1938년 1월 24일자 "崇實崇義의 代身으로 高普一校計劃과 平女高
    學級增設-高普의 位置는 東大院里에 方今具體案作成中" "新設高普基地를 李春
    變氏 提供키로" ; 「조선일보」 1938년 1월 28일자 "崇中關係의 寄附 土地만 提供
    承諾" ; 「동아일보」 1938년 2월 18일자 "女高에 一萬圓을 韓仁輔氏 寄附키로"

자신들이 사용하겠다'고 회답했다. 도당국에서 3교 교사를 빌려달라고 강경한 요구를 하자 선교부에서도 이를 승낙하고 미국 해외선교부에 청훈하기로 했다.136)

평양 3교의 직원은 전부 58명이었고 그 가운데 약 20명은 대동전문학교와 공립고등보통학교에 채용하기로 했지만, 30여명의 무자격 직원들은 촉탁이나 시골 사립학교 촉탁강사로 알선하기로 했다. 3교 직원들은 각 학교 이사회에 퇴직금을 지급해주도록 신청서를 제출했고, 3월 26일 퇴직금을 받았다.137)

지금까지 교사대용안(校舍貸用案)이 해결되지 않아 3교 폐교가 지연되었으나, 선교부 실행위원회에서 미국 해외선교부에 청훈한 교사대용안이 승낙되었다. 1월 28일 한국선교부는 미국 해외선교부에 정부가 평양 학교들의 3월 폐쇄에 동의하였고, 학생들을 위한 완전한 책임을 위해 2년간 두 개의 건물과, 1년간 하나와 반의 건물을 대여하는 것에 대한 즉각적인 승인을 촉구했다. 해외선교부는 한국 교육사업의 모든 정책과 재산과 관련하여, 현장으로부터 이 문제에 대한 세밀한 정보를 받을 때까지는 대답할 수 없다고 했다. 그러자 한국선교부 실행위원회(의장 로즈)와 평양선교지부(의장 블레어)로부터 계속해서 평양 학교 건물의 대여를 요청하는 전보를 해외선교부에 보냈다. 따라서 해외선교부는 이 제안에 동의하고 정부에 학교 재산을 목적에 맞게 대여하도록 한국선교부

---

136) 「동아일보」 1938년 1월 28일자 "問題의 崇實三校舍 二個年間 借用內諾, 學生 敎員은 道에서 責任지고 處置 傳道本部에 諒解의 打電"；「조선일보」 1938년 1월 28일자 "崇專, 崇中, 崇義 三校舍貸與-宣敎代表로부터"

137) 「조선일보」 1938년 1월 27일자 "敎員一部는 採用 生徒는 他校轉學"；「동아일보」 1938년 2월 21일자 "'三崇'敎職員 退職手當要求"；「동아일보」 1938년 3월 28일자 "눈물의 退職金, 三崇 職員에게 手交." 급여표준은 대체로 근무연한에 1개월 봉급을 더한 것인데, 근무연한 6개월미만 직원에겐 봉급 1개월분, 1개년미만은 2개월분을, 1개년이상 4개년미만은 대체로 봉급 1개월반분을 근무연한에 더해 지불하였다.

에 위임했다.[138]

평남도학무과에서 신설교의 인가원을 제출하는 동시에 폐교인가원도 총독부에 전달해 즉시 폐교인가하기로 되었다.[139] 3월 11일 숭실학교 설립자 블레어, 숭의 설립자 라이너가 평남도 학무과에서 3교 교사 대여에 대한 정식 계약서를 작성했다. 3교 교사를 2년간 대여하되 숭전 교사는 대동공업전문학교에 대여해주기로 되었다.

1. 숭실중학교의 3층 교사와 기존의 시설물들은 정부의 관립중학교에 1940년 3월 31일까지 2년간 임대한다. 숭실중학교의 북쪽과 남쪽의 운동장이 임대 조건에 포함되며, 단 기숙사와 거기에 딸린 마당, 그리고 그밖의 숭중 소유의 토지나 자산은 제외된다. 숭중의 교육장비들은 조사 후에 임대할 것인지 아니면 매각할 것인지를 결정한다. 화학 실험기구를 제외한 나머지 과학 기구들 또한 숭중 측과 당국의 충분한 협의 후에 임대 혹은 매각 여부를 결정한다. 정부는 숭실중학교의 학교 시설물을 29,500원에 임대하며 반환할 때에는 처음 상태로 반환할 것을 약속한다.

2. 숭실전문의 과학관은 1940년 3월 31일까지 2년간 정부 당국이 세우는 대동공업전문학교에 임대한다. 이 조건에는 숭전 운동장의 1/2의 임대도 포함되며 임대료와 시설 유지비용 등에 관한 것은 차후 협의한다. 그밖의 숭전 소유 건물이나 자산은 임대 조건에 포함되지 않는다.

3. 숭의여학교의 교사의 1/3(남쪽 교실)과 과학관, 그리고 운동장을 1939년 3월 31일까지 1년간 정부 당국에 임대한다. 이는 숭의여학교의 길 건너편에 위치한 평양여자보통학교의 학교 시설물로 사용된다.[140]

---

138) "Comments on the Chosen Educational Situation By Members of the Mission, 1938", 『신사참배문제 영문 자료집 II-미국 북장로회 해외선교부 문서 편』, 300쪽 ; "Board Action February 1, 1938", "Board Action of February 21, 1938", 같은 책, 523쪽. "Board Action of February 21, 1938"에 선교본부와 실행위원회, 선교지부가 주고 받은 전보가 실려 있다.

139) 「조선일보」 1938년 2월 26일자 "崇實三校 廢校願 三月初旬에 認可-新設校 認可願 提出과 同時"

140) 「동아일보」 1938년 3월 13일자 "三崇校舍貸與 昨日, 正式으로 契約, 設立者側과 道當局" ; R. O Reiner, "Personal Annual Report of 1937-1938" ; 숭실100년사 편찬위원회, 『崇實100년사 1. 평양숭실』, 519~520쪽 재인용. 숭의여학교의

1938년 3월 3일과 4일 숭실학교와 숭실전문학교, 11일 숭의여학교의 마지막 졸업식이 있었다. 졸업식이 끝나고 개최된 숭실학교와 숭실전문학교 교우회에서 교우회 적립금 2백원을 국방헌금했다.[141] 3월 19일 평남도에서 폐교인가 서류를 각각 설립자에게 전달했고, 3월 31일자로 폐교되었다.[142]

해외선교부는 1938년 10월 17일 평양 3교 폐쇄에 필요한 37,945원 44전과 평양 선교지부의 재산보호를 위한 1,653원 13전을 승인했다. 이 금액은 평양 신양리 38-3번지를 판매하여 받을 금액이다.[143] 또한 1939년 1월 16일에는 한국선교부의 철수에 따라 평양 선교지부의 재산인 신양리 108-53번지를 709원 19전, 신양리 44-4번지를 212원 61전으로 하여 총 921원 80전에 판매하기로 승인했다.[144]

1939년 6월 평양노회와 관계된 개인이 새로운 학교를 개교하기 위해 선교부 건물을 사용하게 해달라고 해외선교부에 요청했다. 해외선교부는 한국의 모든 학교 사역에서 철수하는 일반적 정책이라고 진술하면서 이 요구를 거절하였다.[145] 일제 당국을 통해 대동공업전문학교에 2년간 임대한 숭실학교의 시설물들은 1940년 3월 31일 계약 만료 기한이 되었다. 평안남도 행정국장은 숭실학교 건물의 대여를 1년 연장하게 해달라

시설 임대는 폐교 후 임대료 문제로 취소되었으며, 이후 평양 선교지부가 운영하는 성경학교에서 사용하였다.

141) 「동아일보」 1938년 3월 3일자 "四十年의 最終結實-三,四兩日 崇實卒業式, 現在 籍生의 處置善後方策을 道當局 不日中發表" ; 「동아일보」 1938년 3월 4일자 "崇實校友會開催"

142) 「조선일보」 1938년 3월 19일자 "崇實三校最後의悲日-十九日 設立者招集 廢校認可 正式手交, 四十年命脈은 今日로 終焉!" ; 「조선일보」 1938년 3월 20일자 "歷史的廢校指令-今日崇實三校設立者에 交附"

143) "Board Action October 17, 1938", 『신사참배문제 영문 자료집 II-미국 북장로회 해외선교부 문서 편』, 530쪽.

144) "Board Action January 16, 1939", 위의 책, 535쪽.

145) "Board Action June 12, 1939", 위의 책, 535쪽.

고 평양 선교지부에 요청했지만 거절당했다. 그러나 새로운 건물이 그해 여름까지 완공될 예정이었으므로 대동공업전문학교가 계속 건물을 임시로 사용하다가, 숭실학교 건물은 1941년 8월에, 숭실전문학교의 건물은 9월에 평양 선교지부에 반환되었다.[146] 북장로회 선교사들이 마지막으로 평양을 철수한 1942년 6월 1일 이후, 평양 선교지부의 자산은 일본인들이 사용하다가 1945년 광복 이후에는 소련군의 진주와 함께 공산당에 몰수되었다.[147] '3숭' 뿐만 아니라 평양에 있는 모든 북장로회선교부 경영 학교들이 폐교되었다. 평양신학교와 남녀 성경학원, 심지어 미인가 학교들까지 신사의식에 참가하라는 명령을 받자 모두 문을 닫았다.[148] 학교 재건은 해방 이후에 서울에서 이루어졌다.[149]

이상에서 평양 숭실학교와 숭의여학교가 폐교된 과정을 살펴보았다. 서울, 선천, 대구의 학교들처럼 평양의 학교들도 이사진에 한국인들이 참여하고 있었다. 한국인 이사들이 학교 인계에 목소리를 내기는 하였지만, 다른 지역 학교 이사진들에 비해 큰 역할을 하지 못했다. 학교 이사진으로 참여했던 노회에서는 학교 폐교 문제가 논의되는 1936년 말에서 1937년 초에 학교 이사진 파견을 중지하기로 결정했다. 따라서 노회 파견 한국인 이사들은 정작 학교 인수 과정에서는 별다른 역할을 하지 못했고, 오히려 평양예수교장로회 도당회를 비롯한 평양의 교계 인사들이

---

146) "Minutes and Reports of the fifty-Sixth Annual Meeting of the Chosen Mission of the Presbyterian Church in the U.S.A.(1940.6.27-7.3)," p.48·51.

147) 숭실100년사 편찬위원회, 『崇實100년사 1. 평양숭실』, 520~521쪽.

148) William N. Blair, 김승태 옮김, 『정금같은 신앙』, 128쪽.

149) 1947년 10월 숭실학교 졸업생들이 숭실학원 재건기성회와 서울 숭실교우회를 결성하고, 1948년 9월 숭실대학과 숭실중학교가 서울 신당동 구 동척구락부 기지와 건물을 접수해 개교하였다. 숭의여학교도 1947년 10월 졸업생들이 창립 45주년 기념식을 개최하고, 1950년 6월 남산동 송죽기숙사 건물에서 개교식을 했다. 「조선일보」 1947년 10월 18일자 ; 「동아일보」 1948년 8월 7일자 "崇實大·中學 서울서 九日開校" ; 「조선일보」 1947년 10월 29일자 "平壤崇義女中 서울서 復校運動" ; 「동아일보」 1950년 5월 30일자 "平壤崇義女中 六月 서울에 再建"

학교 인계를 위해 노력하였다. 그러나 평양지역 선교사들 특히 숭실학교의 창립자이자 제1대 교장인 베어드와 제3대 교장 마펫은 매코믹신학교 출신의 철저한 보수주의자들로 비기독교적·세속적인 요소를 악한 것으로 바라봤다. 이들 두 사람은 오랫동안 평양지역에서 동역하면서 평양 선교지부의 독특한 보수적 신앙과 신학 형성을 주도했다. 이들의 이원론적 세계관은 당시 북장로회 한국선교부 선교사 다수의 견해와 다르지 않았다.[150] 신사참배 문제가 처음 불거졌을 때 한국 기독교인들은 선교사들 못지 않게 참배할 수 없다고 완강히 거부했다. 참배하는 학교에 자녀를 보낼 수 없다고 일부러 결석시킬 정도였다. 그런데 평양 3교 교장들이 파면된 후 선교부가 교육사업에서 철수하기로 결정하자 입장이 달라졌다. 선교사들이 물러날 경우 학교를 당연히 한국인에게 인계할 것이라는 희망이 있었고 학교 인계자 물색에 평양지역 기독교인들이 적극적으로 나섰다. 그러나 한국인들의 기대와는 달리 선교부에서는 인계가 아니라 폐교를 결정했고, 학교 명의조차도 빌려줄 수 없다고 하였다. 이에 대해 한국 기독교인들은 반발했고 분노했다. 또한 평안남도 당국은 이러한 평양지역 선교사들의 폐교 논리를 선교사와 한국인들의 사이를 갈라놓는 데 이용했다. 다른 지역 학교들은 한국인이나 한국 노회로 인계되었지만, 평양의 학교들은 한국인들의 다양한 인계 노력에도 불구하고 결국 폐교되었다.

---

150) 이덕주, 「초기 내한 선교사들의 신앙과 신학」, 『한국기독교와 역사』 6호, 한국기독교역사학회, 1997년 2월, 38~40쪽 ; 류대영, 「윌리엄 베어드의 교육사업」, 『한국기독교와 역사』 32호, 2010년 3월, 131~132쪽.

제4장
서울지역 학교의 한국인 인계

　　서울 경신학교는 1923년 지정학교로 인가를 받음으로써 북장로회선교부 미션스쿨 가운데 가장 먼저 지정학교가 되었다. 또한 이 해에 선교부는 재정 확충을 위해 경기충청노회에 이사진 참여를 요청하여 선교부와 노회가 공동 경영하게 되었다. 정신여학교 역시 동창회와 노회에서 지정학교 승격운동을 주도적으로 추진하였고, 1929년부터 경기노회와 공동 경영을 하게 되었다. 경신학교와 정신여학교 모두 학교 이사진에 경기(충청)노회가 참여하게 됨으로써 학교에 대해 노회와 선교부가 공동 경영을 하게 되었다. 일제 말 신사참배 문제로 인해 북장로회선교부가 교육사업에서 철수할 때 학교 인계 과정에 한국인들이 주도적으로 참여하였는데, 학교 이사회가 공동 경영 사실을 들어 학교 인계 문제에 매우 적극적으로 관여하였다. 또한 두 학교의 교장들은 신사참배 문제에 대해 평양의 주류 선교사들과는 달리 국가의식으로 받아들이더라도 학교를 유지하겠다는 입장을 갖고 있었다. 이 결과 서울의 두 학교는 신사참배 문제와 학교 인계 과정 등에서 논란의 중심에 서 있었다. 두 학교의 인계 문제는 선교부와 해외선교부, 각 선교지부의 선교사들, 일반 선교사들과 교육 현장에 있는 선교사들간에 상당한 견해 차이를 보이며 복잡한 양상을 띠었다.

1. 경신학교와 정신여학교 인계 논의

1) 안악 김씨 문중의 경신학교 인계 논의

1936년 초 평양지역 학교장들이 신사참배 거부로 파면당하자, 같은 해 개최된 북장로회선교부 연례회의에서 '교육철수 권고안'이 결의되면서 교육철수 문제가 본격적으로 논의되기 시작했다. 경신학교 문제가 논의된 것은 1937년 6월이다. 선교부 연례회의에서 1937년 12월 20일까지 경신학교에 적당한 독지가가 나타나면 해외선교부의 승낙을 받아 정식 인계하기로 하였다. 그렇지 않으면 1938년 신입생을 모집하지 않고 1939년부터 폐교하기로 했다.[1] 정신여학교는 일단 종전대로 경영하기로 하였다. 연례회의 소식을 듣고 경신학교 동문회는 재경회원대회를 열고 모교의 영구존속을 위해 선교부에서 계속 경영을 하거나 아니면 적임자에게 인계시켜 달라는 결의문을 만들어 미국 해외선교부와 한국의 북장로회선교부에 청원하였다.[2]

선교부 연례회의 전인 1937년 3월부터 경신학교에 대한 공동경영 문제가 논의되었다. 경신학교 교사 최태영(崔泰永)과 친척 관계에 있던 황

---

1) 「기독신보」 1937년 6월 30일자 "徹新, 信聖 兩校도 經營引退를 決議-徹新은 適任者에, 信聖은 理事會에 引繼, 貞信과 保聖은 從前대로 經營"; 「조선일보」 1937년 7월 1일자 "終焉! 四十年舊綠 徹新,信聖兩校도 經營引退를決議"; 「조선일보」 1937년 8월 10일자 "徹新校 引繼案은 二段的으로 檢討"; "Minutes and Reports of the fifty-Third Annual Meeting of the Chosen Mission of the Presbyterian Church in the U.S.A.(1937.6.24-7.1)," p.54.

2) 「조선일보」 1937년 7월 25일자 "徹新校 永久存續 爲해 同門會 積極的 活動"; 「동아일보」 1937년 7월 25일자 "'母校의 永續을 希望' 長老會 宣敎本部에 請願하기로 昨日 徹新同門會 決議" 이 청원서에 대해 해외선교부 레버는 1938년 1월 초에 모든 일이 잘되어 좋은 해결을 보기를 원한다는 막연한 답장을 보내왔다. 「동아일보」 1938년 1월 7일자 "傳道局本部 總務의 書信 徹新同門會 理事에게"

해도 안악의 김씨 문중은 최태영의 요청으로 학교 당국자와 인계문제를 협의하였다.[3] 쿤스 교장도 김씨 문중의 학교 지원에 대해 반기고 있었지만, 실행위원회 위원 일부는 경신학교의 설립자 증원 및 학교 인계에 대해 반대하였다.[4] 3월에 해외선교부의 레버(Charles T. Leber)와 도즈(Joseph L. Dodds) 두 위원이 내한[5]했을 때 안악의 김홍량(金鴻亮)[6]과

---

3) 최태영이 안악의 김용진(金庸震)에게 찾아와 매년 5천원의 경상비만 있으면 인수·경영할 수 있으니 학교를 인수하라고 권했다고 한다. 김용진이 후계자가 생길 때까지 연 5천원을 부담하겠다고 하고 작고하자, 그의 아들 김원량(金元亮)과 사촌 김홍량(金鴻亮)이 절반씩 부담하기로 했다. 이들은 이전에도 안악지역 교육사업에 많은 관심을 갖고 지원하였다. 고춘섭 편저, 『경신사』, 508쪽 ; 「기독신보」 1937년 3월 24일자 "安岳金氏門中에서 四十萬圓을 義捐"

4) E. W. Koons, "John D. Wells School(Kyung Sin Hakkyo) Annual Report for 1936-1937, May 24, 1937" *Presbyterian Church in the U.S.A. Board of Foreign Missions Korea Mission Reports 1911-1954* 제8권, p.598. 쿤스는 1936년 12월 2일 실행위원회가 투표 없이 동의한 다음의 내용을 그 근거로 들었다. "선교부 교육사업의 불확실한 미래를 볼 때 실행위원회는 John D. Wells School의 설립자 증가 계획을 권고하기 망설여진다. 학교로부터 철수하도록 결정한 선교부의 행동이라는 매우 중대한 문제는 재산과 선교부 결정을 수행하는 관계에서 복잡한 문제가 일어날 것이다."

5) 레버와 도즈는 모든 선교지부를 방문해 교육철수 문제를 조사했고, 이 과정에서 선교사들 사이에 상당한 견해 차이가 있음을 확인했다. 안종철, 「미국 북장로교 선교사들의 활동과 한미관계, 1931-1948」, 103~104쪽.

6) 김홍량(1885~1950)은 일찍 기독교를 받아들인 황해도 안악 대부호의 자제로 일본 明治大學에서 수학했다. 1906년 안악에서 양산학교를 창립하고, 1907년 신민회 황해도지회에서 활동했다. 1910년 안명근 군자금모금사건으로 체포되어 8년간 옥고를 치렀다. 이때 김구(金九)를 만난 인연으로 뒤에 김구선생 귀국환영회 준비위원을 맡았다. 일제시기 수리개간사업으로 큰 농장을 이뤄 부를 쌓았고, 안악고보 창설, 경신학교 인수 등 교육사업에 공헌했다. 해방 후 월남하였고, 한국전쟁 때 피난 도중 별세했다. 「동아일보」 1928년 11월 17일자 "金氏農庄所出로 東山學院 設立-無産兒童의 大福音" ; 「동아일보」 1936년 2월 12일자 "安岳高普 設立運動 金氏門에서 卅萬圓 喜捨" ; 「조혼일에 애쓰는 큰 사람들(1), 敎育에 參拾萬圓 내놓는 金鴻亮氏」 『삼천리』 8권 12호, 1936년 12월 ; 「조선일보」 1937년 4월 3일자 "男子高普 完成後엔 새로 女高普 計劃-安岳 金鴻亮氏의 壯擧" ; 「조선일보」 1938년 5월 6일자 "金鴻亮氏 또 壯擧 三萬圓을 惠擲!" ; 「자유신문」 1945

서울 선교지부 사이에 경신학교에 대한 공동경영 문제가 어느 정도 협의
되었다. 평양 3교도 방법만 있으면 한국인과 공동경영하는 것이 좋겠다
는 의견이 일부 선교사들 사이에 있었다.[7] 김홍량은 선교부 실행위원회
와 절충하였고, 타협이 이루어지면 해외선교부로 청훈하기로 하였다.[8]

9월 8일 북장로회선교부 실행위원회에 경신학교를 김씨 문중에게 5
년간 빌려주어 경영케 하자는 안이 상정되었다. 그러나 실행위원회는 선
교부 연례회의 결의에 위반되는 것이라 하여 부결시켰다.[9] 경신학교를
김씨 문중에게 빌려준다면 경신 이외의 학교들에도 동일한 방침을 적용
해야 하기 때문이었다. 김씨 문중의 학교 인계 계획을 부결시킨 실행위
원회 의장은 쿤스(Edwin W. Koons, 군예빈) 교장에게 선교부 방침이
1939년 3월에 철수하는 것이므로 1938년 4월의 신입생 모집을 허락하
지 않는다고 통고했다. 쿤스는 선교부의 방침을 해외선교부에서 용인할
것이라고는 생각하지 않는다고 했다. 그의 말대로 선교부의 철수 방침이
해외선교부와 한국인들을 뒤에 업은 동창회와 노회를 자극했다.[10] 또한
교육 철수는 과거 한국교육계를 지원해온 것을 뒤엎는 것이며 학교를 매
각하려는 뜻이 분명하다고 항의하였다.[11] 경신학교 임대 경영안이 실행

년 11월 4일자 "金九主席의 歡迎會"

7) 「동아일보」 1937년 7월 6일자 "平壤三崇 學校引繼問題 再轉? 北長老系 諸學校
共同經營說 擡頭 米本部에 反映된 空氣는 樂觀, 某宣敎師가 暗示!"

8) 「조선일보」 1937년 7월 2일자 "'儆新' 引繼 第一候補로 金鴻亮氏가 登場"

9) 「동아일보」 1937년 9월 10일자 "引繼도 拒否된 各校의 運命, 最後請願마자 否決
安岳金氏門中의 熱誠도 歸虛! 前途暗澹한 儆新學校";「동아일보」 1937년 9월
11일자 "'書面決議의 條件附'에 儆新蘇生의 一縷光, 實行委員會는 意見不一";「매
일신보」 1937년 9월 10일자 "북장로교위원회서 경신교의 인도거부" ; "Minutes
and Reports of the fifty-Fourth Annual Meeting of the Chosen Mission of the
Presbyterian Church in the U.S.A.(1938.6.23-30)," p.37·40.

10) E. W. Koons, "Personal Report, Jan. 11, 1938" Presbyterian Church in the U.S.A.
Board of Foreign Missions Korea Mission Reports 1911-1954 제24권, p.1436.

11) 「조선일보」 1937년 9월 11일자 "'新經營案' 拒否裏面에 賣却意思가 隱在"

위원회에서 부결되자, 그 안을 지지하는 서울 선교지부는 각 지방 선교
사들에게 서면으로 찬반 의사를 물을 것을 요구하였다.[12] 그러나 서면
결의도 찬성 34, 반대 47, 기권 14로 부결되어 결국 임대 문제는 다시
안으로 상정하지도 못하게 되었다.[13] 1937년 9월 27일 열린 해외선교부
총회에서도 선교부 경영학교는 어떤 학교를 물론하고 매도 또는 양도치
않는다는 원칙을 결의하였다.[14] 경신학교도 이 원칙을 적용해 폐교할
것이라는 설이 나돌았고, 서울 선교지부가 10월 23일 이 문제를 논의했
으나 최후결정을 하지 못했다.[15]

10월 22일 실행위원장 로즈(Harry A. Rhodes, 노해리)가 김씨 문중에
5년 임대안을 거절하며 교명도 인계할 수 없다고 정식 통고하였고, 결국
김씨 문중은 학교 임대 경영을 단념했다.[16] 경신 설립자로 해외선교부
에 특파되었던 언더우드(Horace H. Underwood, 원한경)로부터 그곳의
분위기가 호전되었다는 서신을 받은 쿤스는 학교의 폐쇄를 막기 위해 노
력했다. 동시에 정식 학생모집은 못하더라도 보결생으로 모집하는 비상

---

12) 「조선일보」 1937년 9월 11일자 "미슌校 對策에 新氣運" "金氏門中 誠意를 尊重
   妙案協定은 在邇"
13) 「동아일보」 1937년 10월 7일자 "儆新學校 貸借案 書面決議도 遂否決 今日開票
   贊成34 不贊成47 棄權14 傳道局에 卽時打電"；「동아일보」 1937년 10월 8일자
   "暗澹한 儆新의 前途 不遠에 廢校手續? 最後呼訴도 所望薄弱"；「동아일보」 1937
   년 10월 13일자 "殞命하려는 儆新學校 最後呼訴案도 水泡 昨夜京城 '스테이슌'會
   의 經過 教育引退原則에 追隨"
14) 「조선일보」 1937년 10월 7일자 "可決도 無用이나 儆新校 貸借案 또 否決"
15) 「조선일보」 1937년 10월 24일자 "儆新校의 存續策 二時間以上 討議-廢校原則을
   適用? 除外?"；「동아일보」 1937년 10월 24일자 "引退原則의 限界問題로 京城'스
   테이슌' 緊急特別會開催, 傳道局 最後回電을 平壤三校에만 適用 儆新學校의 五個
   年 貸借案은 直接本部에 呼訴키로 決定"
16) 「동아일보」 1937년 10월 27일자 "儆新貸借案 싸도는 安岳金氏門中 態度 '미슌'
   委員長의 通告에依해 引繼共營 意思는 完全抛棄," "不得已 貸借斷念 金氏側 儆新
   에通告 一縷曙光도 드디어 消滅되어 남은問題는 廢校手續뿐"；「조선일보」 1937
   년 10월 27일자 "儆新校貸借案에 金氏門中 一旦斷念"

대책까지도 고려하였다.[17]

1937년 10월 27일 실행위원장 로즈는 "조선북장로회 선교학교문제에 관하여"라는 성명서를 발표했다. 로즈는 1936년 9월 당시에는 학교 소유의 매도나 인계의 가부를 결정한 일은 없었지만, 그로부터 1년 후인 현재 해외선교부에서는 어떤 학교의 소유든지 매도하거나 인계하지 않을 것을 결정했다고 하였다. 선교부는 이미 평양의 3교에서는 철수하기로 결정하고 당국에 정식으로 폐교를 신청하였으며, 또한 대구의 계성, 신명학교와 함께 서울 경신학교 경영에서도 1939년 3월에 철수하기로 했다고 밝혔다. 그러나 쿤스 교장은 '인퇴(引退)'를 폐교와 같이 해석하는 사무적 견해에 반대하고, 교육자적 입장에서 북장로회가 철수하더라도 학교경영에는 지장이 없도록 노력해야 하며, 로즈의 성명에 명시된 것처럼 1939년 3월까지의 경비는 선교부가 책임져야 한다고 주장했다.[18]

한편 11월 9일 서울 선교지부 월례회에서 다시 경신학교 문제를 논의했으나 아무런 결정을 내리지 못했고,[19] 18일 속회에서 로즈를 중심으로 즉시 폐교하자는 의견과, 경신학교에는 폐교원칙을 적용하지 말자는 쿤스로 대표되는 의견이 대립하였다. 쿤스의 의견이 지지를 받아, 12월 20일 열리는 뉴욕 해외선교부 회의에 경신 존속여부에 대한 질문서를 보내 회답을 받은 후 다시 회의하기로 했다.[20] 경신의 존속여부는 다른 북장로회 경영 학교들에 중대한 영향을 미치는 것이었다. 질문서의 내용은 1. 해외선교부는 선교부의 교육대책(1936년 9월 결정된 교육철수 원

---

17) 「조선일보」 1937년 10월 29일자 "金氏門中과 絶緣後 新財團과 握手折衷" "一般的 適用主張은 教育事業을 沒覺"; 「매일신보」 1937년 10월 29일자 "某有力한財團을 마저 暗雲一掃케된徹新"

18) 「동아일보」 1937년 10월 31일자 "大邱兩校와 徹新校 三年後 引退키로 決定"; 「조선일보」 1937년 11월 3일자 "明年 歸國을 機會로 徹新君校長 猛活動"

19) 「조선일보」 1937년 11월 11일자 "스테이슨會서 五時間을 激論"

20) 「조선일보」 1937년 11월 19일자 "스테이슨會 態度好轉" "最終的 決定지을 傳道局本部 回答"

칙)을 승인하는가? 2. 해외선교부는 이 교육대책 안에 연희전문학교와 세브란스의전을 포함시키는가?[21] 3. 해외선교부는 선교부의 긴급교육대책에 의하여 어느 학교든지 폐쇄된 후에 비종교적 교육을 목적하여 학교 재산에 대해 매도(賣渡), 인계(引繼), 증여(贈與), 대급(貸給), 세급(貰給) 중 어느 것을 승인하느냐? 등이었다. 매도와 인계만 논의되던 것을 증여와 무상대여·유상대여까지 포함시켜, 어떤 방법으로든지 학교 문을 닫는 일이 없도록 한 것이다.[22] 이 질문에 대한 회답은 1938년 1월에 전달되었다. 첫째, 해외선교부는 1936년 9월 21일 교육사업 철수 원칙을 발표했지만, 한국선교부는 그 원칙을 자유로 적용할 수가 있다. 둘째, 두 학교에 관해서는 아직 신중히 연구 중으로 아무런 결론도 얻지 못하였다. 셋째, 학교 재산에 대해서는 완전히 거절한 것이 아니라 제안과 기회에 따라 달리 행동할 수 있을 것이라고 하였다.[23] 분명하진 않지만 적절한 대안이 있다면 경신 존속은 가능하다고 볼 수도 있는 것이었다.

북장로회선교부 실행위원장 로즈는 경신학교 이사회에 1939년 4월부터 학교에서 철수하기로 결정하였으므로 1937년 12월 20일까지 해외선교부로부터 학교 인계안이 수락되지 않으면 교장은 1938년 4월 신입생을 모집하지 않는다는 광고를 하라고 통고했다.[24] 경신학교 이사회는

---

21) 연희전문학교와 세브란스의학전문학교는 원래 감리교와 북장로회 공동경영으로 북장로회선교부 교육철수 원칙에 영향을 받지 않을 것으로 해석되어 왔는데 선교사 가운데 이의를 제기하는 사람이 있었다. 연희전문학교에 대해서는 11월 27일 선교부 실행위원회를 선천에서 열고 1. 북장로교계 이사 취소여부 2. 북장로교가 부담한 경비지출여부 3. 해외선교부에서 파견한 교수처리문제 등을 심층토의해 선교부의 태도를 명확히 하기로 하였다. 「조선일보」 1937년 11월 20일자 "徹新學校 問題 質問書 內容-賣渡 引繼 贈與 貸給 貰給? 明確指示를 要求"

22) 「매일신보」 1937년 11월 20일자 "경성스테이슌회 열고 선후대책을 전청"

23) 「조선일보」 1938년 1월 13일자 "賣渡引繼 諸方針 全面的 拒否아니다-延專과 世專問題도 方今考慮中. 傳道本部總務의 答信" ; 「동아일보」 1938년 1월 13일자 "教育引退의 徹底를 宣教本部 再回答"

24) 「동아일보」 1937년 12월 8일자 "徹新學校問題 ; 宣教側 廢校願提出과 生徒 不募

긴급이사회를 열고, 「경신학교 이사회 규칙」 제4조에 의해 경신학교의
경영권이나 폐교권은 이사회에 전속된 것으로 선교부는 경성노회, 동문
회와 함께 이사회 구성원 중 하나에 지나지 않으므로, 선교부의 철수가
경신학교 경영권 자체에는 아무런 영향을 주지 못하며, 따라서 신입생
모집 여부도 이사회가 결정할 것이지 선교부에서 관여하는 것은 월권행
위라고 하였다.[25]

1923년 12월 작성한 「경신학교 이사회 규칙」의 이사회 조직 및 권리
는 아래와 같다.

제3장 조직
    (1) 서울 선교지부 4인
    (2) 경성노회 2인(1923년 당시에는 경기충청노회, 1924년 경기노회
        분립, 1932년 경성노회 분립)
    (3) 동문회 2인
    (4) 본교 직원 2인(교장은 제외로 함)
제4장 의무 및 권리
    제5조 선교지부, 노회 및 동문회는 경신학교 일체 경비를 담당한다.
    제6조 본회 회원은 본회에 대하여 질문권, 제청권, 투표권 및 가부결
        정권이 있다. 단 경신학교직원회에서 선임한 이사 2인은 투표
        권, 가부결정권이 없다.
    제21조 이사단이 퇴회코자 할 때는 6개월 전에 이사장에게 통지하고
        정기를 경과한 후 퇴회할 수 있다.
    제22조 이사회의 폐지는 회원 반수 이상의 동의를 얻을 때에 이를 폐
        지한다.

    集을 通告, 學校側에서는 理事會 열고 反對決議를 一致可決"
25) 「조선일보」 1937년 12월 8일자 "徹新理事會 爆彈決議" "規約에 明文歷然-宣敎會
    로서는脫退를할뿐" ; 「조선일보」 1937년 12월 9일자 "徹新理事會 爆彈的 決議에
    宣敎會側 狼狽" 경신학교 이사회에 서울선교지부 밀러, 에비슨, 코엔, 경성노회에
    서 오건영, 허봉락(許奉洛), 동문회에서 이채호, 최태영, 학교직원 중에서 이시웅
    (李時雄), 진석오(陳錫五) 총 9명이 참석하여 5대 1(투표권자 7인 중 오건영 기권,
    이사장과 직원은 투표권 없음)로 결의하였다.

제23조　이사회 폐지 후라도 경신학교 기지, 건축물 및 설비 등은 선교
　　　　부 소유로 한다.[26]

　이사회 조직은 선교지부, 노회, 동문회, 교직원으로 구성되어 있으며, 교직원을 제외하고 세 조직이 학교의 모든 경비를 담당했다. 교직원에게 투표권이 없었으므로 선교지부와 노회·동문회가 4대 4의 균형을 맞추고 있었다. 따라서 선교부가 철수하더라도 노회와 동문회의 의사에 따라 학교 경영권을 계속 유지할 수 있다고 본 것이다. 경신학교 이사회는 선교부가 1939년 철수하게 됨을 유감으로 생각하며, 이사회에 소속된 노회와 동문회의 의사 없이 신입생 모집을 하지 말라는 선교부의 의사는 이사회규칙에 어긋난다고 결의하였다. 그리고 선교부 실행위원장 로즈에게 이 사실을 인식시킬 위원으로 이채호(李采鎬)와 쿤스 교장 2인을 선정해 결의문을 전달했다.[27]

　이로써 학교 존폐의 기로에서 이사회는 경신학교 경영권 방어를 위한 합법적 방법을 생각해낸 것이다. 이사회로서는 선교부의 철수 여부와 상관없이 학교를 유지하기 위해 이사회 규칙을 최대한 이용할 것이었다. 이 결의는 선교부에 대해서는 물론 이사회의 다른 구성원인 경성노회, 동문회, 직원회에 대해 책임을 자각하게 하는 중대한 기회가 되었다. 경신학교 동문회에서도 13일 임시총회를 열고 경신학교 존속을 위해 힘쓸 것을 결의하였다.

　경신학교 이사회와 동문회의 결의는 선교부 실행위원들에게 충격을 주었다. 12월 14일 서울 선교지부 월례회에서 이채호를 청해 이사회규칙에 대한 상세설명을 들었다.[28] 서울 선교지부에서는, 이사회 규칙이 명

---

26) 「조선일보」 1937년 12월 8일자 "規約에 明文歷然"
27) 「매일신보」 1937년 12월 8일자 "경신교의 존폐문제"
28) 「매일신보」 1937년 12월 15일자 "경신학교운명을 좌우할 선교회비밀리개막" ; 「매일신보」 1937년 12월 16일자 "스테이슌 재고를 의결"

문으로 존재하는 이상 그 규칙에 복종하여 해외선교부에 다시 청훈할 수 밖에 없다는 의견과 규칙유무를 막론하고 철수 원칙을 고집하는 의견이 여전히 대립하였다. 이 회의에서 신입생 모집 권한이 이사회에 있다는 이사회 결의안은 참고적인 것에 지나지 않으며, 서울 선교지부 소속 이사가 다음 해 신입생을 모집하지 않겠다는 의견을 직접 이사회에 통고할 것을 결정하였다.29) 이처럼 서울 선교지부는 다음해 신입생을 모집하지 않는 다는 입장을 고집하였다. 신입생 모집 문제는 계속해서 난항을 겪었다. 12월 20일 서울 선교지부가 선교부에 경신학교 문제 재검토를 요청한 데 대해 선교부 실행위원장 로즈가 각 실행위원에게 서면질문을 하였지만 이 역시 부결되었다.30) 경신학교 문제에 대해 재고할 여지가 없다는 것을 다시 한 번 강조한 것이다. 그러자 당일 경신학교 동문회와 경성노회에서 각각 경신학교 이사단의 결의를 지지한다고 발표하였다.31)

경신학교 이사회는 12월 22일 회의에서 아래와 같이 결의하였다.

一. 미션회 측에서 신입생 불모집을 운운함은 합리적으로는 해석할 수 없고 다만 미션회 기정 결의대로 1939년까지 인퇴할 때의 지장을 염려한 나머지 재학생 처분문제의 준비공작인듯 하므로 미션회의 인퇴를 이사단 으로부터의 탈퇴에 불과한 것이라 해석하는 이사단은 회측 제5조에 의한 남은 두 단체(老會와 同門會)의 이사가 미션회 탈퇴시에 대응할 학교 경비를 부담하기로 결의하고 이 사실을 미션회의 참고에 자코자 실행

29) 「조선일보」 1937년 12월 15일자 "儆新同門會 代表 理事會의 權限을 說明" "外地 傳道局에 宣敎會서 再請訓?"; 「조선일보」 1937년 12월 16일자 "新入生 不募方針 宣敎會側은 固執"

30) 「동아일보」 1937년 12월 17일자 "再考願의 儆新問題, 書面으로 實行委員會"; 「동아일보」 1937년 12월 21일자 "儆新問題 再檢討要請 六對一 委員會서 否決, 미순會에 請願할 必要 없다고 結局 明春學生不募?"

31) 「동아일보」1937년 12월 21일자 "新入生 不募를 排擊 理事側 聲援을 決議, 昨日 儆新問題를 中心으로 京城老會 敎育部에서"; 「매일신보」 1937년 12월 22일자 "미순결의에 대응코저 이사회 又復 회합"; 「매일신보」 1937년 12월 25일자 "구체적 경영책세고저 이사회又復개최"

위원장에게 통고키로 함.

一. 이상과 같이 신입생불모는 문제도 안삼고 다만 동 이사단으로부터 미션
회의 탈퇴를 예상하고 재정적 대책을 세운 동회는 계속하여 지금까지 동
교의 설립자가 미션회원측의 원한경(元漢慶)씨 명의로 있으므로 미션회
의 탈퇴시 제반 법률적 문제까지도 염려없이 하기 위하여 후보 설립자까
지 선정하여 두기로 만장일치로 결정하였다.32)

선교부에서 신입생 불모집 문제를 거론하는 것은 합리적이지 못하다
고 하며 이사회 규칙에 의거해 노회와 동문회가 선교부 탈퇴 이후 학교
경비를 부담할 것과 후계 설립자를 선정해 둘 것 등을 결의한 것이다.
선교부의 태도가 어떠하든 신입생을 모집한다는 결의를 굳게 하고 거기
에 따른 여러 가지 수속문제를 논의하는 동시에 다음 해의 경상비까지
심의하였다. 이사회의 권한과 기능을 발휘하여 경신학교 경영주체로서
의 역할을 하자는 적극적 태도를 보이고 있는 것이다.33) 그리고 12월
27일 속회에서 "1. 수春 신입생을 모집할 것 2. 선교부에서 경비를 지급
치 않을 시는 다른 두 단체(노회와 동문회)에서 이를 부담할 일 3. 후계
설립자를 세울 일 4. 선교회 소유물은 적당한 시기에 반환할 일" 등 네
가지를 결의했다.34)

1938년 1월 6~7일 선교부 실행위원회는 경신학교 이사회와 합석하
여 1937년 말 이사회에서 결의한 4개조에 대해 질의했다. 실행위원회는
첫째, 신입생 모집을 하지 않을 것이며 만일 모집하려면 해외선교부의
허락을 받아야 한다고 하자, 이사회에서는 신입생 모집 여부는 이사회의
권한이므로 모집하지 않을 경우 허락을 받겠지만 학생 모집을 허락받는

---

32) 「동아일보」 1937년 12월 23일자 "宣敎會側 脱退로 解釋코 同門會, 老會引營 決議
　　　學生 不募 通告에 對應하여 徹新理事 續會에서 緊急對策討議"
33) 「조선일보」 1937년 12월 22일자 "徹新生徒 新募엔 理事會 態度 不退轉" ; 「조선
　　　일보」 1937년 12월 23일자 "理事會와 宣敎師會가 徹新合同 討議"
34) 「동아일보」 1938년 1월 7일자 "大邱兩校의 引繼經營權 慶北老會에 許與確定, 미
　　　슌委員會와 理事會 合席討議 徹新問題 未決인채 休會"

다는 것은 말이 안된다고 하였다. 30여년 동안 신입생 모집 때마다 허락 받은 적이 한번도 없다고 강변했다. 이에 대해 실행위원회는 이사회의 해체를 결의할 수도 있다고 하자, 이사회는 선교사 측과 한국인 측이 각 4명씩 반반이므로 해체 결의가 성립 못한다고 반박했다. 둘째, 실행위원회는 이사회에서 신입생을 모집할 경우 선교부가 경비 부담을 하지 않겠다고 하였고, 이사회는 노회와 동문회에서 책임지고 경비를 부담하겠다고 하였다. 셋째, 현재 설립자가 선교부 측 한 명으로 되어 있으니 선교부가 물러날 것을 대비해 학교 존속을 위해 한국인을 설립자로 세워야 한다고 하였다. 넷째, 선교부 소유물 반환 문제에 대해 이사회는 현재대로 학교를 존속할 때까지 사용하고 선교부에서 물러날 때 모든 설비를 반환할 것이라고 하면서 대구 학교들처럼 학교 설비를 빌려주기 바란다고 하였다.35)

　실행위원회는 교육사업에서 철수한다는 선교부의 기정방침을 실행할 수밖에 없다고 하며 다음과 같이 결론을 내렸다.

1. 선교부가 탈퇴하면 다른 이사단체가 학교를 경영한다는 것은 이사회 규칙을 검토한 결과 동 규칙상 근거가 없다.
2. 따라서 실행위원회로서는 1938년 4월 신입생을 모집하지 말라는 연례모임의 결정을 온전히 지켜야 하며, 이 결정에 따라 정부로부터 신입생 불모집에 대해 즉시 허가를 받아야 한다.
3. 선교부 철수 후 학교 재산을 선교부에 '적당한 시간에' 돌려줘야 하며, 학교의 목적을 위해 재산을 대여함을 허락하지 않는다는 것이 선교본부의 결정이다.
4. 기타 사항(설립자 선정 등)은 갑자기 생긴 문제이므로 회답할 수가 없다.36)

---

35) 「조선일보」 1938년 1월 7일자 "合席會議 論爭中心은 理事會 權限問題-宣敎會 끗까지 新入生募集에 本部承諾 固執. 暗雲重疊 徹新問題"；「매일신보」 1938년 1월 5일자 "밋슌 실행위원회와 이사회 연합회의"
36) 「조선일보」 1938년 1월 7일자 "實行委員會議 深夜토록 繼續"；「조선일보」 1938년 1월 8일자 "理事會 提議案件을 全面的으로 遂否決"；「동아일보」 1938년 1월

라고 하여 앞의 4가지 이사회 결의를 전면적으로 거부하였다. 선교부 실행
위원회와 경신학교 한국인 측 이사회가 한치의 양보도 없이 대립하는 상황
이 되었다. 그러자 1월 8일 이사회에서, 실행위원회는 북장로회선교부의
상치대행기관에 지나지 않으므로 경신이사회와 직접 관계가 없어 거기에
서 결의된 사항은 이사회가 참고는 할지언정 구속력을 갖는 것이 아니므
로, 이사회로서는 결의한대로 대처한다고 만장일치로 재결의하였다.37)

 1938년 1월 11일 서울 선교지부 회의에서 선교부가 학교 경영에서
손을 떼는 경우를 고려하여 설립자에 한국인 한 명을 넣는 것을 결정하
였다. 즉 "1. 경성스테이션회(서울 선교지부)는 미션회의 결의에 따라 경
신학교 신입생 모집을 않는 것을 승인한다. 2. 학교설립자를 한국인으로
한 사람 선교사 한 사람 두 명을 증원한다. 3. 학교대차문제에 관하여는
선교회 인퇴 후 이사회가 후계하여 전도본부에 청원할 경우에는 이를 지
지한다"고 결의하였다.38) 이 사실이 선교부 실행위원회에 알려지자, 실
행위원회의 동의를 받지도 않고 서울 선교지부가 설립자 증원을 통과시
킨 것은 효력이 없다고 강력히 반발하였다.39)

 경신 이사회는 이사회 권한 유무를 가지고 선교부와 계속 논쟁하는
것을 피하고 당면한 신입생 모집여부는 실제 권리를 가지고 있는 학교
설립자에게 일임하기로 하였다.40) 경신이사회는 "1. 금번 신입생 모집여

   8일자 "미순會의 旣定方針대로 徹新學校 問題 遂否決" ; "Minutes and Reports of
   the fifty-Fourth Annual Meeting of the Chosen Mission of the Presbyterian Church
   in the U.S.A.(1938.6.23-30)," p.43~44.

37) 「조선일보」 1938년 1월 9일자 "實行委員會를 無視 當初決議대로 邁進" ;「동아일
   보」 1938년 1월 9일자 "不募의 再決議 不拘코 理事團募集을 固執, 憂慮되는 徹新
   校問題"

38) 「조선일보」 1938년 1월 13일자 "新入生 不募集을 스테슌會서도 決議" ; E. W.
   Koons, "Personal Report, Jan. 11, 1938" *Presbyterian Church in the U.S.A. Board of
   Foreign Missions Korea Mission Reports 1911-1954* 제24권, p.1436.

39) "Minutes and Reports of the fifty-Fourth Annual Meeting of the Chosen Mission
   of the Presbyterian Church in the U.S.A.(1938.6.23-30)," p.45.

부는 설립자에게 일임함 2. 설립자 2인은 즉시 증원을 수속함 3. 이사회 조직단체 중 1개 단체가 인퇴할 시에는 다른 단체가 경영유지할 것은 이사회 규칙상 명백한 사실인 것을 전도본부에서도 정당히 해석하도록 청원할 것 4. 학교설비는 현 재학생 졸업시까지 남은 이사단이 그대로 사용하는 것이 합당한 것을 본부에서는 확인하도록 청원할 것"이라고 결의하였다.41) 그리고 해외선교부에 1939년 4월 1일부터 3년간 학교의 토지, 건물, 장비를 사용하도록 허가해 달라는 청원서를 제출했다. 청원서에는 당시 경성노회와 미국의 한국 유학생 68명의 서명이 포함되어 있었다. 해외선교부는 선교부와 관계된 한국인 기독교인 그룹들에게 학교를 인수하고 유예기간 동안 재산을 사용할 특권을 주는 문제에 대해 선교부의 재투표를 요구했다. 그리고 유예기간 동안 경신학교 이사진에게 일시적으로 학교의 토지, 건물과 장비 등을 사용할 수 있도록 위임했다.42) 물론 이 결정은 실행위원회를 당혹스럽게 했고, 그들은 경신학교 이사진이 "선교부와 실행위원회의 정식 동의를 받지 않은 집단"이고 경성노회의 학교 인계안 지지 결정은 성립된 바 없으며, 68명의 재미 유학생 결의안도 "언더우드에 의해 준비"된 것이며 기독교 단체가 아니라고 강력히 비판했다.43) 해외선교부의 재투표 요구에 대해 한국선교부는 할

---

40) 경신이사회규칙에 학교경영은 서울선교지부, 경성노회, 동문회, 학교직원으로 조직된 학교이사회가 맡는다고 규정되어 있으나, 이사회는 재단법인의 법인격을 갖고 있는 기관이 아니므로 외부적으로 학교의 생사여탈의 권리를 갖고 있는 것은 감독당국에 계출되어있는 학교설립자뿐이므로, 신입생 모집여부나 학교폐지여부 등도 모두 현 설립자 언더우드만이 감독관청 즉 경기도의 허가를 얻을 수 있었다. 「조선일보」 1938년 1월 10일자 "徽新은 어대로 가나? 存續의 一縷光明은 設立者 一人 向背에"

41) 「조선일보」 1938년 1월 13일자 "設立者 二名增員 今日 認可願 提出-스테숸會 議決에 따라 理事會서도 徽新校問題 稍進捗"；「동아일보」 1938년 1월 13일자 "打開策 再請願 徽新理事會에서"

42) "Board Action of March 21, 1938,"『신사참배문제 영문 자료집 II-미국 북장로회 해외선교부 문서 편』, 524쪽.

수 없이 받아들였다. 재산 양도에 관한 선교부 정책 재고에 대해 반대가
62명, 찬성 33명으로, 결국 더 이상 재고하지 않는 것으로 투표결과가
나왔다. 해외선교부도 투표 결과를 받아들였다. 그리고 1938년 4월 1일
로 한국선교부 원조를 중지하고, 그 이후 필요한 경비는 학교 재산을 판
매하여 확보하기로 결정했다.[44]

경신 이사회는 설립자로 선교부가 승인한 언더우드(H. H. Underwood)
외에, 추가로 한국인 이사 최태영, 선교사 이사 밀러(Edward H. Miller)
를 결정하였고, 1938년 1월 19일 쿤스 교장과 최태영[45]이 경기도 학무
과에 신입생 불모집, 설립자 2명 증원 신청서를 제출하였다.[46] 설립자
증원은 2월 9일부로 인가되었으나,[47] 신입생 불모집은 학무과에서 불허
가 방침을 결정하고 23일 언더우드와 쿤스를 불러 구두로 전달했다.[48]
쿤스는 "이제 학교는 안전하다. 우리는 해외선교부가 적어도 입학한 학
생들이 졸업할 때까지 현재의 건물과 토지를 몇 년 동안 사용할 수 있도
록 호의적으로 허락하기를 바란다. 만일 거부된다면 우리가 할 수 있는

---

43) "Letter from T. S. Soltau & J. G. Holdcroft to Dr. Charles T. Leber, March 28,
   1938," 『신사참배문제 영문 자료집 II-미국 북장로회 해외선교부 문서 편』,
   291~293·297~299쪽 ; 안종철, 「미국 북장로교 선교사들의 활동과 한미관계,
   1931-1948」, 141쪽 재인용.
44) "Board Action of May 16, 1938," 『신사참배문제 영문 자료집 II-미국 북장로회
   해외선교부 문서 편』, 525쪽.
45) 최태영은 1900년 3월 長運 출생으로, 1917년 경신학교, 1924년 일본 明治大學 법
   학부를 졸업하였다. 1924년 보성전문학교 교원을 거쳐 경신학교 교무주임을 역임
   하였다. 「儆新學校 敎務主任 崔泰永」, 『동광』 15호, 1927년 7월 5일.
46) 「동아일보」 1938년 1월 14일자 "儆新校 生徒 不募集의 書面을 正式提出 設立者
   增員을 申請하엿으나 蘇生은 如前히 絶望視"
47) 「동아일보」 1938년 2월 16일자 "儆新 設立者 增員 正式으로 兩氏에 認可" ;「매
   일신보」 1938년 2월 16일자 "설립자 증원은 수실현 법적으로 확실존속"
48) 「조선일보」 1938년 2월 24일자 "不募願에 不許可 儆新學校 遂蘇生" ;「동아일보」
   1938년 2월 24일자 "儆新校 生徒募集 道에선 不募願을 認可치안하. 미순會 態度
   가 注目"

최선의 편의를 제공할 것이며 몇 년 안에 새로운 기초를 세울 것이다"라
고 보고하였다. 언더우드 역시 한국인 설립자가 인가됨으로 인해 설립자
를 중심으로 한 한국인들의 학교 재정 지원이 이루어졌다는 사실을 반겼
다.49) 2월 27일 열린 경신학교 이사회에서는 북장로회선교부 철수 이후
의 재정문제 대책을 협의하였다. 선교부에는 재정에서 손뗄 시간을 명시
해주도록 요구하고 선교부 철수 이후는 최태영이 당분간 책임지기로 하
였다.50) 최태영이 설립자의 한 사람으로 인가받으면서 경신학교는 내부
적으로는 경영 정상화가 진행되고 있었는데 반해 북장로회선교부와 미
해외선교부는 교육사업에서의 철수를 다시 한번 확정지었다.

2) 경성노회의 정신여학교 인계 시도

1937년 북장로회선교부 연례회의에서 경신학교에 대해 신입생 불모
집과 교육사업 철수가 논의되고 있을 때 자매학교인 정신여학교에 대해
서는 이렇다 할 논의가 진행되지 않았다. 1938년 선교부 연례회의에서
'대구 계성, 신명학교와 선천 신성, 보성학교, 서울의 정신학교는 모두
그 해 7월부터 1년간은 종래의 보조예산을 계상한다. 정신여학교에 대해
서는 1936년 긴급교육정책에 따라 1940년 봄부터 폐교한다'는 내용의
결의안이 가결되었다. 폐교와 관련해 정부 당국에 1938년 12월 20일 전
에, 1939년 4월 신입생을 모집하지 않겠다는 신청을 하고 정부의 허락
을 받는 즉시 공식적으로 알리라고 했다.51) 1938년 봄에 해외선교부는

---

49) E. W. Koons, "Starting the Thirty-Fifth Year. October 1937-March 1938," "Anual
    Report of H. H. Underwood to Seoul Station, Chosen Mission 1936-1937,"
    "Annual Report, Horace H. Underwood, May 1938," *Presbyterian Church in the
    U.S.A. Board of Foreign Missions Korea Mission Reports 1911-1954* 제24권, p.1529, 제
    25권 p.170·341.
50) 「동아일보」 1938년 3월 2일자 "宣敎側의 引退以後 財政善後策 講究 財政的 손뗄
    時日 明示를 要求 徹新理事會의 經過"

정신여학교와 학교 재산을 한국인에게 인계하기로 하였지만, 한국선교부는 이 문제를 투표하여 기존의 폐교 방침을 재확인했고 연례회의에서 정신여학교 폐쇄를 결정한 것이다.

정신여학교 이사 김건호(金健昊)와 경성노회 교육부 책임자 장홍범(張弘範)이 연례회의에서 정신여학교를 계속하여 경영해줄 것과 그렇지 못할 경우에는 경성노회에 양여해달라고 요청하였다.52) 경성노회 분립 이전인 경기노회와 선교부간에 1929년 정신여학교 이사회 정관을 통하여 공동 경영이 합의된 상태였기 때문에 경성노회에 인계해 달라고 한 것이다. 경성노회에서는 6월 29일 오건영(吳建泳), 오천영(吳天泳), 윤치소(尹致昭) 등 10여명이 모인 긴급 간부회에서 정신여학교를 맡기로 결정하고 북장로회선교부에 인계할 뜻을 전달하였다.53) 그러나 7월 4일 실행위원장 로즈가 경성노회장 오건영 앞으로 이를 거절하는 통첩을 보냈다.

경성노회는 7월 8일 다시 임시총회를 열어 특별위원을 선정하고 안식년으로 귀국하는 경신학교장 쿤스에게 위촉하여 '정신을 경성노회에 인도하여 달라'는 결의문을 작성하였다. 그리고 김우현, 김영주(金英珠), 김진호(金鎭昊), 오건영, 오천영 등 5명의 특별위원을 선정하여, 결의문 작성을 비롯한 여러 가지 교섭들을 담당하게 했다.54) 특별위원회에서

51) 「조선일보」 1938년 6월 26일자 "實行委員會 決議案 24時間 以內 票決-直系學校는 引退, 延專,世專과는 絶緣. 儆新學校는 經營에서 引退"；「매일신보」 1938년 6월 28일자 "宣敎師 一齊引退와 貞信校 遂廢校 決定"；"Minutes and Reports of the fifty-Fourth Annual Meeting of the Chosen Mission of the Presbyterian Church in the U.S.A.(1938.6.23-30)," p.47.

52) 「조선일보」 1938년 6월 26일자 "貞信校代表 總會에 陳情"

53) 「조선일보」 1938년 6월 30일자 "'貞信을 살리자' 京城老會서 決議-宣敎總會에 引繼電請"

54) 「조선일보」 1938년 7월 9일자 "悲運의 貞信校 引繼陳情 決議-京城老會 幹部會 合"；「동아일보」 1938년 7월 10일자 "貞信女校의 引繼 不許方針을 通牒 京城老會 活動도 마츰내 水泡. 委員會열고 對策 講究"；『조선예수교장로회 경성노회 임

미국 해외선교부에 학교 인계를 청원하였다. 해외선교부에서는 1940년
3월에 정신여학교를 폐쇄할 방침이지만, 1939년 10월 1일 이전에 적당
하고 만족할만한 지역의 재정 보조와 인계 희망자를 찾는다면 학교를 인
계하겠다고 회답했다. 학교 재산 문제는 그 이후에 별도로 고려하겠다고
했다.55) 한편 1938년 여름 정신여학교 루이스(Margo L. Lewis, 손진주)
교장56)이 사임하였고, 10월 24일 교무주임이던 한영진(韓永鎭)이 교장
으로 취임하였다. 그리고는 선교부에서 학생 불모집의 수속을 취하기 전
인 11월 중으로 현교사와 기지 등 한 채를 매수하여 학생 모집을 계속하
도록 교섭하기로 했다.57)

정신여학교 폐교 소식이 전해지자 사회 일각에서 정신여학교를 구하
자는 목소리를 높였다. 여성교육기관이 절대적으로 부족한 상황에 오랫
동안 중등교육을 담당하고 있는 정신여학교를 폐쇄한다는 것은 이 사회
를 위해서는 도저히 용납할 수 없다는 것이다. 더군다나 평양의 숭의여
학교를 잃은 지 얼마 되지 않았으므로 정신여학교마저 잃을 수는 없다는
것이 당시 일반적인 의견이었다.58)

시노회록』 1938년 7월 8일.
55) "Board Action September 19, 1938,"『신사참배문제 영문 자료집 II-미국 북장로
   회 해외선교부 문서 편』, 528~529쪽.
56) 1913년부터 30여년간 정신여학교 교장을 지낸 루이스는 교육 철수 결정이 나고
   오랫동안 병으로 누워있다 1938년 교장에서 물러났다. 이후 연동교회를 중심으로
   전도활동을 하였고 세브란스병원에서 간호와 치료사업에 헌신했다. 또한 전도부
   인을 두어 카페와 유곽의 여성들에게 전도하였고, 매주 전매국 및 다른 공장의 여
   공들에게 글을 가르쳐주었다. 루이스는 1942년에 일제에 의해 강제출국당했다.
   「조선일보」 1939년 3월 14일자 "老軀로 다시 蹶起!" ; Margo Lee Lewis, "Annual
   Personal Report, May 1938," Presbyterian Church in the U.S.A. Board of Foreign
   Missions Korea Mission Reports 1911-1954, 제25권, p.451 ; Margo Lee Lewis,
   "Annual Personal Report, May 1939," 위의자료 제26권, p.741.
57) 「동아일보」 1938년 10월 26일자 "貞信校에 曙光? 來月中 校舍基地 等의 買收計
   劃 韓永鎭氏가 校長就任"
58) 「동아일보」 1938년 10월 26일자 "(郭福山) 貞信校를 救하자"

1938년 11월 8~11일 경성노회 제13회 정기총회에서 정신여학교에 대해 노회와 동창회가 합력하여 인수하기로 결의하고 학교 경영을 관리할 이사회 조직을 착수하여 노회 측 4명, 학교 동창회 측 2명, 직원 중에서 2명 도합 8명을 선정, 구체적인 인계교섭을 하기로 하였다. 학교 인계의 주체는 경성노회이지만, 재정적 힘이 미약하여 독지가의 출현을 필요로 했다.[59] 경성노회 측 이사는 김건호, 김영주, 오건영, 오천영 4명이고, 동창회 측 이사는 김필례(金弼禮), 유각경(兪珏卿)이었다.[60] 11월 22일에는 경성노회와 동창회 측 이사 6명이 이사회를 열고 정관제정위원에 김영주, 오천영, 유각경, 한영진을, 경영방침연구교섭위원에 김영주, 오건영, 오천영을 선정하고 후계 재단 물색 및 정관조직에 관해 일임하였다.[61]

11월 30일 설립자인 언더우드의 요청에 의해 정신여학교 이사회가 개최되었다. 경성노회와 동창회 측을 대표해 선출된 이사 6명과 한영진 교장을 합해 7명이 모여 이사장에 오천영을 추대한 후 구체적 회규세목 제정에 들어갔다. 그런데 이전 이사회 회규를 보다가 「정신이사회 규약」 중에서 "선교부는 매년 학교경상비를 보조하되 되도록 한국인에게 자립 경영할 수 있는 실력이 서게 되는 경우에는 학교를 한국 교인 내지 단체에게 인계해준다"는 것을 발견했다. 뿐만 아니라 "인수할 개인이나 단체

---

59) 「동아일보」 1938년 11월 9일자 "徹新 貞信校의 存續對策을 論議, 京城老會總會 席上에서" ; 「동아일보」 1938년 11월 10일자 "老會와 同窓會가 合力 貞信校引繼를 決議 昨夜京城老會 總會서 理事四名까지를 選定" ; 「조선일보」 1938년 11월 10일자 "存廢岐路의 貞信校 京城老會, 引繼決議" ; 「동아일보」 1938년 11월 11일자 "京城老會서 從前대로 徹新校에 理事派遣 宗敎儀式範圍가 問題"

60) 「동아일보」 1938년 11월 11일자 "貞信女學校 理事四名 選定" ; 「동아일보」 1938년 11월 22일자 "後繼財團問題로 貞信女校 理事會 開催"

61) 「동아일보」 1938년 11월 15일자 "貞信女校에 曙光! 府內 某有力者 奮然 引繼決議 方今 具體案 折衝中" ; 「동아일보」 1938년 11월 22일자 "後繼財團 問題로 貞信女校 理事會 開催" ; 「동아일보」 1938년 11월 23일자 "貞信校 引繼와 經營方針을 協議 昨日에 理事會 開催코"

를 지적할 권한을 이사회가 가진다"는 조목도 있었다. 정신여학교 이사
회에서는 이후 이 조목을 방패로 선교부와 절충을 거듭하였다. 문제는
인계 후 경상비를 부담할 독지가가 하루바삐 나와주는 것이었다.[62] 정
신여학교도 경신학교처럼 이사회 규칙을 가지고 선교부에 학교 인계를
요구하게 된 것이다.

정신여학교 후계 재단을 물색하는 동시에 1939년도 학생 모집 공고
를 내자, 선교부 실행위원장 로즈가 "학생 모집 광고는 2월까지 기다릴
것과 선교부에서 경영하는 동안은 한국인 설립자를 세우지 않을 것, 모
든 교섭은 해외선교부가 아니라 실행위원회와 직접 교섭할 것" 등 5개
조를 기록하여 1939년 1월 20일 한영진 교장에게 보냈다. 한영진 교장
은 학생모집 광고는 문제가 되지 않으며, 설립자인 언더우드 박사와 의
논한 결과 금년 1학년 학생까지 선교부에서 책임지고 졸업시킬 것(1942
년까지 경영하지 않으면 안된다는 것)과 새로 모집하는 학생과 학교 설
립자는 교장이 책임지겠다는 내용의 답변을 하였다.[63]

선교부 실행위원회가 정신여학교를 폐쇄한다고 결정하였지만, 해외선
교부는 실행위원회 결정에 반대했다. 따라서 해외선교부는 1938년 9월
에 이어 1939년 2월 22일 두 번째로 선교부에 회훈을 보냈다. 내용의
요점은 '정신여학교도 다른 학교의 전례에 따라 실력과 성의있는 한국인
측 후계 희망자에게 적당한 사례금을 받고 양여하라!'는 것인데, 이는 해
외선교부의 최종적인 의사전달로서 정신여학교는 이제 구체적인 인계안
과 실력을 갖춘 후계 재단만 나선다면 완전히 살아날 수 있게 되었다.[64]

---

62) 「조선일보」, 1938년 12월 1일자 "爆彈的 朗報! 自立의 實力鞏固하면 朝鮮人側에
    經營引繼"

63) 「동아일보」, 1939년 1월 21일자 "宣敎會의 保留通告에 不拘 學校선 生徒를 募集
    實行委員會서 又 五個條件提示 再建途上의 貞信女校"

64) "Board Action January 16, 1939," "Seoul Girl's School Chosen-Action of Executive
    Committee, March 24-27, 1939," 『신사참배문제 영문 자료집 II-미국 북장로회 해

앞서 경신학교에 이어 정신여학교에 대해서도 해외선교부가 한국선교부 실행위원회의 결정과 반하는 정책을 취한 것이다. 실행위원회는 해외선교부의 유약한 자세 때문에 일할 수가 없다고 해외선교부의 결정을 비난하였다.[65] 한국선교부와 해외선교부는 정신여학교 폐쇄 혹은 인계를 둘러싸고 의견의 일치가 되지 않았다. 이 사실이 한국인들에게 알려지자 한국인들은 한국선교부보다는 해외선교부로 직접 인계 의사를 표현하기도 했다. 이는 경신학교에서도, 또한 대구와 선천지역의 학교들에서도 비슷한 양상을 보였다.

1939년 3월 안동에서 비공개로 선교부 회의가 열려, 경북노회에 인계한 대구의 계성 및 신명학교의 양도금액 결정건과 평양 토지매각문제, 그리고 서울 정신여학교 문제에 대해 논의하였다. 실행위원회 의사가 무시되고 정신여학교를 한국인에게 인계한다는 해외선교부의 방침이 유지되는 현 조건 아래서 실행위원회는 더 이상 책임을 질 필요가 없으며, 앞으로 어떤 요구에 대해서 해외선교부가 직접 임해야 한다고 강경하게 비판했다.[66]

외선교부 문서 편』, 308~309·534쪽 ; 「조선일보」 1939년 3월 3일자 "回訓內容과 經緯"

65) "Commision from the Chosen Mission to the Board of Foreign Missions, September, 1940," 『신사참배문제 영문 자료집 II-미국 북장로회 해외선교부 문서 편』, 428~431쪽.

66) "Extracts from Actions and Letters 1935-1940 regarding Work in Chosen(Exhibit A)-Executive Committee Action, March 24-27, 1939," 『신사참배문제 영문 자료집 II-미국 북장로회 해외선교부 문서 편』, 450쪽 ; 「동아일보」 1939년 3월 28일자 "貞信問題는 延期 啓聖信明問題等 三十件上程 宣敎師大會에서 討議"

2. 한국인의 경신학교 인수와 정신여학교 인수 실패

1) 김씨 문중의 경신학교 인수

1938년 5월 말부터 열린 미국 북장로회 총회에서 한국에서의 교육사업 철수를 결의하였다. "장로교회는 조선에서 교육사업에 진력하여 왔는데 최근 일본당국은 생도 및 교사에게 신사참배할 것을 요구하므로 조선내 교육사업에서 손을 떼기로 결의하였다"고 발표했다.[67] 이미 3년전 교육철수 방침을 결의했는데, 이번에 다시 교육철수 방침을 미국에서 성명했다는 것은 그 결의내용을 신속히 실행하겠다는 의도로 보인다. 이에 대해 언더우드는 6월 23일 평양에서 열리는 선교부 연례회의 결과도 보지 않고 그런 결정을 내렸을 리 없다고 했고, 쿤스는 경신학교에서 선교부가 손을 떼더라도 최태영이 향후 5개년간 경영비를 책임질 것과 구체적인 예산안까지 서있어 괜찮다고 했다. 이에 반해 로즈는 교육사업 철수 문제는 한국에 있는 선교부 연례회의에서 재작년에 결의하고 미국 해외선교부에 청원한 것이 이번에 미국장로회 총회의 허락을 정식으로 받은 것이니, 더 이상 토의할 여지가 없게 되었고 남은 것은 수속문제이고 학교 소유의 재산처분문제는 대답할 수 없다고 말했다.[68]

해외선교부에서 선교부 실행위원회에 "1. 교육인퇴는 될 수 있는 대로 속히 할 것 2. 금년 7월부터라도 학교보조금을 더 지불할 필요가 없다. 3. 학교를 폐교한다면 철수하는 비용과 퇴직금은 이곳 재산을 처분하여 적당히 처리하라"라는 지령을 내렸다.[69] 신속히 교육사업에서 철

---

67) 「조선일보」, 1938년 6월 3일자 "長老教 系統의 諸學校 又復 總引退說 擡頭"; 「동아일보」 1938년 6월 3일자 "米北長老教 宣教部 正式 教育引退 決議"

68) 「조선일보」, 1938년 6월 3일자 "平壤에서 열릴 밋슌會 結果도 안보고" "徹新校만은 絶對安全(君芮彬校長談)," "'容或無怪! 事實이면 無可奈'(魯解理氏談)"

수하되 모든 철수 비용과 퇴직금 등은 학교 재산을 처분하여 사용하라는
것으로, 학교 재산 처분이 매우 중요한 문제가 되었다.

6월 23일부터 평양에서 북장로회선교부 연례회의가 열렸다. 실행위원
회에서 올린 결의안은 그대로 가결확정되었다. 결의안 가운데 경신학교
관련 내용은 아래와 같다.

> 경신학교 문제에 대해서는 이번 봄에 한국인 이사를 한명 더 증가하여 학교
> 처리문제가 선교회측의 의사만으로는 어쩔 수 없이 되었는데 이러한 중대한
> 처리를 서울의 지방선교회에서 독단으로 한 것은 실책이 있다고 실행위원회
> 와 총회준비회에서 말썽이 있었다. 그리고 금년 4월부터는 한국인 이사 최태
> 영씨가 실제에 있어서도 경영을 하고 있은즉 선교회로서는 명년 봄부터 신입
> 생을 모집치 않고 인퇴를 하려고 했지만은 사실에 있어 가능치 못하므로 선
> 교회로서는 종래의 보조금 연7천원을 금년 봄부터 중지한다.[70]

서울 선교지부가 한국선교부 실행위원회의 거부에도 불구하고 한국
인 설립자를 임명하도록 한 것은 해외선교부와 한국선교부를 이간시킴
으로써 실행위원회를 밀어내고 학교와 학교 재산을 통제하겠다는 의도
라고 강하게 비판한 것이다. 선교부 실행위원회 의장 로즈(Rhodes)는 경
신학교 문제에서 서울 선교지부 위원들의 남용을 참을 수 없다고까지 하
였다. 그리고 학교 보조를 중지하고 학교 재산을 팔아 부채를 지불하기
로 했으며, 앞으로는 대구와 선천의 어떤 학교에도 설립자에 한국인을
추가하지 말 것을 결의하였다.[71]

이렇게 되자 언더우드는 선교부에서 탈퇴할 것을 선언하고, 다음 해

---

69) 「조선일보」 1938년 6월 26일자 "傳道本部의 指令으로 問題는 急速進展"

70) 「조선일보」 1938년 6월 26일자 "實行委員會 決議案 24時間 以內 票決"

71) "Present Conditions in Korea by Herbert E. Blair, July 30, 1938," "Commision
    from the Chosen Mission to the Board of Foreign Missions, September, 1940," 『신
    사참배문제 영문 자료집 II-미국 북장로회 해외선교부 문서 편』, 372·428~431쪽.

3월까지 해외선교부와 절충할 것을 분명히 했다.[72] 쿤스 교장은 학교 폐지는 불가하며 귀국하여 적극적으로 경신학교를 위해 노력하겠다고 했다.[73] 그는 7월 13일 안식년으로 귀국하였고, 최태영이 교장대리로 시무하게 되었다.[74] 1939년 6월에 열린 북장로회선교부 연례회의에서 교육철수 원칙을 재확인하고, 연전·세전으로부터의 1년 단축 철수, 대구의 계성·신명으로부터의 인적 철수하자는 내용이 가결되었다.

쿤스 교장의 귀국으로 최태영이 교장대리로 시무하면서, 김씨 문중의 경신학교 인계작업이 본격적으로 시작되었다. 1938년 9월 23일 김홍량, 김원량 2인이 설립자로 취임하면서 경신학교는 설립자가 모두 5명이 되었다.[75] 김씨 문중과 북장로회선교부 사이에 인계문제에 대해 여러 차례 협의하였다. 그 결과 1939년 3월 김씨 문중에서 선교부에 6만 5천원을 주고, 북장로회선교부는 경신학교 교사 기지 5천여평과 건물 그리고 경영권 전부를 완전히 양여하며, 현재 학교가 짊어지고 있는 부채(약 15,000원)는 새로운 경영자가 책임을 진다는 타협안이 성립되었다. 이러한 내용을 북장로회선교부 실행위원장 로즈의 이름으로 해외선교부에 청원하였고, 2월 22일부로 해외선교부로부터 실행위원장에게 그대로 하라는 답전이 왔다.[76] 계약 내용은 다음과 같다.

---

72) 「동아일보」, 1938년 6월 28일자 "延專元校長 宣敎會脫退 學校爲해 끝까지 盡力"
73) 「조선일보」, 1938년 6월 28일자 "우리 儆新學校는 存續할 수가 잇다-이번 決議는 九月頃에 確定될터(君芮彬氏談)"
74) 「동아일보」, 1938년 7월 1일자 "儆新의 暗雲未晴인데 쿤스校長 歸國 敎務는 朝鮮人에 一任"; 「동아일보」, 1938년 7월 13일자 "儆新 '쿤'校長 今日發 歸國 多年間 功績 남기고." 쿤스는 1년 만인 1939년 8월에 다시 내한하여 '명예 교장'으로 불렸다. 그는 1941년 강제 송환되었고, 1947년 11월 29일 별세하였다. 「동아일보」, 1939년 8월 29일자 "儆新 쿤校長 卅一日 歸京"; 「동아일보」, 1947년 12월 9일자 "'꾼스'博士別世 前儆新學校長".
75) 고춘섭 편저, 『경신사』, 522쪽.
76) 「조선일보」, 1939년 3월 1일자 "基地建物 全部讓渡-傳道本部가 承認한 安協案 骨子" "更生의 봄을 마진 儆新學校"

미국북장로교 해외선교부 한국선교부 재단법인을 갑이라 하고, 최태영을 을
이라 한다.

1. 교육사업에 종사한다는 목적에 의해 아래 제 조건하에 갑은 시가 200,000
   원 이상의 가치를 갖는 아래 적은 일정한 가격의 소유물을 을에 65,000원
   의 가격에 매각하기를 계약한다.
   Yun Chi Cho No.I-Dr. Koons의 집과 갑과 을이 동의한 것으로 경계 표시
   로 분리된 것에 따라 500~600평 부지를 제외한 것
   Yun Chi Cho No.325 / No. 325.3 / No. 327.2 / No. 202.3 / No. 202.4
   강의 건물
   예배당 건물
   부지에 속해 있는 한식 건물
   장비는 쿤스 박사와 협의 이후, 계약 이후 을의 소유로 고려되었다.

2. 계약서에 날인함과 동시에 을은 갑에게 10,000원을 계약금으로 지불하기
   로 한다. 잔액 55,000원은 다음과 같이 지불한다.
   27,500원은 1939년 3월 20일 혹은 그 이전에 지불하기로 한다.
   10,000원은 1939년 12월 20일 혹은 그 이전에 지불하기로 한다.
   10,000원은 1940년 12월 20일 혹은 그 이전에 지불하기로 한다.
   7,500원은 1941년 12월 20일 혹은 그 이전에 지불하기로 한다.
   27,500원을 제 날짜에 지불하지 않으면 갑은 을의 계약금 10,000원을 돌
   려주지 않는다.

3. 계약에 따라 대금을 완전히 영수한 갑은 을에게 매도물을 법적으로 양도
   한다.

4. 이전에 관한 비용 일체는 을이 부담한다.

5. 을은 나머지 학교 부지에 돌이나 벽돌을 수선하고 또는 경계표를 세우기
   로 동의한다.

6. 을은 학교 또는 재산과 관련해 경신학교라는 이름을 사용하지 않기로 동
   의한다.

7. 을은 교원의 퇴직금에 관한 제 요구까지 포함한 과거 및 장래의 의무 또는
   학교, 학교재산에 관련한 책임을 전부 인수함을 계약한다.[77]

최태영은 학교의 재정은 김씨 문중에서 담당하기로 하였고, 추후에

---

77) "Minutes and Reports of the fifty-Fifth Annual Meeting of the Chosen Mission of
the Presbyterian Church in the U.S.A.(1939.6.22-29)," p.48~49.

50만 원의 재단법인 수속을 진행할 작정이라고 밝혔다.[78]

1939년 3월 3일 경신학교 교장실에서 북장로회선교부와 김씨 문중 대표 사이에 조인식이 있었다. 선교부 측은 로즈와 겐소(John F. Genso), 김씨 문중에서는 김원량(金元亮)이 참석했다.[79] 3월 20일 선교부가 모두 철수하였고, 21일 경신학교 이사회에서 선교사 측 이사와 설립자가 사임하였다.[80] 선교부에서 완전 분리가 되면서 '경신'이라는 교명까지 바꾸고자 하였지만,[81] 일제말까지 경신이라는 교명은 그대로 유지되었다. 이제 경신학교는 완전히 한국인에게 인계된 것이다. 쿤스의 교장직 사임은 1939년 11월에 정부에 의해 허가되었다. 그는 26년간 경신학교에서 교장직을 수행했고, 사임한 이후에도 '명예 교장'으로 불리며 학교의 종교활동을 주관했다.[82]

경신학교 설립자로서 자신의 교장 인가신청을 했던 최태영은 11월 18일에 경신학교 9대 교장에 취임하였다. 1939년 5월 경신학교는 학무당국에 50만 원의 재단법인 인가를 신청하였다. 1940년 12월 31일 연지동 교사를 팔고[83] 교명은 경신중학으로 하였으며, 1941년 3월 15일 정릉으

---

78) 「조선일보」 1939년 3월 1일자 "正式契約 끗나면 財團法人 手續-崔泰永氏談"

79) 「조선일보」 1939년 3월 4일자 "歷史的 調印式場" ; 「동아일보」 1939년 3월 4일자 "更生盤石에 오른 儆新校 兩代表, 今日會見코 歷史的 引繼의 調印 半世紀功績의 새 出發"

80) 「조선일보」 1939년 3월 22일자 "宣敎師側 理事 辭任 '儆新' 完全獨立"

81) 「동아일보」 1939년 3월 20일자 "情든 '儆新'校 改名 來日 理事會에서 元,魯 兩理事 正式辭任 新學期부터 名實革新." 이에 대해 최태영은 선교부 강경파인 코엔, 로즈, 겐소 선교사가 경신학교 매매계약 서명 직전에 법률상 문서화하지 않는 조건으로 학교를 다른 곳으로 이사하고 교명을 바꿀 것을 요구하여, 최태영이 이에 합의했다고 구술하였다. 고춘섭 편저, 『경신사』, 524쪽.

82) E. W. Koons, "Personal Report, December 12, 1939," "Annual Personal Report, May 14, 1940" *Presbyterian Church in the U.S.A. Board of Foreign Missions Korea Mission Reports 1911-1954* 제26권, p.624·1043.

83) 최태영은 조선총독부 체신국에 약 7만원 정도를 받고 팔았다고 회고하였다. 고춘섭 편저, 『경신사』, 537쪽 ; E. W. Koons, "Annual Personal Report, May 14,

로 이전하였다.[84] 그러나 1943년 경기중학교 교장이던 일본인 이토[伊藤七三]가 경신학교 부교장에 임명되었고, 최태영 교장은 해방될 때까지 학교 행정에서 소외되었다.[85]

1945년 1월 경신학교 설립자의 한 사람인 김원량이 별세하였고,[86] 김홍량은 해방 후 월남했으나 1950년 피난 도중 별세했다. 해방 이후 황해도 안악재단과 연락이 두절되고, 학교 경영비도 지원받지 못해 학교 경영이 위기에 봉착했다. 1946년 3월 동문회에서 학교를 인수하여 김규식(金奎植), 김상덕(金尙德), 신동기(申東起) 세 동문을 설립자로 위촉하였고, 최태영은 사임하였다. 그 뒤를 이어 오천영이 교장으로 취임했다. 재단법인은 1955년 6월에 완성되어 인가받았다.[87]

2) 이종만의 정신여학교 인수 실패

서울 정신여학교를 폐쇄하기로 결정한 한국선교부 실행위원회와는 달리 해외선교부가 정신여학교를 한국인에게 인계하기로 방침을 정하자 한국인들은 정신여학교 인계를 위해 여러 방면에서 노력하였다.

1939년 4월 초 윤치소가 선교부에 정신여학교 인계청원을 제출하였다. 그가 한영진 교장을 거쳐 인계청원을 제출하자, 정신여학교 이사들을 중심으로 한 경성노회에서는 노회가 가장 적임자라는 것을 내세우고 뒤따라 인계청원을 냈다. 선교부측에서는 이 문제에서 손을 뗄테니 희망

1940" *Presbyterian Church in the U.S.A. Board of Foreign Missions Korea Mission Reports 1911-1954* 제26권, p.1043.

84) 「동아일보」 1939년 5월 30일자 "磐石우에선 儆新校 五十萬 財團確立 校舍新 增築은 今年內着工 法人認可도 不遠提出" ; 「동아일보」 1939년 8월 22일자 "貞陵里 五萬坪 基地에 校舍新築을 確定 總工費 卅萬圓으로 明春 起工 隆運에 돛단 儆新校"

85) 고춘섭 편저, 『경신사』, 556쪽.

86) 「매일신보」 1945년 1월 11일자 "金元亮氏 別世"

87) 고춘섭 편저, 『경신사』, 1364쪽.

자는 직접 미국 해외선교부에 청원하라고 하여 인계문제가 또다시 백지
로 돌아갔다. 그러자 이번에는 평양숭실전문학교의 후신인 대동공업전
문학교 설립자인 이종만(李鍾萬)이 나서게 되었다. 정신여학교를 둘러싸
고 인계 희망자가 셋이나 되었고, 그들은 각각 해외선교부에 청원서를
제출하였다.88) 해외선교부에서는 결정하기 어려우니 서울 선교지부에서
선정하라고 통지하였다. 서울 선교지부에서 인계 청원자들과 교섭하였
는데, 이 과정에서 윤치소는 스스로 물러났고 이종만이 가장 유력하게
되었다.89)

　　1939년 9월 22일 해외선교부에서 이종만에게 인계할 것과 쌍방이 절
충 교섭하라는 회답이 도착하였고,90) 이종만과 정신여학교 설립자 언더
우드가 회합을 갖고 다음 사항을 합의하여 해외선교부에 승인을 요청하
였다. 첫째, 인계재단에 경성노회측 이사 1인을 가입시킨다. 둘째, 정신
여학교의 기지와 건물을 이종만에게 양도해주는 데 대한 사례로 이종만
은 3만 원을 선교부에 준다는 것이었다. 선교부에서는 일단 해외선교부
의 재승낙을 받기로 하고 회답이 오는 대로 최종 조인을 하기로 하였
다.91) 경성노회는 그해 11월 열린 정기총회에서 정신여학교 인계의 가
장 유력한 후보자인 이종만을 절대 지지하고 그에게 인계될 때에는 동교

---

88) 「조선일보」 1939년 5월 16일자 "貞信學校에吉報! 引繼候補로 尹致昭, 京城老會,
　　李鍾萬氏等 登場"; "Board Action June 12, 1939," 『신사참배문제 영문 자료집
　　Ⅱ-미국 북장로회 해외선교부 문서 편』, 536쪽. 해외선교부 측은 한국 기독교인,
　　기독교인 그룹, 피어선기념성경학교와 정신여학교 재산을 교환하자는 서울선교지
　　부 등 세 곳으로부터의 제안이 있었다고 했다.
89) 「동아일보」 1939년 8월 31일자 "貞信女校 引繼者 李鍾萬氏가 有力視 來月中旬
　　스테이슌會議에서 定式決議 生死岐路에서 光明에로"
90) 「동아일보」 1939년 9월 27일자 "李鍾萬氏에게 引繼承諾 磐石우에선 貞信女校 米
　　國傳道本部에서 回電到着 元氏歸京卽時 具體條件折衝"
91) 「동아일보」 1939년 10월 1일자 "貞信女學校 引繼問題로 元·李兩氏會見 三萬圓의
　　謝禮程度로 基地建物 無償讓渡 京城老會員을 理事에 參加시킬 것 安協案을 本部
　　에 再承認請願"

이사회에 5명의 이사를 파견하기로 만장일치로 결의하였다.[92]

그런데 12월 해외선교부에서 언더우드에게, 삼만 원의 사례금을 받고 교사와 기지 전부를 양여한다는 부동산 매도에 대해서는 승인할 수 없으며 대여도 찬성할 수 없으니 교섭을 다음해 3월까지 연기하라는 회답이 왔다.[93] 문을 닫을 운명에 처한 정신여학교 문제를 수차례 다시 논의하였고, 그 결과 1940년 1월에 선교부 측에서 5개년 무상 대차안(貸借案)을 제안하였다. 이것은 처음 언약한 매도안(賣渡案)과는 상당히 거리가 있는 것이었으나 학교의 폐교를 막기 위해 이종만 측에서 승낙하여 1월 11일에 타협을 보았다. 타협안의 전문을 선교부측에서 즉시 해외선교부에 보고하여 회훈을 청했다.[94] 타협안의 내용은 다음과 같다.

一. 학교의 경영권을 이종만씨에게 양도하되 학교 집기, 기지는 금후 5개년 동안 무상으로 빌려준다.
一. 빌리는 기간인 5개년이 만기가 되더라도 신경영자(이종만씨) 측에서만 원한다면 다시 대차기간을 5개년 더 연장할 수 있다.
一. 신경영자는 대차기간 내에 필요한 경우에는 현재의 기지에다 새로운 교사를 신축 또는 증축하여도 무방하다.
一. 신경영자는 오는 4월부터 경영의 책임을 지되 그 전으로 설립자의 명의 변경을 마치도록 할 것
一. 교직원에 대한 위로금에 대해서는 선교회측에서 책임을 질 것[95]

---

92) 「동아일보」 1939년 11월 12일자 "京城老會總會 李鍾萬氏 引繼를 支持 理事派遣 할 것도 訣議." 정신여학교에 이사로 파견할 5명은 김영수, 오건영, 이정로, 전필순, 함태영이다.
93) 「동아일보」 1939년 12월 22일자 "蘇生의 '꼴' 直前에서 貞信校 引繼에 또 波瀾 '賣渡도 貸與도 하지 안는 妙案은 없겠나' 米國宣敎本部서 맥없는 訓電"
94) 「조선일보」 1940년 1월 13일자 "折衝經緯" "貞信女學校 引繼問題 最後的 安協案 成立"; 「동아일보」 1940년 1월 13일자 "校舍五個年間 貸與로 貞信女學校 問題는 드디어 安協"
95) 「조선일보」 1940년 1월 13일자 "校舍도 無償으로 貸與" "將來를 祝福할뿐-宣敎會側 元漢慶氏談," "完全한 學校를 만들어볼 心算-引繼者側 李鍾萬氏談"

설립자 언더우드와 인계 희망자 이종만 측 모두 해외선교부의 회답을 기다리며 학교의 유지를 회망했다. 해외선교부는 이미 1939년 9월에 기독교 학교를 계속 유지한다는 것과 새로운 경영진이 교사의 퇴직금과 관계된 모든 의무에 대한 책임을 지는 것을 조건으로 하여 3년이라는 짧은 기간 동안 학교 재산을 무료로 대여하는 것을 논의했다. 그리고 11월에는 이종만이 유력한 인계자라는 것을 알고 있었고, 위와 같은 양도 계획을 가지고 교섭하도록 서울 선교지부에 위임했다.96) 선교부에서 이종만에게 이 뜻을 전달하자, 5년 무상임대와 다시 5년 연장이 가능할 것이라고 생각했던 이종만은 그와 같이 번복하는 것은 유감이며 거우 3년 동안 건물만 대차해주어서는 정신여학교를 경영해 나갈 수 없다고 인계를 거절하였다.97) 이리하여 1년 넘게 끌어오던 이종만과 정신여학교의 인계 교섭은 수포로 돌아갔다.

이종만의 인계 노력이 수포로 돌아가고, 다시 정신여학교 인계를 위해 세브란스의학전문학교 교수 김명선(金鳴善)과 한영진 교장이 안악 김씨 문중의 김영철 장로와 교섭하였다. 학교 인계의 전제 조건은 미션스쿨의 정신을 유지하며 교장과 교사들을 기독교인으로 하며, 성경 공부는 가능한 계속한다는 것이었다. 해외선교부는 정신여학교를 3년간 김 장로 또는 한국 교회의 구성원들에게 인계한다는 원칙을 승인했고, 한국 선교부 실행위원회도 이같은 제안에 동의했다.98) 그 과정에서도 역시 사례금을 받고 기지와 건물을 양여하는 문제는 타결되지 않았고, 3년 동안 매년 천원의 세를 내고 빌려쓴 후 그 후에는 적당한 기지와 건물을 찾아 나가기로 대략 의견의 일치가 되었다. 김명선은 김씨 문중에서 백

---

96) "Board Action September 18, 1939," "Board Action November 20, 1939," 『신사참배문제 영문 자료집 Ⅱ-미국 북장로회 해외선교부 문서 편』, 538~539쪽.

97) 「매일신보」 1940년 1월 22일자 "臨迫한 새學期 압두고 複雜한 貞信女校"

98) "Board Action February 19, 1940," "Board Action March 18, 1940," 『신사참배 영문 자료집 Ⅱ-미국 북장로교 해외선교부 문서 편』, 539~540쪽.

만 원의 재단을 준비하고 있다고 하였고 언더우드는 원만한 타협을 바라
며 어떻게 해서든지 인계를 위해 최선을 다하겠다고 하였다.[99] 그러나
김씨 문중의 정신여학교 인계도 무산되었다.

1940년 말부터 1941년까지 일제의 강압적인 분위기 속에서 선교사들
이 철수하고 나서 기독교계 학교들은 학교 안에 남아있는 서구식 흔적들
을 지워나갔다. 사회 곳곳에서 징병제 실시에 대한 축하강연회, 감사운
동회 등을 하였고, 일제 당국은 1942년 5월부터 중등 정도의 사립학교
들을 더욱 철저히 감독하기로 하였다.[100]

1942년 3월 언더우드의 설립자 자격이 박탈되고 정신여학교는 적산
(敵産)으로 인수되어 일제측이 경영하였다.[101] 이 당시 다른 학교들과
마찬가지로 정신여학교는 소위 '황국여성의 훈육을 위한다' 하여 서구식
교육의 흔적을 지우고 학교 안에 '황국여성수양도장'을 신설하여 일본식
예의법 등을 가르쳤다.[102] 또한 '군인원호운동(軍人援護運動)'에 동참
하여 강연회, 학생들의 작품 전람회, 군인 유가족에게 위문문과 위문품
을 보내는 등의 활동을 하였다.[103] 이후 1944년 6월 민대식이 170만 원
을 기부해 만든 재단법인 풍문학원[104]에 합쳐졌고, 민대식의 손자인 민
덕기(閔德基)가 이사장으로 부임하였다. 그 해 11월 한영진 교장이 물러

---

99) 「동아일보」 1940년 3월 6일자 "貞信女學校 新生의 再出發 貞信引繼에 새主人公
      安岳金氏門中이 奮起 宣敎師側과 讓渡條件도 成立," "百萬圓의 財團으로 準備待
      機中이다 金鳴善博士談 / 引繼는 可能 元漢慶氏談"
100) 「매일신보」 1942년 5월 26일자 "中等程度 學院을 徹底監督"
101) "Personal Report of Horace H. Underwood, 1940-1942"; 안종철, 「미국 북장로
      교 선교사들의 활동과 한미관계, 1931-1948」, 144쪽 재인용.
102) 「매일신보」 1942년 5월 28일자 ; 문교부 국사편찬위원회 편, 『(日帝侵略下)韓國
      三十六年史』 13권, 국사편찬위원회, 1978에서 재인용.
103) 「基督敎新聞」 25호, 1942년 10월 14일자 "貞信女校의 軍人援護運動"
104) 「매일신보」 1944년 6월 17일자 "貞信女學校에 曙光-閔氏 百七十萬圓 提供."
      1944년 6월 14일부로 재단법인 풍문학원이 설립인가되었다.

나고 일본인인 시라가미[白神壽吉]가 교장으로 부임하였다.[105] 이후 연
지동에서 안국동 휘문학교로 교사를 옮기고 당국에 고등여학교 승격을
신청하여, 1945년 3월 19일 '경성풍문고등여학교'가 되었다.[106]

　　이상 살펴본 것을 정리하면, 북장로회선교부의 교육철수 결정 이후
경신학교와 정신여학교에 대해 학교 이사회, 동문회, 경성노회 등 각 단
체에서 서울 선교지부와 선교부 실행위원회 및 해외선교부에 끊임없이
인계 요청을 하였다. 경신학교에서는 안악 김씨 문중과 협의하여 5개년
대차안 상정한 것이 부결되자, 「경신학교 이사회 규칙」을 내세워 학교
의 경영권을 방어하고자 하였다. 결국 한국인 설립자 충원이 조선총독부
에서 허가되었고, 김씨 문중이 북장로회선교부에 사례금을 주고 경신학
교를 인계하게 되었다. 정신여학교는 경성노회와 동창회가 협력하여 학
교를 인수하기로 하였으나 성사되지 않았고, 그 뒤를 이어 유력한 인계
후보자였던 이종만의 제안이 해외선교부와의 수 차례 논의 과정에서 거
절당했다. 정신여학교에 대한 여러 번의 인계 노력은 실패하였고, 선교
사들이 강제 추방당하게 되면서 학교는 적산(敵産)으로 인수되어 풍문재
단으로 흡수되었다.

　　교육사업 철수에 따른 경신학교와 정신여학교의 인계 과정에서 논의
되고 결정된 내용들을 살펴보면, 북장로회선교부 실행위원회는 한국인
에게 학교를 인계하는 것에 대해 부정적인 입장을 보였지만, 쿤스, 언더
우드 등 교육 현장에 있었던 선교사들은 학교 인계를 찬성하는 입장이었
다. 또한 선교사들 내부 뿐만 아니라 미국 해외선교부에서도 교육사업
철수에 대한 여러 가지 의견이 나뉘어졌다. 그에 따라 학교 이사회, 동문

---

105) 김광현, 『정신백년사』, 543쪽.
106) 「매일신보」 1945년 3월 24일자 "豊文高女校로 貞信女學校 새發足." 해방 후 정
　　신여학교는 동창회와 종교계 인사들의 활동으로 1947년 7월 초부터 학생을 모
　　집하였고, 이사장에 김규식 박사 부인인 김순애, 교장에 김필례를 선임하였다.
　　「동아일보」 1947년 6월 8일자 "貞信女學校 蘇生開校"

회, 학부형 등 한국인들은 학교 인계에 대한 희망을 갖고 대책 마련을 위해 애썼다. 경신학교와 정신여학교의 폐교를 막기 위해 한국인들은 주도적으로 인계를 위한 노력을 했다. 당시 교육열에 비해 학교가 적은 일제 말의 상황에서 한국인들은 학교가 폐교되는 것을 막기 위해서 온갖 노력을 기울일 수밖에 없었던 것이다.

제5장
선천·대구 지역 학교의 노회 인계

　　선천의 신성학교와 보성여학교, 대구의 계성학교와 신명여학교는 모두 선교부의 교육철수 과정에서 지역의 노회로 인계되었다. 1923년 일제의 지정학교 제도 실시 이후 선천과 대구의 학교들은 모두 학교 승격운동에 매진하였다. 신성학교의 지정학교 승격운동에는 학교에 자산을 기부하고 학교 승격을 위한 시민대회를 대최하는 등 선천의 지역사회가 주도적으로 참여하였다. 학교 승격운동 과정에서 평북·의산 두 노회가 신성학교와 보성여학교 이사회에 이사진을 파견함으로써 선교부와 공동 경영을 하게 되었고, 이것이 뒤에 학교 인계에까지 이르게 된 것이다. 대구 계성학교 역시 1921년부터 경북·경안 두 노회가 학교 이사진에 참여하여 공동 경영을 하게 됨으로 인해, 경북노회가 최종적으로 학교를 인계하게 된다.

1. 평북·의산·용천 노회의 신성·보성 학교 인계 논의

　　1927년 평북·의산 노회에서 선천 신성학교와 보성여학교 연합 이사회에 이사진을 파견하게 되면서 두 학교에 대한 선교부와 노회의 공동경영이 시작되었다. 1930년에는 용천노회가 분립하면서 신성학교와 보성여학교의 한국인 이사진은 이제 평북·의산·용천 3노회에서 파견하게 되었고, 1934년 하나로 합쳐 있었던 두 학교 이사회가 다시 분리되었다.[1] 1931년 지정학교 인가 이후 선교부와 3노회가 신성학교의 재단법인 설립에 협조하기로 하였다. 선교부의 재정 악화와 노회의 적은 보조금만으로는 학교를 유지하기 어려웠기 때문에 장래를 위해 재단법인을 만들어 자립하는 것이 필요하다고 판단한 것이다. 재단법인을 위한 기본금 모금을 일제 당국에게서 허가받고 1936년 여름 재단법인 규약의 최종 결재를 미국 해외선교부에 청원하였으나 확답을 받지 못하고 있었다.[2]

이런 상황에서 일제의 신사참배 강요에 대해 심사숙고하던 북장로회 선교부가 1936년 7월 '교육철수 권고안'을 결의하고 한국에 있는 각 학교의 경영에서 손을 떼겠다고 발표하자 재단법인 설립 운동도 일시 중지되었다. 1937년 6월 말 한국선교부 연례회의에서 선교부 실행위원회와 신성학교 이사회가 합작하여 신성학교 재단법인 조직을 다시 계획하였다. 그 문제는 선천 선교지부에 위탁하여 적당한 방책이 있으면 선교부에 보고하게 하고, 동시에 해외선교부의 회답을 받아 학교 경영을 인계하기로 하였다.[3] 그러나 9월에 해외선교부로부터 선천의 두 학교에서

1) "Minutes and Reports of the 44th Annual Meeting of the Chosen Mission of the Presbyterian Church in the U.S.A., 1928(1928.6.22-28)," p.9~13 ; "Minutes and Reports of the fiftheth Annual Meeting of the Chosen Mission of the Presbyterian Church in the U.S.A.(1934.6.23-7.3)," p.35~43.

2) L. W. Chang, "Report of Sin Syung Academy of Syenchun 1935-1936" *Presbyterian Church in the U.S.A. Board of Foreign Missions Korea Mission Reports 1911-1954* 제8권, p.493~494.

3) 「기독신보」 1937년 6월 30일자 "儆新·信聖 兩校도 經營引退를 決議" ; 「조선일보」 1937년 7월 1일자 "終焉! 四十年舊緣 儆新·信聖 兩學校도 經營引退로 決議" ; 「동아일보」 1937년 7월 2일자 "經營中止된 네學校는 어디로? 儆新·信聖·啓聖·信明의 後繼財團打盡/宣川信聖은 財團組織有望" ; "Minutes and Reports of the fifty-Third Annual Meeting of the Chosen Mission of the Presbyterian Church in the U.S.A.(1937.6.24-7.1)," p.54.

철수하라는 통지를 받았다.[4] 그리고 11월 말 선천에서 서울·재령·평양·
대구·강계의 각 위원이 모여 선교부 실행위원회를 개최하여 신성학교와
보성여학교 문제를 논의하였다. 이 자리에 최득원 교장, 김석창 이사회
회장, 장규명 평북노회장 등 학교 관계자들과 선천 선교지부 회원을 배
제하고, 평안북도 경찰부 특파경관 참관하에 신문기자들의 입장조차 금
지된 상태에서, 신성학교와 보성여학교를 1939년 3월 말 폐교하기로 결
의하였다.[5] 이 사실이 알려지자 동창회, 학생, 지역 유지들은 격렬히 반
발하고 학교의 움직임을 주시하였다.

1938년 1월 18일 신성학교 이사회가 방청을 요구하는 동창회원과 신
문기자의 입장을 불허하고 비밀리에 열렸다. 옵서버로 참석한 선교부 실
행위원장 로즈(Harry A. Rhodes, 노해리)가 1937년 11월 29일 결의 사실
에 대해 1월 15일 미국 해외선교부 레버로부터 온 전보내용 "실행위원
회에서 선천 학교의 헌장을 해석하는 견해는 정확하다고 봅니다. 그러나
우리는 학교를 계속함에 대하여 노회들이 원하는 바 협동할 것을 명백히
표시하면 좋겠습니다"라는 내용을 발표했다. 학교 이사회는 '노회들과
의 협동'이라는 내용에서 희망을 갖고 다시 청원하기로 하고, 구체적 결
정을 3월 25일 긴급이사회로 연기하고 폐회하였다. 이사회는 "1. 신성학
교는 이사회에서 계속 경영할 것 2. 각 노회와 동창회의 승인을 구할 것
3. 미국전도본부에 부동산과 학교재산의 양여(讓與)를 청원할 것"을 결
의하였다.[6]

---

4) "Minutes and Reports of the fifty-Third Annual Meeting of the Chosen Mission of
the Presbyterian Church in the U.S.A.(1937.6.24-7.1)," p.42.

5) 「동아일보」 1937년 11월 30일자 "宣川信聖·保聖 兩校도 二年後 廢校키로 決議-宣川
에서 開催中인 미순委員會에서, 延專·世專問題도 討議" ; 「조선일보」 1938년 1월
1일자 "無風帶서 旋風帶로 '크로쓰·업'된 兩校 篤志家의 出現苦待-信聖·保聖篇."

6) 「조선일보」 1938년 1월 20일자 "宣川信聖學校도 理事會서 經營決議-學校不動産
의讓步를傳道本部에請願, 本部指示電報에一縷希望."

신성학교 동문들과 각계 인사들은 이사회의 노력에 큰 기대를 하였다. 그러나 이사회가 인계의 구체적 의논을 3월로 연기한다는 미온적 결의와, 아무런 계획 없이 인계 경영을 표명한 모호한 태도 등에 불만을 가졌다. 당시 신문들은 이사회의 미온적 태도를 비판하였다.[7] 신성학교 이사진에 참여한 평북·의산·용천 3노회의 학교 보조금 예산이 1,132원이라는 적은 액수임에도 불구하고, 당시 교인들의 경제적 상황이 어려워 적은 보조금조차 매년 감소되고 있는 형편이었다. 따라서 현재 논의되고 있는 신성학교의 노회 인계는 오히려 '모래위에 세운 성'과 같은 위험이 있다고 보았다. 따라서 학교 이사인 세 노회들이 이런 위험에서 벗어날 수 있도록 최선을 다해 줄 것과, 동창생들의 적극적 지원을 기대하고 있다. 선교부의 보조금이 줄어드는 것도 문제이지만, 앞으로 선교부로부터 학교를 인계받아 전적으로 학교를 경영해 갈 노회가 과연 재정적 부담을 감당해 낼 수 있을지에 대한 우려의 목소리였다. 이것은 다른 지역 학교들도 마찬가지의 상황에 있었다.

보성여학교도 1938년 1월 21일 스티븐스 교장 사택에서 이사회를 열었다. 참석자는 교장 스티븐스, 램프(H. W. Lampe), 잉거슨(Vera F. Ingerson, 印居善), 호프만 목사 부인, 김성모(金聖姆) 여사, 이보식(李輔植) 목사, 조시한(趙時漢) 목사, 최득의(崔得義) 목사 등 8인이었다. 여기서 신성학교 이사회 결의 내용을 그대로 답습해 "1.보성학교는 이사회에서 계속 경영하기로 함. 2.각 노회 급 동창회에 승인을 구하기로 함" 등을 결의하고 2월 초순 경 열리는 각 노회의 경과를 보고 2월 28일 긴급이사회에서 구체적 성안을 얻기로 하고 폐회하였다.[8]

---

7) 「조선일보」 1938년 1월 21일자 "理事會의 微溫的 決議에 全幅的 期待難望-敎會 '몬로主義'를 一擲 안흐면 信聖校 前途에는 亦是暗影."

8) 「조선일보」 1938년 1월 22일자 "保聖學校理事會도 繼續經營을 決議-信聖學校理事會決議를 그대로 踏襲, 二月末에緊急理事會再開討議" ; 「동아일보」 1938년 1월 24일자 "信聖·保聖 兩校引繼 傳道本部에 申請-兩校理事會에서 決議"

1938년 5월 말 열린 미국 북장로회 총회에서 선교부의 한국 교육사업 철수를 최종적으로 결의하였다. "장로교회는 한국에서 교육사업에 진력하여 왔는데 최근 일본당국은 생도 및 교사에게 신사참배할 것을 요구하므로 한국 내 교육사업에서 손을 떼기로 결의하였다"고 발표했다.9) 6월 23일부터 평양에서 북장로회선교부 연례회의가 열렸다. 연례회의에서 6학교(경신·정신·신성·보성·계성·신명)에 대해 1939년 봄부터 신입생을 모집하지 않고 1940년 봄부터 폐교할 것, 전문학교(연희전문·세브란스의전)에 대해 북장로회선교부에서 더 이상 교직원을 파견하지 않고 보조금을 중지하자는 안을 해외선교부에 묻기로 하였다.10)

특히 교육철수에 관해 선교부 실행위원회에서 연례회의에 제안한 내용은 다음과 같다.

> 一. 연희전문과 세브란스의학전문은 감리교측과의 협동이사회의 경영인 관계상 북장로회는 명년 3월까지를 한도로 하고 선교회측의 교직원을 학교와 이사회에 파견치 않는다.
> 一. 경신학교 문제에 대해서는 이번 봄에 조선인 이사를 한명 더 증가 … 종래의 보조금 연7천원을 금년 봄부터 중지한다.
> 一. 그 외의 대구의 계성·신명과 선천의 신성·보성학교, 서울의 정신학교는 모두 금년 7월부터 앞으로 1년만은 종래의 보조예산을 계상한다.
> 一. 그 중 정신여학교에 대해서만은 1936년 총회 때의 원칙적 결정방침에 의해 1940년 봄부터 폐교한다.11)

감리교와 연합인 연희전문학교와 세브란스의학전문학교에는 이사 파

---

9) 「조선일보」 1938년 6월 3일자 "長老敎系統의 諸學校 又復總引退說擡頭-長老敎會外國傳道局서 決定햇다고 突然 米國費府通信이 報道"

10) 「조선일보」 1938년 6월 25일자 "風前燈火格의 北長老系諸校-適任引繼者 잇건업건 引退를 廢校로 斷行?"

11) 「조선일보」 1938년 6월 26일자 "實行委員會決議案 24時間 以內 票決-直系學校는 引退, 延專·世專과는絶緣, 儆新學校는 經營에서 引退"

견을 중지하기로 하였다. 경신학교에 대한 보조금은 1938년 7월에, 대구의 계성·신명 학교와 선천의 신성·보성 학교, 서울 정신학교는 1년 동안만 보조금을 지급하기로 하였다. 따라서 대구와 선천의 학교들은 1939년에, 정신여학교는 1940년 봄에 폐교하기로 하였다. 실행위원회가 제안한 내용은 절대다수로 가결되었다.[12]

신성학교 이사회는 미국 해외선교부에 1939년 3월 선교부 철수 이후 학교 부지와 건물을 계속 사용할 수 있게 해달라는 전보를 보냈다.[13] 실행위원회의 분위기와는 달리 해외선교부는 선천지역의 한국교회들이 이전부터 학교 이사회에 협력하고 지원하고 있는 사실에 깊은 관심을 보였다. 한국교회와의 협력이 선교현장의 교회들과 협력해야 한다는 해외선교부의 원칙에 충실히 따르는 것이라고 보았다.[14] 한국선교부와 달리 해외선교부의 호의적인 반응이 알려지자 선천의 각계 인사들은 학교 인계를 위한 활발한 활동에 나섰다.

2. 노회의 학교 인계와 신성학교 재단법인 설립

1) 평북·의산·용천 노회의 학교 인계

1938년 2월 평북노회 제53회 총회가 선천남교회에서 개최되었다. 신성학교 이사장 김석창(金錫昌)이 신성학교를 평북·의산·삼산·용천 4노

---

12) 「조선일보」 1938년 6월 28일자 "共同經營의 明文上 大邱兩校는 存續可能-延專·世專·徹新은 結局引退의 程度, 宣川兩校는 永永 廢校運命"

13) "Minutes and Reports of the fifty-Fourth Annual Meeting of the Chosen Mission of the Presbyterian Church in the U.S.A.(1938.6.23-30)," p.42.

14) "The Board's Policy Re Academies in Chosen, 1938,"『신사참배문제 영문 자료집 II-미국 북장로회 해외선교부 문서 편』, 376쪽.

회에서 인계·경영해 달라는 청원문을 제출했다. 이 청원에 대해 평북노회에서는 1939년부터 신성학교와 보성여학교를 인계·경영하기로 만장일치로 가결하였다. 이것이 완전히 실현되려면 선교부를 거쳐 미국 해외선교부에까지 회부되어야 하지만, 일단 두 학교의 폐교는 막을 수 있을 것으로 낙관되었다.[15]

평북노회가 신성학교와 보성여학교를 인계·경영하기로 결정하자 다른 노회들도 같은 결정을 내리게 되었다. 의산노회 제39회 총회에서 신성·보성 양교에서 특파한 교무직원 2인이 양교 인계·경영에 대한 청원과 학교상황 등에 대해 보고하였다. 보고 당일에는 양교 인계를 1년간 보류하기로 가결하였다가, 다시 재론하여 평북노회와 제휴해서 인계·경영하기로 가결하였다.[16] 용천노회도 평북·의산 노회와 마찬가지로 인계·경영하기로 결정하였다.

평북·의산·용천 3노회에서 신성학교와 보성여학교를 인계하여 경영하기로 결정하자, 두 학교에서 이사회를 열고 이 사실을 미국 해외선교부에 청원하기로 하였다. 먼저 2월 25일 신성학교 이사회에 김내홍(金迺興)·김병조(金炳祚)·김석창·김태주(金泰周)·백영삼(白永三)·이영희(李英熙)·장인화(張麟華)·최득원(崔得元)·한도욱(韓道郁)·램프(H. W. Lampe)·잉거슨(V. F. Ingerson)·호프만(C. S. Hoffman) 등 12명의 이사가 전원 출석하였다. 해외선교부에 청원할 내용은 3노회의 신성학교 인계·경영과, 만일 학교 인계가 어렵다면 학교의 동산·부동산을 양도해 달라는 것이었다. 그

---

15) 「조선일보」 1938년 2월 5일자 "信聖 保聖 兩校 運命은 어데로-平北老會 昨日開會"；「동아일보」 1938년 2월 8일자 "信聖學校 引受經營 平北老會에 請願-理事長 金錫昌氏로부터 提示, 不日中 可否를 決定"；「동아일보」 1938년 2월 9일자 "信聖·保聖의 兩學校 平北老會에서 經營-來年부터 引受키로 一致可決, 注目되는 本部態度"；「조선일보」 1938년 2월 9일자 "平北老會에서 兩校經營을 決議-宣川 信聖·保聖 兩校에 새光明"

16) 「동아일보」 1938년 2월 26일자 "信聖·保聖 引受經營 義山老會에서 決議-一년 보류하려다가 재론의, 平北老會와 提携해"

244 일제하 한국기독교와 미션스쿨

리고 장이욱 교장 사임 후 교장 대리로 있는 최득원을 정식 교장으로 임명하기로 하였다.[17]

보성여학교도 이사회를 열고 학교 재산 일체를 무상양도해 달라는 청원을 선천 선교지부를 거쳐 미국 해외선교부에 청원하기로 결의하였다. 그리고 스티븐스 교장의 사임을 수리하고 교무주임이던 김창학(金昌鶴)을 신임 교장으로 임명할 것 등을 결정하였다.[18] 스티븐스 교장은 신사참배 문제가 발생한 초기부터 학교에 본인의 사임과 한국인 교장 선임을 요청해왔지만 받아들여지지 않았다. 선교부 실행위원회에서 1939년 4월 1일 선천지역 교육사업에서 철수한다는 정책을 확정하자 다시 학교 이사회에 교육철수 후 학교 운영을 위해 자신이 사임하겠다고 했다. 1938년 2월 28일 실행위원회가 모여 해외선교부에 이 문제를 보고하기로 했다. 그런데 그보다 앞선 2월 17일 도 교육국에서 스티븐스 교장이 신사의식에 참석하지 않았다는 이유로 사직을 통고했다. 보성여학교 이사회는 할 수 없이 이를 받아들였고, 2월 28일 모임에서 김창학을 선임한 것이다.[19]

---

17) 「동아일보」 1938년 3월 1일자 "平北·義山·龍川 三老會 引受請願傳達 要望-안된다면 建物만이라도 그대로 두워달라, 信聖理事會에서 決議." 장이욱 교장은 1937년 5월 '수양동우회' 사건으로 체포, 수감되었고, 그해 10월 감옥 안에서 사직을 강요당했다. 후임으로 1936년부터 신성학교 교사로 근무한 최득원이 교장사무취급이 되었다. T. W. Choi, "Report of the Boy's Academy, Syenchun, 1938," *Presbyterian Church in the U.S.A. Board of Foreign Missions Korea Mission Reports 1911~1954* 제8권, p.679 ; 신성학교동창회, 『신성학교사』, 207~211쪽.

18) 「동아일보」 1938년 3월 3일자 "卅年의 功績 남기고 保聖徐校長 辭任-學校財産等 無償讓渡를 電請, 新校長은 金昌鶴氏"

19) "Personal Report, Blanche I. Stevens, 1938," *Presbyterian Church in the U.S.A. Board of Foreign Missions Korea Mission Reports 1911~1954* 제25권, p.395~396. 스티븐스의 공식적인 교장 사임은 3월 15일이었으나 독감으로 인해 움직일 수가 없게 되자 스티븐스의 집에서 이사회를 열고 3월 1일로 교장의 책임을 면하게 되었다. 이후 스티븐스는 성경학원 사역을 계속하였다.

5월 26일 보성여학교 이사회에서 선교부의 종교교육 철수 원칙에 따라 장래를 생각해 램프 1명으로 되어 있는 설립자를 증원하기로 결정하고, 강일현(姜日鉉)·김창학·조시한(趙時漢) 3명을 전형위원으로 선정하였다. 전형위원들의 활동 결과 노정린(魯晶麟) 장로와 백형덕(白亨德) 여사가 새롭게 보성여학교 설립자로 선정되어, 학교 경영진을 강화하였다.[20] 이에 관한 해외선교부의 대답은 우선 학교 규약에 따라 선천 학교들의 폐쇄는 불가하다는 입장을 밝혔다. 그러나 교육 철수에 재정이 필요하므로 학교의 재산을 한국인들이 그대로 계속 사용하도록 할 수는 없다고 했다. 학교 재산을 팔아서 철수 자금으로 사용하겠다는 것이다.[21]

1938년 5월 말 미국북장로회 총회에서 한국에서의 교육사업 철수를 결의하였고, 6월 평양에서 열린 북장로교선교부 연례회의에서 신성·보성학교 신입생을 모집하지 않고 1940년 봄부터 폐교할 것을 결의하였다.[22] 이렇게 북장로회선교부의 교육 철수가 확실해지자 11월 25일부터 29일까지 평북 강계에서 선교부 실행위원회를 개최하고 학교인계 절차에 대해 협의하였다. 12만 5천원 이상으로 평가되는 신성학교 건물과 토지 등을 평북노회가 5만원의 사례금으로 인계하기로 결정하고, 이를 즉시 미국 해외선교부에 타전하여 12월 19일 열리는 해외선교부 회의의 승낙을 구하기로 하였다.[23] 다음은 선교부 실행위원회 총무가 해외선교

---

20) 「동아일보」 1938년 5월 31일자 "保聖女校理事會 設立者增員 決定-經營陣容 强化圖謀"; 「동아일보」 1938년 6월 20일자 "魯·白兩氏設立引繼 保聖女學校 曙光-白女史 萬五千圓喜擲." 노정린은 현직 장로로 일찍부터 교육사업에 관심을 가졌고 신성학교에 수천원 가치의 토지를 제공하였고, 백형덕은 보성여학교에서 교편을 잡았던 박수복(朴壽福)의 모친으로 학교가 어려울 때 1만 5천원을 기부하였다.

21) "Board Action of June 22, 1938," 『신사참배문제 영문 자료집 II-미국 북장로회 해외선교부 문서 편』(한국기독교역사연구소, 2004), 526쪽.

22) 「조선일보」 1938년 6월 25일자 "風前燈火格의 北長老系諸校-適任引繼者 잇건업건 引退를 廢校로 斷行?"

23) 「동아일보」 1938년 11월 30일자 "信聖校引繼 謝禮金 江界서 열린 미순實行委員會서 五萬圓으로 決定, 本部에 打電"; 「기독신문」 1938년 12월 8일자 "宣川 信

부에 보낸 제안서이다.

미국북장로회 한국선교부 재단법인을 갑으로 하고 재단법인 평북노회를 을
이라 한다.

1. 교육사업에 종사한다는 목적에 의해 아래 제 조건하에 갑은 시가 12만5천
   원 이상의 가치를 갖는 아래 적은 일정한 가격의 소유물을 을에 5만원의
   가격에 매각하기를 계약한다.
   (1) 선천읍내에 있는 田·畓과 부지 약 79,797평과 신성학교 건축물
   (2) 시외에 있는 田·畓과 부지 약 179,620평 및 19町6段9畝의 임야
2. 계약서에 날인함과 동시에 을은 갑에게 금 1만원을 계약금으로 지불하기
   로 한다(제1회 지불). 잔액 4만원은 다음과 같이 지불하는데, 2만원은
   1939년 3월 31일 혹은 그 이전에 지불하기로 한다(제2회 지불). 2만원(제3
   회 지불)은 3기에 나눠 지불하는데 7천원은 1939년 12월 31일 혹은 그 이
   전에 지불하고, 7천원은 1940년 12월 31일 혹은 그 이전에 지불하고, 6천
   원은 1941년 12월 31일 혹은 그 이전에 지불한다. 계약하고 제2회에 지불
   하는 2만원을 1939년 3월 31일 혹은 그 이전에 지불하지 않으면 갑은 을
   의 계약금 1만원은 돌려주지 않는다.
3. 대금을 완전히 영수한 갑은 다음과 같이 을에게 매도물을 법적으로 양도
   하기 위해 계약한다.
   (1) 1939년 3월 31일 혹은 그 이전에 지불해야 할 2만원(제2회 지불)을 완
       전히 영수한 다음 상기 제1조 (1)항의 田·畓과 건물의 이전을 한다.
   (2) 1941년 12월 31일 혹은 그 이전에 지불하는 것과 3기 구분 지불하는
       2만원(제3회 지불)을 완전히 영수한 후 제1조 (2)항의 田·畓과 부지, 임
       야를 이전하는데, 단 선천 선교지부는 해당 부동산을 신성학교에 이전
       하는 것을 결의하고 동교에서는 그때부터 1941년 12월 31일 혹은 그
       이전에 대금 전액을 지불하기까지 그 토지의 소작료를 징수하고 또 사
       용할 수 있다.
4. 각 이전에 관한 비용 일체는 을이 부담한다.
5. 을은 교원의 퇴직금에 관한 제 요구까지 포함한 과거 및 장래의 의무 또는
   학교, 학교재산에 관련한 책임을 전부 인수함을 계약한다.

聖學校事件 江界서 열린 實行委員會서 決議"; Harry A. Rhodes, *History of the
Korea Mission Presbyterian Church U.S.A.* vol. II, 1935~1959, 대한예수교장로회총회
교육부, 1984, 84~85쪽.

6. 을은 울타리 또는 기타 경계표를 세우기로 계약하고 혹은 갑이 필요하다고 생각할 때에는 수선하는 것도 계약한다.
7. 본 계약은 미국북장로회 해외선교부의 승낙을 얻은 후에 효과가 발생하는 것으로 한다.[24]

12만 5천원 이상의 가치를 갖는 신성학교 소유의 전답과 학교 부지와 건물, 임야 등을 북장로회선교부가 3노회를 대표하여 평북노회에 5만원에 매각하기로 계약하고, 5만원은 1941년 3월까지 여러 차례에 걸쳐 지불하기로 하였다. 모든 이전 비용과 교사의 퇴직금 등에 대한 책임을 모두 평북노회가 부담하기로 하였다. 한국선교부는 1938년 11월 20일 신성학교를 위의 내용 그대로 5만원의 사례금을 받고 인계하기로 계약서를 작성했고, 이것을 미국 해외선교부에서 12월 19일자로 허락하였다.[25]

북장로회선교부에서 평북·의산·용천 3노회로 양도하게 된 이후 제1회 신성학교 이사회가 1939년 1월 31일 이사장 김석창 사회하에 개회하였다. 선교부측 이사들이 참석하는 마지막 이사회였다. 이 자리에서 학교자산 매수문제를 논의하여 평북노회에서 2만원, 의산노회에서 2만원, 용천노회에서 1만 5천원, 학교동창회에서 5천원을 각각 부담하기로 하고 각 노회본부 및 동창회에 청원하여 독지가 확보를 위해 노력하기로 하였다. 매수한 모든 자산은 이후 성립될 재단법인 신성학교에 직접 이

---

24) "Board Action December 19, 1938", 이만열 엮음, 『신사참배문제 영문 자료집 Ⅱ- 미국 북장로회 해외선교부 문서 편』, 532~533쪽 ; 「朝鮮新聞」 1938년 12월 2일자 "宣川 信聖學校 讓渡契約條項"(서울대도서관소장 신문스크랩자료) ; "Minutes and Reports of the fifty-Fifth Annual Meeting of the Chosen Mission of the Presbyterian Church in the U.S.A.(1939.6.22-29)," p.45~46. 이 회의록에는 '을'이 윤하영(Yun Ha Yung), 지군일(Chi Kun Ill), 김석창(Kim Suk Chang)으로 되어 있다. 조선총독부의 기독교 단체 법인화 정책으로 1924년 재단법인미국예수교북장로파조선선교회유지재단이 설립되었고, 1933년 재단법인조선예수교장로회평북노회유지재단이 설립허가를 받았다. 안유림, 「조선총독부의 기독교 단체 법인화 정책」『한국기독교와 역사』 31호, 한국기독교역사학회, 2009년 9월, 140·149쪽.
25) "Board Action December 19, 1938," p.533.

전등기하기로 했다. 이사회의 각 분과 위원은 다음과 같다.

실행위원부-김석창·최득원·김내홍·윤하영(尹河永)·백영삼
理財위원부-김석창·김병조·김태주·안병균(安秉均)
감사-이영희·김내홍·백영삼
憲章개정위원-안병균·윤하영·백영삼·김석창[26]

평북노회는 신성학교 이사회가 선교부 재산 매수 사례금 5만원 중 2만원을 부담해달라고 요청하자 허락하였다. 모금 방법과 설립자 문제에 대해 장규명(張奎明)·김석창 외 5명을 위원으로 선출하였고, 이들이 "선천금융조합장 오진태(吳震泰)씨와 심천면 김성준(金聖浚)씨가 각각 일만원씩 내노키로 교섭이 성립되엇고 그중 오진태씨가 평북노회 선출의 설립자로 승낙하엿다는 것을 보고"하였다.[27] 신성학교 문제로 같은 책임을 지고 있던 의산·용천 양 노회에서도 이사회의 요청을 승낙하였다. 용천노회는 부담액이 1만 5천원이었는데 백학준(白學俊)과 함시철(咸時哲) 두 명이 각 5천원씩 내기로 하고 부족금 5천원은 교섭하기로 했다.[28] 의산노회는 김상철(金相喆)·윤하영·한경직(韓景職)·홍하순(洪河順) 등 4명의 실행위원이 독지가를 구하던 중 신의주보육원 원감 안승성(安承成)이 전 재산 1만원을, 의주군의 이윤각(李允珏)이 1만원을 희사하기로 하였다.[29]

보성여학교에 대해서 장로교 측은 선교부에 기지 및 건물 전체의 무

---

26) 「朝鮮新聞」 1939년 2월 3일자 "更生の 信聖學校-卅一日 第一回 理事會"(서울대도 서관소장 신문스크랩자료) ; 「동아일보」 1939년 3월 14일자 "更生되는 信聖·保聖 財團完成도 目睫間-白·咸兩氏 筆頭로 萬圓을 喜捨, 各界의 聲應이 熱烈"
27) 「조선일보」 1939년 3월 4일자 "吳·金兩氏의 壯擧 信聖學校에 二萬圓"
28) 「조선일보」 1939년 3월 8일자 "龍川老會 負擔金 有志義捐金 遝至-信聖·保聖兩校 謝禮金"
29) 「동아일보」 1939년 5월 16일자 "隆運의 信聖學校에 又復 二萬圓을 喜擲-新義州 安·李兩氏의 快擧"

상양여를 희망했으나 수차례 절충한 결과 7천원의 사례금을 주고 양여
하기로 승인을 받았다. 북장로회 해외선교부는 1938년 12월 14일 보성
여학교를 인계하기로 한 계약서를 작성했고, 이것은 1939년 1월 16일자
로 허락되었다. 보성여학교의 인계 내용은 아래와 같다.

미국북장로회 한국선교부 재단법인을 갑으로 하고 한국장로교 재단법인 평
북노회를 을이라 한다.

1. 교육사업에 종사한다는 목적에 의해 아래 제 조건하에 갑은 시가 2만원
   이상의 가치를 갖는 아래 적은 일정한 가격의 소유물을 을에 7천원에 매
   각하기를 계약한다.
   (1) 선천 읍내에 있는 田·畓과 부지 약 9,197평.
   (2) 12,730원의 가치로 평가되는 9개의 건물(이 가운데 한국인이 기부한
       것은 6,903원 49전).
2. 계약서에 날인함과 동시에 을은 갑에게 금 1천원을 계약금으로 지불하기
   로 한다(제1회 지불). 잔액 6천원은 다음과 같이 지불한다. 3천원은 1939
   년 3월 31일 혹은 그 이전에 지불하기로 한다(제2회 지불). 3천원은 1940
   년 3월 31일 혹은 그 이전에 지불하기로 한다(제3회 지불). 제2회 지불인
   3천원을 1939년 3월 31일 혹은 그 이전에 지불하지 않으면 갑은 을의 계
   약금 1천원을 돌려주지 않는다.
3. 대금을 완전히 영수한 갑은 을에게 매도물을 법적으로 양도한다.
4. 각 이전에 관한 비용 일체는 을이 부담한다.
5. 을은 교원의 퇴직금에 관한 제 요구까지 포함한 과거 및 장래의 의무 또는
   학교, 학교재산에 관련한 책임을 전부 인수함을 계약한다.
6. 을은 울타리 또는 기타 경계표를 세우기로 계약하고 혹은 갑이 필요하다
   고 생각할 때에는 수선하는 것을 계약한다.
7. 본 계약은 미국북장로회 해외선교본부의 승낙을 얻은 후에 효과가 발생하
   는 것으로 한다.[30]

---

30) "Board Action January 16, 1939", 이만열 엮음, 『신사참배문제 영문 자료집 II-미
   국 북장로회 해외선교부 문서 편』, 533~534쪽 ; "Minutes and Reports of the
   fifty-Fifth Annual Meeting of the Chosen Mission of the Presbyterian Church in the
   U.S.A.(1939.6.22-29)," p.47~48. 이 회의록에도 신성학교와 마찬가지로, '을'이
   강일현(Kang Il Hyun)과 김창학(Kim Chang Hak)으로 되어 있다.

2만원 이상의 가치를 갖는 보성여학교 소유의 전답과 학교 부지 및 건물을 북장로회선교부가 3노회를 대표하여 평북노회에 7천원에 매각하는데, 1940년 3월까지 3회에 걸쳐 지불하기로 하였다. 신성학교의 계약 내용과 같이 모든 이전 비용, 교사 퇴직금 등에 대한 책임을 모두 평북노회가 부담하기로 하였다.

1938년 9월 보성여학교 설립자로 선정된 노정린·백형덕은 앞으로 학교 승격, 학교 설비 등의 문제들을 계속하여 보완하기로 하였다.[31] 1939년 3월에는 보성여학교 설립자가 한 명 더 추가되었다. 선천에서 사회사업과 교육사업으로 명성이 높은 이창석이 설립자가 된 것이다. 그는 학교 재건을 위해 수만원을 제공함으로써, 한때 존폐위기에 놓였던 보성여학교를 다시 일으켜 세우고자 했다.[32] 1939년 3월 31일 북장로회선교부가 손을 떼고 이사진 전원이 사퇴하자, 노정린·백형덕 외 평북 유지들이 기부금을 내어 4월 보성여학교 소속 선교부 유지 재단 소유에 관련된 토지와 건물 전부를 매수하였다.[33]

신성학교와 보성여학교의 노회 인계는 비교적 수월하게 이루어졌다. 평북·의산·용천 3노회가 두 학교를 인계하기로 가결하자, 곧바로 인계를 위한 논의를 하였고 1938년 말부터 1939년 초까지 미국 해외선교부의 승낙을 얻었다. 이는 1927년부터 학교 이사진에 노회에서 이사를 파견하였고, 지역사회에서 학교 승격운동과 기부금 모금 등에 적극적으로 참여하였기 때문에 가능한 것이었다.

---

31) 「동아일보」 1938년 12월 16일자 "宣川保聖女學校 絶處逢生! 兩篤志家가 出現, 引繼經營을 擔當-白亨德女史와 魯晶璘兩氏, 將來는 昇格에까지 邁進"
32) 「조선일보」 1939년 3월 25일자 "保聖學校 設立者에 李昌錫氏 就任" 이창석은 1942년 1월 사망하였다(「매일신보」 1942년 1월 19일자).
33) 홍선의, 『保聖百年史, 1907~2007』, 160쪽.

2) 재단법인 설립과 선천 학교의 변화

북장로회선교부로부터 평북·의산·용천 3노회로 학교 운영권이 변경된 이후 신성학교 경영난이 매우 심각해졌다. 이에 선천의 유지 오익은(吳翊殷)·오철은(吳哲殷)·오필은(吳弼殷)·오현기(吳鉉琦) 등 오씨 문중에서 토지 26만평, 현금 등 30만원을 기부하고, 오필은이 이사장에 취임하였다.34) 오필은은 평안도 거부 오희순(吳熙淳)의 차남으로, 신성학교뿐만 아니라 오산학교의 '설립자'이며 대성학교의 이사이기도 했다.35) 철산 오씨 문중은 무역업과 대금업으로 재력을 모았고, 1900년대부터 각지에 학교를 세우고 후원하는 등 활발한 교육활동을 하였다.36)

신성학교에서는 기존의 학교 기지와 건물 등 약 30만원의 고유재산과 기부금을 합해 60만원의 재단법인 조직에 착수하기로 하였다. 그리고 1939년 1~4학년의 4학급, 1940년 5학년 1학급을 증설하여 2백여명의 생도를 모집할 수 있도록 평북 학무과를 거쳐 총독부에 인가신청 서류를 제출하였다. 1939년 5월 교장 최득원과 이사 오현기가 상경하여 총독부와 교섭하여 승인을 요청하였다.37) 1939년 8월 신성학교는 64만여 원으

---

34) 오씨 문중의 기부 소식에 선천상공회, 선천기독교청년회, 선천신문기자단, 신성학교동창회, 기타 선천지역 여러 단체들이 총망라하여 오씨문중 찬하회를 개최하기도 하였다. 「동아일보」 1939년 4월 23일자 "蘇生의 盤石에 오른 信聖學校-三十萬圓을 喜擲, 六十萬圓財團法人 組織 着手, 宣川吳氏門中 壯擧" ; 「동아일보」 1939년 4월 29일자 "隆運의 宣川信聖-校舍를 新築, 學級延長"

35) 「사립학교규칙」에 의해 각 사립학교들은 학교의 법적인 대표자로 '설립자'를 세워야 했고, 오필은은 오산학교의 대표자인 '설립자'가 된 것이다. 「동아일보」 1923년 4월 5일자 "五山校 設立者로 오필은씨 쏘승락" ; 「동아일보」 1927년 6월 19일자 "朝鮮의 자랑, 斯界의 重鎭" ; 김기홍, 「復興하는 學都 五山」 『삼천리』 7권 10호, 1935년 11월 ; 김영혁 편저, 『신성학교사』, 344쪽.

36) 함석헌, 「남강 이승훈 선생의 생애」 『남강 이승훈과 민족운동』, 남강문화재단출판부, 1988 ; 김기석, 『남강 이승훈』, 한국학술정보, 2005 ; 이용선, 「민족자본 오희순」 『朝鮮巨商』, 동서문화사, 2005.

37) 「조선일보」 1939년 5월 28일자 "信聖學校 大擴張 五學級을 增設-認可 되는대로

로 재단법인 인가신청을 수속하였다. 인가신청 시 기부자 명단과 법인의
주요 임원은 다음과 같다.[38]

〈표 22〉 재단법인 신성학교 기부자 명단(1939년 8월)

기부인	기부 전답 및 현금	지역
평북·의산·용천 노회	선교회 매수금	
오현기(吳鉉琦)	畓4754평, 田10095평, 垈255평	선천
김영례(金永禮)	畓4677평	〃
오익은(吳翊殷)	畓4462평	〃
오재한(吳載漢)	畓7836평, 田23288평, 垈61평, 道29평	〃
오현묵(吳鉉黙)	畓5317평, 田12445평	〃
오기태(吳杞泰)	畓3162평, 田17301평, 垈105평	〃
오필은(吳弼殷)	1만원	〃
오철은(吳哲殷)	1만원	〃
오유은(吳有殷)	1만원	〃
박문규(朴文圭)	畓1591평, 田10351평	정주
오유은(吳有殷)	畓3952평	차련관
오해은(吳海殷)	畓9711평	〃
이상 현금 환산 총액	64,1634,70전	

〈표 23〉 재단법인 신성학교 임원(1939년 8월)

임원	이름	소속
이사	오필은, 오철은, 오익은, 오해은, 오유은, 오현기	신 재단
	오기태(吳杞泰), 김성준(金聖浚)	평북노회
	이윤각(李允珏), 안국보(安國輔)	의산노회
	이광식(李光植), 백학준(白學俊)	용천노회
	김내흥(金迺興), 안병균(安秉均)	동창회
감사	함시철(咸時哲), 오기태(吳基泰), 김기보(金基輔)	

1940년 8월 26일에 다시 75만원으로 재단법인 인가신청을 하였고,
이것이 8월 31일에 인가되었다.[39] 9월 26일에 등기를 완료하였고, 이사

二百餘 生徒 新募"
38) 「동아일보」 1939년 8월 27일자 "盤石우에 올른 信聖學校 六四萬圓財團 完成-平
北 吳氏門中의 特志로 危機에서 蘇生, 財團法人 認可申請中"

진은 김영례(金永禮)·오기태·오필은·오현기·이광식·이윤각·최득원 등
이었다.[40]

1939년 8월에 평안북도 학무과에서 신성학교·보성여학교를 비롯한
사립학교에 대해 "시국에 순응되지 않은 과거의 경영시설, 교육방침 등
을 답습하는 것이 적지않아 일본정신의 발양과 교육쇄신이라는 점으로
도 여러 가지 유감되는 점이 많으므로" 시정하라고 하며 실행조건을 내
세웠다. 또한 배신적 언동을 할 때는 단호히 폐교를 명할 것이라 하였다.
실행조건은 1. 교칙의 개정 2. 종교적 색채의 배제 3. 학교교련의 실시
4. 경영경제의 확립 5. 교원진의 쇄신이었다.[41] 기독교 학교의 교칙은
대부분 기독교적 이념을 담고 있었으므로 교칙 개정이나 종교적 색채의
배제는 학교의 설립이념에 대한 전적인 포기가 뒤따르는 문제였다.
1942년 9월 제7대 오창(吳彰, 吳鉉文) 교장이 취임하자, 총독부에서 곧
바로 기독교적 색채가 강한 학교명을 바꾸라는 지령을 내렸다. 평북도청
학무과에서 '소화(昭和)중학교'로 이름을 바꾸고자 한다는 소식을 접하
자 학교와 재단, 노회가 긴급 회의를 소집하고 '신성'이라는 교명을 유
지하고자 했다. 그러나 일제의 압력으로 결국 선천중학교로 교명이 변경
되었다.[42] 군국주의 교육이 한창이던 1944년 초에는 일본인 교장 다카
하시[高橋虎彦]가 취임하였고 1945년 5월 전시교육령 하에 학생들은
강제노동에 동원되었다.

---

39) 「매일신보」 1940년 8월 31일자 "宜川信聖學校 財團法人正式認可"; 김영혁 편저,
   『창립 100주년 신성학교사』, 344쪽에는 이사장: 오필은/ 이사: 오현기, 김영례, 오
   기태, 이윤각, 안봉성, 최득원/ 감사: 김석창, 오해은(吳海殷)으로 되어 있다. 『조선
   총독부관보』에는 안봉성 대신 이광식이 등기 이사로 등록되었다.

40) 『조선총독부관보』 1940년 10월 28일자 제4130호 8면.

41) 「동아일보」 1939년 8월 7일자 "平北道內私立校에 今後方針을通達-平北道學務課
   에서"

42) 「매일신보」 1942년 6월 1일자 "歷史기푼 信聖學校 中學校에 昇格-三十五年만에
   更生의 歡喜"; 김영혁 편저, 『창립 100주년 신성학교사』, 369쪽.

보성여학교는 3년제 6학급이었는데, 1940년에 4년제 8학급으로 학년 증가수속을 제출해 인가받았다. 당시 교장이던 김창학은 약 35만원으로 재단법인 수속을 할 예정이라고 하였다.[43] 1941년 평북에서 광업을 경영하는 박용운이 2만 5천원 가량의 주택지대 5천여평을 보성여학교 재단법인 기금으로 기부하였다. 계속하여 기부금이 들어와 보성여학교는 40만원의 재단법인을 준비하고 교사와 기숙사 등 학교 건물을 신축하였다.[44]

1942년 신성학교가 선천중학교로 교명을 변경했을 때, 보성여학교 역시 선천여자상업학교로 변경되었다. 당시 재단이사였던 이영찬[45]·노정린 등이 재단 확충을 위해 황해도 연백지역에 논 33만평을 샀는데 이 재산이 서울에 학교를 재건할 때 토대가 되었고 재단법인 선천여자상업고등학교로 재인가받게 되었다.[46]

이상에서 본 바와 같이 선천 신성학교와 보성여학교는 지역민들과의 유대가 강하였다. 서울, 평양, 대구 지역 학교들을 선교사들이 설립하고 학생을 모집했던 것과는 달리 신성학교는 선천지역 유지들이 설립을 주도하였다. 그리고 미국의 경제불황의 여파로 선교비가 축소되자 1927년에 선교부 외에 평북노회·의산노회가 학교 운영에 이사로 참여하게 되었고, 그 해에 한국인 교장이 취임하였다.

1923년부터 시작된 신성학교의 지정학교 승격운동은 한국인들이 학교 운영에 참여하고 장이욱 교장이 취임하면서 박차를 가했고, 선천 지역민들의 주도적 운동으로 1931년 3월에 지정학교로 승격되었다. 그리

---

43) 「동아일보」 1940년 3월 9일자 "宣川保聖女校에 曙光-四年制로 昇格計劃, 조혼財團 얻었으므로 近日手續"
44) 「장로회보」 1941년 3월 19일자 "保聖女校의 喜報-朴龍雲氏를 비롯하여" ; 홍선의, 『보성백년사, 1907~2007』, 160쪽.
45) 이영찬(李泳贊)은 평안북도 선천군 출신으로 신성학교를 졸업하였고, 동아일보 지국장을 거쳐 선천전기주식회사 취체역, 식산조합장, 선천금융조합장 등을 역임하였고, 광산업으로 큰 부를 쌓았다. 박근명, 『선천요람』, 대영서원, 1932, 155쪽.
46) 홍선의, 『보성백년사, 1907~2007』, 161쪽.

고나서 학교의 발전과 자립을 위해 재단법인을 완성하기로 하고 활발히 모금운동을 하였다. 1930년대 일제의 신사참배 거부로 인해 북장로회선교부 경영 학교들이 폐교의 위기에 닥쳤을 때 신성학교와 보성여학교는 한국인들의 손으로 인계 경영되었다.

한국인의 주체적인 학교 설립, 한국인 교장의 취임 등은 당시 서울이나 평양 학교들의 상황과 비교한다면 선천지역의 특수한 상황이었다고 볼 수 있다. 또한 1920년대부터 한국인들이 학교 운영에 참여하고 있었기 때문에, 1930년대 중후반 북장로회선교부가 교육사업에서 철수를 결정했을 때 비교적 쉽게 평북·의산·용천 3노회로 인계경영이 이루어질 수 있었던 것이다. 대구의 계성학교와 신명여학교도 선교부와 경북노회 공동운영이었으므로 교육선교 철수가 결정된 후 경북노회가 인수해서 경영하기로 결정했다.

북장로회선교부 경영 다른 학교들과 마찬가지로 신성학교와 보성여학교도 학교재산 일체를 무상으로 양도해 달라는 내용의 청원을 선천선교지부를 거쳐 미국 선교본부에 보냈다. 결국 학교 이사회, 동문회, 선천시민 등 각계 각층의 요구가 받아들여져 1938년 11월부터 12월 사이에 신성학교는 5만원의 사례금으로, 보성여학교는 7천원의 사례금으로 평북·의산·용천 3노회로 인계되었다. 인계된 이후 경영난에 빠지자 철산 오씨 문중이 신성학교를, 노정린·백형덕 등 한국인들이 보성여학교를 지원하여 두 학교가 유지되었다. 일제 말 선천중학교와 선천여자상업학교로 교명이 변경되었지만, 선교부 경영이었던 학교에 한국인이 참여하고, 또한 한국인 노회 앞으로 인계되는 과정에서 보여준 선천 지역민들의 자발적이고 주도적인 움직임은 다른 지역에 비해 훨씬 의미가 컸다고 할 수 있다.

3. 대구지역의 신사참배 문제와 계성·신명 학교

대구지역 기독교계 학교에서는 신사참배 문제가 다른 지역보다 빨리
대두되었다. 1934-35년 계성학교 보고에 의하면, 육군의 날(Army day)이
일요일이었는데 그때까지 아무 행사가 없다가 갑자기 그 날을 국경일로
만들어 국가행사이니 학교에 참여하라고 강요하였다. 계성학교는 기독
교 학교이므로 일요일 행사에 참여할 수 없다고 하자, 육군 측은 참석하
지 않으면 문제가 일어날 것이라고 강력하게 경고했다. 이에 대구 선교
지부에서 도 학무과에 도움을 요청했으나, 도의 교육담당 인사는 비기독
교인 학생들만 보내라고 제안했고 이것 역시 학교에서 거절했다. 이후
상황은 더 이상 보고되지 않았다.[47)]

신사참배 문제가 본격적으로 불거진 것은 1936년부터이다. 1936년 2
월 초 기원절(紀元節)에 대구 공설운동장에서 요배식과 건국제를 거행
했다. 신명여학교는 신사참배는 하였으나 요배식을 거행할 때 만세와 국
가를 부르지 않았다. 이로 인해 헌병, 경찰 양쪽에서 엄중히 조사를 진행
하고, 경상북도 학무과에서 시학관을 급파하는 등 문제가 되었다.[48)] 6월
에는 대구서(大邱署) 고등계에서 대구부내 각 교회의 중견인물들인 남
산교회 백남채(白南埰) 장로, 제일교회 윤병혁(尹炳赫) 장로, 신정교회
염봉남(廉鳳南) 목사, 중앙교회 오승환(吳昇煥) 목사 등 10여명을 소환
하였다. 이들에게 각 교회에서 신사참배 문제에 오해가 없도록 하고 또
한 종교단체에서 경영하는 학교라도 학생들의 신사참배는 반드시 시킬

---

47) Harold H. Henderson, "Keisung Academy Annual Report for 1934-35" *Presbyterian
   Church in the U.S.A. Board of Foreign Missions Korea Mission Reports 1911-1954* 제7권,
   p.417~422.

48) 「조선중앙일보」 1936년 2월 24일자 "大邱信明女學校 萬歲不唱問題로 道當局에서
   調査開始"

방침이니 양해하라고 경고했다.[49]

1936년부터 선교부에서 경영비를 보내지 않는다는 것, 계성과 신명 두 학교는 다음 해부터 신입생을 모집하지 않고, 현재 재학생이 4년 후 졸업하게 될 때까지만 경영하고 문을 닫을 것이라는 설이 나돌았다.[50] 신사참배 거부로 평양지역 학교 교장들이 파면당하자 1936년 열린 북장로회선교부 연례회의에서 '교육철수 권고안'[51]을 표결하여 압도적 지지로 결의하고 제반 문제들을 선교부 실행위원회에 일임하였다.[52]

1936년 12월 남장로회선교부 경영 광주 수피아여학교를 비롯해서 전남 일대 17개 학교를 폐교하기로 하였다. 이에 북장로회선교부 경영의 학교들도 폐교될 것인지의 여부가 초미의 관심사가 되었다. 각 지방의 선교지부에서도 여러 차례 지방위원회를 열고 교육사업의 문제를 토의했는데, 대세는 일단 학교 경영에서 총 사퇴하자는 의견이었다. 그리고 "1. 선교회의 손으로 모두 폐교를 할 것이냐 1. 후계자로 유지의 출마를 기다릴 것이냐 1. 그렇다면 선교회로서는 학교 후계자에 대하여 학교재산 등을 어떤 정도로 처리 또는 인계시킬 것이냐" 하는 문제가 토의되었다. 이에 대해 선교회로서는 "학교는 될 수 있는대로 살려 계속하게 한다. 물론 적당한 후계자에게는 될 수 있는대로 좋은 방법의 원조도 하는 것이 옳다"는 내용이 논의되었으나, 쉽게 결정할 수 없는 문제이므로 협의를 거듭하고 있었다.[53] 선교부 경영 학교들은 대부분 선교부의 재정

---

49) 「동아일보」 1936년 6월 24일자 "牧師長老를 召喚 神社參拜를 警告-啓聖學校 生徒에게 參拜케해, 大邱署高等係에서"

50) 「동아일보」 1936년 7월 4일자 "長老教系의 兩學校 啓聖,信明 廢止說-明年부터는 生徒를 不募集, 貧弱한 教育界에 悲報!"

51) "Board Action of September 21, 1936" 이만열 엮음, 『신사참배 영문 자료집 II-미국 북장로교 해외선교부 문서 편』, 517쪽.

52) "Educational Policy of the Chosen Mission of the Presbyterian Church U. S. A." ; 김승태, 『한말·일제강점기 선교사연구』, 177쪽 재인용. 「동아일보」 1937년 1월 27일자에 연례회의 결의 내용이 소개되어 있다.

보조에 의해 운영되고 있었으므로, 적당한 후계자에게 학교를 넘긴다고 해도 학교 재산 처리 문제는 향후 매우 중요한 부분이었다.

　12월 5일 청주에서 열린 선교부 중앙위원회에서 평양의 숭실전문학교, 숭실학교, 숭의여학교는 1937년 신학기부터 학생을 모집하지 않고 폐교하기로 결정하였다. 북장로회선교부 실행위원장 로즈(Harry A. Rhodes)는 대구의 두 학교에 관해서는 아직 확실한 결정을 내리지 못했다고 존폐 여부에 관한 대답을 회피하였다.[54] 계성학교 교장 핸더슨은 "대구 두 학교는 문제되지 않았습니다. 중앙위원회에서 토의하자면 지방회(스테이션회)에서 먼저 제의하여야 하는데 우리는 제의도 하지 않았을 뿐 아니라 나는 학교폐지 반대론자로 평양문제에도 극력 폐지를 반대했습니다. 대구 학교는 대구지방위원의 의견에 달렸는데 우리 이외의 누가 우리 학교의 폐지를 운운해요"라고 하면서 신문의 오보에 대해 섭섭한 감정을 드러내기까지 했다.[55]

　신사참배에 대한 핸더슨 교장의 인식은 다른 지역의 선교사들과는 많은 차이가 있었다. 그는 학생들을 신사에서 고개를 숙이도록 한 정부의 요구는 단지 국가에 대한 존경심의 하나라고 생각했다. 신사에 가서 고개를 숙이라는 정부의 요구를 받아들이지 않음으로 학교가 당해야 하는 것이 더 피해야 할 '악'이라는 것이다. 모든 학생들이 비기독교인이 되고, 반기독교적인 교육을 받고, 더 나쁘게는 한국에서 모든 어린이들에

53) 「조선일보」 1936년 12월 6일자 "長老會系 六個學校 存廢岐路에! 平壤 崇專外 二校에 注目되는 重大協議"

54) 「조선일보」 1936년 12월 8일자 "霜風簫瑟! 基督敎 私學界-明春부터 三學校 新入生 募集 停止, 運命決定된 崇專, 崇中, 崇義, 啓聖, 信明은 尙未決定/ '適當한 引繼者 잇으면 經營讓與도 조타'-京城과 宣川 各學校는 別問題, 宣敎會側 魯解理牧師"

55) 「조선일보」 1936년 12월 10일자 "他地學校와는 別個로 大邱兩校는 存續-平壤問題에도 나는 絕對反對(啓聖學校長 玄居善氏談)"; Harold H. Henderson, "Keisung Academy Annual Report, 1937-1938, Taiku" *Presbyterian Church in the U.S.A. Board of Foreign Missions Korea Mission Reports 1911-1954* 제8권, p.683.

게 주어져 온 기독교 교육의 문을 닫는 일보다, 단지 신사에 가서 애국
적 몸짓으로 고개를 숙이는 것이 더 낫다는 것이다. 그는 "카이사르의
것은 무엇이든 주어야 하며, 우리는 적어도 하나님의 어린이들이 걸려
넘어지게 두지 않을 것이다"라고 했다. 경북지역 노회를 대표하는 한국
인 목사와 장로들로 구성된 학교 이사회와 동문과 학부모회는 모두 자신
의 생각에 지지를 보냈지만, 한국선교부 내에는 신사참배에 반대하는 선
교사들이 더 많으므로 곧 선교부 연례회의에서 학교 폐쇄를 명할 것이라
고 전망했다.[56]

핸더슨의 생각처럼, 학생들과 교사들이 신사에서 애국적 표현으로 머
리를 숙이는 것에는 종교적 요소가 없다는 의식이 점차 교회와 대중들에
게 학교 유지의 방편으로 퍼져나갔다.

4. 경북노회의 학교 인계

1) 학교 인계 논의

1937년 6월 말에 열린 북장로회선교부 연례회의에서 대구 계성학교
와 신명여학교 경영에 대해 토의하고 투표한 결과 56대 33으로 1939년
부터 철수하기로 결의하였다. 선교부에서 양교에 매년 보조하던 1만 8천

---

56) Harold H. Henderson, "To Bow or Not to Bow; Annual Report of the Keisung
Academy, Taiku, Chosen, 1936-1937" "Report of Sin Myung Girls' Academy,
Taiku, Chosen, 1937" *Presbyterian Church in the U.S.A. Board of Foreign Missions
Korea Mission Reports 1911-1954* 제8권, p.588~597, 606. 신명여학교 폴라드 교장
은 휴가차 귀국해 있었고, 그 대신 블레어(H. E. Blair)와 샤록스(Sharrocks)가 학교
책임을 맡고 있었지만 샤록스가 건강이 악화되어 떠나자 핸더슨이 신명여학교 일
까지 담당하고 있었다.

원의 보조비가 1939년 4월부터 중지될 것이며, 이제 경북노회에서 단독
으로 경영할 것인지의 문제가 남아 있었다.[57]

이에 대해 핸더슨 교장은 다음과 같이 말하였다.

> 계성학교 교장으로서 감상을 말하자면 이 결의는 당할 일을 당하였다고 생각
> 합니다. 이같은 결의가 있었다고는 하나 계성 신명 두학교는 평양 삼교와 달
> 라서 15년전에 경북노회와 미순회와 공동경영이므로 미순회 결의만으로 폐
> 교될리는 없을 것입니다. 대구의 유지인사들이 후원해주신다면 저로서는 힘
> 있는 한 힘써서 학교존속에 힘쓰겠습니다. 계성학교는 31년 전에 신명학교는
> 29년 전에 설립된 학교로 미순회 보존은 불과 계성에 1년 1만3천원, 신명에
> 1년 5천원밖에 없었으니 요맛돈에 학교가 폐교되어서야 되겠습니까.[58]

이처럼 그는 평양의 학교들과는 달리 경북노회 공동경영이므로 폐교
될 리 없으며, 학교 존속에 힘쓸 것이라고 단호하게 말하였다. 그는 또
총회 직전 "내 목숨이 있는 한 이 두 학교의 존폐가 위태할 리 없다. 걱
정말라"고 하였고, 총회결의 후에도 "보조비가 없어지고 경북노회와의
공동경영에서 미순회가 손을 떼었을 뿐으로 학교가 당장 존폐되리라고
는 생각 안한다"라고 강경히 말했다.[59] 1937년 5월 해외선교부에 보내
는 보고서에서 학교를 지킬 수 있는 강한 자신감을 보였고, 학교의 계속
은 해외선교부의 행동에 달려있으므로 현명한 판단을 내릴 것을 요청했
다.[60] 그는 학교 존폐 문제를 각 선교지부가 결정하는 것이 최선책이라

---

57) 「기독신보」 1937년 6월 30일자 "大邱의 啓聖 信明 經營中止를 決議"; 「매일신
     보」 1937년 6월 30일자 "大邱 啓星信明 兩校 票決로 廢校決定"; 「조선일보」
     1937년 7월 1일자 "終焉! 四十年舊緣 徹新,信聖 兩學校도 經營引退를 決議";
     "Minutes and Reports of the fifty-Third Annual Meeting of the Chosen Mission of
     the Presbyterian Church in the U.S.A.(1937.6.24-7.1)," p.54.

58) 「기독신보」 1937년 6월 30일자 "廢校는 안된다-헨啓聖校長談"

59) 「동아일보」 1937년 7월 2일자 "大邱의 啓聖과 信明은 尙未定"

60) "Annual Report of the Keisung Academy, Taiku, Chosen, 1936-1937" "Keisung
     Academy Annual Report, 1937-1938, Taiku" *Presbyterian Church in the U.S.A. Board*

고 보았으며, 선교부가 어쩔 수 없이 철수해야 한다면 한국교회에 학교
를 인계하는 것이 차선책이라고 보았다. 개인에게 인계한다면 기독교적
정신을 잃을 것이라고 했다.[61]

북장로회선교부가 계성·신명 학교 경영에서 1939년 4월에 철수한다
는 소식이 전해지자 교육기관이 부족한데 폐교된다는 것에 크게 우려하
였다. 신명여학교 교무주임 역시 계성학교 핸더슨 교장과 같은 취지로
아래와 같이 말했다.

> 평양 숭실학교와는 그 성질이 달라서 소위 선교회측에서 1년에 보조한다는
> 것이 불과 1만 8천원이므로 이것이 양교 비용의 3분지 1밖에 되지 않는다.
> 폐교를 결의하였다고 해서 즉시 폐교되는 것도 아니고 또는 이 문제는 내년
> 4월에야 그 결과를 보는 것이니만큼 우려될 것이 아니다. 그리고 이 양교는
> 대구교회와 공동경영하여 오던 것이므로 대구유지와 협력하면 양교 경영쯤
> 은 문제되지 않는다. 만일 폐교를 결의하여 그야말로 폐교되는 때에는 우리
> 대구의 큰 수치가 아닐 수 없다. 그러므로 양교폐교문제는 하등 염려할 바 아
> 니라.[62]

두 학교에 대한 선교회 보조가 1만 8천원으로 비용의 $\frac{1}{3}$에 불과하며,
공동경영이므로 하등 염려할 것 없다는 것이다.

이처럼 교장을 비롯한 학교 당국자들은 경북노회와의 공동경영이므
로 결코 학교 폐지에는 이를 수 없다고 단언하였다. 학교 이사회도 이전
에 경북·경안 노회와 미북장로회선교부의 3개 단체가 공동경영하기로
계약되었으므로, 선교부가 철수할 때는 쌍방계약에 의해 다른 단체가 인
수할 권리가 있다고 강조하였다. 1921년 당시 작성된 경북·경안 노회와

   of Foreign Missions Korea Mission Reports 1911-1954 제8권, p.588~597· 683.

61) "Extract from Letter dated July 21, 1937 from Rev. Harold H. Henderson,"
   『WCC 자료』, p.394~395 ; 안종철, 『미국선교사와 한미관계, 1931-1948』, 134쪽
   재인용.
62) 「매일신보」 1937년 7월 2일자 "大邱 啓聖,信明 兩校 閉校云云은 疑問"

선교부간의 계약서 내용은 아래와 같다.

경북·경안·미순회간 계약 요문(要文)

제38조 본회 헌장은 공동관리하에서 본교의 영구발전을 위하여 제정한 것
이나 부득이한 사정에 의하여 경북, 경안 양노회나 미국장로회선교
회가 이 조약을 해제코저 할 시는 쌍방의 찬성으로 즉시 해제할 수
있음. 단 한쪽이라도 항의하면 1년 전에 경고가 있은 후에 해제할
수 있음.

제39조 해제 시에는 본 학교의 투자금 우세자가 본교의 근본목적에 의하여
경영상 필요한 학교 소속물인 일절 토지 건물 설비 기본금 이자 등
을 계속 관리할 권한이 있음.

제40조 만약 주계자가 본학교 경영을 사퇴할 시는 이 헌장규약에 의한 타
단체가 반드시 상기한 본교의 목적에 의하여 소속물 전부를 관리할
권한이 있음

제41조 누구든지 어떤 새로운 단체와 공동경영할 경우에는 모든 소유자의
각기 소유물 사용에 대한 확실한 승인을 얻은 후에 경영할 수 있음.

제42조 만약 이 계약을 체결한 세 단체가 본 학교를 계속 경영키를 사퇴할
시는 경북·경안 노회가 설시한 건물 및 지정한 부지를 당시 시가대
로 매도하고 그 수입은 경북·경안노회와 미국장로회 외국선교회
양자가 투자비례로 분배함.

제43조 그러나 미국장로회 외국선교회 대리인 한국선교부가 경북·경안 노
회 소유물의 전부 또는 일부를 시가대로 매수할 권한이 있음.

제44조 이것의의 평가는 한국장로회 총회에서 선정한 1인과 미국장로회 외
국선교회에서 선정한 1인과 또 이 두 사람이 선정한 1인, 합 3인이
이를 행함.[63]

위의 계약 내용에 따르면 이 규약이 해제되는 것은 3기관이 모두 조
약 해지를 원할 경우이고, 경북노회·경안노회·선교부 중 어느 한 쪽이
경영에서 물러나게 될 때에는 다른 기관에 학교의 토지, 건물, 설비 등

---

63) 「조선일보」 1937년 7월 2일자 "啓聖·信明 兩校問題-宣敎會가 引退하면 老會가
引繼經營. 契約에 明記된 '引退時管理權問題' 理事會는 存續樂觀"

전부를 관리할 권한을 부여했다. 그리고 누구든지 새로운 단체와 공동 경영할 경우 모든 소유자의 소유물 사용에 대한 승인을 받은 후에 사용해야 하며, 3단체가 모두 경영을 포기할 경우에는 건물 및 부지를 매도하고 그 수입을 경북·경안 노회와 선교부 양자가 투자비례로 배분하기로 하였다. 따라서 3기관 중 하나인 선교부가 그들의 방침에 따라 학교 경영을 할 수 없다면 그 권리를 포기하는 것이지 다른 쪽의 경영을 방해할 수는 없는 것이다.

폴라드 교장도 예전에 채택된 정관을 들어, 한 쪽이 계약을 해지할 경우 다른 계약 당사자가 학교를 운영해 가도록 해야 한다고 주장했다.

> 미북장로회 해외선교부는 한국선교부의 대구와 안동 선교지부를 통해 조선예수교장로회의 경북과 경안 노회와 함께 동등한 책임과 감독권을 갖는다. 또한 철수하기 전에 그 의향을 미리 나타낸 이후에 철수해야 하며, 재산이나 기부금은 그같은 철수 때문에 원래의 기증자에게 돌려주지 않을 것이다. 만일 이 계약의 한 쪽이 모든 감독과 재정 책임을 지고 학교를 운영해가길 원한다면, 이 헌법에 표현한 목적에 일치하게 학교를 운영해가도록 하는 것을 조건으로 해야 한다.[64]

1937년 7월 1일 계속된 선교부 연례회의에서 계성학교와 신명여학교는 선교부 실행위원회와 경북노회에 맡겨 속히 재단을 확립하고, 그와 동시에 미국 해외선교부로 청원하여 12월 20일 내로 인계 승낙을 받아 인계하기로 하였다. 그러나 재단이 확립된다 하더라도 정한 기한 안에 해외선교부로부터 답신이 오지 않으면 역시 평양 3교와 같이 두 학교의 교장이 책임지고 다음 해 신학기부터 신입생을 모집하지 않을 것을 결정하였다. 그리고는 바로 실행위원으로 서울의 로즈와 코엔(Roscoe C. Coen, 高彦), 강계의 캠벨(Archibald Campbell, 甘富悅), 평양의 버츠(Alice M.

---

64) "Report of Sin Myung Girls' Academy, Taiku, Chosen, 1938" *Presbyterian Church in the U.S.A. Board of Foreign Missions Korea Mission Reports 1911-1954* 제8권, p.680.

Butts, 富愛乙) 등 4명을 선정하고, 위원장에는 로즈를 뽑았다.[65] 평양에서 연례회의를 마치고 7월 4일 돌아온 핸더슨 교장은 조선일보 기자와의 인터뷰에서, 이번 결의는 단지 형식에 불과하며 계성과 신명 두 학교는 평양과 서울의 학교들과는 달리, 앞서 살펴본대로 3단체의 계약서가 있으므로 선교부 결의만으로 폐교되지 않고 노회의 태도에 따라 존속과 폐교의 운명이 결정될 것이라고 하였다. 노회가 계성학교를 인계한다면 선교부 보조금을 받지 않더라도 완전히 유지해 갈 방안이 있으며, 신명여학교 역시 적립금 5만원이 있으니 별 문제가 없을 것이라고 보았다.[66]

1937년 10월 선교부 실행위원장 로즈가 "조선북장로교 선교학교 문제에 관하여"라는 성명서를 발표하고, 어떤 학교도 매도 또는 인계하지 않을 것임을 분명히 했다. 그리고 이미 결의한 대로 1939년 3월 대구 계성·신명 학교에서 철수하기로 한 방침을 재확인하였다.[67] 그러자 두 학교의 교장이며 설립자인 핸더슨과 폴라드 두 사람이 11월 1일자로 선교부가 학교 교육에서 철수하더라도 계성·신명 두 학교의 존속은 추호도 의심할 것이 없다는 성명서를 발표하였다.[68] 선교부 실행위원장 로즈가 대구에 내려가 계성과 신명 두 교장과 경북노회원들과 만나 장시간 회의하였지만, 확실한 결말을 내지 못하고 다음 달 노회 총회에서 그 여부를 결정하기로 하였다.[69]

경안노회는 12월 9일 미북장로회선교부가 계성학교와 신명여학교 경영에서 물러날 경우 경안노회에서 두 학교를 계속 경영하기로 결의하였

---

65) 「조선일보」 1937년 7월 2일자 "經營引退한 四미슌校 問題-承認回訓이 업스면 生徒新募는 中止" ; 「동아일보」 1937년 7월 2일자 "徹新, 啓聖, 明信은 明春 生徒募集 疑問"
66) 「조선일보」 1937년 7월 7일자 "啓聖學校 問題-引退의 當面影響은 年補助 八千圓, 老會로서 單獨經營은 充分. 玄校長과 一問一答"
67) 「동아일보」 1937년 10월 31일자 "大邱兩校와 徹新校 三年後 引退키로 決定"
68) 「조선일보」 1937년 11월 3일자 "宣敎會 引退後라도 啓聖,信明은 繼續經營"
69) 「동아일보」 1937년 11월 5일자 "大邱 兩校問題 慶北老會에 附議"

다. 다음은 경안노회 결의내용 가운데 계성학교와 신명여학교에 관한 사항이다.

1. 1937년 6월 미국 기독교장로파 선교회총회에서 래 1939년 3월말 이내로 본회는 대구 계성학교 이사부에서 인퇴하기로 결의하였다는 통지는 있으나 미국선교국 본부에서 채용하였다는 통지는 아직 오지 아니하였음.
1. 昭和 12년 11월 23일은 본 이사회에서 미국기독교장로파선교국이 계성학교 경영에 대하여 인퇴할지라도 노회가 존속 경영하기로 결의하였음.
1. 신명학교 존속 경영에 관하여 만약 미순화가 본교 경영에 대하여 인퇴하는 동시는 노회가 존속 경영하기로 결의하였나이다.
1. 학무부장 지문상씨가 계성, 신명 양학교에 이사를 계속 파송함이 가한줄로 보고하매 가부는 투표로 결정하기로 되어 가 35, 부 53표로 이사 파송은 하지 않기로 되다.[70]

경안노회에서 계속 경영하기로 결의는 하였지만, 두 학교에 이사는 파송하지 않기로 하였다. 학교를 경영은 하지만 이사를 파견하지 않는다는 것은 어떤 의미가 있을까.『경안노회록』을 살펴보면 초창기부터 경안노회에서는 두 학교에 운영비 지원을 별로 하지 않았고 학교 보고도 광고로 대체하곤 했다. 경안노회에서 조선예수교장로회 총회에 보고한 내용도 마찬가지다. 공동경영의 초창기인 1924년 당시 경안노회에서 별도의 중등학교를 세웠지만 재정의 곤란으로 학교 유지가 매우 어려운 상황이었고, 결국 1926년 보고를 보면 중등학교를 폐지했다고 하였다.[71] 따라서 경안노회가 계성학교에 대해 지원도 별로 없었고, 학교 경영에 깊숙이 관여하지 않았던 것으로 보인다.

12월 14일부터는 경북노회가 개최되었다. 경북노회의 중요 안건은 계

---

70) 「조선예수교장로회 경안노회 제32회회록」, 1937년 12월 9일, 4·5·18쪽.
71) 「조선예수교장로회총회 제13회회록」, 1924년 9월,『대한예수교장로회 총회회의록』4권, 112쪽 ; 「조선예수교장로회총회 제15회회록」, 1926년 9월,『대한예수교장로회 총회회의록』5권, 100쪽.

성·신명 학교에 대한 인계 문제였다. 그러나 15일 경북노회 총회 헌의부
에 두 학교 인계문제가 제출되었으나 당국에서 토의를 금지시켜 이 문제
는 논의되지 못했다. 이에 따라 학교 인계 문제에 대해서 결정을 내리지
못하고 몇 개의 의견이 대립하였다. 첫째, 당국에서 신사참배를 절대 조
건부로만 학교 경영을 허락하므로 교육사업에서 철수하는 선교부와 종
교적 입장이 같아야 할 노회도 역시 그러한 조건 밑에서 학교를 경영함
은 고려할 여지가 있다 하여 인계를 중지하자는 안, 둘째, 1년 정도 현상
유지를 하면서 지내고 다시 인계 문제를 토의해보자는 안, 셋째, 국민된
이상 당연히 신사참배를 하여야 하며 지금까지 역사있는 이 교육기관을
폐할 수는 없으므로 당연히 인계하자는 안, 이렇게 세 가지 의견이 서로
대립하였다.

   1921년 당시 선교부와 경북·경안 노회 간에 체결된 헌장에 의해 선교
회가 교육계에서 물러나는 경우에는 당연히 남는 두 단체가 반드시 이를
인계할 책임과 의무를 가지게 되어 있다. 경안노회에서는 이미 인계하기
로 결정을 내린 상태였으므로, 새삼스럽게 경북노회만이 이 문제를 재론
의함은 헌장의 조문을 잘못 인식하고 있는 것이라 하며, 두 학교의 교직
원과 동창생들은 이 문제에 대해 경북노회가 적극적으로 나서줄 것을 요
청하였다.[72] 16일 계속해서 열린 경북노회에서 학예부장 이영식(李永
植)의 발의로 계성·신명 두 학교의 경영 문제를 토의한 결과, 경북노회
가 인계·경영하기로 만장일치로 가결되었다.[73]

---

72) 「조선일보」 1937년 12월 17일자 "離礁作業中의 啓聖信明 兩校問題-引退, 靜觀,
   存續等 三派意見이 鼎立. 注目되는 慶北老會 總會의 歸結" "'引繼問題 再論議는
   經營者間의 憲章無視-兩老會가 引繼함은 當然하다'고 敎職員同窓生蹶起"

73) "미순회 인퇴와 이사회 존속결의-米國宣敎會 代表인 朝鮮宣敎會는 來一九三九年
   三月以內로 大邱啓聖學校 經營에서 引退하기로 決意하엿음. 米國宣敎本部로부터
   右決意에 對한 採用通知가 없음. 萬若米國宣敎會가 啓聖學校經營에서 引退할지라
   도 慶北,慶安 兩老會가 存續經營하기로 本理事會에서 決議하엿나이다. 三. 신명학
   교보고-만약 미순회가 本校經營에서 引退하는 동시에는 慶北老會가 單獨經營키

앞으로 가장 중요한 재정 문제는 경북노회와 경안노회의 학예부장이 분과회를 열고 구체적으로 두 학교의 경비예산을 편성해 노회에 제출하기로 하였다. 그리고는 학교 이사로 백남채(白南埰), 이문규(李文圭), 이영식과 신임 경북노회장 김봉도(金奉道)를 추가하였다.74) 경북노회가 두 학교를 인계하기로 결정한 날 실행위원장 로즈도 "계성·신명 두 학교는 명년 신학기 신입생 모집에 대하여 선교회가 교육계로부터 인퇴하는 원칙에서 예외되는 헌장을 가지고 있는 관계로 신입생 모집여부는 학교당국에 일임한다"는 통지를 보냈다.75)

2) 경북노회의 계성·신명 학교 인계 과정

1938년 1월 계성학교와 신명여학교를 경북노회에 인계함을 허락한다는 미국 해외선교부의 답신이 왔다. 선교부 실행위원회에서는 1939년 3월까지는 경비를 부담하고 그 이후부터는 후계자인 경북노회에 일임한다고 결정하였다.76)

이제 문제는 학교를 운영할 재원 마련이었다. 경북노회에서는 1939년도 학교경비 예산을 작성 중인데, 노회 자체의 재정이 넉넉하지 못하므로 1년 총 경비 5~6만원 중에 노회에서는 겨우 5~6백원 정도의 보조밖에 할 수 없는 상태였다. 따라서 수업료를 인상하는 문제를 고민하였다.77) 재정문제는 공동경영 초창기부터 그랬듯이, 선교부가 매년 몇천

로 理事會에서 決議하였나이다." 「조선예수교장로회 경북노회 제36회회록」 1937년 12월, 34~35쪽.

74) 「동아일보」 1937년 12월 17일자 "岐路의 啓聖,信明 兩校, 老會, 繼續經營키로 決定"

75) 「조선일보」 1937년 12월 17일자 "死線을 突破한 啓聖信明 兩校-新學期 募生與否는 學校當局에 一任"

76) 「동아일보」 1938년 1월 7일자 "大邱兩校의 財政補助 明年三月까지 期限確定-以後는 慶北老會 獨擔"

77) 「동아일보」 1938년 1월 16일자 "九死一生의 大邱兩校 財政難의 暗礁에"

원씩 보조해온 금액을 노회가 부담할 수 없었다. 대신 수업료 50% 인상으로 부족한 금액을 보충했다. 이는 당시 거의 다른 학교들의 수업료가 인상되는 때였기에 가능했다. 학부모들도 학교 유지에 대한 감사의 표시로 5천 원이 넘는 금액을 후원했다.[78)

1938년 6월 미국 해외선교부에서 "장로교회는 조선에서의 교육사업에 힘써 왔었는데 최근 일본당국은 생도와 교사가 신사(神社)에 참배할 것을 요구하고 있으므로 이번 조선내의 교육사업을 그만두기로 결정하였다"고 하며 이전의 교육사업 철수를 분명히 하였다.[79) 해외선교부의 결정과 함께 평양에서 열린 한국선교부 연례회의에서도 교육사업 철수를 확정하였다. 대구의 계성, 신명학교에는 1년 동안만 예산을 지원하기로 하고, 그 이후는 노회와 공동경영인 규약에 따라 학교 기지와 건물을 노회에서 그대로 인계 경영하기로 결정하였다.[80) 학교 경영권과 교사 사용권을 한국인에게 빌려주자는 의견을 재한 선교사 중 강경파가 반대했다는 소식을 들은 대구의 교역자들은 즉각 결의문을 발표했다.

6월 13일 대구에 있는 조선예수교장로회 원로중진인 백남채, 김정오(金正悟) 등의 발기로 장로회 총회장 이문주(李文主), 경북노회장 김봉도 등 장로 23명, 목사 9명, 교인 17명이 대구부 희도소학교(喜道小學校)에 모여 작성한 결의문을 한국선교부와 미국 해외선교부 등 각처에 발송하였다. 결의문 내용은 북장로회선교부의 교육사업 철수에 반대하며 동시에 학교 재산을 회수하겠다는 말은 미국 교우의 본의가 아닐 것이며 이

78) H. H. Henderson, "Keisung Academy Annual Report, 1937-1938, Taiku" *Presbyterian Church in the U.S.A. Board of Foreign Missions Korea Mission Reports 1911-1954* 제8권, p.683.

79) 「조선일보」 1938년 6월 3일자 "長老教 系統의 諸學校 又復 總引退說 擡頭-長老教會 外國傳道局서 決定했다고 突然 米國費府通信이 報道"

80) 「조선일보」 1938년 6월 26일자 "實行委員會 決議案 24時間 以內 票決"; 「조선일보」 1938년 6월 28일자 "共同經營의 明文上 大邱兩校는 存續可能"

는 기독교 정신에 배치되므로 이를 주장하는 선교사는 우리 조선에서 선교할 필요가 없다는 강경한 내용이었다.[81] 이 결의문이 발표되자 대구지역 13명의 선교사는 비공식으로 모임을 가져 대책을 강구했다.[82]

계성학교 핸더슨 교장은 선교부가 교육사업에서 철수하더라도, 대구 선교지부 선교사들이 선교사를 대표해서가 아니라 노회를 대표해서 학교에 남아, 학교 재산이 오용되지 않고 학교의 기독교적 영향력을 유지할 수 있게 되기를 선교부에 요청했지만 거절당했다. 그는 선교부가 선교사들이 학교 관리의 어떤 지위도 점하는 것을 금지할 뿐만 아니라 모든 사업에서 분리하고 있다고 비난했다. 또한 선교부의 지원이 중지된 이후 학교 재산을 팔아서 학교 재정에 사용하도록 했는데, 대구 학교의 경우 필요한 재정 14,000원을 마련하기 위해 팔 수 있는 땅도 없으므로 해외선교부가 어떤 방법으로라도 도와주어야 한다고 강조했다. 그리고 1938년 이전의 부족액 약 8,200원도 요청했다.[83]

1938년 7월 안식년으로 귀국하게 된 서울 경신학교 쿤스 교장이 대구에 들렀다. 경북노회, 계성학교 이사회, 학부형회, 졸업생 임원 등이 계성·신명 학교의 유지와 후원을 부탁하고, 교육사업 철수를 적극 반대했던 해외선교부 총무에게 보내는 진정서를 쿤스 편에 전달했다.[84] 진정서에는 교육사업에서 철수하는 것에 대한 유감이라 하고, 무엇보다 경북

---

81) 「조선일보」 1938년 6월 17일자 "教育引退 決議波紋-大邱教役者들 率先 强硬態度를 表明"

82) 「조선일보」 1938년 6월 19일자 "大邱教役者 聲明 宣教師側에 衝撃"

83) "Letter from Rev. Harold H. Henderson to Rev. J. L Hooper, July 14, 1938", 『신사참배문제 영문 자료집 II-미국 북장로회 해외선교부 문서 편』, 366~370쪽. 계성학교 적자 3,491원(지정학교 인가받기 위한 활동에서 생김)과 2,000원, 신명여학교 2,700원 등.

84) 「조선일보」 1938년 7월 17일자 "啓聖校關係者도 君氏를 通해 陳情-教職員 留任 等 問題로." 진정서에 서명한 졸업생들은 白南琛 孫仁植 金在明 朴泰俊 金台東 林元相 裵○出 李丙和 申厚植 林○厚 朴元吉 金正悟 등이며, 계성학교 직원회, 이사회, 학부형회 등이 모두 참여하였다.

노회에서 인계하더라도 현재의 핸더슨이 계속 교장으로 시무할 수 있도록 요청하였다. 또한 선교부 경영 다른 지역의 학교들도 그 지방 노회나 동창회에서 인계 경영하고, 연희전문학교와 세브란스의학전문학교는 선교본부에서 직접 경영을 계속 하기를 바란다는 내용이었다. 서울이나 선천의 학교들에서 인계 사례금 문제가 논의되고 있을 때 대구의 두 학교는 다른 학교들과는 달리 학교의 건물 기지를 무상으로 인계하고 선교회는 손을 떼는 것으로 마무리되고 있었다.[85]

해외선교부는 선교현장의 교회들과 협력하는 것이 가장 좋은 선교라는 입장에 있었으므로, 대구지역의 한국교회가 이전부터 학교 이사회에 협력하고 지원하고 있는 사실에 깊은 관심을 보였다.[86] 따라서 1938년 12월 26일 대구 선교지부에서 학교 인계를 반대하고 폐교하겠다는 공문을 미국 해외선교부에 보냈으나 해외선교부에서는 이를 일축하고 4월 1일부터 완전히 경북노회로 인도한다는 내용을 보내왔다.[87] 그러나 다시 1939년 3월 안동에서 비공개로, 서울의 로즈·코엔, 평양의 블레어·버츠, 대구의 아담스, 강계의 캠벨, 안동의 클로서스 등 7명이 모였다. 여기서 경북노회에 인계한 대구의 계성 및 신명학교의 양도금액 결정건과 평양 토지매각문제, 그리고 서울 정신여학교 문제 등에 대해 논의하였지만, 의견의 일치를 보지 못하고 6월까지 연기하기로 하였다.[88] 1939년 6월 북

---

85) 「조선일보」1938년 11월 30일자 "啓聖, 信明은 貸與 信聖保聖은 謝禮金 要求-江界에서 開催될 長老會 實行委員會 決議內容" 11월 25~29일 열린 선교부 실행위원회에서, 평북·용천·의산노회에 인계하는 선천 신성학교 사례금으로 5만원, 보성여학교 1만원 내외를 요구한다고 결의하였다. 서울 경신학교 인계에서는 사례금이 아직 결정되지 않았다.

86) "The Board's Policy Re Academies in Chosen, 1938," 『신사참배문제 영문 자료집 II-미국 북장로회 해외선교부 문서 편』, 376쪽.

87) 「조선일보」1939년 2월 14일자 "大邱, 啓聖, 信明兩校 慶北老會 引繼確定";「동아일보」1939년 2월 14일자 "啓聖, 信明 兩校引繼를 米國本部서 確認通告-미순會의 抗議를 一蹴코"

88) 「동아일보」1939년 3월 28일자 "貞信問題는 延期 啓聖信明 問題等 三十件 上程

장로회선교부 연례회의에서 최종적으로 교육철수안이 가결되었다. 연회전문학교·세브란스의학전문학교로부터 1년 단축 철수, 대구의 계성·신명 학교로부터 인적 철수한다는 내용이었다.[89] 신명여학교는 학교 부지에 건물을 세우게 해달라고 대구선교지부를 통해 해외선교부와 한국선교부 실행위원회에 전달했지만, 실행위원회는 그 결정을 1년 뒤로 연기했다. 1940년 6월 선교부 연례회의에서, 선교부 부지에 세운 모든 건물의 소유권과 관련해 분명하고 합법적인 정관 개정과 동의가 있어야 한다고 못박았다.[90] 하지만 1940년 11월 대부분의 선교사들이 한국을 떠났으므로 선교부 연례회의는 해방이 될 때까지 더 이상 개최되지 않았다.

경북노회로의 인계가 1939년 4월 1일로 결정되자, 경북노회에서는 학교 인계에 대한 구체안을 논의하였다. 1938년 12월 제37회 경북노회에서 선교사 측 이사 대신 한국인 이사를 보선하였고, 교장의 선정은 이사회에 일임하였다. 선정된 이사는 김원휘(金原輝, 장로), 김재명(金在明, 동창회원), 김정오(金正悟, 장로), 김태선(金泰善, 전 경북노회), 백남채(전임 이사), 손인식(孫仁植, 동창회원), 이문주(조선예수교장로회총회장) 등이다.[91] 학교별 이사 명단은 아래와 같다.

계성학교 이사(6명) : 김봉도, 김원휘, 김재명, 김정오, 백남채, 이문주
신명여학교 이사(5명) : 김봉도, 백남채, 손인식, 이영현, 이정철[92]

宣教師大會에서 討議"

89) "Minutes and Reports of the fifty-Fifth Annual Meeting of the Chosen Mission of the Presbyterian Church in the U.S.A.(1939.6.22-29)"

90) "Minutes and Reports of the fifty-Sixth Annual Meeting of the Chosen Mission of the Presbyterian Church in the U.S.A.(1940.6.27-7.3)," p.47·54.

91) 「조선일보」 1938년 12월 14일자 "啓聖, 信明(大邱) 引繼確定 宣教師 引退, 校長理事 補選次 今夜, 慶北老會 總會" ; 「조선일보」 1938년 12월 17일자 "明春부터 單獨經營할 理事會 陣營遂 完成-大邱, 啓聖 信明 引繼問題 落着"

92) 「동아일보」 1938년 12월 19일자 "啓聖, 信明 兩學校 引繼準備 完成-來四月부터 慶北老會서 單獨經營"

1938년 9월 10일 장로회 제27회 총회에서 신사참배를 결의하였다. 그보다 한달 앞선 1938년 8월 경북노회 임시노회에서 "신사는 종교가 아니고 국가적 의식임을 확인하고 국민의 의무로 신사참배하기로 가결"[93]하였다. 계성과 신명 두 학교의 이사로 선임된 백남채 역시 "국가적 의식에 참가하는 것은 신앙문제에도 저촉되지 안는다고 생각하므로 학교만은 어데까지라도 잘 경영해나갈 결심입니다"라고 하여, 신사에 참배할 것을 시사하였다. 그리고 핸더슨·폴라드 두 교장이 앞으로도 두 학교와 운명을 같이 해주길 기대하였다. 1939년 8월 31일 중국 시찰을 가던 해외선교부 총무가 대구에 들렀을 때 선교사들과 계성·신명 두 학교 설립자들이 모인 환영석상에서 "신사참배는 하등 종교교리에 배치되는 것이 아니고 국가행사에 대한 국민의식의 발로이다"라고 하여 신사참배에 대해 거리낄 것이 없다고 강조하기도 하였다.[94] 경북노회에서 신사참배를 가결할 당시, 계성학교와 신명여학교 파견 이사들 역시 경북노회의 주도 인물들이었다. 두 학교 학생들은 여름방학을 시작하고 10일 동안과, 9월 개학 전 10일 동안 학교 밖에 모여서 '애국적' 봉사활동을 했다.[95] 경북노회는 1939년 12월 '국민정신총동원 조선예수교장로회 경북노회 연맹'을 조직하여 각 교회에서 신사참배, 시국강연회 개최, 국방

---

93) 「경북로회 제三十六회의 제二회림시회록」 1938년 8월 19일. 1938년 5월 31일 대구지역 한일 기독교인들의 친목단체인 '기독교대구연합회'가 결성되었는데, 여기에 이문주, 신후식, 백남채, 김봉도, 김정오 등 경북노회 임원들이 임원으로 참여하였고, 신사참배를 통한 내선일체의 구현에 앞장섰다. 이들이 또한 노회의 신사참배 가결에 앞장선 것으로 보인다. 이재원, 『대구장로교회사 연구』, 도서출판 사람, 1996, 176~180쪽 ; 정태식, 「1930년대 이후의 일제의 종교정책에 대한 일고찰-대구 경북지역 기독교관련 공문서를 중심으로」 『대구사학』 78, 2005년, 168~169쪽.

94) 「조선일보」 1939년 9월 3일자 "校長問題好戰? 大邱啓聖校 玄校長의 中間報告"

95) Harriet E. Pollard, "Abridged Report of Sin Myung Girls' School, Taiku, May 1939" *Presbyterian Church in the U.S.A. Board of Foreign Missions Korea Mission Reports 1911-1954* 제8권, p.735.

헌금 등을 장려하였다.[96)

경북노회 인계가 확정되자 경안노회는 학교 경영에서 완전히 손을 떼었다. 이제 경북노회가 계성·신명 두 학교에 대한 재정적 책임을 지게 되었다. 핸더슨 교장은 학교를 떠나더라도 한국에 남아 일하겠다는 포부를 밝혔다.[97)

3) 핸더슨·폴라드 교장의 학교 관여 문제

1939년 3월로 선교부의 교육사업 철수로 선교부의 보조금이 중지하게 되자, 각지의 학교들은 재단을 마련하는 일이 급선무였다. 그나마 대구의 두 학교는 학교 건물과 기타 일체를 무상으로 대여받았으므로 다른 지역 학교들에 비하면 훨씬 조건이 좋았다. 따라서 매년 보조받던 경상비 중 7~8천원을 담당한 재단이 있으면 현상유지는 할 수 있었다.[98)

대구지역 교육사업 철수가 확정되고, 1938년 12월에 핸더슨과 폴라드는 사직서를 제출했다.[99) 신명여학교 이사회에서는 경북노회에 폴라

---

96) 정태식, 「1930년대 이후의 일제의 종교정책에 대한 일고찰-대구 경북지역 기독교 관련 공문서를 중심으로」, 165~167쪽.

97) 「동아일보」 1938년 12월 19일자 "啓聖, 信明 兩學校 引繼準備 完成-來四月부터 慶北老會서 單獨經營"；"Report of Sin Myung Girls' Academy, Taiku, Chosen, 1938" *Presbyterian Church in the U.S.A. Board of Foreign Missions Korea Mission Reports 1911-1954* 제8권, p.680.

98) 「동아일보」 1939년 1월 5일자 "篤志家 奮起의 秋! 京城, 大邱, 宣川 六中學校의 引繼期間도 今年內로 遂切迫"

99) 핸더슨은 1938-39년 보고에서 앞으로 선교부와 선교본부의 재정적이고 사무적인 지원이 끊어지고, 선교사들은 계속 돕더라도 개인적 조언과 경험을 알려주는 정도에 불과할 것이라고 우려하였다. 한편 장로회 대표자들이 학교에 대한 무거운 책임을 져야 하며, 비로소 계성은 한국인 교회학교가 될 것이라고 하였다. Harold H. Henderson, "33rd Annual Report, 1938-39, Keusung Academy, Taiku" *Presbyterian Church in the U.S.A. Board of Foreign Missions Korea Mission Reports 1911-1954* 제8권, p.732.

드 교장을 임시시무케 하도록 선교부와 미국선교본부에 노회 명의로 청원해달라고 요청하였고 이것을 경북노회가 허락하였다.[100] 1939년 4월 1일 선교부가 계성학교와 신명여학교에서 공식적으로 철수하면서, 핸더슨과 폴라드도 공식적으로는 교장에서 사임했다. 그러나 새롭게 조직된 이사회에서 한국인 이사들은 핸더슨과 폴라드를 두 학교의 '설립자'로 선출했다. 한국인 이사들은 학교를 계속 유지하고 기독교적 이상을 실현하는 데 이들 선교사들만한 적임자가 없다고 생각하여 이것을 선교부에 요청한 것이다.[101]

1939년 6월 한국선교부 연례회의에서, 선교부 철수 이후 세속 교육의 어떤 기관에서도 선교사들이 이사, 관리자, 전임 교사가 되는 일을 허락할 수 없다는 결정을 내렸다.[102] 그런데 핸더슨과 폴라드가 '설립자' 자격으로 계속 교장 역할을 담당하고 있는 것에 대해 실행위원회 측이 강력 항의를 하였다. 그러나 이미 해외선교부는 1938년 9월에 학교의 모든 공식적 관계로부터의 철수라는 것은 기관과 관계있는 것으로부터 절대적으로 철수하는 것이지만, 순수한 종교적 가르침을 주는 선교사역의 자발적인 파트타임 교사로 봉사하는 경우는 허용해야 한다고 했다. 교육 사업에서 선교사들이 철수하는 과도기에 선교사들의 비공식적인 충고와 조언은 괜찮다고 허락한 것이다.[103]

1939년 9월 신학기를 앞두고 교장 선임문제가 해결되지 않았다. 6월

---

100) 「조선예수교장로회 경북노회 제37회회록」 1938년 12월, 24쪽.
101) "Annual Report of Taiku Station, Chosen Mission, June 1939", Henry M. Bruen, *40 years in Korea,* p.495.
102) Harriet E. Pollard, "Abridged Report of Sin Myung Girls' School, Taiku, May 1939" *Presbyterian Church in the U.S.A. Board of Foreign Missions Korea Mission Reports 1911-1954* 제8권, p.735.
103) "Board Action September 19, 1938," 『신사참배문제 영문 자료집 II-미국 북장로회 해외선교부 문서 편』, 527쪽 ; 안종철, 『미국 선교사와 한미관계, 1931-1948』, 163쪽.

에 도미한 핸더슨 교장은 미국 해외선교부에 직접 가서 대구 두 학교 교장의 직책을 계속하게 해달라고 요청하였다. 그 결과 계성학교의 핸더슨과 신명여학교의 폴라드는 계속해서 학교 교장을 맡게 되었다.104) 이 문제에 대해 한국선교부와 대구 선교지부 및 해외선교부, 한국선교부와 핸더슨 간에 입장이 첨예하게 대립하였다. 대구 선교지부와 쿤스 등은 핸더슨이 학교에서 계속 봉사할 수 있도록 해달라고 요청했고,105) 한국선교부 실행위원회는 특별위원회를 만들어 핸더슨과 폴라드가 1940년 3월 이전에 사임하도록 총력을 기울였고, 핸더슨을 직접 실행위원회로 호출해 즉시 사임하라고 강요하기도 했다. 그러나 끝내 핸더슨은 본인은 노회의 대표로 활동하는 것이라고 하면서, 본인의 사임은 한국 교회가 대구의 학교들을 잃어버리게 되는 결과를 초래할 것이므로, 선교부의 요구를 따르면 학교를 유지할 수가 없다면서 사임을 거절했다.106) 1939년 12월 열린 경북노회에서 계성학교 이사장 핸더슨과 신명여학교 이사장 폴라드가 두 학교의 발전에 대한 연합회의가 있을 때 결의권을 행사하도록 허락하였다.107)

1940~41년 대구 선교지부 보고에 의하면, 계성과 신명 모두 새로운 인물을 교장으로 선출하려고 준비 중이었다. 또한 정부가 두 학교에서

---

104) 「조선일보」 1939년 9월 3일자 "校長問題 好戰? 大邱 啓聖校 玄校長의 中間報告" ; 「매일신보」 1939년 9월 28일자 "大邱의 啓星과 信明은 存續하기로 決定-헨더슨校長의努力으로"

105) "Letter Mission Executive, July 13, 1940", "Appeal in behalf of Rev. H. H. Henderson and his work", 『신사참배문제 영문 자료집 II-미국 북장로회 해외선교부 문서 편』, 486~487쪽.

106) "Letter Mission Executive, March 18, 1940", "Letter Rev. Harold H. Henderson, March 18, 1940", "Letter Rev. H. H. Henderson, April 8, 1940", 『신사참배문제 영문 자료집 II-미국 북장로회 해외선교부 문서 편』, 488~492쪽 ; "Minutes and Reports of the fifty-Sixth Annual Meeting of the Chosen Mission of the Presbyterian Church in the U.S.A.(1940.6.27-7.3)," p.49.

107) 「경북노회 제38회회록」 1939년 12월, 30쪽.

성경을 커리큘럼의 일부로 일본어로 가르치고 학생들이 계속 종교활동
을 할 수 있도록 해주었다. 폴라드는 신명여학교에서 일요학교 감독자로
서 종교사역에 협력하였다.108) 계성학교의 핸더슨 역시 1940년 가을 대
구에 돌아와 학교 이사회에 교장으로서는 사임하였지만, 얼마 뒤에 비공
식적으로 지역 교육을 담당하는 대표가 되었다.

1940년 5월 배재고보에서 교편을 잡고 있던 서창균(徐昌均)이 신명여
학교 교장으로 취임하였다.109) 1941년 계성학교는 기독교인 교장과 교
사진이 필요하다 하여 한국인 목사를 새 교장으로 하여 정부에 인가를
요청했다. 신명여학교도 목사의 아들인 기독교인 이규원을 교장으로 선
임했다. 2월 28일 신명여학교 교장은 승인되었지만 계성학교 교장에 지
명된 목사는 자격이 없다고 하여 거절당했다. 대신에 정부는 비기독교인
인 김석영(金奭榮, 일본이름 Kaneko)을 제시해, 학교는 그의 이름을 교
장으로 올렸고 5월 10일 새로운 교장에 승인되었다. 핸더슨은 점차 아무
런 권한이 없어졌다. 그는 5월 21일 휴가차 대구를 떠났고, 정부는 그에
게 돌아오지 말 것을 강요하며 계성학교가 반려했던 핸더슨의 '설립자'

---

108) "Taiku Station Report (Excerpts) Chosen Mission, 1940-41", Henry M. Bruen, *40 years in Korea*, p.504 ; "Abridged Personal Report, 1939, Harriet E. Pollard, Taiku, Chosen" *Presbyterian Church in the U.S.A. Board of Foreign Missions Korea Mission Reports 1911-1954* 제8권, p.736. 폴라드는 그 후 대구에서 복음전도 사역을 하다가 1941년 '만국부인기도회 사건'에 연루되어 고초를 겪고 강제추방 당했다. 조선혜, 「1941년 '만국부인기도회사건' 연구」 『한국기독교와 역사』 5호, 1996년 9월, 147쪽.

109) 「조선일보」 1940년 5월 10일자 "大邱信明女校長 徐昌均氏로認可就任" ; 「동아일보」 1940년 7월 23일자 "大邱信明女校指定 明年度엔實現." 『신명백년사』에는 1939년 5월에 배재 교사였던 서창균이 교장으로 부임했다가 신사참배 문제로 양심의 가책을 받아 물러나 다시 배재로 갔고, 1940년 2월에 이규원 교장이 후임으로 부임했다고 되어 있다(『신명백년사, 1907-2007』, 119쪽). 여기서는 1940년 5월 서창균 교장이 취임했다는 내용이 실린 당시 「조선일보」와 「동아일보」의 기사가 더 정확하다고 판단하여 이를 따랐다.

사임을 최종 승인했다. 계성학교 이사회는 핸더슨을 모든 이사회 모임에 참석할 특권과 함께 명예교장으로 하기로 결의하며 종교교육 사무실에 핸더슨의 자리를 마련하고 그에게 빨리 돌아오라고 하며 프로그램의 일부를 맡겼지만, 그는 다시 한국으로 돌아오지 못했다.[110]

1941년 12월 경북노회에서 계성학교 이사장 김정오의 보고에 따르면, 계성학교 이사가 3인으로 되어 있으며 김봉도, 김재명, 백남채가 만기되어, 학부형 중 김병준(金秉俊), 김성재(金聖在), 정춘성(鄭春星)을 선정하고, 이사 1인을 증원하여 송창근(宋昌根)을 선정하였다고 했다. 신명여학교도 이사장 최경학(崔敬學), 이사 김병욱(金炳旭)이 만기되었으므로 김중학(金中學), 김태근(金泰根), 박위준(朴渭俊), 최태인(崔太因)을 증원한다고 청원하였다.[111]

신명여학교는 교사를 증축해 4학급에서 8학급으로 늘리고, 운동장 2천평을 더 만들기 위해 약 4천원의 경비를 들이기로 했다. 1939년 1월 지정학교 승격 신청서를 제출하였다.[112] 교사 증축을 위해 학교 이사회에서 2만 5천원, 학부형회에서 1만 5천원 합계 4만원을 내기로 결정하고, 7월부터 공사에 착수하였다.[113] 지정학교는 1940년 7월까지도 승격이 되지 않았다.

1940년 말부터 1941년까지 선교사들이 철수하였고, 기독교계 학교들

---

110) "Letter From Rev. H. H. Henderson, June 3, 1941 from U.S.A." Henry M. Bruen, *40 years in Korea*, p.514~515. 핸더슨은 1954년 북장로회 선교사직에서 사임하고, 미국 구라선교회 총무로 봉직하면서 한국 구라선교를 지원했다. 김승태·박혜진 엮음, 『내한선교사 총람, 1884-1984』, 292쪽.

111) 「경북로회 제40회 회록」 1941년 12월, 『대한예수교장로회 경북노회 회의록』 2권, 382쪽.

112) 「동아일보」 1939년 1월 25일자 "風浪걸힌 大邱信明校 學級을 倍增코 擴充-宣教會서 分離, 慶北老會經營, 昇格申請, 不遠認可"

113) 「조선일보」 1939년 6월 17일자 "校舍增築 實現-理事會와 父兄會서 四萬圓 釀出, 大邱 信明女學의 曙光" ; 「동아일보」 1939년 10월 27일자 "大邱 信明高女 卅一週年 紀念-빛나는 同校의 存在"

은 일제 당국으로부터 철저한 감독을 받았다. 계성학교 김석영 교장은 부임 후 유창한 일본어를 구사하며 경북도내 유지들을 학교로 초청해 시국강연을 하며 일제에 적극 협력하였다. 또한 일본으로 유학간 졸업생들에게 입대하라고 연락하는 등 철저한 친일행각을 벌였다.[114] 신명여학교 교무주임은 "직업전선에 서는 여성교육은 우리 학교가 목표하는 바 아니오 오즉 현모양처로서 가정에 도라가 황국여성으로서 책무를 다하도록 함에 잇느니만치 신입생 선발표준도 거기에 둔다"[115]라고 하여 학교 교육의 목표를 황국여성으로서의 책무를 다하는 것에 있다고 하였다. 노회 경영이라고 교인의 자녀를 우선적으로 선발하지 않을 것을 강조하기도 했다.

1945년 2월에는 미북장로회선교부에 속한 교지, 교사, 부속 건물 및 토지 수입을 인계하고 별도로 기본금 602,169원 2전으로 재단법인을 조직하고 '대구공산(公山)중학교'로 학교명을 변경하고, 4년제가 되었다. 1940년 당시 계성학교 학부형회장이었던 김성재가 초대 이사장이 되었다. 그가 사재 45만원을 기부해 계성학교 기본재산이 60여만원이 되었다.[116]

신명여학교도 1944년 4월 '대구남산(南山)여학교'로 변경되었다가, 4월 30일 '대구남산고등여학교'로 인가받았다. 이규원 교장은 학부형들이 신명여학교 유지재단을 설립하기 위하여 모금한 20만원을 기금으로 하여 미북장로회선교부 유지재단과 조선예수교장로회 경북노회 유지재단을 합해 1944년 5월 18일자로 재단법인 대구남산여학교 유지재단 등기

---

114) 계성100년사편찬위원회, 『계성백년사, 1906-2006』, 143쪽.

115) 「동아일보」 1940년 2월 6일자 "賢母良妻主義 家族環境 重視-信明女學校 李圭元 氏談"

116) 계성100년사편찬위원회, 『계성백년사, 1906-2006』, 149~150·156~157쪽. 해방된 다음날 도망치듯 대구를 떠난 김석영 교장의 후임으로 신태식(申泰植)이 부임하였고, 1948년 9월에 교명 '계성'을 되찾고, 학제도 4년제에서 6년제로 개편되었다.

수속을 완료하였다.[117]

　이상에서 계성학교와 신명여학교의 학교 인계 과정을 살펴보았다. 1920년대 초반부터 재정부족으로 대구 계성학교에 보조금 지원이 끊길 위기에 처하자, 1921년 경북노회에서 계성학교의 운영에 참여하기로 결정하였다. 신명여학교 역시 1929년 경북노회와 경안노회에서 학교를 공동 경영하기로 선교부와 합의하였다. 이들 두 학교에서 지역 노회가 학교 운영 및 이사진에 참여함으로써, 이후 신사참배 문제로 선교부가 교육사업에서 철수하게 되었을 때 다른 지역에 비해 비교적 쉽게 두 학교를 경북 및 경안노회에서 인계하게 되었다. 한국선교부 대구 선교지부에서 학교 인계를 반대하고 폐교하겠다고 결정하였으나, 해외선교부가 이를 일축하고 경북노회로 두 학교를 인계한다는 공문을 보냈다. 한국선교부와 해외선교부가 한국의 학교 인계 문제에서 의견 일치가 되지 않았고, 이로 인해 계성학교와 신명여학교는 경북노회로 사례금 없이 인계되었다. 대구 두 학교 인계 문제 역시 선천 학교들처럼 이른 시기부터 경북노회가 계성 및 신명학교에 이사진으로 참여하면서 공동으로 학교를 운영해온 사실에서 비롯된 것이었다.

　계성학교의 핸더슨과 신명여학교의 폴라드 교장은 신사참배를 국가의식으로 받아들였고, 이 논리를 가지고 선교부가 신사참배 문제로 인해 학교를 폐쇄해야 한다고 했을 때, 대구의 두 학교만이라도 유지해야 한다는 입장에 서 있었다. 핸더슨과 폴라드는 선교부의 교육사업 철수 이후에도 공식적인 교장 직함이 아니라 복음 전도자의 이름으로 학교와 계속 관련을 맺었고, 이로 인해 한국선교부와 마찰을 빚기도 했다.

---

117) 신명100년사편찬위원회, 『신명백년사, 1907-2007』, 69·121쪽. 1945년 8월 15일 광복과 동시에 교명이 신명여자중학교로 환원되었다. 1951년 학제변경으로 중학교와 고등학교가 분리 개편되었고, 그뒤 재단 분규로 1953년 2월 중학교 교명이 성명여자중학교로 변경되었다.

결론

  이상에서 미북장로회선교부가 경영한 8개의 미션스쿨, 즉 평양의 숭
실학교와 숭의여학교, 서울의 경신학교와 정신여학교, 대구의 계성학교
와 신명여학교, 선천의 신성학교와 보성여학교의 학교 승격운동과 학교
운영 및 학교 폐교와 한국인의 학교 인수 과정을 살펴보았다.

  일제는 1910년대 「사립학교규칙」과 「개정사립학교규칙」으로 미션스
쿨에서 성경을 교수하지 못하게 함으로써 교육과 종교의 분리를 강제했
다. 이에 대해 감리교 계통 학교들은 이 정책에 순응하였지만 장로교 학
교들은 일제의 인가를 받지 않는 각종학교의 길을 걸어 상급학교 진학에
불이익을 받았다. 3·1운동으로 일제는 사립학교 정책을 비롯한 기독교
정책을 변경하였고, 1920년대 교육령 개정과 사립학교규칙 개정 및 지
정학교 제도로 인해 학교에서 성경교육이 가능해졌으며 학교 설비와 자
격있는 교사진을 갖추고 있으면 상급학교 입학에서 불이익을 받지 않게
되었다. 이에 따라 주로 각종학교였던 장로교 계통 학교들에서 1920년
대 지정학교 승격을 요구하면서 동맹휴학이 잇따랐다.

  총독부는 1920년대 미션스쿨에서 빈번하게 일어나는 동맹휴학 문제
를 한국인 대 선교사의 갈등에서 일어난 것이며, 미국인 선교사의 우월
주의가 일으킨 사건으로 몰아갔다. 또한 미션스쿨들이 교세의 확장에만
치중하고 학교의 향상에는 관심이 없다고 하며 선교사들의 교육사업을
폄하하였다. 대신 총독부 경영 학교들의 시설과 교사진이 우수하므로 미
션스쿨의 학생들은 총독부 경영 학교로의 탈출을 희망하고 있다고 단정

하였다. 그러나 일부 미국인 교장에 대한 배척 문제도 없지는 않았지만, 보다 근본적인 동맹휴학의 원인은 기준에 맞는 학교 시설과 유자격 교사를 두어 지정학교로 승격하자는 것이었다. 선교부가 학교들을 지정학교로 승격시키기로 결정하고, 학생들의 승격운동과 동창회 및 지역 유지들의 지원으로 북장로회선교부 경영 8개 학교 가운데 6개의 학교가 1920년대부터 1930년대 중반까지 지정학교로 승격되었다. 1930년대 들어 일제는 미션스쿨에까지 신사참배를 강요하였다. 그 논리는 교육과 종교는 다르며, 신사참배는 국가적 의식이지 종교적 의식이 아니므로 국가의식에 반드시 참여해야 한다는 것이었다. 이는 미션스쿨들을 일제에 순응하는 학교로 만들기 위한 것이었다. 학교에서 신사참배를 강요하게 되자 북장로회선교부를 비롯하여 한국에서 선교하고 있던 개신교 선교부들은 모두 한국에서 철수하였다.

1920~30년대 학교 승격 운동에 한국인들은 조직적으로 참여하였다. 학생들, 동창회, 교계 인사들, 지역 노회에 이르기까지 각계 각층에서 선교부 관할 학교들의 지정학교 승격운동을 주도하였다. 상급학교 진학 문제가 불거지자 지금까지 수동적으로 교육을 받기만 했던 경신학교와 숭실학교 학생들은 주체적으로 학교 승격운동에 나섰다. 지정학교 제도 발표 이전에 경신학교 학생들은 상급학교 입학이 불리하므로 고등보통학교로의 승격을 요구했다. 상급학교 입학의 불이익 문제가 제기되자, 지금까지 소극적이었던 학생들이 능동적으로 학교 승격운동을 주도하는 것으로 변화된 것이다.

서울 경신학교가 선교부 관할 중등학교 가운데 가장 먼저 지정학교가 되었다. 평양 숭실학교 학생들은 애결단을 조직해 자격이 부족한 교원들을 일일이 방문하여 사직을 요청하고, 애계문을 만들어 학교 당국자와 일반 학부형들에게 발송하는 등 매우 적극적인 활동을 통해 자격이 부족한 교사들을 교육현장에서 물러나게 했다. 주도적 활동을 한 학생들은

퇴학, 정학 등의 처분을 받아 학교측과 첨예한 대립을 보였고, 평양의
유지들이 중재에 나서 학교 안의 문제가 평양 교계로까지 확대되었다.
그러나 평양 교계 인사들의 중재 노력은 마펫 교장을 비롯해 완고한 학
교측의 태도로 인해 별다른 효과를 가져오지 못했다. 오히려 숭실학교의
지정학교 승격운동에서 보여준 학생들의 희생을 각오한 승격운동의 영
향이 평양 사회의 관심을 불러 일으켰고, 선교부에서도 지정학교 승격을
위해 노력하게 하는 계기가 되었다.

　서울 정신여학교와 평양 숭의여학교, 대구 계성학교의 경우 동창회와
노회에서 지정학교 승격운동을 주도했다. 세 학교 모두 교사 배척이 승
격운동의 가장 핵심적 요구조건이었다. 정신여학교 학생들의 교사 배척
동맹휴학에 대해 일반 사회에서 관심을 갖고 지켜보았고, 학교와 학생
측에 각각 중재하기도 하였다. 1930년대에는 동창회와 경기노회가 협력
하여 승격운동을 하였는데, 선교부에 특별위원을 파견하여 지정 청원운
동을 함과 동시에 동창회 주축으로 후원회를 조직하여 장기적으로 학교
재정 확충을 도모하였다. 숭의여학교 승격운동에는 평양예수교장로회
도당회 소속의 목사·장로 등과 평양 지역민들이 광범위하게 참여하였
다. 계성학교는 1921년부터 경북노회와 공동경영을 하였고 뒤에 경안노
회가 분리되면서 경북·경안 노회가 선교부에 대표를 보내고 지역의 교
회들에 지원을 요청하는 등 학교 승격운동에 매진하였다. 지금까지 미션
스쿨 문제가 지역사회의 문제로 확대된 경우는 거의 없었는데, 학교 승
격운동을 통해 지역사회와 교계 인사들이 학교 내부의 문제까지 깊은 관
심을 갖게 되었고, 선교사들의 교육행위에 대해 한국인들이 정면으로 맞
서 교육정책 자체를 비판하고 변화를 요구하였다.

　선천 신성학교는 지역사회에서 지정학교 승격을 주도하였다. 신성학
교의 경우 평북·의산 노회가 1927년부터 선교부와 공동경영을 하면서
지정학교 승격운동을 본격적으로 진행하였다. 노회와 더불어 선천 지역

사회에서도 학교에 대한 기부와 시민대회 개최 등 매우 적극적으로 학교를 지원하였다.

한국인의 학교 승격운동 참여는 학교 운영 참여로 이어졌다. 제1차 세계대전으로 북장로회 해외선교부의 교육재정이 충분하지 않자 1918년 각 학교의 기금을 일부 유예하였고, 1920년부터 적자 폭이 늘어났다. 게다가 지정학교 제도가 시행된 후 그 기준에 부합하기 위해서는 학교 재정 확충이 가장 시급한 문제가 되었다. 또한 1933년부터 해외선교부에서 들어오는 재정 지원금이 급격히 감소하였다. 이에 한국선교부는 조선예수교장로회 총회에 각 중등학교에 한국교회에서 이사를 선정하고 경제상 보조를 해달라고 청원했다. 장로회 총회는 선교부 경영 학교에 대한 이사 파견과 재정 보조에 대한 문제는 학교와 관련있는 해당 노회에서 선교지부와 협의하여 이사를 세우고 협력하도록 했다. 이에 따라 각 지역 노회가 학교 이사로 참여하게 된 것이다.

평양 숭실학교에 한국인 이사가 참여한 것은 비교적 이른 시기였다. 1912년부터 실질적 이사는 아니지만 자문위원회·협동위원회의 이름으로 장로교와 감리교의 목회자 및 교인들이 학교 운영에 참여하였다. 장·감 연합사업이 끝나고 북장로회 소속으로 환원되면서 숭실학교에 평남노회에서 3인이 이사진으로 참여하였고, 숭의여학교 역시 1925년 이사진 구성을 보면 평남노회에서 분리된 평양·안주·평서 노회에서 각 1인씩 학교 이사진에 참여하였다. 서울 경신학교는 지정학교로 승격된 1923년에 경기(충청)노회와 동창회에서 이사진을 파견하여 학교를 공동으로 운영하기로 하였다. 정신여학교는 1920년대 후반 선교부 재정 보조가 쉽지 않은 상황에서 1929년에 경기노회, 동창회와 연합으로 학교를 운영하기로 결정하였다. 서울지역 두 학교 역시 경기(충청)노회와 동창회에서 학교 이사가 되어, 선교부에서 받는 보조금 외에 학교의 경상비 모금이나 교원 임면 사항 등 학교를 공동으로 관리하고 감독하였다.

선천 신성학교와 보성여학교는 1927년부터 학교 인계 논의가 있었으며, 평북노회와 의산노회가 신성학교 이사진에 참여하면서 공동 경영을 하게 되었고 두 노회에서 재정적 지원을 하였다. 1930년에 용천노회가 분립하면서부터 평북·의산·용천 3노회에서 학교 이사진에 참여하였다. 대구지역은 1920년대 초반부터 재정 부족으로 대구 계성학교에 보조금 지원이 끊길 위기에 처하자, 1921년 경북노회에서 계성학교의 운영에 참여하기로 결정하였다. 신명여학교 역시 1929년 경북노회와 경안노회에서 학교를 공동 경영하기로 선교부와 합의하였다. 이처럼 각 학교에 한국인이 이사로 참여하게 되면서 선교부와 공동으로 학교 운영과 감독을 하게 된 것이다.

북장로회선교부가 운영하는 중등학교에 한국 노회와 동창회, 지역사회 등에서 이사진으로 참여하였다는 사실은, 뒤에 신사참배 문제로 선교부가 교육사업에서 철수하면서 학교 인계 문제가 대두되었을 때 한국인들이 이사회 정관을 들어 한국인의 학교 운영을 관철시키는 데까지 연결된다.

평양의 숭실학교와 숭의여학교는 1916년과 1925년이라는 비교적 이른 시기부터 한국인 이사들이 학교 경영에 참여하고 있었지만, 교육사업 철수 과정의 학교 인계 요구에 있어서는 다른 지역 학교 이사진들에 비해 크게 영향력을 미치지 못했다. 학교 이사진으로 참여했던 노회에서는 학교 폐교 문제가 논의되는 1936년 말에서 1937년 초에 학교 이사진 파견을 중지하기로 결정했다. 따라서 이후 노회 차원에서 학교 인계 시도를 전개할 수 없었고 또한 한국인의 학교 인계 노력에도 전혀 도움이 되지 않았고, 오히려 평양예수교장로회 도당회를 비롯한 평양의 교계 인사들이 학교 인계를 위해 노력하였다. 서울, 선천, 대구의 지역 노회들이 학교 이사진 파견으로 공동 경영을 하고 있었음을 들어 학교 인계 과정에 적극적이었던 것에 비하면, 평양·안주·평서 세 노회의 성급한 이사 파견 중지는 비판받아야 한다.

평양지역 선교사들 특히 숭실학교의 창립자이자 제1대 교장인 베어드와 제3대 교장 마펫은 매코믹신학교 출신의 철저한 보수주의자들로 비기독교적·세속적인 요소를 악한 것으로 바라봤다. 이들 두 사람은 오랫동안 평양지역에서 동역하면서 평양 선교지부의 독특한 보수적 신앙과 신학 형성을 주도했다. 이들의 이원론적 세계관은 당시 북장로회 한국선교부 선교사 다수의 견해와 다르지 않았다. 신사참배 문제가 처음 불거졌을 때 한국 기독교인들은 선교사들 못지 않게 참배할 수 없다고 완강히 거부했다. 참배하는 학교에 자녀를 보낼 수 없다고 일부러 결석시킬 정도였다. 그런데 교장이 파면된 후 선교부가 교육사업에서 철수하게 되자 입장이 달라졌다. 선교사들이 물러날 경우 학교를 당연히 한국인에게 인계할 것이라는 희망이 있었고 학교 인계자 물색에 평양지역 기독교인들이 발벗고 나섰다. 그러나 한국인들의 기대와는 달리 선교부에서는 인계가 아니라 폐교를 결정했고, 학교 명의조차도 빌려줄 수 없다고 하였다. 이에 대해 한국 기독교인들은 반발했다. 또한 평안남도 당국은 이러한 평양지역 선교사들의 폐교 논리를 선교사와 한국인들의 사이를 갈라놓는 데 이용했다. 다른 지역 학교들은 한국인이나 한국 노회로 인계되었지만, 평양의 학교들은 폐교되었다.

북장로회선교부의 교육철수 결정 이후 경신학교와 정신여학교에 대해 학교 이사회, 동문회, 경성노회 등 각 단체에서 서울 선교지부와 선교부 실행위원회 및 해외선교부에 끊임없이 인계 요청을 하였다. 경신학교에서는 안악 김씨 문중과 협의하여 5년간 임대하기로 한 안이 부결되자, 「경신학교 이사회 규칙」을 내세워 학교의 경영권을 방어하고자 하였다. 결국 한국인 설립자 충원이 조선총독부에서 허가되었고, 김씨 문중이 북장로회선교부에 사례금을 주고 경신학교를 인계하게 되었다. 정신여학교는 경성노회와 동창회가 협력하여 학교를 인수하기로 하였으나 성사

되지 않았고, 그 뒤를 이어 유력한 인계후보자였던 이종만의 제안이 해외선교부와의 수 차례 논의 과정에서 거절당했다. 정신여학교에 대한 여러 번의 인계 노력은 실패하였고, 선교사들이 강제 추방당하게 되면서 학교는 적산(敵産)으로 인수되어 풍문재단으로 흡수되었다. 교육사업 철수에 따른 경신학교와 정신여학교의 인계 과정에서 논의되고 결정된 내용들을 살펴보면, 선교부 실행위원회는 한국인에게 학교를 인계하는 것에 대해 부정적인 입장을 보였지만, 쿤스, 언더우드 등 교육 현장에 있었던 선교사들은 찬성하는 입장이었다. 또한 선교사들 내부 뿐만 아니라 미국 해외선교부에서도 교육사업 철수에 대한 여러 가지 의견이 나뉘어졌다. 그에 따라 학교 이사회, 동문회, 학부형 등 한국인들은 학교 인계에 대한 희망을 갖고 대책 마련을 위해 애썼다. 경신학교와 정신여학교의 폐교를 막기 위해 한국인들은 주도적으로 인계를 위한 노력을 했다.

다른 지역 학교들에 비해 선천의 신성학교와 보성여학교는 비교적 쉽게 평북·의산·용천 3노회로 인계되었다. 한국인의 주체적인 학교 설립, 한국인 교장의 취임 등은 당시 서울이나 평양, 대구의 상황과 비교한다면 선천지역의 특수한 상황이었다고 볼 수 있다. 다른 학교들과 마찬가지로 신성학교와 보성여학교도 학교재산 일체를 무상으로 양도해 달라는 내용의 청원을 선천 선교지부를 거쳐 미국 해외선교부에 보냈다. 결국 학교 이사회, 동문회, 선천 주민 등 각계 각층의 요구가 받아들여져 1938년 11월부터 12월 사이에 신성학교는 5만원으로, 보성여학교는 7천원의 사례금으로 평북·의산·용천 3노회에 인계되었다. 인계된 이후 경영난에 빠지자 철산 오씨 문중이 신성학교, 노정린·백형덕 등 한국인들이 보성여학교를 지원하여 두 학교가 유지되었다. 학교 승격운동과 재단법인 완성, 학교 인계 등의 모든 과정에서 선천 지역민들은 자발적이고 주도적으로 활동하였다.

대구의 계성학교와 신명여학교는 1921년부터 지역 노회가 학교 운영

및 이사진에 참여함으로써, 이후 신사참배 문제로 선교부가 교육사업에
서 철수하게 되었을 때 비교적 쉽게 두 학교를 경북 및 경안노회에서
인수하게 되었다. 한국선교부 대구 선교지부에서 학교 인계를 반대하고
폐교하겠다고 결정하였으나, 해외선교부가 이를 일축하고 경북노회로
두 학교를 인계한다는 공문을 보냈다. 한국선교부와 해외선교부가 한국
의 학교 인계 문제에서 의견 일치가 되지 않았고, 이로 인해 계성학교와
신명여학교는 경북노회로 사례금 없이 인계되었다. 대구 두 학교 인계
문제 역시 선천 학교들처럼 이른 시기부터 경북노회가 계성 및 신명학교
에 이사진으로 참여하면서 공동으로 학교를 운영해온 사실에서 비롯된
것이다. 계성학교의 핸더슨과 신명여학교의 폴라드 교장은 신사참배를
국가 의식으로 받아들였고, 이 논리를 가지고 선교부가 신사참배 문제로
인해 학교를 폐쇄해야 한다고 했을 때, 대구의 두 학교만이라도 유지해
야 한다는 입장에 서 있었다. 핸더슨과 폴라드는 선교부의 교육사업 철
수 이후에도 공식적인 교장 직함이 아니라 복음 전도자의 이름으로 학교
와 계속 관련을 맺었고, 이로 인해 한국선교부와 마찰을 빚기도 했다.

또한 신사참배 거부로 인해 선교부가 한국의 교육사업에서 철수할 때
인계 과정을 둘러싸고 많은 논란이 있었다. 이 논란은 단순하게 선교부
와 학교라는 이분법적인 구도로는 파악할 수 없다. 한국선교부와 해외선
교부, 복음 선교사와 교육 선교사, 평양 선교지부와 서울 선교지부, 선교
사와 한국인(여기에는 교직원, 학생, 학부형, 동창회, 한국의 노회, 일반
인 등 다수의 사람들이 참여하였다) 등 다양한 층위의 사람들이 복합적
으로 각자의 입장에 따라 논란이 전개되었다. 숭실학교의 베어드와 마펫
의 보수적이고 이원론적 세계관에 비해, 경신학교의 설립자 언더우드와
쿤스 교장, 대구 계성학교 핸더슨 교장과 신명여학교 폴라드 교장의 경
우는 이들과는 다른 인식을 갖고 있었다. 이들의 신학적-세계관적 차이
는 결과적으로 신사참배 문제가 일어났을 때 교육철수와 학교 인계 문제

에서도 첨예하게 대립했다. 평양지역 선교사 대부분이 신앙 양심에 배치되다고 하여 참배를 거부하고 학교를 폐쇄하고 한국을 떠났지만, 서울과 대구지역 특히 교육, 의료 선교사들은 신사가 비종교적 애국행위라는 일본의 주장을 수용해 신사참배를 하더라도 학교를 유지하는 쪽을 택했다.

초기 한국교회는 선교사의 헌신, 한국 교인들의 자립·자전·자치적 정신과 폭발적인 전도열 등이 복합적으로 작용하여 급성장을 이루었다. 이러한 성격은 전도의 측면뿐만 아니라 교육에서도 발견하게 된다. 1930년대 한국인의 교육열은 가히 폭발적이었다. 그런데 이 가운데 신사참배 문제로 인한 선교부의 교육철수가 불거진 것이다. 교육열에 비해 학교가 적은 일제말의 상황에서 학교가 폐교되는 것을 막기 위해서 한국인들은 온갖 노력을 기울일 수밖에 없었던 것이다. 신사참배 문제를 신앙의 눈으로 본다면 당연히 한국인들은 신사참배를 거부하고 선교사들의 학교 폐쇄에 순응해야 했다. 우상숭배를 거부하며 죽기까지 신사참배를 거부한 신앙인들이 많았지만, 학교 문제와 직·간접적 관계를 가진 한국인들은 신사참배를 하더라도 학교를 유지해야만 하는 입장에 서 있었다. 한국인들은 신앙보다는 교육과 학생들의 미래를 먼저 바라보았고, 그것이 주체적인 학교 인계 문제로 나타난 것이다.

그러나 한국에 온 선교사들은 복음 전도가 1차 목적이었고, 교육·의료 등의 사업은 전도활동을 위한 부수적인 사업일 수밖에 없었다. 조선총독부라는 식민권력과 신사참배 강요라는 신앙의 특수적 상황, 그리고 국제정세 속에서 미북장로회선교부로서는 어쩔 수 없이 교육사업 철수라는 결단을 내릴 수밖에 없었다. 그러나 교육사업 철수에 따른 각 학교의 인계 과정에서 논의되고 결정된 내용들을 살펴보면, 선교부 실행위원회는 한국인에게 학교를 인계하는 것에 대해 부정적인 입장을 보였지만, 쿤스, 언더우드 등 교육 현장에 있었던 선교사들은 찬성하는 입장이었다. 또한 선교사들 내부 뿐만 아니라 미국 해외선교부에서도 교육사업 철수에 대해 여러 가지 의견이 나뉘어져 있었음을 확인하였다.

이상의 논의를 통하여 이 연구가 목표로 하였던 북장로회선교부 미션스쿨들의 학교 승격운동 및 학교 운영과 교육사업 철수 시 각 학교에서 어떻게 대응하였으며 한국인들이 학교 인계과정에서 어떤 역할을 했고 그 결과가 어떠했는지에 대해 살펴보았다. 이로 인해 한국기독교 역사 가운데 미션스쿨에서 그동안 드러나지 않았던 한국인들의 주체적인 교육행위가 어느 정도는 윤곽을 드러냈다고 생각한다. 특히 선교부와 한국인, 총독부와 선교부, 한국인과 총독부 등 다양한 차원에서 서로의 입장과 대응 등이 어떤 결과를 가져왔는지를 살펴보았다.

이 연구에서는 미션스쿨들이 폐교 혹은 한국인 및 한국 노회로 인계된 이후 신사참배와 친일 문제 등에 대한 대응과 결과는 다루지 않았다. 1938년 조선예수교장로회 총회가 공식적으로 신사참배를 하기로 결정한 이후, 각 지역 노회와 교회, 한국 교인들은 신사참배에서 자유롭지 못했다. 이는 학교에서도 마찬가지였다. 학교 유지를 위해 신사참배를 국가적 행사로 인정하고 거기에 순응한 이상 학교 관계자들 역시 친일문제에서는 벗어나기 힘들기 때문이다. 그러므로 이 연구에서는 학교 인계과정까지만 다루었고, 인계 후 학교가 어떻게 변화되었는지는 간략히 살펴본 정도이다.

초기 한국에 입국해 선교와 교육활동을 한 대표적 개신교 교파는 미국 남·북장로회, 미국 남·북감리회, 호주장로회, 캐나다장로회의 6개 교파이다. 따라서 미북장로회선교부 경영 학교 외에도, 미남장로회·호주장로회·캐나다장로회가 경영한 학교들에서 학교 승격 및 학교 운영과 교육철수에 대한 대응에 대한 비교작업이 필요하다. 학교 승격 문제와 신사참배 문제에서도 일찍 일제에 순응한 감리교 계통 학교에서도 이에 대한 비판이나 저항이 없었는지에 대해서도 살펴볼 필요가 있다. 이들 각 교파의 학교들에 대해서는 계속적인 연구과제로 삼고자 한다. 또한 평양

숭실학교와 숭의여학교 승격 운동이 평양지역 선교사 배척문제로 확대
되는 면도 일정 부분 나타나는데, 이에 대해서는 추후에 보완하도록 하
겠다.

미션스쿨을 졸업한 한국인들이 학교에서 교육받은 경험과 그 영향이
한국 사회에서 어떤 결과로 드러나는지를 찾는 작업도 필요하다. 엘리트
교육을 받은 여학교 졸업생들이 한국 사회에서 어떤 모습으로 살아갔으
며 그들이 한국 여성들에게 어떤 영향을 끼쳤는지 등에 대해서도 살펴봐
야 한다.

또한 각 지역에서 교육사업을 전개한 교장이나 설립자 등에 대한 개
별 연구가 필요하다. 이들 인물들에 대한 미시적 연구들이 쌓여야 학교
의 인계과정 및 신사참배에 대한 선교사들의 인식 등이 좀더 심도있게
연구될 것이다. 이들의 신사참배 인식, 학교 운영, 한국 인식 등 다양한
인물 연구도 추후 보완되어야 할 과제이다.

Ⅰ. 1차 자료

1. 단행본

『경기노회록』, 대한예수교장로회 서울노회
『경기충청노회록』, 대한예수교장로회 서울노회
국사편찬위원회, 『한국독립운동사 자료38-종교운동편』, 국사편찬위원회, 2002
김승태 편역, 산돌손양원기념사업회 엮음, 『신사참배문제 자료집 Ⅰ, Ⅱ, Ⅲ』,
　　한국기독교역사연구소, 2014
김흥수 엮음, 『WCC 도서관 소장 한국교회사 자료집-105인 사건, 3·1운동, 신
　　사참배문제 편』, 한국기독교역사연구소, 2003
대한예수교장로회 경북노회, 『대한예수교장로회 경북노회 회의록』, 대한예수
　　교장로회 경북노회, 2008
대한예수교장로회총회, 『대한예수교장로회 총회회의록』, 대한예수교장로회
　　총회
朴根葅, 『宣川要覽』, 大英書院, 1932
『서울노회 회의록-경기·경성노회편』, 대한예수교장로회 총회 교육부, 1975
이만열 엮음, 『신사참배문제 영문 자료집 Ⅰ-미국 국무성 문서 편』, 한국기독교
　　역사연구소, 2003
이만열 엮음, 『신사참배문제 영문 자료집 Ⅱ-미국 북장로회 해외선교부 문서
　　편』, 한국기독교역사연구소, 2004
『조선예수교장로회 경안노회 회의록』, 대한예수교장로회 경안노회
車載明 편, 『朝鮮예수教長老會史記』, 朝鮮基督教彰文社, 1928
渡部學, 『朝鮮敎育史』, 講談社, 1975
渡部學·阿部洋 편, 『植民地敎育政策史料集成』, 龍溪書舍, 1991
阿部勳 편, 『朝鮮功勞者銘鑑』, 民衆論社, 1935
조선총독부 官房文書課 편, 『諭告·訓示·演述總攬』, 朝鮮行政學會, 1941
조선총독부 학무국, 『朝鮮の統治と基督教』, 조선총독부, 1921·1923
朝鮮總督府, 『施政三十年史』, 朝鮮總督府, 1940

『朝鮮總督府官報』
『朝鮮學事例規』, 朝鮮總督府 學務局 學務課, 1938
『朝鮮總督府 統計年報』
Minutes and Reports of the 40th Annual Meeting of the Chosen Mission of the Presbyterian Church in the U.S.A.(1906~1940)(연세대학교 도서관 소장)
Presbyterian Church in the U.S.A. Board of Foreign Missions Korea Mission Reports 1911~1954(전 91권, 한국기독교역사연구소 영인)

2. 신문, 잡지

「기독교신문」, 「기독신보」, 「독립신문」, 「동아일보」, 「매일신보」, 「신한민보」, 「자유신문」, 「조선일보」, 「조선중앙일보」, 「종교시보」, 「중외일보」, 「朝鮮民報」, 「개벽」, 「동광」, 「삼천리」, 「朝鮮」, 「朝鮮彙報」

II. 2차 자료

1. 학교사

계성100년사편찬위원회, 『啓聖百年史, 1906-2006』, 학교법인 계성학원, 2006
계성오십년사편찬위원회, 『啓聖五十年史』, 계성오십년사편찬위원회, 1956
고춘섭 편저, 『경신사, 1885-1991』, 경신중고등학교, 1991
김광현, 『貞信百年史』, 정신여자중고등학교, 1989
김영혁 편저, 『창립 100주년 신성학교사』, 신성학교 동창회, 2006
숭실100년사 편찬위원회, 『崇實100년사 1. 평양숭실』, 숭실학원, 1997
숭의100년사 편찬위원회, 『崇義100년사, 1903-2003』, 학교법인 숭의학원, 2003
신명100년사편찬위원회, 『信明百年史, 1907-2007』, 신명고등학교·성명여자중학교, 2008
신명오십년사편찬위원회, 『信明五十年史』, 신명오십년사편찬위원회, 1957
신성학교동창회, 『信聖學校史』, 신성학교 동창회, 1980
이희천 편저, 『사진으로 보는 정절과 신앙의 貞信 120年』, 정신여자중고등학

교, 2007
홍선의, 『保聖百年史』, 보성중고등학교, 2007

2. 단행본

국사편찬위원회 편, 『(日帝侵略下) 韓國三十六年史』, 국사편찬위원회, 1978
국사편찬위원회, 『한국사』50, 국사편찬위원회, 2001
김기석, 『남강 이승훈』, 한국학술정보, 2005
김승태 엮음, 『한국기독교와 신사참배 문제』, 한국기독교역사연구소, 1991
김승태 편역, 『일제강점기 종교정책사 자료집: 기독교편, 1910-1945』, 한국기
    독교역사연구소, 1996
김승태, 『중일전쟁 이후 전시체제와 수탈』, 독립기념관 한국독립운동사연구
    소, 2009
김승태, 『한말·일제강점기 선교사연구』, 한국기독교역사연구소, 2006
김승태·박혜진 엮음, 『내한 선교사 총람, 1884-1984』, 한국기독교역사연구소,
    1994
김요나, 『동평양노회사』, 대한예수교장로회 동평양노회 역사편찬위원회, 2003
노영택, 『일제하 민중교육운동사』, 탐구당, 1979
박용권, 『국가주의에 굴복한 1930년대 조선예수교장로회의 역사』, 그리심,
    2008
손인수, 『한국근대교육사, 1885-1945』, 연세대출판부, 1971
숭실인물사편찬위원회, 『인물로 본 숭실 100년』, 숭실대학교출판부, 1992
안종철, 『미국 선교사와 한미관계, 1931-1948』, 한국기독교역사연구소, 2010
윤건차 지음, 심성보 옮김, 『한국근대교육의 사상과 운동』, 청사, 1987
윤경로, 『105人事件과 新民會 研究』, 일지사, 1990
이광린, 『한국사강좌 V-근대편』, 일조각, 1981
이만규, 『조선교육사』, 을유문화사, 1947
이만열, 『한국기독교문화운동사』, 대한기독교출판사, 1987
이만열·옥성득 편역, 『언더우드 자료집』 제5권, 연세대학교 출판부, 2010
李省展, 『アメリカ人宣教師と朝鮮の近代-ミッションスクールの生成と
    植民地下の葛藤』, 社會評論社, 2006: 서정민·가미야마미나코 옮김,
    『미국선교사와 한국 근대교육』, 한국기독교역사연구소, 2007

이재원, 『대구장로교회사 연구』, 도서출판 사람, 1996
이찬영, 『서평양노회사』, 대한예수교장로회 서평양노회 노회사 편찬위원회, 2005
이찬영, 『안주노회사, 1912-2002』, 안주노회사 편찬위원회, 2003
장규식, 『일제하 한국 기독교 민족주의 연구』, 혜안, 2001
장규식, 『1920년대 학생운동』, 한국독립운동사연구소, 2009
장규식, 『민중과 함께 한 조선의 간디-조만식의 민족운동』, 역사공간, 2007
정병준, 『호주장로회 선교사들의 신학사상과 한국선교, 1889-1942』, 한국기독교역사연구소, 2007
정재철, 『日帝의 對韓國植民地敎育政策史』, 일지사, 1985
최석숭 편, 『平北老會史』, 서울: 기독교문사, 1979
평양노회사 편집위원회, 『평양노회사』, 대한예수교장로회 평양노회, 1990
한국교육연구소 편, 『한국교육사-근·현대편』, 풀빛, 1993
한국기독교역사학회 편, 『한국기독교의 역사 I(개정판)』, 기독교문사, 2011
한국기독교역사학회 편, 『한국기독교의 역사 II(개정판)』, 기독교문사, 2012
한국정신문화연구원, 『일제하의 교육이념과 그 운동』, 한국정신문화연구원, 1986
홍만춘, 『평서노회사』, 대한예수교장로회 평서노회사 발간위원회, 1998
G. T. Brown, *Mission to Korea*, 1962
Harry A. Rhodes, 최재건 옮김, 『미국 북장로교 한국 선교회사 I(*History of the Korea Mission Presbyterian Church U.S.A.* vol. I, 1884~1934)』, 연세대학교출판부, 2009
Harry A. Rhodes, *History of the Korea Mission Presbyterian Church U.S.A.* vol. II, 1935~1959, 대한예수교장로회총회교육부, 1984
Henry M. Bruen, *40 years in Korea*, 한국기독교역사연구소, 1998 영인
Horace H. Underwood, *Modern Education in Korea*, New York: International Press, 1926
William N. Blair, 김승태 옮김, 『정금같은 신앙』, 한국기독교역사연구소, 2005

3. 논문

古川宣子, 「일제시대 보통학교 체제의 형성」, 서울대학교 박사학위논문, 1996

권영배, 「일제하 사립각종학교의 지정학교 승격에 관한 일연구」 『朝鮮史硏究』 13집, 2004년 10월

김상태, 「근현대 평안도 출신 사회지도층 연구」, 서울대학교 국사학과 박사학위논문, 2002

김승태, 「1930년대 기독교계 학교의 '神社問題' 소고」 『한국기독교와 신사참배 문제』, 한국기독교역사연구소, 1991

김승태, 「1930·40년대 일제의 선교사에 대한 정책과 선교사의 철수·송환」 『한말·일제강점기 선교사 연구』, 한국기독교역사연구소, 2006

김승태, 「日本 神道의 침투와 1910·1920년대의 '神社問題'」 『한국기독교와 신사참배문제』, 한국기독교역사연구소, 1991

김승태, 「일제 말기 한국기독교계의 변질·개편과 부일협력」 『한국기독교와 역사』 24호, 한국기독교역사학회, 2006년 3월

김승태, 「1930년대 기독교계 학교의 신사참배 거부문제와 선교부의 대응」 『한말·일제강점기 선교사연구』, 한국기독교역사연구소, 2006

김승태, 『日帝의 植民地 宗敎政策과 韓國基督敎界의 對應, 1931~1945』, 한국학중앙연구원 박사학위논문, 2006

류대영, 「윌리엄 베어드의 교육사업」 『한국기독교와 역사』 32호, 한국기독교역사학회, 2010년 3월

류대영, 「신사참배 관련 소수파 의견 - 해럴드 헨더슨의 사례」 『한국기독교와 역사』 39호, 2013년 9월

문형만, 「종교교육의 이념과 사학정신」 『일제하의 교육이념과 그 운동』, 한국정신문화연구원, 1986

사와 마사히코, 「일제하 '신사문제'와 기독교주의 학교」 『한국기독교와 신사참배 문제』, 한국기독교역사연구소, 1991

손인수, 「일제 식민지 교육정책의 성격」 『일제하의 교육이념과 그 운동』, 한국정신문화연구원, 1986

송재원, 「3·1운동 이후 일제의 서북지방 기독교 통제와 '선천사건'」 『한국기독교와 역사』 33호, 2010년 9월

안유림, 「조선총독부의 기독교 단체 법인화 정책」 『한국기독교와 역사』 31호, 2009년 9월

안종철, 「윤산온의 교육선교 활동과 신사참배문제」 『한국기독교와 역사』 23호, 2005년 9월

안종철, 「중일전쟁 발발 전후 신사참배 문제와 평양의 기독교계 중등학교의
　　　동향」『한국문화』 48, 2009년 12월

안종철, 「미국 북장로교 선교사들의 활동과 한미관계, 1931~1948」, 서울대학
　　　교 국사학과 박사학위논문, 2008

옥성득, 「한국 장로교의 초기 선교정책(1884~1903)」『한국기독교와 역사』 9
　　　호, 1998년 9월

이광린, 「평양과 기독교」『한국기독교와 역사』 10호, 1999년 3월

이덕주, 「초기 내한 선교사들의 신앙과 신학」『한국기독교와 역사』 6호, 1997
　　　년 2월

이성전, 「선교사와 일제하 조선의 교육」『한국기독교와 역사』 3, 기독교문사,
　　　1994

이용선, 「민족자본 오희순」『朝鮮巨商』, 동서문화사, 2005

이용민, 「미국 북장로회 서울 선교지부와 평양 선교지부의 관계」『한국기독
　　　교와 역사』 32호, 2010년 3월

장규식·박현옥, 「제2차 조선교육령기 사립 중등학교의 정규학교 승격운동과
　　　식민지 근대의 학교공간」『중앙사론』 32집, 중앙사학연구원, 2010년
　　　12월

정태식, 「1930년대 이후의 일제의 종교정책에 대한 일고찰-대구 경북지역 기
　　　독교관련 공문서를 중심으로」『대구사학』 78, 2005

조선혜, 「1941년 '만국부인기도회사건' 연구」『한국기독교와 역사』 5호,
　　　1996년 9월

한규무, 「1930년대 평북 선천의 교육·산업과 기독교」『이화사학연구』 38, 이
　　　화사학연구소, 2009

한규무, 「1920-30년대 기독교계 학교 동맹휴학에 대한 몇 가지 문제」(한국기
　　　독교역사학회 제270회 학술발표회), 2009년 1월

함석헌, 「남강 이승훈 선생의 생애」『남강 이승훈과 민족운동』, 남강문화재단
　　　출판부, 1988

「사립학교규칙」(1911. 10)

제1조　조선인을 교육하는 사립학교에 대하여는 특별한 규정이 있는 것을 제외하고는 본
　　　　령에 의함.

제2조　사립학교를 설립코자 할 때는 다음 각호의 사항을 구비하여 조선총독의 인가를
　　　　받아야 함.

　　　　1. 목적

　　　　2. 명칭·위치

　　　　3. 학칙

　　　　4. 교지(校地)·교사(校舍)의 평면도와 그 소유자

　　　　5. 1년의 수지 예산

　　　　6. 유지 방법 단 기본재산, 기부금에 대하여는 증빙서류를 첨부하여야 함

　　　　7. 설립자·학교장 및 교원의 명단 및 이력서

제3조　사립학교에서 전조 제1호 혹은 제3호의 사항 설립자 또는 학교장을 변경코자 할
　　　　때는 조선총독의 인가를 받고 제2호, 제4호 혹은 제6호의 사항 또는 교원을 변경
　　　　할 때는 조선총독에게 신고하여야 함. 단 설립자·학교장 또는 교원의 변경에 대
　　　　하여는 이력서를 첨부하여야 함.

제4조　사립학교의 폐교나 또는 폐지는 설립자가 지체없이 조선총독에게 신고하여야 함.

제5조　사립학교 설립의 인가를 받고 6개월 내에 개교치 않거나 또는 6개월 이상을 소정
　　　　한 수업을 하지 아니한 때는 설치인가는 그 효력을 잃음.

제6조　학칙에는 다음 사항을 규정해야 함.

　　　　1. 수업 연한, 교과목, 교과 과정 및 매주 교수 시수에 관한 사항

　　　　2. 생도의 정수

　　　　3. 학년·학기 및 휴업일에 관한 사항

　　　　4. 입학자의 자격 및 입학·퇴학에 관한 사항

　　　　5. 수업료에 관한 사항

　　　　6. 전 각호 외에 학교에서 필요하다고 인정되는 사항

제7조　사립학교는 그 명칭에 '사립'이라는 문자를 앞에 두어야 함.

제8조　사립학교에는 학교장을 두어야 함.

제9조 사립학교의 교과용 도서는 조선총독부에서 편찬한 것이나 또는 조선총독의 검정을 거친 것을 써야 함. 전항의 교과용 도서가 없을 때는 조선총독의 인가를 받아 전항 이외의 도서를 쓸 수 있음.

제10조 사립학교에서 전조 제1항의 교과용 도서를 쓸 때는 그 도서의 명칭, 책수, 사용하는 학년, 저·역자 및 발행자의 씨명, 발행 연월일을 구비하여 조선총독에게 신고하여야 함. 전조 제2항의 도서를 사용코자 할 때는 그 도서의 명칭, 책수, 사용코자 하는 학년, 저·역자 및 발행자의 씨명, 발행 연월일을 구비하여 신청하여야 함.

제11조 다음 각호의 1에 해당하는 자는 사립학교의 설립자·학교장이나 또는 교원이 될 수 없음.

　　　1. 금옥(禁獄) 또는 금고 이상의 형에 처한 바 된 자. 단 특사, 복권이 된 자는 이에 구애받지 않음.

　　　2. 파산 또는 가자(家資) 분산의 선고를 받고 복권치 못한 자 또는 파산의 처분을 받고 채무의 변상을 마치지 못한 자

　　　3. 징계에 의하여 면직 처분을 받아 2년이 경과되지 못한 자. 단 징계가 면제된 자는 이에 구애되지 않음.

　　　4. 교원 면허장 압수의 처분을 받고 2년을 경과하지 못한 자

　　　5. 성행(性行)이 불량하다고 인정한 자

제12조 조선총독은 사립학교의 설립자가 전조 각호의 1에 해당할 때는 설립 인가를 취소하고 학교장이나 또는 교원이 전조 각호의 1에 해당할 때는 설립자에 대하여 그 해고를 명할 수 있음.

제13조 사립학교의 설비, 수업 기타 사항이 부적당하다고 인정될 때는 그 변경을 명할 수 있음.

제14조 다음 각호의 1에 해당하는 경우 조선총독은 사립학교의 폐쇄를 명할 수 있음.

　　　1. 법령의 규정에 위반할 때

　　　2. 안녕 질서를 문란케 하거나 또는 풍속을 괴란(壞亂)하는 바가 있을 때

　　　3. 제14조에 의한 명령에 위반할 때

제15조 사립학교에서는 다음의 표부(表簿)를 구비해야 함

　　　1. 학적부·출석부

　　　2. 직원 명부·이력서

　　　3. 교과용 도서 배당표

　　　4. 회계에 관한 장부, 교지(校地), 교사(校舍)의 도면

제16조 사립학교장은 매년 5월 말일 현재에 의하여 직원 씨명과 아울러 그 담당 교과목, 학년별 재적자 수 및 출석자 수, 교과용 도서배당표 및 회계의 상황을 익월 중에

조선총독에게 신고하여야 함.

제17조 본령은 서당에 적용치 아니함.

제18조 사립학교는 특별한 규정이 있는 경우를 제외하고 도장관의 감독에 속함.

부칙

본령은 메이지 44(1911)년 11월 1일부터 시행함.

본령 시행 전에 설립 인가를 받은 사립학교는 본령에 의하여 설치한 사립학교로 간주함.[1]

「사립학교규칙」(1915. 3)

제3조 사립학교에서 전조 제1호, 제2호 혹은 제3호의 사항 또는 설립자를 변경코자 할 때는 조선총독, 학교장 또는 교원을 변경코자 할 때는 도장관의 인가를 받고 제4호 혹은 제6호의 사항을 변경할 때는 조선총독에게 신고하여야 함. 단 설립자·학교장 또는 교원의 변경에 대하여는 이력서를 첨부하여야 함.

제3조의 2 전문교육을 하는 사립학교의 설립자는 그 학교를 설립·유지하기에 족한 재산이 있는 재단법인이 되어야 함.

제6조의 2 보통학교, 고등보통학교, 여자고등보통학교, 실업학교 또는 전문학교가 아니고 보통교육, 실업교육 또는 전문교육을 하는 사립학교의 교과 과정은 보통학교 규칙, 고등보통학교 규칙, 여자고등보통학교 규칙, 실업학교 규칙 또는 전문학교 규칙에 준하여 이를 정해야 함.

전항의 경우에는 보통학교 규칙, 고등보통학교 규칙, 여자고등보통학교 규칙, 실업학교 규칙 또는 전문학교 규칙에 규정한 이외 교과 과정을 부가할 수 없음.

제10조의 2 보통교육, 실업교육, 또는 전문교육을 하는 사립학교의 교원은 국어(일본어)에 통달하고 또 해당 학교의 정도에 응할 학력을 가진 자이어야 함. 단 초등의 보통교육을 하는 사립학교의 교원은 따로 정한 시험에 합격한 자, 교원 면허장이 있는 자 또는 조선총독이 지정한 학교를 졸업한 자에 한함. 전혀 외국어, 조선어 및 한문 또는 특종의 기술을 교수하는 자에 한하여 전항의 규정을 적용치 아니함.

제16조 사립학교장은 매년 5월 말일 현재에 의하여 직원 명단 및 그 담당 교과목,

1) 『조선총독부관보』 호외, 1911년 10월 20일자 "사립학교규칙" ; 김승태 편역, 『일제강점기 종교정책사 자료집-기독교편, 1910-1945』, 88~90쪽 재인용.

학년별 생도 재적자 수 및 출석자 수, 졸업자의 상황, 교과용 도서 배포표 및 회계의 상황을 익월 중에 조선총독에게 신고하여야 함.

부칙

본령은 다이쇼 4(1915)년 4월 1일부터 이를 시행함.

초등의 보통교육을 하는 사립학교의 교원 또는 고등보통교육, 실업교육 혹은 전문교육을 하는 사립학교에서 수신·국어·역사·지리·체조 이외의 교수를 하는 교원에 한하여는 다이쇼 9(1920)년 3월 31일까지 제10조의 2의 규정에 의하지 아니할 수 있음.

본령 시행에 제하여 현재 인가를 받아 존재하는 사립학교는 다이쇼 14(1925)년 3월 31일까지 제3조의 2, 제6조의 2, 제10조의 2의 규정에 의하지 아니할 수 있음.[2]

「사립학교규칙」(1920. 3)

제1조 사립학교는 특별한 규정을 제외하고는 본령에 의한다.

제2조 사립학교를 설립코자 할 때는 다음 각호의 사항을 구비하여 조선총독의 인가를 받아야 함.

　　　1. 목적

　　　2. 명칭·위치

　　　3. 학칙

　　　4. 교지(校地)·교사(校舍)의 평면도(평수 및 부근의 상황을 기재함)」

　　　5. 1년의 수지 개산(槪算)(첫해부터 완성연도까지 나눠서 기재함)

　　　6. 유지 방법 단 기본재산, 기부금에 대하여는 증빙서류를 첨부하여야 함

　　　7. 설립자의 이력서(재단법인으로 기부행위를 함)

　　　전항 제1호 제2호의 사항 또는 설립자를 변경하고자 할 때에는 조선총독의 인가를 받고, 제6호의 사항을 변경할 때에는 조선총독에게 신고해야 한다.

제3조 학칙에는 다음 사항을 규정해야 함.

　　　1. 수업 연한, 교과목, 교과 과정 및 매주 교수 시수에 관한 사항

　　　2. 생도의 정수

　　　3. 학년·학기에 관한 사항

---

2)『조선총독부 관보』제789호, 1915년 3월 24일 "사립학교규칙 중 개정"；김승태 편역, 『일제강점기 종교정책사 자료집-기독교편, 1910-1945』, 87~88쪽 재인용.

　　　4. 휴업일에 관한 사항

　　　5. 입학자의 자격 및 생도의 입학에 관한 사항

　　　6. 생도의 퇴학, 징계에 관한 사항

　　　7. 과정의 수료 및 졸업에 관한 사항

　　　8. 수업료에 관한 사항

　　　9. 전 각호외에 학교에서 필요하다고 인정되는사항

　　　전항 제1호, 제4호, 제5호 또는 제6호의 사항을 변경코자 할 때는 조선총독의 인
　　　가를 받고, 제2호, 제3호, 제7호, 제8호 또는 제9호의 사항을 변경할 때는 조선총
　　　독에게 신고해야 한다.

제4조　사립의 전문학교의 설립자는 그 학교를 설립유지할 수 있는 재산이 있는 재단법
　　　인이어야 한다.

제5조　사립학교의 개교 또는 폐지는 설립자가 지체없이 조선총독에게 신고해야 한다.

제6조　보통교육을 위한 사립학교는 그 정도에 맞게 보통학교규정, 고등학교규정, 고등보
　　　통학교규정, 여자고등보통학교규정 또는 조선공립학교규칙, 조선공립고등여학교
　　　규칙, 조선총독부중학교규칙에 정한 각교과목의 요지와 교수상의 주의에 의해 교
　　　수해야 한다.

　　　전항의 학교에서 교과목 중에 수신 및 국어를 첨가한다.

제7조　사립학교는 그 명칭을 사립의 문자를 붙인다.

제8조　사립학교에는 학교장을 두어야 한다. 학교장은 학교를 대표하고 교무를 장리(掌
　　　理)해야 한다.

제9조　사립학교의 교과용 도서는 조선총독부에서 편찬한 것이나 또는 조선총독의 검정
　　　을 거친 것, 또는 조선총독의 인가를 받아 사용한다.

제10조　교과용 도서를 인가받고자 할 때는 그 도서의 명칭, 권책의 기호, 사용하는 학년,
　　　저·역자 및 발행자의 씨명, 발행 연월일을 구비해 신청해야 한다.

제11조　초등의 보통교육을 위한 사립학교의 교원은 사립학교교원시험에 합격한 자 또는
　　　조선총독의 지정을 받은 자, 단 조선어및한문을 교수하는 자에 한해서는 이런 제
　　　한이 없다. 초등의 보통교육 이외의 사립학교 교원은 당해 학교의 정도에 맞는
　　　학력을 가지고, 또 국어에 통달하다는 증명을 얻은 자여야 하며 단 조선어및한문,
　　　외국어, 전문학과 또는 특종의 기술을 교수하는 자에 한해 국어에 통달하지 않아
　　　도 된다.

제12조　다음 각호의 1에 해당하는 자는 사립학교의 설립자, 학교장 또는 교원이 될 수
　　　없다.

　　　1. 금고(禁錮) 이상의 형에 처한 바 된 자. 단 특사, 복권된 자는 이에 구애받지

않음.

    2. 파산 또는 가자(家資) 분산의 선고를 받고 복권치 못한 자 또는 파산의 처분을 받고 채무의 변상을 마치지 못한 자

    3. 징계에 의하여 면직 처분을 받아 2년이 경과되지 못한 자. 단 징계가 면제된 자는 이에 구애되지 않음.

    4. 교원 면허장 압수의 처분을 받고 2년이 경과되지 못한 자

    5. 성행(性行)이 불량하다고 인정한 자

제13조 학교장 또는 교원을 채용해야 할 때는 도지사의 인가를 받고, 해직해야 할 때는 도지사에게 신고해야 한다.

제14조 교원의 채용을 인가하는 관청은 사립학교의 교장 또는 교원이 부적당하다고 인정할 때는 이의 해직을 명하고 또 그 나머지 인가를 취소할 수 있다.

제15조 조선총독은 사립학교의 설비, 수업 및 기타 사항이 부적당하다고 그 변경을 명할 수 있다.

제16조 다음 각호에 해당하는 경우 조선총독은 사립학교의 폐쇄를 명할 수 있다.

    1. 법령의 규정에 위반할 때

    2. 안녕 질서를 문란케 하거나 또는 풍속을 괴란(壞亂)하는 바가 있을 때

    3. 6개월 이상 소정의 수업을 하지 않을 때

    4. 제14조, 제15조의 명령에 위반될 때

제17조 사립학교는 다음의 표부(表簿)를 구비해야 한다.

    1. 학적부·출석부

    2. 직원의 이력서

    3. 졸업자 명부

제18조 사립학교는 특별한 규정의 경우를 제외하고는 도지사의 감독을 받는다.

    부윤, 군수 또는 도사(島司)는 초등의 보통교육을 위한 학교에 대해 필요하다고 인정될 때는 실지조사 또는 보고하고 또 의견을 감독관청에 구신(具申)해야 한다.

제19조 외국인을 교육하는 학교에는 본령을 적용하지 않는다.[3]

---

3) 『조선총독부관보』 1920년 3월 1일 "私立學校規則(1920년 3월 1일, 府令 제21호)"; 「朝鮮人敎育 私立各種學校狀況」, 조선총독부학무국, 1920, 『日本植民地敎育政策史料集成(朝鮮篇)』 43-下권, 64~68쪽.

「사립학교규칙」(1922. 3)

제1조 사립의 소학교, 보통학교, 중학교, 고등보통학교, 고등여학교, 여자고등보통학교,
실업학교 및 전문학교의 설립인가 신청서에는 설립자의 이력서(재단법인으로서
기부행위를 하는), 기본재산의 목록 및 기부금에 관한 증빙서류를 첨부해야 함.

제2조 전항 이외의 사립학교를 설립코자 할 때는 다음 각호의 사항을 구비하여 조선총
독의 인가를 받아야 함.

　　1. 목적

　　2. 명칭·위치

　　3. 학칙

　　4. 교지(校地)·교사(校舍)의 평면도(평수 및 부근의 상황을 기재함)

　　5. 1년의 수지 개산(槪算)(첫해부터 완성연도까지 나눠서 기재함)

　　6. 유지 방법 단 기본재산, 기부금에 대하여는 증빙서류를 첨부하여야 함

　　7. 설립자의 이력서(재단법인으로 기부행위를 함)

　　전항 제1호 제2호의 사항 또는 설립자를 변경하고자 할 때에는 조선총독의 인가
를 받고, 제6호의 사항을 변경할 때에는 조선총독에게 신고해야 한다.

제3조 전조 제3호의 학칙에는 다음 사항을 규정해야 함.

　　1. 수업 연한, 교과목, 교과 과정 및 매주 교수 시수에 관한 사항

　　2. 생도의 정수

　　3. 학년·학기에 관한 사항

　　4. 휴업일에 관한 사항

　　5. 입학자의 자격 및 생도의 입학에 관한 사항

　　6. 생도의 퇴학, 징계에 관한 사항

　　7. 과정의 수료 및 졸업에 관한 사항

　　8. 수업료에 관한 사항

　　9. 전 각호외에 학교에서 필요하다고 인정되는사항

　　전항 제1호, 제4호 또는 제5호의 사항을 변경코자 할 때는 조선총독의 인가를 받
고, 제2호, 제3호, 제6호 내지 제9호의 사항을 변경할 때는 조선총독에게 신고해
야 한다.

제4조 사립의 전문학교, 중학교 또는 고등보통학교의 설립자는 그 학교를 설립유지할
수 있는 재산이 있는 재단법인이어야 한다.

제5조 사립학교의 개교 또는 폐지는 특별한 규정을 제외하고는 설립자가 지체없이 조선
총독에게 신고해야 한다.

제6조 보통교육을 위한 학교와 유사한 사립 각종학교는 그 정도에 맞게 소학교규정, 보통학교규정, 중학교규정, 고등보통학교규정, 고등여학교규정 또는 여자고등보통학교규정에 정한 각교과목의 요지와 교수상의 주의에 의해 교수해야 한다.
　전항의 학교에서 교과목 중에 수신 및 국어를 첨가한다.

제7조 삭제

제8조 사립학교에는 학교장을 두어야 한다. 학교장은 학교를 대표하고 교무를 장리(掌理)해야 한다.

제9조 사립학교의 교과용 도서는 특별한 규정을 제외하고는 조선총독부에서 편찬한 것이나 또는 조선총독의 검정을 거친 것, 또는 조선총독의 인가를 받아 사용한다.

제10조 사립학교에서 전조의 규정에 의해 교과용 도서를 인가받고자 할 때는 그 도서의 명칭, 책수, 사용하는 학년, 저·역자 및 발행자의 씨명, 발행 연월일을 구비해 신청해야 한다.

제11조 보통교육, 실업교육 또는 전문교육을 위한 학교와 유사한 사립 각종학교의 교원은 해당 학교의 정도에 맞는 학력을 가지고, 국어에 통달하다는 증명을 얻은 자여야 하며 단 조선어및한문, 외국어, 전문학과 또는 특종의 기술을 교수하는 자에 한해 국어에 통달하지 않아도 된다.

제12조 다음 각호의 1에 해당하는 자는 사립학교의 설립자, 학교장이나 또는 교원이 될 수 없다.

　　1. 금고(禁錮) 이상의 형에 처한 바 된 자. 단 특사, 복권된 자는 이에 구애받지 않음.

　　2. 파산 또는 가자(家資) 분산의 선고를 받고 복권치 못한 자 또는 파산의 처분을 받고 채무의 변상을 마치지 못한 자

　　3. 징계에 의하여 면직 처분을 받아 2년이 경과되지 못한 자. 단 징계가 면제된 자는 이에 구애되지 않음.

　　4. 교원 면허장 압수의 처분을 받고, 또는 제14조의 규정에 의해 해직을 명령받아 인가 취소된 자로 2년을 경과하지 못한 자

　　5. 성행(性行)이 불량하다고 인정한 자

제13조 설립자로서 학교장 또는 교원을 채용해야 할 때는 전문학교, 중학교, 고등보통학교, 고등여학교, 여자고등보통학교와 직업학교 및 실업보습학교 이외의 실업학교는 조선총독, 기타의 학교는 도지사의 인가를 받고, 해직해야 할 때는 전문학교, 중학교, 고등보통학교, 고등여학교, 여자고등보통학교와 직업학교 및 실업보습학교 이외의 실업학교는 조선총독, 기타의 학교는 도지사에게 신고해야 한다.
　전항의 인가 신청서에는 소학교, 보통학교 및 이와 유사한 각종학교는 본인의 이

력서, 기타 학교는 본인의 이력 및 담임 교과목을 기재한 서류를 첨부해야 한다.
제1항의 인가 신청할 경우에 사립학교 교원의 자격 및 원수에 관한 규정 제11조
의 규정에 의할 때는 전항의 서류 외에 교원의 채용기간과 교원의 씨명 및 자격을
기재한 서류를 첨부해야 한다.

사립학교교원의 자격 및 원수에 관한 규정 제5조 제1항 또는 제9조 제1항의 규정
에 의해 제1항의 인가신청을 할 경우에는 상당한 학력이 있거나 또는 국어에 통
달하고 인정하기 어려울 때는 본인의 지망에 의해 시험을 실시해야 한다.

제14조 학교장 또는 교원의 채용을 인가하는 관청은 사립학교의 교장 또는 교원이 부적당
하다고 인정할 때는 이의 해직을 명하고 또 그 나머지 인가를 취소할 수 있다.

제15조 사립학교의 설비, 수업 및 기타 사항이 교육상 유해하다고 인정될 때는 감독관청
은 이의 변경을 명할 수 있다.

제16조 다음 각호의 1에 해당하는 경우 조선총독은 사립학교의 폐쇄를 명할 수 있다.

1. 법령의 규정에 위반할 때

2. 안녕 질서를 문란케 하거나 또는 풍속을 괴란(壞亂)하는 바가 있을 때

3. 6개월 이상 소정의 수업을 하지 않을 때

4. 제14조, 제15조의 명령에 위반될 때

제17조 사립학교에 있어서 특별한 규정을 제외하고는 다음의 표부(表簿)를 구비해야 한다.

1. 학적부·출석부

2. 직원의 이력서

3. 졸업자 명부

제18조 사립학교는 특별한 규정의 경우를 제외하고는 도지사의 감독을 받는다.

부윤, 군수 또는 도사(島司)는 소학교, 보통학교 또는 이와 유사한 각종학교에 대
해 필요하다고 인정될 때는 실지조사를 하고 또는 보고하고 또 의견을 감독관청
에 구신(具申)해야 한다.

제19조 외국인을 교육하는 학교에는 본령을 적용하지 않는다.

제20조 제8조, 제11조 내지 제16조, 제18조, 제19조의 규정은 사립유치원에도 적용한다.
특별한 사정이 있을 때는 제11조에 해당한 자를 보모에 채용할 수 있다.[4]

---

4) 『조선총독부관보』 제2884호, 1922년 3월 28일 "私立學校規則(府令 제27호)"

[평양 숭실학교 정관 및 부칙(1912)][5]

제1장 이름과 목적

제1조　이 기관의 이름은 Pyeng Yang Union Christian College and Academy라 하며
　　　　한국어로는 평양 예수교중학교(Pyeng Yang Yeisoo Kyo Joong Hak Kyo)라
　　　　표기한다.

제2조　이 기관의 목적은 철저한 기독교 교육을 수행하는 데, 한국교회에 교육받은
　　　　지도자를 제공하는 것을 돕는 데 있다.

제2장 협력기관

제1조　장로회 한국선교부의 평양, 선천, 그리고 재령지부, 감리교 한국선교부의
　　　　평양, 영변 그리고 해주지부가 현재 이 정관과 부칙을 구성하는 데 참여하
　　　　고 있다. 이 정관은 양 선교부에서 비준되고 장로교 및 감리교의 선교위원
　　　　회에서 승인되는 대로 효력을 발휘한다. 장로교나 감리교의 다른 선교지부
　　　　들도 금후 이 연합교육사업에 참여할 수 있다.

제2조　참여하고자 하는 다른 선교부는 처음 협력에 참여한 선교지부의 동의를 얻
　　　　어야 한다. 참여하고자 하는 선교부는 적어도 1인의 외국인 교사를 제공하
　　　　여야 하며, 선교부와 이사회(Board of Control)에서 결정되는 학교 운영비의
　　　　일정한 부분을 납부하여야 하고, 매년 2인의 이사를 이사회에 파송하여야
　　　　한다.

제3장 동의조건

제1조　이러한 동의의 조건은 다음과 같다.

　　　제1항　양 선교부의 현재의 자산, 건물, 교사 그리고 재정기부는 연합사업에
　　　　　　　관련하여 사용된다. 이사회의 수중에 있는 모든 실질 자산의 명의는
　　　　　　　같은 목적에 기여한다.

　　　제2항　이사회에는 양 선교부에서 동수의 대표가 참여한다.

제4장 기구

제1조　이 기관은 장로교 및 감리교 위원회와 한국에서의 그 대표자에게 관리되며,
　　　　연합사업에 참여한 선교지부를 통하여 수행된다. 좀더 큰 효율성과 통합성

---

5) 숭실100년사 편찬위원회, 『崇實100년사 1. 평양숭실』, 숭실학원, 1997, 162~167쪽.

을 위하여 학교의 경영은 연합하고 있는 모든 선교지부가 참여하는 이사회에 위임된다.

제2조　이사회는 현 단계에서 이 사업에 참여하고 있는 장로교 및 감리교 양 선교부로부터 파송된 각 5인의 남성으로 구성된다. 그중 각 3인은 양 선교부의 평양지부에서 파송하며, 다른 2인은 이 사업에 참여하고 있는 다른 선교부로부터 각 1인씩 파송한다. 만약 장로교나 감리교 중 어떤 한쪽의 선교지부가 새로이 연합에 참여하게 되어 이사의 균형이 깨질 경우, 다른 한쪽은 상대편의 증가된 이사 수와 동등한 수의 이사를 임의의 지회로부터 추가할 권리를 지닌다. 평양에 거주하고 있는 6인의 이사는 집행위원회(Excucutive Committee)를 구성하여 이사회로부터 때때로 부여되는 사무를 신속히 실행한다.

제3조　이사회의 성원은 관련된 각 지부로부터 각 선교부의 관례에 따라 선출하되, 그 임기는 2년이다. 이사직의 순환을 보장하기 위해, 비거주 이사와 평양에 선교지부를 가지고 있는 각 선교부에서 파송된 거주이사 가운데 1인은 짝수년도에, 평양에 선교지부를 가지고 있는 각 선교부에서 파송된 거주이사 가운데 나머지 2인은 홀수년도에 선임한다.

제4조　이사회의 임원으로 의장, 비서, 재정관을 두며, 이들은 정기이사회에서 선임된다. 이들은 이사회에 연례보고서를 제출하여야 하며, 각 임원에게 부여된 일상적인 사무를 수행하여야 한다. 임시휴가 때는 집행위원회에서 잠정적으로 충원하여야 한다.

제5조　이사회의 권한과 의무는 다음과 같다.

제1항　관련된 선교부나 위원회가 제공하는 모든 종류의 건물, 설비, 장비를 받아들이고 사용하여야 한다. 선교부와 선교본부로부터의 모든 재정 기부, 그리고 한국인이 아닌 모든 기부자로부터 제공된 현금 및 물권은 기금 제공자로부터 제시된 조건에 따라 이사회에서 유지하고 관리하여야 한다.

제2항　학교에 주어진 경상기금(Common Funds)은 이사회에서 수령하고 운용하여야 한다. 모든 대규모 개량이나 확장 또는 모든 새로운 정책의 집행은 장로교 및 감리교 선교본부의 동의하에 오직 이사회만이 수행할 수 있다. 이사회는 일반적인 정책에 따라, 위임된 모든 특정한 방법을 수행한다.

제3항　이사회는 교원의 임용권을 가진다. 정규 교원은 선교본부의 임명하에 활동하는 해외선교사여야 한다.

제4항 정기 혹은 임시 이사회에 참여한 이사들은 각 선교부로부터 2인 이상이 출석하였다면, 의결에 필요한 정족수를 구성한다. 결석 이사는 정관에 관한 문제를 제외한 모든 문제에 대하여 위임장으로 자신의 투표권을 행사할 수 있다. 단, 투표권은 서면의 형태로 제출되어야 하며 각각의 개별문제에 대해 행사된다.

제6조 이사회는 매년 6월 첫째 금요일이나 그에 가까운 날에 정기이사회를 소집한다. 임시이사회는 집행위원회 요청에 의해 소집된다. 단 이 경우 소집 10일 전에 회의의 목적과 함께 통고되어야 한다.

제7조 집행위원회는 장로교 및 감리교로부터 파송된 평양에 거주하는 각 3인씩으로 구성한다. 집행위원회는 정기이사회가 열리지 않는 동안 이사회가 제안한 규정 내에서 이사회의 권한을 대행하며, 이사회에 대해 책임을 진다. 집행위원회는 회계를 검사하며, 보고서를 선교부에 제출하기에 앞서 이사회에 제출해야 하며, 익년도 예비 예산을 제출하여야 한다. 집행위원회는 이사회의 의장이 당연히 겸임하는 집행위원회의 의장에 의해 소집된다. 의장은 집행위원회 위원 2인의 요청이 있을 때 회의를 소집한다. 장로교 및 감리교에서 2인 이상의 위원이 참여하였다면 그들은 의사정족수를 구성한다.

제8조 한국인 자문위원회(Advisory Korean Committee)
기관에 참여하는 각 선교지부는 교유의 방법으로 각 선교지부에서 파송한 이사와 동수의 한국인 위원을 선임한다. 이들은 이사들과 함께 협동위원회를 구성한다. 협동위원회는 한국인으로부터의 기금 모금 계획을 수립하고 그렇게 해서 모인 기금의 사용을 관리한다. 협동위원회는 이상 자문위원회로서 활동하며 이사회가 위촉한 문제를 결정한다. 한국인 자문위원회 위원은 이사회 이사들과 함께 협동실행위원회를 구성하며 협동위원회에 자문된 것과 유사한 문제에 대한 자문에 응한다. 자문위원회는 이사회 정기총회에 이어 즉각 연례 정기총회를 개최한다. 정족수 등에 관한 규칙은 이사회와 동일하다. 이사회가 자문위원회를 조직하는 것이 옳지 못하다고 판단했을 경우, 장로교 및 감리교 선교부는 독자적인 자문위원회를 구성하여 자문이나 판단을 의뢰할 수 있다.

제9조 교사진은 각 선교부로부터 학교에서의 교육사업을 위임받은 정교사(regular teacher)로 구성된다. 학교에서의 교과과정, 학사일정, 교수 및 훈련에 관련된 문제는 이사회의 통제하에 교사진이 처리한다. 교사진은 철저성과 효율성을 제고하며 기독교적 남성상을 발전시킬 목적으로 학무를 처리하여야 한다. 교사진은 협동교사진으로서 한국인 조교와 협력하며 자신을 계발하며

업무에서의 효율성을 확보하여야 한다.

제5장 수정

정관 수정은 이사회의 다수표에 의해 결정되며, 선교지부와 선교부, 관련된 본국의 선교위원회에 의해 승인되었을 때 효력을 발휘한다.

부칙

제1조 제 위원회를 수행하는 데 있어서의 일반적인 권한은 '로버트 서열 규칙'에 따른다.

제2조 교사진 의장은 이사회 정기총회에서 위임된다.

제3조 지출 견적 작성 및 모든 재정적 문제에 있어서 이사회는 관련된 각 선교부의 독자적인 이익에 따라 동등하게 취급한다.

[정관 수정(1916)][6]

평양 숭실학교 이사회-평양 선교지부에서 올린 4명의 선교사와 3명의 한국인이 모두 선교지부(Station)와 선교부(Mission)에 동등한 권위와 책임감을 갖는다.

[평양 숭의여학교 관리 재단 정관(1925)
(Constitution for the control of the Pyeng Yang Academy for Women)][7]

제1조 명칭 및 위치

제1항 이 재단의 명칭은 "숭의여학교(Soong Eui Nye Hak Kyo)"라 한다.

제2항 이 재단의 위치는 평양부 상수구리 267번지이다.

---

6) "Minutes and Reports of the Thirty Second Annual Meeting of the Chosen Mission of the Presbyterian Church in the U.S.A.(1916.9.10-21)," p.116.

7) "Minutes and Reports of the 41th Annual Meeting of the Chosen Mission of the Presbyterian Church in the U.S.A. 1925(1925.6.25-7.1)," p.50~55 ; 숭의100년사 편찬위원회, 『崇義100년사, 1903-2003』, 학교법인 숭의학원, 2003, 143~145쪽 재인용.

제2조 목적

　　제1항　이 재단의 목적은 한국 장로교회의 젊은 여성과 소녀들에게, 그들의 사회
　　　　　속에서 교육받은 기독교 사역자와 가정주부가 되도록 기독교에 근거한 교
　　　　　육의 기회를 제공하는 데 있다.

　　제2항　이 재단의 설립 목적을 수행하기 위해서 각 학급 당 최소한 일주일에 세
　　　　　번씩 성경을 가르쳐야 한다.

　　제3항　이 목적의 깊이 있는 수행을 위해, 모든 교사들은 독실한 기독교 신자라야
　　　　　한다.

　　제4항　이 학교는 비기독교인에게 교육을 제공하는 목적이 아니므로 우선적으로
　　　　　기독교 가정의 딸들과 기독교 소녀들을 위한 것이나, 아직 기독교인이 되
　　　　　지 않은 학생들을 절대적으로 배제하는 것은 아니다.

제3조 재단 건물

　　제1항　학교 경영을 목적으로 하는 이사회 관리 하의 재단 건물과 토지 및 비품은
　　　　　다음과 같다.
　　　　　본관 건물, 가정관 건물 및 부수 기재와 운동장
　　　　　운동장은 동쪽 정문부터 두 번째 언덕 가장자리까지, 그 곳 남쪽에서 상단
　　　　　테니스 코트 북쪽 선까지, 서쪽으로 세 번째 언덕 가장자리까지, 그 곳 북
　　　　　쪽으로 관사 동쪽 대문으로 이어지는 도로까지, 그곳으로부터 서쪽으로
　　　　　정문까지이다.

　　제2항　미국 북장로회 한국선교부는 이사회의 관리 하에 있는 모든 건물과 토지,
　　　　　비품의 소유권을 보유하며, 학교가 설립목적에 의거하여 운영되지 않는다
　　　　　고 선교부가 판단할 경우 이사회의 권한을 박탈하기 위하여 학년 종료 6
　　　　　개월 전부터 권리를 보유한다. 그리고 학교가 폐쇄되는 경우 모든 건물과
　　　　　토지, 비품은 자동적으로 선교부에 귀속된다.

　　제3항　건물과 토지, 비품이 선교부에 속해 있다는 사실을 인정하여 임대료를 미
　　　　　국 북장로회 한국선교부(회계)에 년 1엔씩 납부해야 한다.

　　제4항　건축물에 대한 수리는 이사회의 경비에서 이루어진다. 이사회가 구입한
　　　　　모든 비품은 제3조 2항에 근거하여 모든 소유물이 선교부에 이관되는 경
　　　　　우 선교부의 재산이 된다.

제4조 이사회의 구성과 권한

　　제1항　미국 북장로회 조선선교부는 이사회를 아래와 같이 조직하고, 이 기구가

존속된다는 조건 아래 상기된 건물, 토지, 비품을 포함하는 숭의여학교의 운영과 관리를 위임하는 데 동의한다.

제2항 이사회의 구성

   (1) 이전의 평남노회를 구성한 세 노회에서 각각 1인씩 선출한다.

   (2) 평양시 교회의 연합회에서 여성 1인을 선출한다.

   (3) 학교 동창회 구성원 중에서 1인을 선출한다.

   (4) 평양 선교지부에서 6인의 위원을 선출하되 적어도 2인은 여성이어야 한다.

   (5) 평양부의 유치원 업무와 숭의여학교 사이의 관계를 고려하여 이사회에 의해 1인을 선출한다.

   (6) 교장은 동수인 경우를 제외하고 투표하지 않으며, 이사회 임원으로서의 직권을 가진다.

제3항 임원들의 임기는 1년이며 재선될 수 있다.

제4항 이사회에 선출된 모든 임원은 임기를 시작하기 전에 이 정관에 서명해야 하며, 그 규정을 지지할 것에 동의하고, 기독 교리와 이 재단의 교육적 목표에 공감한다는 것을 천명해야 한다.

제5항 독실한 기독교 신자가 아니면 누구도 이사회 임원에 선출되어서는 안 된다.

제5조 이사회의 개최

제1항 이사회는 각 학년도 개시 1개월 전에 교장의 요청으로 연례회의를 개최하며, 교장이 개최를 희망하는 경우 임직원들에게 적절한 통고가 이루어져야 한다.

제2항 교장은 모든 회의에 의장으로서 역할을 수행한다. 교장이 불참한 경우 이사회는 자체 내에서 의장을 선출할 수 있다.

제3항 이사회는 영구 보존용 의사록을 작성할 서기를 둘 수 있다. 이 의사록은 이사회 임원을 선출하는 모든 사람에게 열람 공개되어야 한다.

제6조 이사회의 권한

제1항 이사회는 이 정관이 정한 권한 이외의 숭의여학교 운영에 관한 전반적인 관리도 한다. 이사회는 연례회의에서 교장이 제출한 다음 연도의 예산을 심의하며, 교장과 학교 회계가 제출한 보고서를 승인한다. 이사회는 수업료, 헌금, 전도회 보조금 등으로 얻어진 모든 금전 지출을 관리하며, 한국 및 일본 교사의 급료를 결정하고, 수업료와 기타 학교 업무에 관련된

요금을 책정한다.

교장과 외국인 교사의 임명은 선교부에서 하며 이사회는 추천을 할 수 있다. 한국 및 일본인 교사의 임용과 책임은 이사회의 권한에 속하며 교장의 추천에 의하여 행해진다.

제2항　이사회는 선교지부의 동의 없이 어떠한 결손금 지불도 선교지부에 요구할 수 없으며, 재산을 담보로 하는 채무관계를 체결할 권한이 없다.

제3항　이사회는 선교부와 관계된 장로회에 매년 다음과 같은 서면 보고서를 제출해야 한다.

(1) 전회계년도 재정보고서

(2) 당시의 학교상황과 그 해에 발생한 변화에 관한 보고서

(3) 그 해의 이사회의 주요 활동 보고서

(4) 상황에 따라 요구되는 선교부와 장로회에 대한 건의 내용

제4항　학교 교육과정과 이의 변경은 실시하기 전에 이사회의 승인을 얻어야 한다.

제5항　이사회는 연례회의에서 임원 중 3인을 선출, 교장과 함께 운영위원회를 구성하여 이사회가 비회기 중일 때 학교 운영에 대한 책임을 진다.

제7조　운영위원회의 권한

제1항　운영위원회는 이사회에 의해 승인된 예산 내에서 지출을 할 수 있으나 선교지부나 이사회의 명의로 채무 계약을 체결할 수 없다.

제2항　운영위원회는 교장의 권고에 의해 교사를 임용, 해임할 권한이 있으나 다음 이사회 개최 때 승인을 받기 위해 보고해야 한다.

제3항　운영위원회는 학교 교육과정에 관계되는 사항을 관할하며, 학교 운영에 관계되는 다른 사항은 다음 이사회 개최 때 승인을 얻는다는 조건 아래 관할하며, 이러한 권한 중 어떠한 것이라도 교장에게 위임할 권리가 있다.

제8조　학원의 직무와 의무

제1항　숭의여학교 직원은 교장과 회계원이다.

제2항　교장은 6조 1항에 의거하여 3년 임기로 선출된다.

제3항　학교의 당면한 업무는 교장의 권한에 속하며, 이사회에서 승인된 방침을 수행하고, 학교 상태에 관한 전반적인 보고서를 매년 이사회에 제출해야 한다.

제4항　(1) 교장은 교사와 교직원에게 업무를 부여한다.

(2) 학칙을 수행하기 위해서 필요한 법규를 제정할 수 있다.

       (3) 교장의 재량으로 교사나 교직원에게 일시 휴가를 허가할 수 있다.

       (4) 교장은 정규 방학 외에 특별한 사유가 있을 때 학업수행을 일시 정지할 수 있다.

       (5) 교장은 학생의 입학과 퇴학에 관계되는 사정을 할 수 있다.

       (6) 기숙사 사생의 외박은 교장의 허가를 받아야 한다.

       (7) 교장은 교직원 회의를 주재한다.

       (8) 교장은 학교의 연간 예산을 수립하고, 집행을 관장하며, 건물, 비품 및 재산에 관하여 책임진다.

       (9) 교장은 운영위원회와 이사회에 교사의 임용과 해임, 교육 과정의 변경 등을 제안할 수 있다.

     (10) 교장은 학교의 통제에 대하여 운영위원회와 이사회의 책임을 지며, 교직원에게 이런 권한을 최대한 위임할 수 있다.

제5항 회계원은 이사회가 매년 선출한다. 회계원은 위임되는 모든 금전에 대한 책임을 지며, 외국 선교사의 급료와 그가 관여하지 않은 금액을 제외한 연간 예산 총액의 절반에 대하여 책임을 지며 그 자신에 의해 유통해서는 안 된다. 회계원은 모든 영수증과 지출에 대하여 정확한 계산을 하여야 하며, 이사회의 연례 회의나 이사회가 지시하는 부정기 회의나 회계 감사에 장부를 제출해야 한다.

경비 지출은 교장의 지시에 의해서만 실시하며, 모든 지출에 대한 영수증을 보관해야 한다. 이사회가 지시하는 경우를 제외하고 회계원은 학교나 이사회의 명의로 금전을 차용할 권한이 없다.

제9조 부칙

제1항 이 정관은 이사회와 평양 선교지부, 그리고 세 장로회의 승인을 얻어 수정할 수 있다.

제2항 이 정관은 선교지부와 선교본부에 의해 승인되고, 이사회의 구성원은 3인 이상의 추천에 의해 정당하게 선출되었을 경우에 유효하다.

이 정관이 선교본부에 의하여 승인되거나 거부될 때까지, 위와 같이 한시적인 이사회가 선출될 수 있다.

[경신학교 이사회규칙 중 발췌(1923.12)]8)

제1장 목적
　제1조　본회는 경신학교의 유지 및 향상발전을 도모함으로 목적한다.
제2장 명칭 및 위치
　제2조　본회는 경신학교이사회라 칭한다.
　제3조　본회는 경성부 연지정 1번지 경신학교내에 위치한다.

제3장 조직
　제4조　본회원은 아래 단체에서 아래 수에 의하야 선출된 자로 한다.
　　　　　(1) 경성 선교지부 4인
　　　　　(2) 경성노회 2인(1923년 당시에는 경기충청노회였다가, 1924년 경기노회로 바뀜)
　　　　　(3) 동문회 2인
　　　　　(4) 본교직원 2인(교장은 제외로 함)

제4장 의무 및 권리
　제5조　선교지부, 노회 및 동문회는 경신학교 일체 경비를 담당한다.
　제6조　본회 회원은 본회에 대하여 질문권, 제청권, 투표권 및 가부결정권이 있다. 단
　　　　　경신학교직원회에서 선임한 이사 2인은 투표권, 가부결정권이 없다.
　제8조　이사회에서 가결된 사건이라도 다음 각항에 관한 것은 선교지부, 선교부 전도
　　　　　국의 허가를 받은 후에 실행함
　　　　　(1) 학교건축물 및 기지
　　　　　(2) 총독부 학무국에 관한 일
　　　　　(3) 기타 중대사건
제21조　이사단(동일단체에 속한 이사 등의 결속을 말함)이 퇴회코저 할 때는 6개월 전
　　　　　에 그 뜻을 이사장에게 통지하고 정기를 경과한 후에 퇴회할 수 있다.
제22조　이사회의 폐지는 회원 반수 이상의 동의를 얻을 때에 이를 폐지한다.
제23조　이사회 폐지 후라도 경신학교 기지, 건축물 및 설비 등은 선교부 소유로 한다.

부칙
제24조　본 규칙을 개정하고자 할 때는 이사의 소속단체의 허락을 얻은 후에 이사회에

---

8) 「조선일보」 1937년 12월 8일자 "規約에 明文歷然-宣敎會로서는 脫退를 할뿐"

서 이를 행한다.

제26조 본 규칙은 먼저 통고함을 원칙으로 한다.

[서울 정신여학교 이사회 정관(1929)

(Constitution of the Board of Directors of the Chung Sin Girls' School, Seoul, Chosen)]9)

제1장 이름, 위치와 목적

　　제1항 이 재단의 명칭은 서울 정신여학교 이사회라 한다.

　　제2항 이 재단의 위치는 서울 연지동에 있는 정신여학교에 있다.

　　제3항 이 재단의 목적은 한국 교회의 젊은 여성들에게 고등보통학교 정도의 완전한 교육을 제공하며, 그들을 이 사회 속에서 복음으로 무장한 강한 기독교적 정신을 가진 사회적 여성과 기독교 가정을 이룰 수 있도록 기독교에 근거한 교육의 기회를 제공하는 데 있다.

　　　　이 목적을 이루기 위해 다음의 기회를 제공한다.

　　　　(1) 모든 교사들은 독실한 기독교 신자라야 한다.

　　　　(2) 이 학교에 입학하는 학생들은 대개 기독교인이다.

　　　　(3) 성경을 모든 학년마다 정규 교과과정에 넣는다.

제2장 협력 기관

　　제4항 미북장로회 해외선교부와 조선예수교장로회 경기노회가 이 기관에 대해 다음과 같이 협조하기로 동의한다.

　　　　(1) 미북장로회 해외선교부에 속한 부지, 건물과 장비를 이사회에 맡겨 사용하도록 허락한다. 그러나 재산은 한국선교부 유지재단에 계속 속하며, 이 동의에 따라 이사회가 1년에 1원의 대여비를 지불한다.

　　　　(2) 이 정관의 최종 채택 이후에, 한국선교부는 미북장로회 해외선교부에 1년에 6,000원의 보조금을 요청했지만, 5,000원으로 감소되었다.

　　　　(3) 이사회는 이 기관의 유지를 위해 모든 다른 필요 기금에 책임을 지며,

---

9) "Minutes and Reports of the forty-fifth Annual Meeting of the Chosen Mission of the Presbyterian Church in the U.S.A. 1929(1929.6.21-28)," p.44~46.

선교부에 공식적인 보조금 이상을 요청하지 않는다.

제3장 이사회 조직과 권위

제5항　이사회는 10명으로 조직한다. 1명은 학교의 교장의 직권을 가진다. 나머지 9명은 다음과 같다.

(1) 경기노회에서 3명

(2) 서울 선교지부에서 3명

(3) 동창회에서 3명

(교장을 제외하고, 이사회 위원들은 아무도 학교에서 봉급을 받지 않는다)

제6항　임원들의 임기는 3년이다.

제7항　이사회 모임 시기와 정족수는 다음과 같다.

(1) 이사회는 1년에 3회 개최한다. 2월, 3월과 10월.

(2) 특별 모임이 필요하면 의장이 언제든 소집할 수 있고, 모든 위원들에게 충분히 알린다.

(3) 모든 모임이 정족수가 되면 다수결로 결정하며, 모든 협력기관의 이사가 대표한다.

제8항　이사회는 이사 중에서 1년 임기의 1명의 대표자를 선출하며, 후계자는 이사회에서 지명하지만 각 대표자들이 선출한 사람을 2월 모임에서 선택한다.

제9항　이사회는 학교의 부지, 건물, 장비와 재정 등을 온전히 부담하며, 정관 제4항에 따라 학교의 유지와 관리에 대해 전적인 책임을 진다.

제10항　이사회는 2월 정기 모임 때 다음 해의 예산을 승인한다.

제11항　이사회는 재산을 팔거나 저당잡히거나, 또는 장비를 담보로 돈을 빌리는 데 사용할 권한이 없다. 이사회는 재산을 유지하고 수선할 책임을 진다.

제12항　이사회는 교장의 선임과 해임할 권리가 있다.

제4장 이사회의 업무와 권한

제13항　다음의 4명이 업무를 본다.

(1) 1명의 의장

(2) 1명의 총무

(3) 2명의 회계원

제14항　이들 임원의 업무와 권한은 다음과 같다.

(1) 의장은 모든 모임을 주관한다. 의장 불참시에는 임시 의장을 선출한다.

(2) 총무는 모든 모임을 기록해야 하며, 이를 모든 이사들에게 열람 공개한다.

(3) 회계원은 해외선교부(선교본부)에서 모든 기금을 받아 신뢰할만한 은행에 넣고, 이사회 감독을 받아 사용한다.

(4) 임원은 2월 연례모임에서 선출한다.

제5장 실행위원회(Exucutive Committee)의 권한

제15항 실행위원회는 4명의 이사회 임원과 학교 교장으로 구성한다.

제16항 실행위원회는 이사회의 결정을 수행하며 학교의 발전과 관리에 대한 문제를 논의한다.

제6장 교장

제17항 교장은 교사진의 의장이며, 이사회에 대해 학교를 감독하고 계획을 수행할 책임을 진다. 그는 선임, 해임, 제명, 승진, 졸업과 일반적인 관리 규정, 학칙 등에 대해 권위가 있다. 그는 교사를 선임하고 해임할 권한이 있으며 이를 이사회에 보고한다. 그는 이사회 감독 아래 예산 범위 안에서 기관의 재정에 대해 온전한 책임을 진다. 그는 또한 교과목의 교수, 할당과 강사 관리도 조정한다. 그는 정부에 대해 이 기관의 책임을 진다. 그는 학교 상태에 관해 매년 이사회에 보고해야 한다.

제7장 개정과 해산

제18항 이 정관의 개정은 협력하는 다른 기관의 동의를 얻어야 효력이 발생한다.

제19항 해산(1928년 회의록 12쪽, 제8장 제1항을 보라)

제20항 이 계약조건은 협력하는 모든 기관의 이사들이 제19항의 조건에 따라 해산을 요구하면 더 이상 유지할 수 없다.

제21항 이 정관은 모든 협력기관의 동의를 거친 이후에야 효력이 발생한다.

[선천 신성·보성 학교 이사회 정관(1928)
(The Constitution of the Board of Directors of the Sinsyung And Posyung Academies of Syenchun)]10)

제1장 이름, 위치, 목적
>제1항 이 이사회의 이름은 "선천 신성과 보성 학교 이사회(The Board of Directors of the Sinsyung and Posyung Academy of Syenchun)"이다.
>
>제2항 이사회 사무실은 신성학교에 위치한다.
>
>제3항 이 이사회의 목적은 두 학교를 기독교 학교로서 유지하고 감독하는 데 있다. (두 학교는 장로교회에서 설립하였고 현재 한국 교회의 젊은 남성과 여성들에게 중등 정도의 표준 교육을 제공함을 주로 한다. 특별한 목적은 주의 복음을 전하는 데 영향력있는 강한 기독교적 성격을 가진 사회인을 기르는 데 있다. 이를 위해 성경을 정규 교과과정으로 모든 학년에서 1주일에 세시간씩 가르치며, 교사들은 기독교인이어야 한다.)

제2장 협력기관
>제1항 한국선교부를 통한 미북장로회 해외선교부와 조선예수교장로회 평북과 의산노회는 두 학교를 다음과 같이 협동운영하는 데 동의함으로 이 정관은 승인되었다.
>
>>(1) 한국선교부를 통한 미북장로회 해외선교부는 이사회가 이 정관에 따라 부지와 건물과 장비를 학교가 계속되는 한 손실없이 사용하도록 위탁하는 데 동의한다.; 여기에 선천 선교지부가 명칭, 수치와 각 구역의 평수 등 공식적으로 서술하여 작성한 재산목록을 첨부한다. 이 재산은 다른이들이 동의하는 동안 선교부 유지재단에 계속 속해 있고, 이사회는 재산 사용에 대해 미북장로회 해외선교부에 매년 1원의 대여료를 지불한다.
>>
>>(2) 한국선교부는 해외선교부에 다음과 같이 잠정적으로 학교에 보조금 요청하기를 동의한다.; 1928-29년 10,000원; 1929-30년 9,000원; 1930-31년 8,000원; 1931-32년 7,000원; 1932-33년 6,000원.
>>
>>평북과 의산노회는 앞으로의 적자 비용을 포함해 적절한 학교 유지에 필요한 모든 것을 제공하는 완전한 책임을 지는데 동의한다.

---

10) "Minutes and Reports of the 44th Annual Meeting of the Chosen Mission of the Presbyterian Church in the U.S.A. 1928(1928.6.22-28)," p.9~13.

제3장 이사회 조직과 권위

> 제1항 이사회는 14명으로 조직하며 다음과 같다. 선천 선교지부 3명, 평북노회 3명, 의산노회 3명, 각 학교 동창회에서 각1명, 선교부 실행위원회에서 1명. 세 곳의 연합기구와 동창회를 대표하는 업무의 임기는 3년이다. 세 연합기구의 각각의 대표자 3명은 순차적으로 내보낸다. 대표는 선교부와 선교지부는 선교부 연례모임에서, 노회는 여름 모임에서, 연합 동창회는 (그들의 모임에서) 선출한다.
>
> 제2항 이사회는 학교의 부지, 건물, 장비에 대해 완전한 책임을 지며, 이 정관에 기재한 것처럼 학교의 유지와 감독에 완전한 책임을 진다.
>
> 제3항 이사회는 2월 정기모임에서 다음 연도의 1년 예산을 승인한다.
>
> 제4항 이사회는 어떤 목적을 위해서도 어떤 재산도 저당잡히거나, 기증받은 것을 담보로 돈을 빌려 사용할 권한이 없다.
>
> 제5항 이사회는 매년 학교 교장을 선출한다.
>
> 제6항 이사회는 의장, 총무와 회계원을 선출한다. (교장은 이사회의 의장이나 총무가 될 수 없다.)
>
> 제7항 이사회 실행위원회는 의장, 총무와 두명의 교장과 다른 선출된 이사 1명으로 구성한다.

제4장 실행위원회의 의무

> 제1항 이사회 실행위원회는 학교의 비용 지출을 결정하지만, 승인된 예산을 넘을 수 없다. 이사회 이름으로 채무를 질 수 없다.
>
> 제2항 실행위원회는 학교의 발전을 위한 계획을 세우고, 교사를 뽑고 그들을 지도한다. 그들이 사직할 경우 교장을 통해 다른 사람을 채용하고, 이사회의 다음 모임에 보고한다.
>
> 제3항 각 학교의 교장은 교사의 대표이고, 실행위원회를 대표해 교과, 교사, 학생, 재정과 다른 모든 세부적인 관리를 감독한다. 그는 모든 이사회 모임에서 학교의 현황을 보고한다.

제5장 부지, 건물, 장비

> 제1항 평북노회 또는 의산노회 또는 다른 한국인 개인 기부자가 학교를 위해 건물, 기숙사 또는 다른 전용 건물을 미북장로회 해외선교부가 이사회에 위탁한 부지에 세우기를 원할 경우, 이 건물이 세워질 적당한 부지를 지명하여,

해외선교부에 그 기부금을 사용할 계획을 알린다.

제2항 모든 기부된 부지, 건물, 기부금은 한국선교부 유지재단 또는 협력한 평북 또는 의산노회에 합법적으로 위탁하고, 이사회가 학교의 이익을 위해 사용해야 한다.

제3항 부지, 건물, 기부금을 사용하는 이사회가 기부한 것의 변경을 원할 경우, 우선 기부자의 동의를 얻어야 한다.

제6장 이사회의 개최

제1항 이사회의 정기 모임은 매년 2월과 6월에 개최한다. 날짜와 시간은 의장이 정한다. 임원 선출은 2월 모임에서 한다.

제2항 특별 모임이 필요하면 이사회 의장이 실행위원회와 협의하여 이사회를 소집하나, 정관에 있는대로 정족수의 과반수가 되어야 한다.

제7장 개정

제1항 이 정관의 개정은 노회 또는 선천 선교지부 또는 이사회 어느 쪽에서도 제안할 수 있다. 그러나 세 연합기구 모두의 승인 없이 개정될 수 없다.

제8장 해산

제1항 연합 경영이 이 정관으로 완수되어 원래의 목적이 신성과 보성 학교의 영원한 발전이지만, 그럼에도 불구하고 좋지 않은 환경이 되어 평북노회 또는 의산노회 또는 한국선교부가 연합의 해산을 원한다면 다음과 같은 과정을 따른다.

(1) 모든 기관이 동의하면 즉시 해산해야 한다. 그런데 어떤 기관이 반대하면 해산은 1년간의 공식적인 통지를 한 이후에 한다.

(2) 해산 때 가장 많은 투자를 한 기관이 본래 기부한 곳에 관심을 갖고 모든 부지들, 건물들, 장비와 기부금 등 완전한 감독을 계속할 권리가 있다. 그리고 아래 (5)번 문단에 서술한 방식에 따라 평가 가치를 결정하여 다른 기관이 기부해온 건물들을 팔 선택권이 있다.

(3) 새로운 기관이 연합운영을 원할 경우, 모든 재산 소유자가 각각 그 재산 사용에 대한 보증을 받은 이후에야 가능하다.

(4) 모든 기관이 이 학교의 지원과 관리를 계속하길 거부하는 데 동의하면, 모든 부지, 건물들과 기부금의 감독은 원래의 소유자에게 되돌려준다.

(5) 다른 기관의 땅에 한 기관이 건물을 세운 경우에는 그것을 팔아, 팔았을 때에 각 기관이 기부한 재산의 평가 가치에 따라 기관들 사이에 나눠 받는다. 그러나 미북장로회 해외선교부를 대표하는 한국선교부 유지재단이 가치 평가에서 재산의 일부 또는 전부를 팔 합법적 재량권을 가진다. 이 평가는 세 감정인, 조선예수교장로회 총회에서 선출한 1명, 한국선교부에서 선출한 1명 그리고 앞서 2명이 선택한 사람이 한다.

제2항　이 계약 조건을 이사회가 지키지 않으면, 계약 기관의 누구라도 제1항의 (5)의 문구에 따라 해산을 명령할 수 있다.

[선천 신성학교 이사회 정관(1934)
(The Constitution of the Board of Directors of the Sinsyung Academy of Syenchun)] 11)

제1장 이름, 위치, 목적
　　제1항　이 이사회의 이름은 "선천 신성학교 이사회(The Board of Directors of the Sinsyung Boys' Academy of Syenchun)"이다.
　　제2항　이사회 사무실은 신성학교에 위치한다.
　　제3항　이 이사회의 목적은 이 학교를 기독교 학교로서 유지하고 감독하는 데 있다. (이 학교는 장로교회에서 설립하였고 현재 한국 교회의 젊은 남성들에게 중등 정도의 표준 교육을 제공함을 주로 한다. 특별한 목적은 주의 복음을 전하는 데 영향력있는 강한 기독교적 성격을 가진 사회적인 젊은 남성을 기르는 데 있다. 이를 위해 성경을 정규 교과과정으로 모든 학년에서 적어도 1주일에 세시간씩 가르치며, 교사들은 기독교인이어야 한다.)

제2장 협력기관
　　제1항　한국선교부를 통한 미북장로회 해외선교부와 조선예수교장로회 평북, 용천, 의산노회는 이 학교를 다음과 같이 협동운영하는 데 동의함으로 이 정관은 승인되었다.

---

11) "Minutes and Reports of the fiftheth Annual Meeting of the Chosen Mission of the Presbyterian Church in the U.S.A. 1934(1934.6.23-7.3)," p.35~39.

(1) 한국선교부를 통한 미북장로회 해외선교부는 이사회가 이 정관에 따라 부지와 건물과 장비를 학교가 계속되는 한 손실없이 사용하도록 위탁하는 데 동의한다.

(여기에 선천 선교지부가 명칭, 수치와 각 구역의 평수 등 공식적으로 서술하여 작성한 재산목록을 첨가한다.)

이 재산은 다른 이들이 동의하는 동안 선교부 유지재단에 계속 속해 있고, 이사회는 재산 사용에 대해 미북장로회 해외선교부에 매년 1원의 대여료를 지불한다.

(2) 한국선교부는 해외선교부에 해외선교부와 선교부가 승인한 재정으로서, 매년 보조를 요청하는 데 동의한다.

평북, 용천, 의산노회는 앞으로의 적자 비용을 포함해 적절한 학교 유지에 필요한 그밖의 모든 것을 제공하는 완전한 책임을 지는데 동의한다.

제3장 이사회 조직과 권위

제1항 이사회는 12명으로 조직하며 다음과 같다. 선천 선교지부 3명, 평북노회 2명, 용천노회 2명, 의산노회 2명, 동창회 1명, 선교부 실행위원회 의장 또는 한국선교부가 선택한 그의 대리자, 그리고 아래 제5항에서 선출한 학교 교장으로 선정한다. 네 곳의 연합기구와 동창회를 대표하는 업무의 임기는 3년이다. 각 연합기구의 각 대표자들은 순차적으로 내보낸다. 대표는 선천 선교지부와, 협력 노회는 노회의 겨울 모임에서, 동창회는 정기 연례모임에서 선출한다.

제2항 이사회는 학교의 부지, 건물, 장비와 재정에 대해 완전한 책임을 지며, 이 정관에 기재한 것처럼 학교의 유지와 감독에 완전한 책임을 진다.

제3항 이사회는 1월 정기모임에서 다음 연도의 1년 예산을 승인한다.

제4항 이사회는 어떤 목적을 위해서도 어떤 재산도 저당잡히거나, 기증받은 것을 담보로 돈을 빌려 사용할 권한이 없다.

제5항 이사회는 3년 마다 학교의 교장을 선출한다.

제6항 이사회는 의장, 총무와 회계원을 선출한다. (교장은 이사회의 의장이나 총무가 될 수 없다.)

제7항 이사회 실행위원회는 의장, 총무, 교장과 이사회가 선출한 2명의 다른 이사로 구성한다.

제4장 실행위원회의 의무

　　제1항　이사회 실행위원회는 학교의 비용 지출을 결정하지만, 승인된 예산을 넘을
　　　　　수 없다. 이사회 이름으로 채무를 질 수 없다.

　　제2항　실행위원회는 학교의 발전을 위한 계획을 세우고, 교장의 임명을 받은 교사
　　　　　를 뽑고 그들을 지도한다. 그들이 사직할 경우 다른 사람을 채용하고, 이사
　　　　　회의 다음 모임에 보고한다.

　　제3항　실행위원회는 매 학년도에 1회 모이며, 다른 때에 필요하면 의장이 소집한다.

　　제4항　교장은 교사의 대표이고, 실행위원회를 대표해 교과, 교사, 학생, 재정과 다
　　　　　른 모든 세부적인 관리를 감독한다. 그는 모든 이사회 모임에서 학교의 현
　　　　　황을 보고한다.

제5장 부지, 건물, 장비

　　제1항　평북, 용천, 의산노회 또는 다른 한국인 개인 기부자가 학교를 위해 건물,
　　　　　기숙사 또는 다른 전용 건물을 미북장로회 해외선교부가 이사회에 위탁한
　　　　　부지에 세우기를 원할 경우, 선천 선교지부를 통해 해외선교부에, 이 건물
　　　　　이 세워질 적당한 부지를 지명하여 알린다.

　　제2항　모든 기부된 부지, 건물, 기부금은 한국선교부 유지재단 또는 협력한 평북,
　　　　　용천, 의산노회에 합법적으로 위탁하고, 이사회가 학교의 이익을 위해 사용
　　　　　해야 한다.

　　제3항　부지, 건물, 기부금을 사용하는 이사회가 원래 기부한 것의 변경을 원할 경
　　　　　우, 우선 기부자의 동의를 얻어야 한다.

제6장 이사회의 개최

　　제1항　이사회의 정기 모임은 매년 1월과 5월에 개최한다. 날짜와 시간은 의장이
　　　　　정한다. 임원 선출은 1월 모임에서 한다.

　　제2항　특별 모임이 필요하면 이사회 의장이 실행위원회와 협의하여 이사회를 소
　　　　　집하나, 정관에 있는대로 정족수의 과반수가 되어야 한다.

제7장 개정

　　제1항　이 정관의 개정은 노회 또는 선천 선교지부 또는 이사회 어느 쪽에서도 제
　　　　　안할 수 있다. 그러나 네 연합기구 모두의 승인 없이 개정될 수 없다.

제8장 해산

제1항 연합 경영이 이 정관으로 완수되어 원래의 목적이 신성학교의 영원한 발전
이지만, 그럼에도 불구하고 좋지 않은 환경이 되어 평북, 용천, 의산 노회
또는 한국선교부가 연합의 해산을 원한다면 다음과 같은 과정을 따른다.

(1) 모든 기관이 동의하면 즉시 해산해야 한다. 그런데 어떤 기관이 반대하
면 해산은 1년간의 공식적인 통지를 한 이후에 한다.

(2) 해산 때 가장 많은 투자를 한 기관이 본래 기부한 곳에 관심을 갖고 모
든 부지들, 건물들, 장비와 기부금 등 완전한 감독을 계속할 권리가 있
다. 그리고 아래 (5)번 문단에 서술한 방식에 따라 평가 가치를 결정하여
다른 기관이 기부해온 건물들을 팔 선택권이 있다.

(3) 새로운 기관이 연합운영을 원할 경우, 모든 재산 소유자가 각각 그 재산
사용에 대한 보증을 받은 이후에야 가능하다.

(4) 모든 기관이 이 학교의 지원과 관리를 계속하길 거부하는 데 동의하면,
모든 부지, 건물들과 기부금의 감독은 원래의 소유자에게 되돌려준다.

(5) 다른 기관의 땅에 한 기관이 건물을 세운 경우에는 그것을 팔아, 팔았을
때에 각 기관이 기부한 재산의 평가 가치에 따라 기관들 사이에 나눠
받는다. 그러나 미북장로회 해외선교부를 대표하는 한국선교부 유지재
단이 가치 평가에서 재산의 일부 또는 전부를 팔 합법적 재량권을 가진
다. 이 평가는 세 감정인, 조선예수교장로회 총회에서 선출한 1명, 한국
선교부에서 선출한 1명 그리고 앞서 2명이 선택한 사람이 한다.

제2항 이 계약 조건을 이사회가 지키지 않으면, 계약 기관의 누구라도 제1항의
(5)의 문구에 따라 해산을 명령할 수 있다.

[선천 여학교 공동 경영 정관(1921)

(Rules for Co-operation in the Syenchun Girls' School)][12]

1. 학교는 아래에 기록한 대로 선출된 8명의 이사가 관리한다.

2. 2명의 설립자는 북장로회선교부의 선천 선교지부와 선천 합동회의(Syenchun Joint

---

12) "Minutes and Reports of the 37 Annual Meeting of the Chosen Mission of the Presbyterian
Church in the U.S.A. 1921(1921.6.26-7.4)," p.56~57.

Session, 'Tyo Tyang Heui')에서 각각 선출한다. 그들은 설립자의 일반적인 의무와 상설 기구인 이사회의 위원으로서 임기 동안 업무를 담당한다.

3. 교장은 이사회에서 선출하며 임기가 있다. 교장은 모든 문제의 최종 책임을 지며, 교사와 학교의 다른 고용인들을 임명하고 해임할 권리가 있다.

4. 재정 책임자(교감)는 이사회에서 선출하며 임기가 있다.

5. 4명의 다른 위원들은 북장로회선교부 선천 선교지부에서 선출하며, 임기가 있다.

6. 이사회가 학교의 모든 사무를 책임지고 학교에 소비되는 모든 재산의 목록을 갖는다.

7. 미북장로회선교부가 학교 사용을 위해 현재 갖고 있거나 받을 재산은, 모든 다른 선교부 재산을 학교 이사회가 빌려쓰는 것과 같이, 선교부가 결정할 것이다.

8. 현재 일시적으로 사용하던 Louise Chase Institute 공장을 새로이 보성여학교로 1921년 9월 1일부터 선교부 동의하에 바꾼다. 산업부(industrial work)는 모든 학년의 학생들에게 제공될 것이다. 그러나 선교지부는 이 부지를 여학교가 앞으로 계속 사용할 것이라고는 기대할 수 없다.

9. 선교지부는 또한 현재 수리중인 재산(현재 기숙사비의 3분의 1은 선교지부에게 돌아갈 것)을 유지하기로 동의한다. 위의 항목은 선교지부가 승인하지 않았지만, 추가로 제시하여, 해외선교부가 승인하였다.

[선천 보성여학교 이사회 정관(1934)
(The Constitution of the Board of Directors of the Posyung Academy of syenchun)] [13]

제1장 이름, 위치, 목적

    제1항 이 이사회의 이름은 "선천 보성여학교 이사회(The Board of Directors of the Posyung Girls' Academy of Syenchun)"이다.

    제2항 이사회 사무실은 보성여학교에 위치한다.

    제3항 이 이사회의 목적은 이 학교를 기독교 학교로서 유지하고 감독하는 데 있다. (이 학교는 장로교회에서 설립하였고 현재 한국 교회의 젊은 여성들에게 중등 정도의 표준 교육을 제공함을 주로 한다. 특별한 목적은 주의 복음을 전

---

13) "Minutes and Reports of the fiftheth Annual Meeting of the Chosen Mission of the Presbyterian Church in the U.S.A. 1934(1934.6.23-7.3)," p.39~43.

하는 데 영향력있는 강한 기독교적 성격을 가진 사회적인 젊은 여성을 기르
는 데 있다. 이를 위해 성경을 정규 교과과정으로 모든 학년에서 적어도 1주
일에 세시간씩 가르치며, 교사들은 기독교인이어야 한다.)

제2장 협력기관

제1항　한국선교부를 통한 미북장로회 해외선교부와 조선예수교장로회 평북, 용천,
의산노회는 이 학교를 다음과 같이 협동운영하는 데 동의함으로 이 정관은
승인되었다.

(1) 한국선교부를 통한 미북장로회 해외선교부는 이사회가 이 정관에 따라
부지와 건물과 장비를 학교가 계속되는 한 손실없이 사용하도록 위탁하
는 데 동의한다.

(여기에 선천 선교지부가 명칭, 수치와 각 구역의 평수 등 공식적으로
서술하여 작성한 재산목록을 첨가한다.)

이 재산은 다른 이들이 동의하는 동안 선교부 유지재단에 계속 속해 있
고, 이사회는 재산 사용에 대해 미북장로회 해외선교부에 매년 1원의 대
여료를 지불한다.

(2) 한국선교부는 해외선교부에 해외선교부와 선교부가 승인한 재정으로서,
매년 보조를 요청하는 데 동의한다.

평북, 용천, 의산노회는 앞으로의 적자 비용을 포함해 적절한 학교 유지
에 필요한 그밖의 모든 것을 제공하는 완전한 책임을 지는데 동의한다.

제3장 이사회 조직과 권위

제1항　이사회는 12명으로 조직하며 다음과 같다. 선천 선교지부 3명, 평북노회 2
명, 용천노회 2명, 의산노회 2명, 동창회 1명, 학교 설립자 또는 한국선교부
가 선택한 그의 대리자, 그리고 아래 제5항에서 선출한 학교 교장으로 선정
한다. 네 곳의 연합기구와 동창회를 대표하는 업무의 임기는 3년이다. 각
연합기구의 각 대표자들은 순차적으로 내보낸다. 대표는 선천 선교지부와,
협력 노회는 노회의 겨울 모임에서, 동창회는 정기 연례모임에서 선출한다.

제2항　이사회는 학교의 부지, 건물, 장비와 재정에 대해 완전한 책임을 지며, 이
정관에 기재한 것처럼 학교의 유지와 감독에 완전한 책임을 진다.

제3항　이사회는 1월 정기모임에서 다음 연도의 1년 예산을 승인한다.

제4항　이사회는 어떤 목적을 위해서도 어떤 재산도 저당잡히거나, 기증받은 것을

담보로 돈을 빌려 사용할 권한이 없다.

제5항 이사회는 3년 마다 학교의 교장을 선출한다.

제6항 이사회는 의장, 총무와 회계원을 선출한다. (교장은 이사회의 의장이나 총무
가 될 수 없다.)

제7항 이사회 실행위원회는 의장, 총무, 교장과 이사회가 선출한 2명의 다른 이사
로 구성한다.

제4장 실행위원회의 의무

제1항 이사회 실행위원회는 학교의 비용 지출을 결정하지만, 승인된 예산을 넘을
수 없다. 이사회 이름으로 채무를 질 수 없다.

제2항 실행위원회는 학교의 발전을 위한 계획을 세우고, 교장의 임명을 받은 교사
를 뽑고 그들을 지도한다. 그들이 사직할 경우 다른 사람을 채용하고, 이사
회의 다음 모임에 보고한다.

제3항 실행위원회는 매 학년도에 1회 모이며, 다른 때에 필요하면 의장이 소집한다.

제4항 교장은 교사의 대표이고, 실행위원회를 대표해 교과, 교사, 학생, 재정과 다
른 모든 세부적인 관리를 감독한다. 그는 모든 이사회 모임에서 학교의 현
황을 보고한다.

제5장 부지, 건물, 장비

제1항 평북, 용천, 의산노회 또는 다른 한국인 개인 기부자가 학교를 위해 건물,
기숙사 또는 다른 전용 건물을 미북장로회 해외선교부가 이사회에 위탁한
부지에 세우기를 원할 경우, 선천 선교지부를 통해 해외선교부에, 이 건물
이 세워질 적당한 부지를 지명하여 알린다.

제2항 모든 기부된 부지, 건물, 기부금은 한국선교부 유지재단 또는 협력한 평북,
용천, 의산노회에 합법적으로 위탁하고, 이사회가 학교의 이익을 위해 사용
해야 한다.

제3항 부지, 건물, 기부금을 사용하는 이사회가 원래 기부한 것의 변경을 원할 경
우, 우선 기부자의 동의를 얻어야 한다.

제6장 이사회의 개최

제1항 이사회의 정기 모임은 매년 1월과 5월에 개최한다. 날짜와 시간은 의장이
정한다. 임원 선출은 1월 모임에서 한다.

제2항 특별 모임이 필요하면 이사회 의장이 실행위원회와 협의하여 이사회를 소
집하나, 정관에 있는대로 정족수의 과반수가 되어야 한다.

제7장 개정

제1항 이 정관의 개정은 노회 또는 선천 선교지부 또는 이사회 어느 쪽에서도 제
안할 수 있다. 그러나 네 연합기구 모두의 승인 없이 개정될 수 없다.

제8장 해산

제1항 연합 경영이 이 정관으로 완수되어 원래의 목적이 신성학교의 영원한 발전
이지만, 그럼에도 불구하고 좋지 않은 환경이 되어 평북, 용천, 의산 노회
또는 한국선교부가 연합의 해산을 원한다면 다음과 같은 과정을 따른다.

(1) 모든 기관이 동의하면 즉시 해산해야 한다. 그런데 어떤 기관이 반대하
면 해산은 1년간의 공식적인 통지를 한 이후에 한다.

(2) 해산 때 가장 많은 투자를 한 기관이 본래 기부한 곳에 관심을 갖고 모
든 부지들, 건물들, 장비와 기부금 등 완전한 감독을 계속할 권리가 있
다. 그리고 아래 (5)번 문단에 서술한 방식에 따라 평가 가치를 결정하여
다른 기관이 기부해온 건물들을 팔 선택권이 있다.

(3) 새로운 기관이 연합운영을 원할 경우, 모든 재산 소유자가 각각 그 재산
사용에 대한 보증을 받은 이후에야 가능하다.

(4) 모든 기관이 이 학교의 지원과 관리를 계속하길 거부하는 데 동의하면,
모든 부지, 건물들과 기부금의 감독은 원래의 소유자에게 되돌려준다.

(5) 다른 기관의 땅에 한 기관이 건물을 세운 경우에는 그것을 팔아, 팔았을
때에 각 기관이 기부한 재산의 평가 가치에 따라 기관들 사이에 나눠
받는다. 그러나 미북장로회 해외선교부를 대표하는 한국선교부 유지재
단이 가치 평가에서 재산의 일부 또는 전부를 팔 합법적 재량권을 가진
다. 이 평가는 세 감정인, 조선예수교장로회 총회에서 선출한 1명, 한국
선교부에서 선출한 1명 그리고 앞서 2명이 선택한 사람이 한다.

제2항 이 계약 조건을 이사회가 지키지 않으면, 계약 기관의 누구라도 제1항의
(5)의 문구에 따라 해산을 명령할 수 있다.

[대구 남학교 정관(1921)
(Constitution of the Taiku Boy's Academy)][14)

제1장 이름과 목적

　　제1항 이름은 Taiku Boys' Academy, 한국 이름은 (계성학교)라고 한다.

　　제2항 이 기관의 주된 목적은 교회의 청년에 대한 교육과 영적 발전이며, 발전적인 복음의 노력을 제공하고, 자격있는 교회 지도자를 양성하고 교회의 구성원이 되도록 지식을 기르며, 정직하고 능률적인 신체의 표준이 되도록 발전시킨다.

제2장 수업, 교사와 학생

　　제1항 모든 교수는 일반적이며 종교적인 지식, 특히 장로교회의 역사적 표준에 맞는 복음적 열정을 체득할 수 있도록 모든 영향력있는 수업이 되도록 한다.

　　제2항 모든 교사들은 좋은 표준과 믿음을 가진 교회 구성원이어야 한다.

　　제3항 이 학교는 우선적으로 기독교인 학생들을 위한 것이나, 아직 기독교인이 되지 않은 학생들을 절대적으로 배제하지는 않는다.

제3장 선교부와 장로회와의 관계

　　제1항 대구 선교지부로 대표되는 미북장로회 한국선교부와 대한예수교장로회 경북노회는 이 기관에 대한 지원과 운영에 연합하기로 동의하며, 그들은 올바른 재정적 지원을 한다.

　　제2항 선교부가 앞서 조사한 건물과 장비의 실제 평가액은 현재 60,000원의 가치를 지니며, 그들이 이 기관에 주어야 할 금액을 계산하면 ＿＿% 또는 ＿＿원이다.: 앞으로의 모든 재산상 조사의 올바른 가치는 이 비율로 계산한다.

　　제3항 기부금과 현행 제공하는 비용은 이 기관에 대한 현재 수입의 금액으로 가치 매긴다.

　　제4항 이사회가 기관에 대한 모든 결정과 통제권을 갖는다. 대구 선교지부로 대표되는 선교부는 선교지부가 매년 임명한다.

　　제5항 장로회는 연합한 날로부터 적어도 한 개의 대표권을 갖는다. 또한 부수적인

---

14) "Minutes and Reports of the 37 Annual Meeting of the Chosen Mission of the Presbyterian Church in the U.S.A. 1921(1921.6.26-7.4)," p.58~60.

대표권을 갖는다: 장로회는 같은 해 선교부가 공급한 작년 수입금의 33.13%를 제공해야 한다. (위의 2, 3항에서 계산한 것처럼)

제6항 이사회에 속한 장로회 대표는 이 정관의 항목들을 온전히 지지하는 모범적인 교인이어야 한다.

제7항 상호 비율에, 정규직으로 임명된 선교사 교사의 봉급과 학생의 수업료는 포함되지 않는다.

제4장 이사회

제1항 이사회 임원들은 제3장의 제 5, 6, 7항으로 규정되고, 정규 사무 임기는 2년으로 한다.

제2항 이사회가 앞서의 항목에 따라 기관의 정책, 방법, 커리큘럼, 교사 개인과 재정 문제 등을 완전히 통제하고 감독한다.

제3항 이사회는 통상적으로 의장, 비서와 회계원, 의사록 서기로 조직하고, 다수결 투표로 모든 것을 결정한다. 이사회는 적어도 세 개의 위원회를 갖는데, 그것은 재정, 커리큘럼, 회계감사 위원회이다.

제4항 이사회는 매년, 매 학기에 한번으로 적어도 세 번의 정규 모임을 갖는다.: 그리고 기관의 사업과 발전을 선교부와 장로회에 매년 보고한다.

제5항 이사회로부터 월급을 받는 교사는 이사회의 구성원이 될 수 없다.

제5장 교장

제1항 장로회가 기관의 전적인 지원을 할 때까지, 교장은 선교부에서 임명한, 선교부의 구성원이 맡는다.

제2항 이사회의 감독 아래, 교장은 이사회에 대해, 기관의 올바른 운영에 대한 책임을 진다. 그는 입학, 학칙, 제명, 승진, 졸업과 학생들에게 필요한 일반적 규율의 권한을 가진다. 그는 재정적 관리, 재산 보호와 장비 공급의 책임을 진다. 그는 커리큘럼을 세우고 교사의 업무를 감독한다. 그는 정부에 대해 기관을 대표하는 책임을 진다.

제3항 교장은 이사회의 정규 모임에 기관의 현황을 보고하고 요구사항을 전달한다.

제6장 연합의 개정과 해산 규정

제1항 이 정관의 개정은 이사회, 장로회 또는 선교부가 요청하면 언제든지 가능하다. 그러나 효력의 발생은 선교부와 장로회 양쪽의 동의가 있어야 한다.

제2항 언제든지 어떤 이유로든지 선교부나 장로회가 연합사업에 대해 중지 요구
가 있을 때까지, 이 기관에 대한 두 곳의 연합사역은 지속될 것이다.

[대구 남학교 규약 개정(추가)(1925)][15]

해산시 계성학교에 기부 우위를 차지하는 곳이 계성학교의 원래 목적과 부합하게 학교를
운영하도록 오랫동안 학교에 속한 모든 부지, 건물, 장비와 기부금의 모든 감독을 계속할
권리가 있다. 주(major) 경영자가 학교 운영을 거절하면, 계약한 규약의 다른 곳이 학교의
목적에 따라 계성학교를 단독으로 감독할 권한이 있다. 또한 협력하는 다른 새 기관은 재
산과 관련해 안전하게 운영해온 경영자의 동의를 받은 이후에 협력에 참여할 수 있다. 두
기관이 계성학교의 지원과 감독을 계속하는 것을 거절하는 경우, 재산을 팔아 각 기관이
공헌한 가치에 따라 경북노회와 한국선교부 유지재단(Chosen Mission Land Holding
Corporation)을 대표하는 북장로회해외선교부가 나눠 갖는다. 그러나 미북장로회해외선교
부를 대표하는 한국선교부 유지재단은 경북노회에 의해 기부한 모든 땅과 건물을 평가
가치에 따라 팔 법적인 선택을 갖는다. 평가가치는 각 기관과 1, 2가 선택한 제3자가 선택
한 곳 중 하나인 세 감정인이 결정한다.

[대구 신명여학교 정관(1929)
(Constitution of the Taiku Sin Myung Girls' Academy)][16]

제1장 이름, 위치와 목적
    제1항 학교의 이름은 대구 신명여학교(Taiku Sin Myung Girls' Academy)이다.
    제2항 대구 남산정 2가에 위치한다.
    제3항 이 학교의 목적은 한국 교회의 젊은 여성들에게 중등 정도의 표준 교육을
        제공하며, 그들을 진실한 기독교적 정신과 이상을 가진 사회의 여성으로 기

---

15) "Minutes and Reports of the 41th Annual Meeting of the Chosen Mission of the
    Presbyterian Church in the U.S.A. 1925(1925.6.25-7.1)," p.56~57.
16) "Minutes and Reports of the forty-fifth Annual Meeting of the Chosen Mission of the
    Presbyterian Church in the U.S.A. 1929(1929.6.21-28)," p.46~51.

르는 데 있다.

제2장 설립자

제1항 한국선교부와 대구 선교지부의 감독 아래, 선교사역하는 미북장로회 해외선
교부가 1910년 Mrs. H. M. Bruen을 임명하였다.

제2항 학교의 발전과 표준의 전진을 위해, 한국선교부의 대구와 안동 선교지부를
통한 미북장로회 해외선교부는 조선예수교장로회 경북노회, 경안노회와 공
동으로 대구 신명여학교를 동일한 책임과 감독 하에 지원하고 운영과 발전
해나가기로 동의하며, 이 정관에 대해 완전히 승인하는 날(날짜 기입)로부
터 시작한다.

제3항 미북장로회 해외선교부가 학교 운영비의 반 이상을 오랫동안 지원해 왔으
므로, 최초 설립자의 후계자와 교장은 선교부 재단에서 임명할 것이며, 그
후에는 학교 이사회가 선교사 봉급과 학생의 수업료를 제외하고 평가되는
비용을 운용한다.

제4항 최초 설립자와 그녀의 후계자는 학교 밖에서 개인적 책임은 없지만, 정부에
대해서는, 대구와 안동 선교지부, 경북과 경안노회가 이사회로 활동하는 것
과 동시에 학교를 위해 정관상의 활동을 수행하는 방법으로 학교를 위해
활동한다.

제3장 부지, 건물, 기부금

제1항 대구 신명여학교 캠퍼스와 부지, 거기에 속한 모든 장비는 모두 미북장로회
해외선교부의 재산이며, 그것은 미북장로회 해외선교부의 감독 아래 장로
회선교부 법인(Presbyterian Mission Corporation)에게 위임되어, 재산 손실없
이 상황에 따라 사용된다.

제2항 미북장로회 해외선교부는 모든 부지, 건물, 장비를 제3장 제1항에서 결정한
대로 학교 이사회가 학교의 본래 목적의 더 나은 성취를 위해 정관에서 승
인한대로 위임하기를 동의한다.

제3항 경북 또는 경안노회 또는 어떤 한국인 개인 기부자가 학교를 위해 신명여학
교에 건물, 기숙사 또는 다른 전용 건물을 세우기를 원할 경우, 장로회선교
부 법인을 통해 미북장로회 해외선교부에 말하고, 1년에 1원의 부지 대여료
와 재량권을 주어 그 기부금을 사용할 계획을 세운다.

제4항 경북 또는 경안노회 또는 한국인 개인이 학교에 기증한 부지, 건물과 기부

금은, 신성한 위탁으로서 관련된 장로회의 합법적 법인에 합법적으로 위탁
해, 이사회에서 학교의 이익을 위해 사용해야 한다.

제5항 부지, 건물, 기부금을 사용하는 이사회가 그것의 변경을 원할 경우, 우선
원래 기부자의 동의를 얻어야 한다.

제6항 학교의 합병 동안에 모든 학교 기부금은 한국선교부 유지재단(Land Holding
Corporation of the Chosen Mission)에 위탁하되, 기부금으로부터의 이윤은
학교 이사회로 넘겨 법인의 규정과 연합해 학교 비용으로 사용해야 한다.

제4장 이사회

제1항 이사회는 10명으로 조직하며 다음과 같다. 대구 선교지부에서 2명의 남자와
2명의 여자, 안동 선교지부에서 1명, 경북노회 2명, 경안노회 1명, 경북노회
여성 장로 1명, 동창회 1명이다. 멤버들은 이사회가 지명하고, 각각의 기관
에서 대표자를 선출한다. 교장은 이사회에서 대구 선교지부 또는 평북노회
(경북노회의 오기인듯-필자)를 대표한다. 교장을 제외하고, 이사회에서 봉급
을 받는 사람은 이사가 될 자격이 없다. 이사회 정족수는 6명이며, 각 노회
와 미북장로회 한국선교부에서 각각 3명씩 참석해야 한다.

제2항 이사의 임기는 2년이다. 선교지부 이사는 9월, 노회 이사는 6월, 동창회와
장로 이사는 봄 모임에서 선출한다. 이 규정에 따라 새로운 이사를 선출하
지 못한 경우에는 2년 임기 지나서 후계자를 선택할 때까지 업무를 봐야
한다.

제3항 이사회는 경북과 경안노회, 대구와 안동 선교지부의 대리자로 완전한 재정
적 지원과 학교 활동의 감독에 대한 최종 결정권과 책임을 진다. 목적과 학
교의 원칙, 정책, 학칙과 규칙, 교수방법과 교사진 등은 정관에 연합해 결정
한다. 현재 교장은 선교부가 선출하고, 이사회는 교장을 통해 학교를 감독
한다. 매년 이사회 정기 모임에서 교장으로부터 수입, 지출 보고와 학교의
계획을 보고받아 심의하고, 이사회에서 승인한다. 학교의 모든 재산, 건물,
장비는 정관에 따라 이사회의 감독 아래 있다. 봄, 겨울 노회 모임 때, 이사
회는 재정, 교사, 학생에 대한 보고를 경북, 경안노회와 대구와 안동 선교지
부에 보고한다.

제4항 이사회는 의장, 부의장, 총무, 회계원을 각 1명으로 조직한다. 학교 교장은
가부 동수이거나, 그런 일은 없었지만 해외선교부와 노회들이 적대적이어
서 대표할 수 없을 때를 제외하고는, 이사회 모임에서 투표권이 없다. 한국

장로교회의 명령 규정은 권위가 있고, 모든 회의록은 기록되어야 한다. 재정, 교사, 감사와 특별 위원회가 필요하다면 둘 수 있다.

제5항   이사회는 학기 동안 1년에 세 번 정기모임이 있다. 의장의 요청에 따라 특별 모임을 개최할 수도 있다.

제6항   이사회 비용은 학교 운영비에서 지불한다.

제7항   이사회는 어떤 목적으로도 재산을 담보로 돈을 빌려 사용할 권한이 없다.

第5장 교장

제1항   이사회의 직접 감독 아래 교장은 적자 없이 학교를 운영할 책임과 의무가 있다. 교장은 입학, 학칙, 제명, 승진, 졸업과 학생들에게 필요한 일반적 규율의 권한을 가진다. 그는 재정적 관리, 재산 보호와 장비 공급의 책임을 진다. 그는 커리큘럼을 세우고 교사의 업무를 감독한다. 그는 교사의 임명과 파면을 이사회에 보고하며, 그는 정부에 대해 학교를 대리하는 책임을 진다.

제2항   교장은 평가와 보고 등 학교의 모든 사무를 관장하는 이사회의 모든 정기모임에서 보고해야 하며, 이사회에서 현재 보고에 대한 승인을 받은 이후에 장로회와 미북장로회 해외선교부에 보고한다.

제3항   교장은 제2장 제3항에 따라 선출한다.

第6장 교사와 수업

제1항   모든 수업은 특히 보편적이고 종교적이고 윤리적이어야 한다. 뿐만 아니라 학교 교사 권위의 모범과 영향력은, 한국장로교회의 공식적인 신조로서 장로교의 역사적 믿음을 기르기 위한 것이다. 성경은 모든 학년의 정규 교과과정으로 가르친다.

제2항   신실한 기독교인만이 정규 교사가 될 수 있고, 가르침이 존경받을 수 있는 사람만이 계속 교사직을 유지할 수 있다.

제3항   모든 교사들은 교장에게 복종하는데 특히 행동, 가르침과 봉급 문제에서도 따라야 한다.

제4항   교장은 모든 정기적이고 특별한 교사 모임을 요구하고 주재한다.

제5항   교사 모임은 교장이나 이사회에 의해 개최되고 논의하고 행동한다.

제7장 학생

제1항 학생 수의 최대치는 300명이다.

제2항 기독교 학교라는 본래의 목적에 따라 기독교 가정의 학생들이 입학 문제에서 유리할 수 있다. 그러나 비기독교인 학생들이 입학하는 한 학교의 본래 목적에 나쁜 영향을 끼치도록 허용하지는 않는다.

제8장 개정

제1항 이 정관의 개정은 노회, 미북장로회 해외선교부 또는 이사회 어느 쪽에서도 제안할 수 있다. 그러나 경북과 경안 노회와 한국선교부 재단을 통한 미북장로회 해외선교부 양쪽의 합법적 승인 없이 개정될 수 없다.

제9장 해산

제1항 이사회가 이 정관의 조건에 반하는 행동을 할 때는 언제든지, 제9장의 제5항대로 즉시 해산한다.

제2항 이 정관의 계약 당사자 누구도 철수하겠다는 의사표시를 하고 1년 안에 철수할 수 있다. 그러나 어떤 재산이나 기부금도 철수로 인해 원래 기부자에게 돌아갈 수 없다.

제3항 새로운 당사자가 이 정관의 조건을 받아들이기를 원하면, 모든 재산 소유자가 그 재산 사용에 대한 보증을 받은 이후에야 연합이 인정된다.

제4항 모든 계약 당사자가 이 계약의 해산을 원하면 그에 따라 즉시 해산해야 한다. 그런데 반대하는 곳이 있으면 해산은 공식적인 통지를 하고 1년 안에 해야 한다. 해산하게 되면 학교는 문을 닫고 계약 당사자들의 연합은 자동적으로 없어진다. 만일 계약 당사자 중 한 곳이 학교를 완전히 감독하고 재정적 책임지기를 원할 경우, 학교는 이 정관에 표현한 목적에 따라 정당하게 계속될 수 있다. 학교 자체를 유지할 권리에 대한 특혜는 학교에 공헌한 양의 비율에 의하는데, 최대 기부자가 첫 기회를 가진다.

제5항 연합운영이 깨질 경우, 부지, 건물, 장비와 기부금은 팔아서 앞서 철수하는 사람을 포함해, 각각이 공헌한 재산의 판매시 가치에 따라 원래 기부자에게 나눠준다. 가치 평가는 세 감정인(조선예수교장로회 총회에서 1명, 미북장로회 한국선교부 1명, 이들 2곳에서 선택한 1명)이 결정한다. 미북장로회 해외선교부를 대리하는 한국선교부 유지재단은 가치 평가에서 다른 당사자가 기부한 부지와 건물의 일부 또는 전부를 팔 기회를 가진다.

박혜진(朴慧振)

숙명여자대학교 한국사학과를 졸업하고, 같은 대학교 대학원에서 석사와 박사학위를 받았다. 현재 사단법인 한국기독교역사연구소 책임연구원으로 일하고 있으며, 숙명여대와 여주대에서 한국근현대사를 강의하고 있다. 한국기독교사, 특히 미션스쿨에 대해 계속 관심을 갖고 연구하고 있다.

논저
『내한 선교사 총람』(공편), 『은자의 나라 문에서』(공역)와 논문으로는 「선천지역 미션스쿨의 지정학교 승격과 학교 인계 과정 연구」, 「서울지역 미북장로회 선교부의 교육사업 철수와 학교 인계 연구」, 「미북장로회선교부 관할 미션스쿨에 대한 한국인의 경영 참여」 등이 있다.

일제하 한국기독교와 미션스쿨　　　　　　　　　　　　　값 29,000원

2015년 12월 11일　초판 1쇄 발행
2016년　7월 14일　초판 2쇄 발행

　　　　　　　저　　자 : 박 혜 진
　　　　　　　발 행 인 : 한 정 희
　　　　　　　발 행 처 : 경인문화사
　　　　　　　　　　경기도 파주시 회동길 445-1 경인빌딩 B동 4층
　　　　　　　　　　전화 : 031 - 955 - 9300　팩스 : 031 - 955 - 9310
　　　　　　　　　　이메일 : kyunginp@chol.com
　　　　　　　　　　홈페이지 : http://www.kyunginp.co.kr/
　　　　　　등록번호 : 제406 - 1973 - 000003호(1973. 11. 8)

ISBN : 978-89-499-1161-8　93910
ⓒ 2016, Kyung-in Publishing Co, Printed in Korea
* 파본 및 훼손된 책은 교환해 드립니다.